上市公司独立董事制度
治理实效的法经济学分析

A LAW AND ECONOMICS ANALYSIS ON THE EFFECTIVENESS OF
INDEPENDENT DIRECTOR SYSTEM IN LISTED COMPANIES

王喆 著

经济日报出版社
北 京

图书在版编目（CIP）数据

上市公司独立董事制度治理实效的法经济学分析 /
王喆著. -- 北京：经济日报出版社，2024.7
ISBN 978-7-5196-1339-6

Ⅰ.①上… Ⅱ.①王… Ⅲ.①上市公司—董事会—研究—中国 Ⅳ.①F279.246

中国国家版本馆CIP数据核字(2023)第148097号

上市公司独立董事制度治理实效的法经济学分析
SHANGSHI GONGSI DULI DONGSHI ZHIDU ZHILI SHIXIAO DE FAJINGJIXUE FENXI

王　喆　著	
出　　版：	经济日报出版社
地　　址：	北京市西城区白纸坊东街2号院6号楼710（邮编100054）
经　　销：	全国新华书店
印　　刷：	北京文昌阁彩色印刷有限责任公司
开　　本：	710mm×1000mm　1/16
印　　张：	24.75
字　　数：	321千字
版　　次：	2024年7月第1版
印　　次：	2024年7月第1次印刷
定　　价：	98.00元

本社网址：edpbook.com.cn，微信公众号：经济日报出版社
未经许可，不得以任何方式复制或抄袭本书的部分或全部内容，**版权所有，侵权必究**。
本社法律顾问：北京天驰君泰律师事务所，张杰律师　举报信箱：zhangjie@tiantailaw.com
举报电话：010-63567684
本书如有印装质量问题，请与本社总编室联系，联系电话：010-63567684

序

我的博士王喆新著《上市公司独立董事制度治理实效的法经济学分析》就要在经济日报出版社出版了，可喜可贺。这是我看到的王喆的第二本专著，也是他在博士论文基础上修订补充而成的。本书立足我国证券市场进入全面注册制时代、"零容忍"打击证券违法违规行为的宏观大背景，精准回应我国上市公司治理体系的发展诉求，采取整体性视角，结合公司法、证券法和上市公司治理禀赋特点，系统讨论独立董事事前选任、事中管理和激励以及事后追责等问题，进而找出提高独立董事独立性和专业性、提升独立董事履职能力、监督能力和决策能力的优化路径，为完善我国上市公司独立董事制度提供参考。对于从事公司治理研究或未来有兴趣涉足相关领域的同行来说，我认为这是一本具有指引价值和借鉴作用的力作，可以省去很多不必要的摸索，避免走前人的弯路。

把博士论文改写成书出版其实是很常见的事情，但本书还是有很多与众不同的亮点，这一方面是源于作者写书创作耗费了很大的心血和精力，但更重要的是跟其长期在国家高端智库的工作经历有关。王喆博士睿智通透、沉稳干练，是金融学、管理学和法经济学等多学科交叉复合型人才，拥有二十多年服务国家宏观决策的深厚科研经验和扎实研究功底，师生十年相处里我也常被他独到的见解所吸引，获益良多。所以作者眼中始终有宏观大局，不拘泥于一隅，而是紧扣整体战略之纬，为上市公司独立董事制度改革提供一体化、全流程的解决方案。本书写作风格亦较为灵活，作者综合运用了所具备的知识，用理论知识搭建框架，用详实案例丰富素材，用量化实证检验假设，由浅入深，从宏观到微观，从是什么、为什么到怎么做，层层递进、步步剖析，体现了实践功效和面向，很多建议也在其后发布的政策文件里得到了充分的显现和印证。

我是中国最早一批专家独董，早在10多年前就曾撰文并一针见血地提出，独董制度改革的目标就是要让独董成为"有钱、有权、有闲、有家"的"四有"独董，为此要推动优化独立董事履职环境，探索建立支撑独立董事履职的制度保障机制。但回看这些年来，理想的"四有"独董建议在实践中不仅没有得到实现，在某些方面可能还越走越远。随着全面资本市场改革向纵深推进，特别是在2023年4月和9月，国务院办公厅《关于上市公司独立董事制度改革的意见》和中国证监会《上市公司独立董事管理办法》的相继印发，新一轮深化独立董事改革的大幕已经拉开，有必要重新思考"四有"独董的改革方向和未来前景。借着这本新书出版的契机，我想为完善独董制度设计再提几点建议：有钱，就是要通过责任限制提高独董的激励水平；有权，就是要强调专门委员会为抓手，赋予独董更多的"规定动作"和行权保障；有闲，就是要推动独董走职业化道路，减少兼职；有家，就是要注重独董信息库建设，同时通过独董专门会议让其在公司内部实现"有家"状态。我也期待独董制度能迎来全面改革，真正做到"独立"又"懂事"。

是为序。

中国政法大学商学院原院长、二级教授

前　言

上市公司独立董事制度的治理实效涉及多层次、多维度、多方面的因素，本文采取整体性视角，结合公司法、证券法和上市公司治理禀赋特点，系统讨论独立董事事前选任、事中管理和激励以及事后追责等问题，进而找出提高独立董事独立性和专业性、提升独立董事履职能力、监督能力和决策能力的优化路径，为我国独立董事制度改革提供参考。

本文除绪论和结论之外，主要分为七章。

第一章"公司治理与独立董事制度的基础理论"，主要是奠定本文后续规范分析和实证分析的理论基础。本章首先对于本文的关键词"独立董事"和"治理实效"的内涵进行了讨论，随后深入剖析了"委托代理理论""团队决策理论"和"最优威慑理论"在独立董事治理问题中的应用。结合董事会结构理论，本章进一步讨论了盎格鲁-撒克逊式单层董事会与欧陆式双层董事会两种董事会结构下，独立董事在公司治理中所发挥的制度功能。最后，本章分析了我国上市公司治理体系的特点、董事会结构和独立董事的任职情况。

第二章"相关国家和地区独立董事与上市公司治理模式的考察"，主要从比较法的角度讨论全球主要证券市场的制度禀赋、上市公司的治理结构和法律责任对独立董事制度设计和实效的影响。美国和英国的证券市场是普通法系国家最具代表性的，其上市公司采取单层董事会结构，并存在股权分散、机构投资者参与度高、法律体系较为完备的特点。董事会多元化程度高，独立董事占据多数席位，并作为主要的监督力量控制管理层的机会主义行为。独立董事在事前选任方面减少管理层的干预，在事中履职方面强化独立董事的监督职权并辅以适当的经济激励，而在事后严格限制独立董事的责任承担，并且通过董责险等制度设计限制可能的法律责任风险。日本证券市场是大陆法系国家中最具代表性的，其上市公司采取双层董事会结构，具有股权集中度较高、机构投资者广泛持股等特点。由于采取双层董事会结构，独立董事长期在日本上市公司治理体系中的作用有限，而近年来公司治理改革借鉴英美两国经验向多元化方向发展，独立董事也成为重要的外部监督力量。我国香港地区的上市公司治理因为路径依赖因素的影响与英国模式较为相近，但上市公司主要以家族企业为主，国际机构投资者参与度较高。香港上市公司董事会呈现多元化趋势，并且监管规则对独立董事的功能提出了明确的指引。

第三章"内部人控制问题与独立董事选任制度分析"，结合委托代理理论，分析独立董事事前选任制度。与英美证券市场存在显著差异，我国上市公司的代理问题主要集中于控制上市公司的大股东与中小股东之间，因此独立董事选任制度应当削弱大股东对选任结果的控制力。我国上市公司独立董事比例较低，而大股东通过投票权对董事选举的控制力更强，独立董事难以发挥有效的监督作用。独立董事摆脱"花瓶"地位，首先应当提升独立董事比例，建立首席独立董事，进一步细化、合理化独立性标准和专业性标准，增加独立董事在董事会决策的话语权；其次应当改革独立董事的选任程序，在提名环节即斩断大股东对候选人名单的控制，以完全由独立董事组成的提名委员会主导独立董事提名，而在投票环节由少数股东选举"少数股东独立董事"，此类董事对中小股东利益或者对公共股东利益负责。上述措施降低了独立董事在选任环节对大股东的依赖，从源头上提高了其有效履行监督职能的激励和能力。

第四章"董事会有效决策与独立董事履职保障制度分析"，结合信息不对称理论和激励相容理论，分析了独立董事事中履职保障制度。该章首先从信息不对称提出独立董事有效履职的基础是其知情权的充分保障，包括信息披露义务人的披露义务、其利用公司资源进行调查的权利，以及适当的人员支持保障。其次，在独立董事的管理制度方面，独立董事的任期会影响其监督内部人的激励，特别是当其寻求连任时，可能避免监督和挑战拥有决定权的大股东；而上市公司协会独立董事委员会应当建立人才库、强化声誉资本的约束力，促进独立董事与内部董事合作决策。最后，虽然独立董事制度设计的初衷是避免强货币激励导致决策内部人化，但允许适当持股和兼职，能够为其提供履职激励。

第五章"最优预防投入与独立董事勤勉义务及其责任分析"，结合最优威慑与预防理论，分析了独立董事事后法律责任制度。该章首先对独立董事勤勉义务及其免责规则进行规范分析，并结合汉德公式从最优预防投入的角度，提出勤勉义务的免责要件和违反该义务的法律责任，应当鼓励独立董事在事前投入社会最优的监督水平，避免责任过度导致的寒蝉效应和责任过轻导致的花瓶效应。其次，对新《中华人民共和国证券法》（以下简称《证券法》）颁布后，独立董事受到的行政处罚判决的实证研究显示，独立董事普遍存在"因签字而担责"的现象，虽然独立董事可以通过证明"无过错"而免责，但证监会采纳的独立董事的抗辩事由非常有限，主要是独立董事在董事会决策过程中明确提出反对意见或投反对票。而在受到行政处罚的前提下，独立董事在民事程序中更难以证明不存在"过错"。虽然有部分法院主张应当区别对待行政程序和民事程序的"过错"要件，但独立董事仍然需要提供对违法行为实施了有效监督和警示的证据。董责险作为独立董事责任限制机制，具有平衡鼓励创新和尽职履责双重政策目标的优势。然而，"购买—保障"悖论导致董责险在我国的发展遭遇了水土不服的尴尬，完善免责条款，明确主观状态判断标准和预先支付额度上限，可以改善该制度在我国的实施效果。

第六章"独立董事治理实效的实证研究",在前述规范分析的基础上利用上市公司的相关数据,检验了与独立董事治理实效相关的三方面假说。首先,独立董事的异议行为是重要的监督渠道,实证研究发现,独立董事是否提出异议与上市公司所受处罚的严重程度呈正相关关系,也是独立董事的异议行为可以向证券市场传递上市公司违法违规风险的重大信息。其次,独立董事为上市公司经营提供外部咨询意见,应当能够帮助上市公司提高经营绩效。实证研究显示,独立董事的异议行为传递出上市公司盈利能力(ROA)较弱和股利分配较低的信息,同时,独立董事制度与上市公司的市场价值("托宾的Q")之间存在正相关关系,但独立董事制度与研发投入之间并不存在显著的相关关系。最后,本章以事件研究法测量了证券市场对独立董事辞职行为的反应,并结合"康美案"判决分析了独立董事法律责任增长对辞职行为所传递信息的影响。

第七章"上市公司独立董事制度的改革建议",总结了规范分析和实证分析的证据,并提出改革建议。在独立董事准入制度方面,应当提高独立董事的法定席位比例、设置首席独立董事和改革独立性、专业性标准。而独立董事提名和投票环节应当降低实际控制人的影响力,完善提名主体、信息披露和少数股东独立董事制度。在独立董事管理方面,充分发挥独立董事协会的功能,促进声誉资本约束和纠纷化解能力;适当引入股权激励机制优化独立董事薪酬结构,提高其履职尽责的经济激励。在法律责任方面,细化"勤勉尽责"标准为独立董事履职提供明确指引;同时,独立董事因违反勤勉义务而承担法律责任的主观过错标准应当仅包括"故意或明知"和"重大过失"。最后,提升董责险制度的实效,并以独立董事收入为基数设置民事责任,以限制独立董事责任成本,避免抑制上市公司承担正常的经营风险和创新风险。

目 录

绪 论 ··· 001

第一章 公司治理与独立董事制度的基础理论 ················· 033
第一节 独立董事与治理实效的意涵 ··································· 033
第二节 独立董事参与公司治理的基本理论 ······················· 045
第三节 上市公司董事会结构类型 ······································· 053
第四节 我国上市公司治理和董事会结构 ··························· 066
第五节 小结 ··· 089

第二章 相关国家和地区独立董事与上市公司治理模式的考察 ······ 091
第一节 英国独立董事与上市公司治理模式 ······················· 091
第二节 美国独立董事与上市公司治理模式 ······················· 102
第三节 日本独立董事与上市公司治理模式 ······················· 113
第四节 我国香港地区独立董事与上市公司治理模式 ········ 121
第五节 小结 ··· 128

第三章 内部人控制问题与独立董事选任制度分析 ·········· 131
第一节 内部人控制与代理问题 ··· 131
第二节 董事会独立董事席位比例与任职标准 ··················· 136
第三节 独立董事选任的程序性保障 ··································· 155
第四节 少数股东选举独立董事的投票制度 ······················· 164
第五节 小结 ··· 173

第四章　董事会有效决策与独立董事履职保障制度分析……177
第一节　独立董事履职的制度保障……………………178
第二节　独立董事续聘和管理制度……………………192
第三节　专业委员会……………………………………203
第四节　独立董事激励制度……………………………214
第五节　小结……………………………………………222

第五章　最优预防投入与独立董事勤勉义务及其责任分析……225
第一节　独立董事勤勉义务与汉德公式………………226
第二节　独立董事承担行政责任的实证分析…………234
第三节　独立董事承担民事责任的实证考察…………248
第四节　独立董事责任限制与董责险…………………260
第五节　小结……………………………………………274

第六章　独立董事治理实效的实证研究……………………279
第一节　独立董事对上市公司违规行为抑制效果的实证检验……280
第二节　独立董事对上市公司经营状况促进效果的实证检验……299
第三节　独立董事离职行为的效果及法律责任增加对其的影响……315
第四节　小结……………………………………………331

第七章　上市公司独立董事制度的改革建议………………335
第一节　健全独立董事的准入制度……………………335
第二节　改革独立董事的提名和投票制度……………338
第三节　优化独立董事管理和薪酬制度………………340
第四节　完善独立董事的法律责任制度………………342

参考文献……………………………………………………347

图目录

图1： 不同类型董事之间的关系 …………………………………… 034
图2： A股上市公司董事会的规模分布（2018年5月）………… 079
图3： A股上市公司独立董事的主要功能 ……………………… 086
图4： A股上市公司董事会的独立董事比例（2018年5月）…… 087
图5： 海外投资者持有英国上市公司股份占总市值比例（1963—2020年） 092
图6： 英国上市公司股份的受益所有人分布（2020年12月31日）……… 093
图7： 2021年标准普尔500指数和罗素3000指数追踪的上市公司董事会规模分布 ………………………………………………… 104
图8： 大股东对上市公司独立董事选任的影响力 ……………… 133
图9： A股上市公司董事会中独立董事数量分布（2020年和2021年）…… 138
图10： 大股东提名独立董事对独立性的影响程度 …………… 157
图11： 选任阶段提高董事独立性的改革措施 ………………… 165
图12： 影响我国上市公司独立董事履职的主要因素 ………… 181
图13： 加强独立董事声誉资本约束的改革措施 ……………… 198
图14： 独立董事薪酬应当考虑的决定因素 …………………… 215
图15： 独立董事发表非赞成意见的原因分布 ………………… 283
图16： A股上市公司独立董事辞职数量月度分布情况（2021年1月至2022年6月）……………………………………… 319
图17： 独立董事辞职事件按月度计算的超额收益平均值和中位数 ………328

表目录

- 表1：2003—2019年A股国有上市公司股权集中度 ……………068
- 表2：2010—2017年中国民营上市公司大股东的平均持股比例 ……069
- 表3：我国《公司法》规定的股东会（股东大会）与董事会职权 ……074
- 表4：《希格斯报告》与《英国公司治理准则》（2018年）关于董事独立性的规定比较 ……………095
- 表5：A股上市公司独立董事受到的行政处罚（2020年1月—2022年6月）…241
- 表6：独立董事在上市公司虚假陈述民事案件中承担民事责任的情况 ……251
- 表7：多元回归分析使用的控制变量定义 ……………286
- 表8：多元回归分析使用变量的描述性统计分析 ……………287
- 表9：豪斯曼检验结果 ……………290
- 表10：独立董事异议行为对上市公司受到处罚类型的影响分析 ……291
- 表11：独立董事异议行为对上市公司受到处罚强度的影响分析 ……296
- 表12：多元回归分析使用变量的描述性统计分析 ……………305
- 表13：独立董事对上市公司盈利能力的影响分析 ……………307
- 表14：独立董事对上市公司价值的影响分析 ……………309
- 表15：独立董事对上市公司创新投入的影响分析 ……………311
- 表16：独立董事对上市公司股利分配的影响分析 ……………313
- 表17：多元回归分析使用的控制变量定义 ……………320
- 表18：样本上市公司所在省级行政单位的分布情况 ……………322
- 表19：样本上市公司所在行业的分布情况 ……………323

表20：多元回归分析使用变量的描述性统计分析 ……………………………325
表21：独立董事辞职公司的股票组合的超额收益率分析 …………………327
表22：康美案判决对独立董事异议行为市场反应的影响分析 ……………329

绪　论

2021年11月12日，广州市中级人民法院对康美药业虚假陈述一案作出一审判决，认定其披露的《2016年年度报告》《2017年年度报告》《2018年半年度报告》中存在虚假记载，虚增营业收入、利息收入及营业利润，虚增货币资金；披露的《2016年年度报告》《2017年年度报告》中存在重大遗漏，未按规定披露控股股东及其关联方非经营性占用资金的关联交易情况，依据《中华人民共和国证券法》（2014年修正）第六十三条、第六十九条、第一百七十三条以及其他法律法规的相关规定，判处康美药业对案涉投资者总计24.59亿元的损失承担赔偿责任；原董事长、总经理马兴田及其他5名直接责任人员、正中珠江会计师事务所及直接责任人员承担全部连带清偿责任，13名相关责任人员按过错程度承担部分连带清偿责任。其中，由于独立董事江某某、李某某、张某1于2016年、2017年年报审议中在董事会投出赞成票并签字，独立董事江某某、郭某某、张某2于2018年半年报审议中在董事会投出赞成票并签字的行为未勤勉尽责，存在过错，依据《中华人民共和国证券法》（2014年修正）第六十九条，判处江某某、李某某、张某1在投资者损失的10%范围承担连带赔偿责任（折合2.459亿元）；郭某某、张某2在投资者损失的5%范围承担连带赔偿责任（折合1.2295亿元）。

康美药业的此份判决引发了实务界和学术界的广泛热议，主要原因在于该案表明除了上市公司及其实际控制人等"首恶"需要承担巨额民事损害赔偿外，独立董事也需在一定比例范围内承担民事连带赔偿责任。一方面，数亿元的民事赔偿与独立董事所获薪酬形成强烈反差，体现出独立董事制度所涉及的"权、责、利"规范存在错配,更有财经媒体报道称,在康美药业判决公开后,上市公司的独立董事出现离职潮,以规避激增的民事法律责任。①另一方面,康美案的判决也促使独立董事积极履职尽责,如2022年4月2日,深圳莱宝高科技股份有限公司(002106.SZ)独立董事蒋大兴对该公司2021年年报发表异议声明,称其无法保证公司2021年年度报告中的营业收入、应收账款、存货盘点、利润等财务数据真实、准确、完整,请投资者特别关注,②该声明一经发出即引发证券监管机构和市场主体的广泛关注,被视为独立董事摆脱"花瓶"地位,积极维护中小股东利益的标志性事件。

20世纪30年代,美国大型上市公司的股权结构异常分散,这种所有权和经营权分离的状态引起了学术界广泛的研究兴趣。③至70年代,随着委托代理理论的兴起,公司治理的相关研究开始关注两权分离所导致的委托代理问题以及内部人控制引发的道德风险问题。上市公司与中小型企业不同,上市公司的规模越来越大,其内部治理结构之间的关系也日趋复杂,且由于上市公司的股东数量较多,股东大会直接管理公司的日常经营并不现实,公司业务专业化、信息不对称和集体行动的困境都会导致企业内外交易成本高企。在公司内部组织机构分工和专业化的趋势下,董事会毫无疑问已经成为现代上市公司治理的枢纽,管理层成为实际控制并经营公司资产的主体,而股东大会仅承担有限的审批决策权。

---

① 《独立董事"离职潮"观察:连带赔偿上亿,"花瓶"独立董事有了硬约束》,新浪财经网,如https://finance.sina.com.cn/jjxw/2022-02-22/doc-imcwipih4649359.shtml。(最后访问日期:2022年9月30日)

② 《莱宝高科"独立董事风波"启示录:蒋大兴为独立董事"指明前进方向"?》,新浪财经网,如https://baijiahao.baidu.com/s?id=1730001399556926117&wfr=spider&for=pc。(最后访问日期:2022年9月30日)

③ See Berle Adolf, Means Gardiner: The Modern Corporation and Private Property, Transaction Publishers, 1932, 25.

在这样的矛盾下，虽然股东经常被视为上市公司的"所有者"，但在大多情况下仅能通过董事会控制公司，公司治理体系是应对委托代理问题而产生的制度设计。

21世纪初期，欧美资本市场出现了一系列的财务造假丑闻，美国知名上市公司安然、世通、安达信，欧洲知名上市公司帕玛拉特等公司通过虚增销售额、净利润等方式维持高额股价。上市公司内部治理机制的失败极大地挫伤了投资者获取上述资本市场真实信息的能力，也导致公司治理研究长期居于学术研究的热点议题。在安然、世通等公司的财务造假丑闻出现后，美国国会不得不出台《萨班斯-奥克斯利法案》(Sarbanes-Oxley Act)来系统改革美国上市公司监管体系和董事会治理规则。独立董事制度成为该法案应对上市公司治理失灵问题的主要对策，该法案对改善董事会的独立性提出明确要求，具体体现在提高美国上市公司独立董事的比例、提出新的识别董事是否独立的标准、董事会应当建立专业委员会并由独立董事主导来加强董事会的监督功能。而在2008年美国爆发次贷危机并在随后演变为席卷全球的金融危机之后，美国国会通过了《多德-弗兰克华尔街改革和消费者保护法》(Dodd-Frank Wall Street Reform and Consumer Protection Act)以应对金融市场和金融机构治理失灵问题。

在我国证券市场30余年的发展历史中，公司治理问题一直制约着证券市场的健康发展。虽然我国上市公司在市场建设初期即在名义上确立了股东会、董事会、监事会和高层管理人员的分工协作机制，但大股东掏空、内部人控制等问题较为突出，未能有效保护投资者的合法权益。我国监管机构在21世纪初期也向其他发达经济体学习建立了独立董事制度，要求上市公司董事会中独立董事数量占董事总数的比例不低于1/3，职责在于促进董事会的独立性和多元化，制约上市公司内部人的违法违规行为，独立董事也因此成为保护公司全体股东合法利益的重要"看门人"。

然而，独立董事制度在我国运行近20年却实效不佳，异化为公司治理的"花瓶",无法有效约束上市公司的内部人。由于上市公司独立董事制度的治理实效涉及多层次、多维度、多方面的因素,因此,本文采取整体性视角,系统讨论独立董事事前选任、事中履职保障以及事后责任等问题,进而找出提高独立董事独立性和专业性,提升独立董事履职能力、监督能力和合作能力的优化路径,为我国独立董事制度改革提供参考。

本章为全文的绪论,将结合上市公司治理理论讨论本文的选题背景和相关文献,并阐明全文的研究框架,探讨研究方法,明确创新点与不足,为后续分析奠定基础。

一、选题背景及意义

(一)国内外研究概况和发展趋势

国内外关于独立董事的学术讨论内嵌于公司法和公司治理理论之中,从企业发展的生命周期来看,在企业发展的不同阶段,企业治理理论所欲讨论和解决的问题存在显著差异。根据资产分割理论(Hansmann和Kraakman, 2000),公司法关于独立财产和法人人格的规定在功能上确立了公司能够独立作为承担经济、法律以及社会责任的主体。[①] 法和经济学的委托代理理论是研究所有权和控制权相分离的经典理论。企业在规模较小的发展阶段,往往呈现出所有权和控制权相统一的状态,所有权人还能够有效控制企业。随着企业规模的扩张,所有权人的人力资本、专业知识和时间精力都无法实现对企业经营的全面控制,企业内部的分工和专业化程度提升,[②] 特别是在上市公司中,分散的股权结构削弱了股东控制上市公司的能力,股东不得不让渡对公司的大部分控制权,转化为余值风险的

[①] See Hansmann Henry, Kraakman Reinier: Organizational Law as Asset Partitioning, European Economic Review, 2000(44), 807.

[②] See Fama Eugene, Jensen Michael: Separation of Ownership and Control, Journal of Law and Economics, 1983(26), 301.

承担者，董事会承担起制定战略和监督管理层的功能，而管理层成为实际控制公司资产的主体，因此，公司治理理论的发展与相关法律的发展将显著提升对投资者的保护水平。

Coase（1937）在《企业的性质》一文中开创性地从交易成本的角度来分析企业的边界问题，指出企业内部组织生产的成本和企业使用市场机制的交易成本决定了企业的边界。① Williamson（1975）在发展交易成本理论中，首次基于公司层级提出了公司治理的概念。公司治理在20世纪70年代逐渐受到组织经济学学者的关注。② Jensen和Meckling（1976）基于企业边界理论提出企业仅是"合同束"的概念，而信息不对称导致的代理成本构成了企业组织成本的重要来源。③ 而由于委托代理合同不完备的特点，代理人享有一定的自由裁量权，因而可能存在机会主义行为侵害委托人利益的情况（Grossman和Hart，1986）。④ 代理成本包括委托人的监督成本、代理人的监控成本和余值损失。

根据克拉克曼等人（2012）的分析，企业代理关系主要存在于股东与董事之间、大股东与小股东之间、股东与债权人之间。⑤ 在股东较为分散的上市公司中委托代理问题最为典型，即全体股东与代理人之间存在利益冲突。随着上市公司的董事成为上市公司治理的核心节点，基于西方证券

---

① See Coase Ronald: The Nature of the Firm, Economica, 1937(4), 386.
② See Williamson Oliver: Markets and Hierarchies: Analysis and Antitrust Implications: A Study in the Economics of Internal Organization, University of Illinois at Urbana-Champaign's Academy for Entrepreneurial Leadership Historical Research Reference in Entrepreneurship, 1975, 15, https://ssrn.com/abstract=1496220.（最后访问日期：2022年9月30日）
③ See Jensen Michael, Meckling William: Theory of the Firm: Managerial Behavior, Agency Costs and Ownership Structure, Journal of Financial Economics, 1976(3), 305.
④ See Grossman Sanford, Hart Oliver: The Costs and Benefits of Ownership: A Theory of Vertical and Lateral Integration, Journal of Political Economy, 1986(94), 691.
⑤ See Allen William, Kraakman Reinier, Subramanian Guhan: Commentaries and Cases on the Law of Business Organization, Fourth Edition, 2012, 72.

市场的公司治理理论，主要通过机制设计来控制股东与董事之间的委托代理问题，实现代理人以委托人的利益最大化为原则。在股权集中的上市公司中，除了股东与董事之间的代理问题外，还存在第二层代理问题，即大股东或控股股东与中小股东之间的利益冲突（冯根福，2004）。[1] 控股股东或实际控制人存在实现控制权超额收益的激励，即实际控制人可能会通过损害上市公司利益的方式，来获得超过控制权收益外的超额收益（Zingales和Dyke，2004）。[2]

Shleifer和Vishny（1997）提出公司治理的经典问题，即为什么投资者会放心地将自己的资金交给陌生人管理，并且相信其会返还适当的收益？两位作者指出了所有权、法律规范在公司治理体系中的替代作用，即公司的控制人受到法律规范和法律责任的约束有效减少了代理人的机会主义行为。[3] La Porta et al.（1998）构建了"反董事指数"（Anti-director right index），通过跨国实证研究发现，上市公司的股权结构受到所在国家法律制度的影响，当一国的投资者保护水平较低，对于董事的约束较少，股东为了保持自身利益就倾向于持有较高比例的股份。[4] 持有高比例的股权替代法律规范等正式制度成为保护股东利益的私力途径。早期的跨国实证研究还证实了上市公司股权集中度的国别差异，并且发现集中股权结构普遍存在于东亚、欧洲大陆等投资者保护水平较低的国家（Faccio, Lang, Young, 2001）。[5]

---

[1] 冯根福：《双重委托代理理论：上市公司治理的另一种分析框架——兼论进一步完善中国上市公司治理的新思路》，《经济研究》2004年第12期，第12页。

[2] See Dyck Alexander, Zingales Luigi: Private Benefits of Control: An International Comparison, Journal of Finance, 2004(59), 537.

[3] See Shleifer Andrei, Vishny Robert: The Limits of Arbitrage, Nber Working Papers, 1997(52), 35.

[4] See La Porta Rafeal, Lopez-de-Silanes Florencio, Shleifer Andrei et al.: Law and Finance, Journal of Political Economy, 1998(106), 1113.

[5] See Faccio Mara, Lang Larry, Young Leslie: Dividends and Expropriation, American Economic Review, 2001(91), 54.

学者也试图对公司治理进行精确定义。在公司治理文献方面，Tricker（1984）首次将公司治理定义为董事和董事会的思维方式、理论和实践。[①]钱颖一（1995）将公司治理结构视为一套制度安排，用以支配若干在公司中有重大利害关系的团体，即投资者（股东和贷款人）、经理人员、职工之间的关系，并从这种联盟中实现经济利益。他还阐明了公司治理结构包括如何配置和行使控制权，如何监督和评价董事会、经理人员和职工，如何设计和实施激励机制。[②]李维安（2001）则结合中国上市公司的实践，指出公司治理是通过正式或非正式的、内部的或外部的制度或机制来协调公司与所有利益相关者之间的利益关系，以保证公司决策的科学化，从而最终维护公司各方面的利益的一种制度安排。[③]公司治理为有关投资者（股东）、管理者（董事）、员工以及其他外部人员的一系列制度安排，这种制度安排不仅从法律上确定了各主体之间应当相互享有何种权利，承担何种义务，还从法律层面对公司利益相关者的利益分配作出了制度性安排。

在法学研究方面，学者大多结合公司法来展开对于公司治理的定义讨论。叶林（2003）指出，公司治理是公司制度的重要组成部分，是公司法学和企业管理学共同探讨、研究的重要课题，公司法学主要解决相关法律规则建立与完善问题。[④]李曙光（2003）结合我国证券市场的发展阶段，指出公司治理经历了前公司治理时期、公司治理的准备期以及公司治理的转型期等几个时期。[⑤]赵万一和华德波（2010）认为在法学的视野之下，公司治理的关键点在于维持公司治理中相关主体之间的权利和利益的分配

---

① See Tricker R I: Corporate Governance: Practice, Procedures and Powers in British Companies and Their Boards of Directors, Revue Internationale de Droit Compare, 1984, 679.
② 钱颖一：《企业的治理结构改革和融资结构改革》，《经济研究》1995年第1期，第25页。
③ 李维安：《公司治理》，南开大学出版社，2001，第30页。
④ 叶林：《关于我国公司法的基本评价和修改建议》，《证券法律评论》2003年第3期，第27页。
⑤ 李曙光：《中国的公司治理及其转型期的改革》，《政法论坛》2003年第3期，第5页。

与均衡，从而保障公司良好的运行状态。①赵旭东（2020）指出，公司治理的主要任务和目标就是协调和解决管理者与股东之间、股东与其他利益相关方之间的矛盾，维护公司正常稳定的经营和社会的交易安全与秩序，最大限度地保障和实现各方的合法权益；公司治理规范就是防范与协调、化解公司矛盾的规范，公司治理的评价就是衡量公司矛盾得以防范和化解的质量与效果。②

法和经济学关于公司治理主要包括三方面的基本理论，刻画出公司利益相关主体"权、责、利"的边界。

第一，所有权理论。所有权理论认为公司是被股东最终所有的，股东享有支配公司一切的权利，这种权利是公司所有权所派生的。同时，公司的运作应以股东的利益作为出发点，这也就意味着公司包括董事会在内的经营者的一切决策必须以股东的利益为中心（Keay, 2013）。③随着商业实践的发展，公众公司的股权愈发分散，股东与股东之间的人合性越来越弱，公司对于股东而言不再是需要投入大量资源与精力的所有物。正如伯利和米恩斯（2005）论述的，公司的所有权与控制权分离，这也就意味着股东不再能够随意支配公司的一切，但两位学者依旧认为公司应当将股东利益放在首位，公司的管理者的控制权应当是服务于公司所有权的。④事实上，所有权理论对现代公司法的影响更深，譬如20世纪80年代，Hart（1986）提出，股东在公司中享有的"剩余控制权"（Residual control rights）和"剩余索取权"（Residual cash flow rights）即是所有权的内涵，

---

① 赵万一、华德波：《公司治理问题的法学思考——对中国公司治理法律问题研究的回顾与展望》，《河北法学》2010年第9期，第6页。
② 赵旭东：《公司治理中的控股股东及其法律规制》，《法学研究》2020年第4期，第96页。
③ See Keay Andrew: Development Success: Historical Accounts from More Advanced Countries, Journal of Economic History, 2013(73), 1177.
④ [美]伯利、米恩斯：《现代公司与私有财产》，甘华鸣、罗锐韧、蔡如海译，商务印书馆，2005，第13页。

当公司履行了所有固定的合同义务后，所产生的剩余利益都将归公司的股东所有。① 可见，产生于所有权理论的股东中心主义，仍处于公司法研究的核心地位（周天舒，2018）。②

第二，公司合同理论。该理论发轫于诺贝尔经济学奖获得者罗纳德·科斯所构建的公司模型。科斯（1937）提出，企业一定程度上替代了市场的价格机制，企业利用内部科层制等方式降低了企业内部各方缔结合同的成本，最终达到了降低交易成本的目的。③ 在公司合同理论中，公司并非一个独立的实体，至少在经济学视野中并非实体，而是被解构为股东、董事、职员等各方参与人之间设定权利和义务关系的合同束（A nexus of contract）。这种合同束的存在，意味着股东、董事以及其他任何与公司有关的成员，其法律地位都是完全平等的，只不过为了达到市场的最优化配置，而对各方的权利义务进行了不同的安排。因此，为了简化其中的交易成本，需要公司这样一个能够统筹兼顾各方行为的合同束（黄辉，2017）。④

在科斯之后，有许多经济学家开始使用合同理论解释公司的各方面特征，并逐步完善了公司合同理论。在20世纪中后期，以芝加哥法律与经济学学派的兴起为代表，公司法的经济分析进入了发展的快车道。任何人在社会中都会依据自己的自由意志进行行为抉择，在与人打交道的过程中他们可以自由地依照自己的认知订立合同，这种合同并非严格的法律意义上的合同，有时甚至可以摆脱法律的规则。换言之，这种理念背后是较为纯

---

① See Grossman Sanford, Hart Oliver: The Costs and Benefits of Ownership: A Theory of Vertical and Lateral Integration, Journal of Political Economy, 1986(94), 691.
② 周天舒：《中国公司治理的法与经济学分析》，中国政法大学出版社，2018，第76页。
③ See Coase Ronald: The Nature of the Firm, Economica, 1937(4), 386.
④ 黄辉：《对公司法合同进路的反思》，《法学》2017年第4期，第127页。

粹的个人主义（Keay，2014）。① 每一个公司中的人都与公司内部的其他人存在联系，而这种联系可以视作一种合同关系，只是这种合同不同于民法上的一般合同，而是存在大量的类似于格式合同的存在，具有固有的权利义务抑或是借由公司法直接安排合同内容。或者说，公司内部存在大量的"自我交易"行为（罗培新，2003），② 但无论如何，公司的章程对外公开，公司的规章为每一个股东、董事和员工知悉，参与一个公司这件事对每一个参与人来说都是自愿的，符合合同的特征（伊斯特布鲁克和费希尔，2014）。③ 显然，不同于所有权理论，在公司合同理论中，公司并不存在一个真正的"所有者"，股东也只是其中的参与人之一，主要负责的是资产方面的投入。尽管公司合同理论会将公司视为一个意思一致的集合体，但这个集合体的利益如何分配，当内部合同内容不一致时应该以哪方意思为准，这些核心问题仅仅通过早期公司合同理论是不足以进行解释的（贺小松，2012）。④

第三，团队生产理论。随着现代公司法的发展，公司理论尤其是公司合同理论遭遇了许多批判，学者们开始进行系统反思，在学者们观点的碰撞中，团队生产理论逐渐成为最具竞争力的解释。这一理论是由美国公司法学者林恩·斯托特与玛格丽特·布莱尔提出，其认为公司本身是一种特殊的生产团队，每个参与者都要参与其中一起订立一个十分复杂的合同，从而成为团队中的一员（Blair和Stout，1999）。⑤ 团队成员之间地位是平

---

① See Keay Andrew: The Public Enforcement of Directors' Duties: A Normative Inquiry, Common Law World Review, 2014(43), 89.
② 罗培新：《抑制股权转让代理成本的法律构造》，《中国社会科学》2013年第7期，第147页。
③ [美]伊斯特布鲁克·弗兰克、费希尔·丹尼尔：《公司法的经济结构》，罗培新、张建伟译，北京大学出版社，2014，第165页。
④ 贺小松：《新古典经济学及公司合同理论质疑》，《经济问题》2012年第10期，第18页。
⑤ See Blair Margaret, Stout Lynn: A Team Production Theory of Corporate Law, Virginia Law Review, 1999(85), 248.

等的,其中不仅包括传统意义上的公司参与人,如股东、董事、职工等,还包括了债权人甚至当地社区等利益相关者,通过上述特殊的合同调整他们之间的权利义务关系,尽管这种合同在现实世界中可能并不完善甚至并不存在(韩文,2019)。① 基于这种合同,每一个团队成员都将自身与公司之间的权利义务交由公司调节性层级制(Mediating hierarchy)进行调整,通过这种内部层级,明确公司内部各个成员的职责与对资源分配的权利,从而规避成员个人可能发生的寻租与渎职等道德风险。换言之,将可能属于个人的权利交给团队内部的层级设置,可以在促进团队生产进而产生更多利润的同时,协调与控制成员内部之间以及成员与团队之间的利益冲突。

按照布莱尔和斯托特的观点,团队生产理论认为层级调节制的实施者是解决集体生产的关键,公司内部的层级非常多,每一层内部的矛盾或纠纷,其上级都有权进行解决。但这种层级结构的最顶层,并非传统观点中的股东会,因为在团队生产理论中,金字塔的最顶端一般来说应当是董事会,董事会有权解决下层矛盾,是最终决定者,其不仅有权对公司人事任免进行管理,对公司资产的使用进行安排,还有对外代表整体公司利益的权利。依照布莱尔和斯托特的理想化理念,对于股东会而言,董事会更像是一种受信人(Fiduciary):比起委托代理关系,他们之间更像是信托关系;比起仅为股东的利益,董事会的受信义务要求他们对公司这个团队整体的利益服务。在某种意义上,团队生产理论比起公司合同理论要更强调雇员的利益,甚至可推导出支持"公司社会责任"的理论基础,从时代性上来看,也很像是对公司合同理论的一种修正(张宪丽和高奇琦,2017)。②

---

① 韩文:《董事会治理优化路径研究:专门委员会制度的重构》,《法学杂志》2019年第7期,第93页。
② 张宪丽、高奇琦:《团队生产理论:公司社会责任的理论基础考辨》,《政法论丛》2017年第2期,第61页。

近年来，基于上述理论的发展，公司治理的研究转向董事会及独立董事制度。董事会是公司内部治理的枢纽，联结着股东、管理层和其他利益相关方。关于董事会的研究主要包括以下几个方面。

第一，董事会成员的特征获得了越来越多学者的关注，如董事会包括女性董事是否会改善公司治理实效（Singh和Vinnicombe，2004；Srinidhi，Gul和Tsui，2011）。[①②]根据心理学的相关研究，女性在决策过程中能够显著降低过度自信和轻率决策的风险，并且能够提供道德约束、谨慎和风险厌恶度等有助于公司发展的优秀品质（Bart和McQueen，2013）。[③]

第二，董事的社会网络也被发现与上市公司治理情况存在相关关系。由于存在部分董事在多家上市公司兼职的情况，因而产生"连锁董事"（Mizruchi，1996；谢德仁、陈运森，2012）。[④⑤]此类特殊的董事将为上市公司带来社会网络联系，位于网络核心的董事能够显著改善公司绩效（田高良，李留闯，齐保垒，2011；吴超，施建军，2018）。[⑥⑦]但是，董事兼任多家上市公司职位的情况也可能会分散董事精力，导致对上市公司的投入不足（Renneboog和Zhao，2011）。[⑧]

---

① See Singh Val, Vinnicombe Susan: Why So Few Women Directors in Top UK Boardrooms? Evidence and Theoretical Explanations, Corporate Governance: An International Review, 2004(12), 479.
② See Srinidhi Bin, Gul Ferdinand, Tsui Judy: Female Directors and Earnings Quality, Contemporary Accounting Research, 2011(28), 1610.
③ See Bart Chris, McQueen Gregory: Why Women Make Better Directors, International Journal of Business Governance and Ethics, 2013(8), 93.
④ See Mizruchi Mark: What Do Interlocks Do? An Analysis, Critique, and Assessment of Research on Interlocking Directorates, Annual Review of Sociology, 1996(22), 271.
⑤ 谢德仁、陈运森：《董事网络：定义、特征和计量》，《会计研究》2012年第3期，第46页。
⑥ 田高良、李留闯、齐保垒：《连锁董事、财务绩效和公司价值》，《管理科学》2011年第3期，第15页。
⑦ 吴超、施建军：《绩效下滑、董事网络与企业风险承担》，《经济与管理研究》2018年第7期，第110页。
⑧ See Renneboog Luc, Zhao Yang: Us Knows Us in the UK: On Director Networks and CEO Compensation, Journal of Corporate Finance, 2011(4), 1.

第三，董事会的特征对于证券违法违规行为的约束。如董事会作为公司治理的枢纽，是内幕信息产生和汇集的中心，因此有学者对董事会特征对于内幕交易的影响进行了研究（凌玲，方军雄，2014）。①

第四，关于董事义务和责任的相关研究。根据域外经验来看，董事义务多达10余种，其中最为重要的义务是信义义务，董事作为全体股东的代理人，要对其进行约束以使委托人股东的利益最大化（Ramsay, 2005）。②信义义务主要包括忠实义务和勤勉义务，前者适用于董事存在利益冲突的情况；而后者适用于管理者懈怠的情况（邓峰，2006）。③近年来，我国司法审判领域中有关董事违信责任的纠纷数量日渐增加，学者们开始关注实施层面的认定要件（梁爽，2016；叶金强，2018；翁小川，2021）。④⑤⑥

独立董事作为董事会内特殊的董事类型已经有40余年的历史。"二战"后，盎格鲁-撒克逊国家上市公司的股权分散程度提升，导致管理层对上市公司的控制权加大，投资者更愿意采取"用脚投票"的策略而不愿意积极介入上市公司治理。监督机制的失灵导致了管理层利用失灵攫取公司利益，包括薪酬规模失控、职务消费剧增、兼并收购缔造企业帝国等，进而使股东利益受到了严重的侵害。在20世纪70年代，美国证券交易委员会（以下简称"SEC"）为了控制失控的上市公司引入了独立董

---

① 凌玲、方军雄：《公司治理、治理环境对内幕交易的影响》，《证券市场导报》2014年第6期，第65页。
② See Ramsay John: The Real Meaning of Value in Trading Relationships, International Journal of Operations & Production Management, 2005(25), 549.
③ 邓峰：《领导责任的法律分析——基于董事注意义务的视角》，《中国社会科学》2006年第3期，第138页。
④ 梁爽：《董事信义义务结构重组及对中国模式的反思——以美、日商业判断规则的运用为借镜》，《中外法学》2016年第1期，第201页。
⑤ 叶金强：《董事违反勤勉义务判断标准的具体化》，《比较法研究》2018年第6期，第82页。
⑥ 翁小川：《董事注意义务标准之厘定》，《财经法学》2021年第6期，第49页。

事制度，并且要求董事会设置以独立董事为主的审计委员会，专门负责上市公司的审计事宜。而英国在90年代成立了坎德伯里委员会（Cadbury Committee），研究上市公司在公司治理过程中存在的问题，其报告也主要围绕董事会展开，建议赋予独立董事更多的审议职权，以提升董事会的独立性，包括保障独立董事对公司战略、资源配置、重大经营决策的独立判断权；建立由独立董事组成的审计委员会、薪酬委员会和提名委员会等。

然而，独立董事制度并未完全解决治理失灵的问题。西方发达经济体在21世纪初接连爆出上市公司财务造假丑闻，让独立董事制度陷入了巨大的争议之中。如美国安然公司，虽然其董事会的构成也包括独立董事，但安然公司仍然在数年时间里利用特殊目的，使公司虚增6亿美元的利润、掩盖10多亿美元的债务。一系列财务造假丑闻的后果是美国国会不得不通过《萨班斯-奥克斯利法案》来对上市公司的内控和财务报告制度进行系统改革。其中，独立董事被委以重任，审计委员会必须完全由独立董事组成，负责注册会计师的聘用并决定其报酬。除了加强独立董事的职责外，上市公司内部财务数据和制度规范也受到约束，包括建立收集、存放和处理财务数据的制度以及内控和审计工作的投诉程序等。同时，该法案还通过定义对独立董事设置了严格的标准，一方面，独立董事仅能从上市公司获取津贴，不能获取如咨询费、顾问费等在内的额外收入；另一方面，独立董事不能与上市公司及其相关主体存在雇佣关系。

独立董事制度在我国已经有20余年的历史，是上市公司治理的重要基础性制度。2001年8月，证监会借鉴西方成熟市场的经验推出了《关于在上市公司建立独立董事制度的指导意见》（以下简称《独立董事指导意见》），要求上市公司在2003年6月底之前，董事会中独立董事占比至少达到1/3。然而，长期以来，理论界和实务界均对我国独立董事制度提出了"不独不懂"的质疑，认为独立董事的设置未能有效提升上市公司的治理实效。例如，童颖等（2004）发布的我国首份独立董事调查报告显示，约1/3的独立董事从未在董事会表决程序投过反对票，从未发表过与大股东、高管不同的反对意见，也未能与执行董事享有相同的信息、并不足以对审议事项进行充分研判和独立决策。① 刘纪鹏和冀泽玉（2021）认为上市公司股权结构存在一股独大的现象，独立董事履职难以保持独立性。②

在"康美案"判决公开后，独立董事制度又重新受到我国学者的广泛关注。上市公司董事会中独立董事所占比例呈现不断上升的趋势，独立董事所表现的独立性和专业性被视为能够显著提升董事会多元化的工具，然而，该制度的实效却始终存在较大争论。在"建制度、不干预、零容忍"的政策背景下，证券监管机构也希望通过改善独立董事制度来制衡大股东和职业经理人，监督企业内部人的运营行为，避免由于利益冲突导致公司治理失败，最终实现提升上市公司质量的政策目标。

（二）本选题研究的意义

1. 理论价值

上市公司治理是法律与金融领域讨论的热点问题。由于上市公司的股东数量较多，分散的股权导致所有权和经营权相分离，两权分离奠定了上市公司治理理论的前提。20世纪70年代兴起的委托代理理论有力地回应了两权分离所导致的委托代理问题，该理论的主要核心说明了上市公司委托代理关系主要存在于股东与董事之间、大股东与小股东之间、股东与债权人之间。在公司内部组织机构分工和专业化趋势下，董事会毫无疑问已经成为现代上市公司治理的枢纽，管理层成为实际控制和经营公司资产的主

---

① 《首份中国独立董事调查报告之：中国独董生存现状》，百度文库网，https://wenku.baidu.com/view/2a3057b59ec3d5bbfd0a74ac.html.（最后访问日期：2022年9月30日）

② 刘纪鹏、冀泽玉：《独董制度引发的上市公司治理结构思考》，《中国经济评论》2021年第Z1期，第93页。

体，而股东大会仅承担有限的审批决策权。因此，西方证券市场的公司治理理论主张通过机制设计来解决股东与董事之间的委托代理问题，追求代理人以被代理人的利益最大化为原则来进行公司的治理。

然而，当前公司治理有关董事会的理论主要以盎格鲁-撒克逊国家证券市场的实践为基础，特别是英美两国的证券市场。造成这种现象的主要原因在于，这两国证券市场的历史最长、成熟度最高，为早期公司治理理论提供了丰富的实践"养料"。然而，不可忽视的是，我国证券市场存在与英美截然不同的制度禀赋。英美两国证券市场上市公司的股权较为分散，所有权和控制权两权分离的程度较高，因此公司治理主要是解决"被动的"股东与"主动的"管理层之间的代理问题。董事会作为股东和管理层之间的联结，一方面，董事会由股东大会选任，对全体股东履行信义义务；另一方面，董事会承担起战略制定和监督管理层的职责。在这样的市场背景下，英美国家独立董事的主要功能主要围绕着制衡管理层的目标来进行设计。但我国上市公司的股权相比英美国家更加集中，一方面，我国上市公司普遍存在大股东和（或）实际控制人，这些主体积极参与到公司经营和治理活动中；另一方面，我国《公司法》对于股东大会和董事会的职权划分过于原则化，内容存在边界重叠的问题，因而股东会可以绕过董事会直接对公司经营事项进行决议。在这样的实践背景下，独立董事的制度设计不仅需要考虑制衡管理层，还需要考虑制衡大股东。因而，本文结合西方成熟的公司治理规范的理论和实证研究，立足我国独特的证券市场结构，通过规范分析和实证分析讨论独立董事制度的相关问题具有重要的学术价值。

2. 实践价值

在我国《证券法》《公司法》联动修改的背景下，讨论独立董事制度对完善商事领域的立法、司法和执法实践具有积极意义。新《证券法》于2020年3月实施，强化了对上市公司的事中监管和事后执法，显著加强了独立董事的行政责任和民事责任。在行政责任方面，独立董事可能因其不当履职的行为承担相应的行政处罚，不当履职包括在发行和交易阶段的信息披露、重大资产重组、重大收购或资产处置等情形下存在的违法行为。在新《证券法》颁布之前，独立董事可能面临的行政责任较轻，最高罚金仅30万元；而新《证券法》将行政责任罚金的上限提升至1000万元（欺诈发行违法案件）。而在民事责任方面，新《证券法》第九十五条设置了多层次代表人诉讼，包括普通代表人诉讼和特殊代表人诉讼，后者被称为"中国版集团诉讼"。同时，最高人民法院根据新《证券法》制定了《最高人民法院关于证券纠纷代表人诉讼若干问题的规定》。独立董事制度是一项系统性制度设计，本文较为系统地讨论了独立性和专业性标准、事前选任程序、事中关于审理证券市场虚假陈述侵权民事赔偿案件的若干规定，规范了证券欺诈案件中，独立董事违法违规行为的认定标准以及相应的连带责任范围。除了规则层面的变化，"康美案"作为首单特殊代表人诉讼案件，判决独立董事承担上亿元的民事连带责任，也在法律层面显著提升了民事责任的威慑力。上述证券法律法规和判例为独立董事制度及其法律责任提出了新的研究议题，本文将深入挖掘和研究独立董事的法律责任和免责制度。

另一方面，《公司法（修订草案）》于2021年12月24日向社会公开征求意见，聚焦"促进资本市场健康发展""深化国有企业改革""优化营商环境""加强产权保护"四大修改方向。我国现行《中华人民共和国公司法》（本章以下简称《公司法》）制定于1993年，随后分别在1999年、2004年、2005年、2013年和2018年经过五次修改，此次征求意见稿是对《公司法》的第六次修改，也是一次重大修订。根据全国人大常委会法制工作委员会副主任王瑞贺向全国人大常委会会议的说明，这次修订目标之一即完善中国特色现代企业制度，持续优化营商环境，同时健全资本市场基础性制度，提升上市公司治理水平，促进资本市场的健康发展。

独立董事制度是此次《公司法（修订草案）》所涉重要制度创新。一方面，我国上市公司长期存在内部人控制的问题，中小投资者的合法权益无法得到有效保护。《公司法（修订草案）》在公司治理中引入制衡力量，加强对关联交易的规范，扩大关联人的范围，增加了关联交易报告义务和回避表决规则；同时，该草案还强化了控股股东和高级管理人员的法律责任，特别是完善董事、监事、高管忠实、勤勉义务的具体内容，以及公司董事、高管执行职务过错致他人损害、控股股东及实际控制人滥用控制地位侵害公司、中小股东权益的连带法律责任。另一方面，修订草案还加强了独立董事在公司治理中的作用：第一，明确独立董事的认定标准，既不得在上市公司担任除董事以外的其他职务，且不得与上市公司存在任何可能影响其独立客观判断的关系；第二，规定董事会下设的审计委员会应当以独立董事为主，降低内部人对审计工作的控制。

独立董事制度是一项系统性制度设计，本文较为系统地讨论了独立性和专业性标准、事前选任程序、事中履职保障体系、法定职责和事后法律责任等制度，并且利用上市公司的相关数据检验独立董事治理实效，有助于总结和提炼独立董事制度的各种面向，为独立董事制度改革提供系统科学的证据。

二、文献综述

学界已经有大量针对独立董事制度的研究，2022年9月在"中国知网"以"独立董事"为关键词检索，结果显示存在超过1.6万篇期刊论文和近1.3万篇学位论文。上述研究成果主要集中于法学、经济学和管理学领域，独立董事制度是典型的法律与经济学交叉学科的研究对象。由于本书主要关注独立董事制度的建构和治理的实效，相关学术成果可以分为以下三类。

（一）独立董事制度的功能

根据克拉克曼等人（2012）的分析，企业代理关系主要存在于股东与董事之间、大股东与小股东之间、股东与债权人之间。① 在股东较为分散的上市公司中委托代理问题最为典型，即全体股东与代理人之间存在利益冲突；而在股权集中的上市公司中，大股东或控股股东与中小股东之间的利益冲突成为公司治理应对的主要代理问题。公司治理机制是应对代理问题和代理成本的制度组合，为投资者、管理者、员工以及其他外部利益相关者之间的博弈提供了一系列制度安排，明确各主体之间的权利义务和利益分配规则。独立董事在公司治理中承担两方面的主要功能，即监督功能和咨询功能。

现有文献通过实证研究检验独立董事监督职能的效果，发现独立董事制度能够提高公司盈余稳健性（胡奕明，唐松莲，2008；赵德武等，2008）、②③抑制了大股东掏空（叶康涛等，2007）、④提高了投资效率（谢德仁，陈运森，2011）⑤等，并且在不同的产权性质、市场化环境以及大股东掏空程度等各因素的调节作用下，独立董事的监督能力又会出现不同的效果。也有一些文献考察了具有特定背景特征独立董事的咨询作用。刘春等（2015）证明了异地独立董事通过其社会网络担任了咨询者的角色。⑥何威风和刘巍（2017）探究了上市公司聘用法律独立董事的原因，也肯定

---

① See Allen William, Kraakman Reinier, Subramanian Guhan: Commentaries and Cases on the Law of Business Organization, Fourth Edition, 2012, 51.
② 胡奕明、唐松莲：《独立董事与上市公司盈余信息质量》，《管理世界》2008年第9期，第152页。
③ 赵德武、曾力、谭莉川：《独立董事监督力与盈余稳健性——基于中国上市公司的实证研究》，《会计研究》2008年第9期，第58页。
④ 叶康涛、陆正飞、张志华：《独立董事能否抑制大股东的"掏空"？》，《经济研究》2007年第4期，第104页。
⑤ 谢德仁、陈运森：《董事网络：定义、特征和计量》，《中国会计学会财务成本分会2011年年会暨第二十四次理论研讨会论文集》，2011，第45页。
⑥ 刘春、李善民、孙亮：《独立董事具有咨询功能吗？——异地独董在异地并购中功能的经验研究》，《管理世界》2015年第3期，第127页。

了专业独立董事所发挥的咨询功能。① 当然，也有学者对于上述功能的效果持怀疑态度（王兵，2007；杨青等，2011）。②③

独立董事监督与咨询职能的有效性也受到不同因素的影响，大致可分为以下几个方面。第一，邓博夫等（2021）研究了独立董事持股情况对其履行监督责任的影响，发现独立董事持股更有利于其发挥监督职能的结论。④ 第二，周泽将和高雅（2019）研究发现，独立董事距离任职公司的地理距离会显著影响独立董事的监督功能，独立董事本地任职显著抑制了大股东掏空，表明本地任职一定程度上缓解了信息不对称问题，可以提高独立董事的监督效率。⑤ 而罗进辉等（2017）进一步区别了距离因素，发现独立董事距离任职公司太远或太近都不利于其发挥监督职能。第三，李明娟等（2017）研究了专业背景对独立董事监督效果的影响，发现会计背景独立董事的占比及薪酬与其监督效果呈正相关关系。⑥ 逯东等（2017）则发现高校官员型独立董事的监督效果较为明显，凭借其专业优势发挥了积极的监督作用。⑦ 第四，郭放等（2018）考察任期数对独立董事监督效果的影响，发现相较于第一任期，第二任期的独立董事监督效果整体有

---

① 何威风、刘巍：《公司为什么选择法律背景的独立董事？》，《会计研究》2017年第4期，第48页。
② 王兵：《独立董事监督了吗？——基于中国上市公司盈余质量的视角》，《金融研究》2007年第1期，第114页。
③ 杨青、薛宇宁，YURTOGLU Besim Burcin：《我国董事会职能探寻：战略咨询还是薪酬监控？》，《金融研究》2011年第3期，第168页。
④ 邓博夫、董雅浩：《独立董事持股与履职积极性——基于独立意见的经验证据》，《当代财经》2021年第1期，第75页。
⑤ 周泽将、高雅：《独立董事本地任职抑制了大股东掏空吗？》，《中央财经大学学报》2019年第7期，第105页。
⑥ 李明娟、孙琦：《会计背景独立董事监督效果的实证研究——基于会计信息质量的视角》，《会计之友》2017年第3期，第69页。
⑦ 逯东、谢璇、杨丹：《独立董事官员背景类型与上市公司违规研究》，《会计研究》2017年第8期，第57页。

所降低，表明当独立董事与上市公司内部人建立起联系后可能削弱其监督效果。[①]

总体来看，上述有关独立董事功能及其实效影响因素的实证分析，较少成为法学规范分析的论证基础，本研究将经济学和管理学对独立董事的分析证据引入法学规范分析之中，提升说理论证的科学性和说服力。

（二）独立董事的选任、履职保障和法律责任

独立董事制度可以分为事前选任、事中履职保障和事后法律责任三方面，现有文献多集中于讨论不同制度对公司治理和经营情况的影响。第一，选任程序作为独立董事市场的准入制度，决定了独立董事的特征和独立性。独立董事选任程序受到诟病的主要问题是内部人控制，导致其丧失独立性和专业性，在董事会决策中成为上市公司内部人的附庸。[②] 谭雪等（2021）的研究表明，独立董事在投票中较少表达异议，究其原因主要包括独立董事自身任职受控股股东提名、投票过程的"羊群效应"、履职过程中信息沟通不足、不健全的薪酬激励机制和独立董事追责机制失灵等。[③] 周泽将等（2021）实证检验了股东大会中独立董事得票率对其当选后异议行为发生概率的影响，发现较低的股东大会得票率通过向独立董事施加执业压力的方式，间接提升其监督效率。[④] 刘琳晨等（2019）探讨了独立董事的高管背景是否会影响其"用手投票"，结果表明高管背景的独立董事更具有独立性，更倾向于公开质疑；此外，具有会计高管背景的独

---

① 郭放、王立彦：《独立董事特征与两个任期内监督效果变化》，《产业经济评论》2018年第2期，第72页。
② 刘纪鹏：《从万科看独董制度的缺憾》，《经济》2016年第21期，第48页。
③ 谭雪、李婧萱、吴昊洲：《独立董事投票制度的反思与改进——基于独立董事投票的分析》，《经济体制改革》2021年第2期，第189页。
④ 周泽将、王浩然：《股东大会投票与独立董事异议行为：声誉效应VS压力效应》，《经济管理》2021年第43期，第160页。

立董事相较于缺乏此类背景的独立董事独立性更强。[①]

第二，保障制度是影响独立董事履职有效性的事中因素。朱杰（2020）研究了独立董事薪酬激励与上市公司信息披露违规之间的关系，发现独立董事薪酬激励与上市公司信息披露违规行为之间存在U形关系，过高或过低的独立董事薪酬激励水平都无助于抑制信息披露违规行为。[②]张天舒等（2018）研究了独立董事薪酬与公司治理效率的关系，发现薪酬过低降低了独立董事参加董事会会议的意愿，而薪酬过高造成独立董事不会对董事会议案提出异议。[③]郑志刚等（2017）在对独立董事薪酬水平、薪酬差异与企业绩效改善的关系进行实证考察后，得出较高的独立董事薪酬水平能够显著改善上市公司绩效。李世刚等（2019）对独立董事内部薪酬差距问题进行了研究，发现独立董事内部薪酬差距可以对独立董事发挥履职作用起到激励作用，但过高的薪酬差距因违反公平性反而起到抑制作用。[④]

第三，法律责任通过事后让独立董事承担违法成本，可以在事前对违法行为产生威慑。该领域的文献是法学学者近两年关注的重点，根据"中国知网"的统计数据显示，核心期刊共刊发主题为"董事责任"的论文234篇，其中2018年之前刊文数量较少，此后快速增长，并在2021年达到最高峰30篇，说明该主题在近年受到的关注度呈现持续上升趋势。独立董事履职受到信义义务的约束，并且主要因违反勤勉义务而承担法律责

[①] 刘琳晨、陈暮紫、吴武清：《独立董事的高管背景与"独立性"——基于董事会投票的经验证据》，《南开经济研究》2019年第6期，第202页。
[②] 朱杰：《独立董事薪酬激励与上市公司信息披露违规》，《审计与经济研究》2020年第35期，第80页。
[③] 张天舒、陈信元、黄俊：《独立董事薪酬与公司治理效率》，《金融研究》2018年第6期，第157页。
[④] 李世刚、蒋煦涵、蒋尧明：《独立董事内部薪酬差距与异议行为》，《经济管理》2019年第41期，第128页。

任。在信义义务的内涵方面，王静和肖尤丹（2007）认为勤勉义务的标准因义务主体的差异而存在不同，并将勤勉义务分为勤业义务、关注义务以及适业义务，同时认为应该对独立董事以更高的勤业义务。① 傅穹和曹理（2011）则认为勤勉义务在标准上应当对独立董事与内部董事一视同仁，有利于董事会功能的发挥，并且契合公司运作实际。② 王怡丞和左进玮（2020）认为，独立董事勤勉义务的关键内容集中于监督公司信息披露，并重点剖析了信息披露勤勉监督义务，认为独立董事在信息披露中履行职务须符合主动性、切实性的要求，尽到特别注意义务。③ 袁康（2022）认为，独立董事是否勤勉尽责应该考虑独立董事履职的客观实际，包括目前的制度缺陷，独立董事自身的能力因素以及独立董事的薪酬激励问题。④ 邢会强（2022）认为，独立董事的注意义务在信息披露领域可细化为内部控制义务和实时监控义务，并提出四步测试法差异区分关键少数人是否需要承担责任，以减少"一锅端"现象的出现。⑤

而在独立董事承担法律责任方面，赵旭东（2022）认为，独立董事主要因上市公司虚假记载、重大遗漏、误导性陈述、不正当披露等虚假陈述而被处罚，其受罚主要适用过错推定原则。⑥ 刘学（2022）分析了42份关于独立董事的处罚书，发现对独立董事的处罚存在违反注意义务责任判断

---

① 王静、肖尤丹：《论公司董事勤勉义务的判断标准》，《辽宁大学学报（哲学社会科学版）》2007年第5期，第158页。
② 傅穹、曹理：《独立董事勤勉义务边界与免责路径》，《社会科学》2011年第12期，第112页。
③ 王怡丞、左进玮：《独立董事的信息披露监督定位与勤勉义务研究》，《金融监管研究》2020年第12期，第102页。
④ 袁康：《独立董事的责任承担与制度重构——从康美药业案说开去》，《荆楚法学》2022年第2期，第135页。
⑤ 邢会强：《上市公司虚假陈述行政处罚内部责任人认定逻辑之改进》，《中国法学》2022年第1期，第247页。
⑥ 赵旭东：《论虚假陈述董事责任的过错认定——兼〈虚假陈述侵权赔偿若干规定〉评析》，《国家检察官学院学报》2022年第30期，第7页。

标准不明、违反注意义务责任主体界限模糊等问题。① 刘运宏（2022）通过对免除民事赔偿责任的亚星化学案、承担有限补充赔偿责任的海润光伏案、承担有限连带责任的康美药业案三个案例的分析对比，发现独立董事因上市公司虚假陈述而承担的民事赔偿责任与行政法律责任的承担与否之所以不具有必然关系，主要原因在于二者的法律依据和归责原则不同，但是承担民事赔偿责任的归责原则及其法律规定需要根据事件和案例进一步修正与完善。② 而李洁（2022）从行政责任出发，分析了独立董事履职的障碍，并针对独立董事勤勉义务免责提出改变责任认定的路径依赖和以知情、信赖为基础的勤勉证明两条路径，改善独立董事信息弱势地位，增强其权力和责任的统一，激励独立董事履职，促进我国独立董事制度的不断完善。③

上述研究成果奠定了独立董事的基本理论、构造了基本的制度体系，本书拟在此基础上结合最新的实证研究成果讨论新《证券法》颁布后，完善上市公司独立董事制度的思路；并且结合最新的"康美案"判决，使用实证研究方法分析法律责任增加对独立董事制度的影响。

（三）独立董事对上市公司治理和绩效的影响

虽然立法机关、司法机构和监管机构认可独立董事对公司治理和绩效的正面作用，但由于存在独立性和专业性方面的限制，④ 独立董事是否能改善上市公司治理实效仍然存在不确定性。独立董事参与公司治理的重要渠道是对相关议案发表独立的意见，以及代表博弈终局的主动离职行为。

---

① 刘学：《论独立董事的注意义务》，《上海金融》2022年第1期，第68页。
② 刘运宏：《独立董事因上市公司虚假陈述而承担民事赔偿责任的归责原则及其改革》，《武汉金融》2022年第5期，第79页。
③ 李洁：《勤勉证明改进下的独立董事行政责任豁免路径》，《福建金融管理干部学院学报》2022年第2期，第42页。
④ 周佰成、邵振文、孙祖珩：《中国上市公司独立董事功能缺失与制度重塑》，《社会科学战线》2017年第3期，第252页。

一方面，独立董事发表异议的情况并不常见。①吴伊菡等（2021）认为，上市公司独立董事提出异议的主要动机是卸责而不是尽职。②而范合君等（2022）则认为，独立董事更有可能在企业收到交易所的问询函后发表异议，以保护个人声誉。③另一方面，独立董事通过辞职行为，向投资者传递了信号，迫使代理人改变行为，具有一定的治理效应。张俊生和曾亚敏（2010）的研究表明，独立董事主动辞职可以发挥信号传递的作用，投资者可以由此推知公司的负面信息。④Dewally和Peck（2010）研究发现约有半数独立董事辞职时公开批评公司管理层，公开批评行为迫使管理层进行改变，辞职之后公司股票业绩明显提升。⑤

此外，独立董事制度与公司治理绩效之间的关系也是研究的重点，该领域文献主要包括两方面。第一，考察独立董事对公司业绩的影响，这类研究使用多种会计方法、股票价格回报以及诸如"托宾的Q"等市场估值指标衡量股东利益。Hermalin和Weisbach（1991）将"托宾的Q"用于评估公司绩效，没有发现公司绩效与外部董事占比之间的联系。⑥Bhagat和Black（1999）综述了公司业绩和董事会独立性之间的相关性，并认为大多数研究都没有发现相关性，反而有证据表明独立董事的比例和公司业绩

---

① 刘琳晨、陈暮紫、吴武清：《独立董事的高管背景与"独立性"——基于董事会投票的经验证据》，《南开经济研究》2019年第6期，第203页。
② 吴伊菡、董斌：《异议独董：尽职还是卸责》，《现代财经（天津财经大学学报）》2021年第41期，第24页。
③ 范合君、王思雨：《缄默不语还是直抒己见：问询函监管与独立董事异议》，《财经论丛》2022年第3期，第70页。
④ 张俊生、曾亚敏：《独立董事辞职行为的信息含量》，《金融研究》2010年第8期，第158页。
⑤ See Dewally Michael, Peck Sarah: Upheaval in the Boardroom: Outside Director Public Resignations, Motivations, and Consequences, Journal of Corporate Finance, 2010(16), 38.
⑥ See Hermalin Benjamin, Weisbach Michael: The Relationship Between Managerial Ownership and Firm Performance in High R&D Firms, Financial Management, 1991(20), 101.

之间存在负相关，而这与传统观点完全相反。① Bhagat和Black（2001）进行了一项详细的后续研究，收集了持续较长时间的大样本，并发现增加董事会的独立性并不能改善公司的业绩。②

基于我国上市公司的实证研究也部分支持独立董事对公司业绩的促进作用。王跃堂等人（2006）利用两阶段最小二乘法控制了内生性问题，发现独立董事比例与企业绩效呈显著正相关关系。③ Liu等（2015）研究了1999—2012年在上海和深圳证券交易所上市的2057家中国公司，发现独立董事对公司绩效有积极的影响。④ 独立董事的海外背景能够显著提高企业以基本每股收益衡量的市场绩效（项慧玲，2019）；⑤ 而独立董事的学历水平越高，对公司绩效的促进效果就越显著（励莉等，2019）。⑥ 宣杰等（2021）则发现我国上市公司独立董事履职有效性越高，越有助于上市公司提高企业绩效。⑦

第二，考察独立董事对特定任务（Discrete Tasks）的影响，例如首席执行官薪酬、不适合管理层的解雇以及与收购有关的决策。首先，有关首席执行官的研究显示董事会由外部董事主导，相比由内部人主导的情况，

---

① See Bhagat Sanjai, Black Bernard: The Uncertain Relationship Between Board Composition and Firm Performance, Business Lawyer, 1999(51), 921.
② See Bhagat Sanjai, Black Bernard: The Non-Correlation Between Board Independence and Long-Term Firm Performance, The Journal of Corporation Law, 2002(27), 235.
③ 王跃堂、赵子夜、魏晓雁：《董事会的独立性是否影响公司绩效？》，《经济研究》2006年第5期，第65页。
④ See Liu Yu, Miletkov Mihail, Wei Zuobao et al.: Board Independence and Firm Performance in China, Journal of Corporate Finance, 2015(30), 223.
⑤ 项慧玲：《独立董事海外背景、内部薪酬差距与企业绩效》，《华东经济管理》2019年第33期，第130页。
⑥ 励莉、周芳玲：《独立董事身份特征对公司绩效的影响研究》，《经济问题》2019年第6期，第100页。
⑦ 宣杰、王晓莹、闫睿等：《独立董事履职有效性、现金股利与企业绩效》，《财会通讯》2021年第22期，第38页。

CEO更替对公司业绩更敏感。① Dah, Frye和Hurst（2014）利用1998—2006年1615家美国上市公司的样本，指出增加（减少）独立董事的公司在《萨班斯法案》颁布后，CEO因业绩而被替换的概率更高（更低）。② 此外，对上市公司并购的研究显示，当被收购公司的董事会拥有更高比例的独立董事时，其可以获得更高的收购溢价。③ Cotter等人（1997）对1989—1992年美国证券市场的要约收购进行了一项重要的研究，发现当被收购公司的董事会拥有更高比例的独立董事时，将获得比其他公司更高的溢价（平均高出20%）。④ 梁雯等（2018）认为独立董事网络中心度越高，在企业进行并购的过程中能够为企业提供更多的咨询建议与信息服务，帮助企业在并购后获取更高的绩效。⑤ 邓伟等（2018）的研究也发现当公司聘请有券商背景的独立董事后，能够帮助企业提升并购概率和扩大并购规模，并且能获得更高的并购绩效。⑥

独立董事对上市公司治理方面的正向作用还体现在其对财务造假风险的防范上。董事会监督效应最成熟的证据是董事会独立性和财务报告准确性之间存在正相关关系。独立董事能够识别并减少公司的风险，在保证公司整体利益的情况下防范中小股东的利益受到内部人的侵害（叶康涛等，

---

① See Weisbach Michael: Outside Directors and CEO Turnover, Journal of Financial Economics, 1988(20), 431.
② See Dah Mustafa, Frye Melissa, Hurst Matthew: Board Changes and CEO Turnover: The Unanticipated Effects of The Sarbanes–Oxley Act, Journal of Banking & Finance, 2014(41), 97.
③ See Bhagat Sanjai, Black Bernard: The Non-Correlation Between Board Independence and Long-Term Firm Performance, The Journal of Corporation Law, 2002(27), 235.
④ See Cotter James, Shivdasani Anli, Zenner Marc: Do Independent Directors Enhance Target Shareholder Wealth During Tender Offers?, Journal of Financial Economics, 1997(43), 195.
⑤ 梁雯、刘淑莲、李济含：《独立董事网络中心度与企业并购行为研究》，《证券市场导报》2018年第1期，第56页。
⑥ 邓伟、王涛、成园图：《券商背景独立董事对企业并购影响的实证研究》，《南京审计大学学报》2018年第15期，第64页。

2007）。① Beasley（1996）②和 Dechow，Sloan 和 Hutton（1996）③将那些会计舞弊可能性较高的公司（例如，成为 SEC 执法对象的目标公司）与合规公司进行了比较，发现会计舞弊与更加独立的董事会之间存在强烈的负相关关系。Klein（2022）发现，董事会独立性与异常应计项目之间存在负相关关系，而异常应计项目通常是舞弊的前兆。④ 后续的研究强调了审计委员会独立性的重要性，⑤以及董事会或审计委员会的财务专业知识在防范上市公司欺诈方面的作用。⑥

综合上述的研究成果可以看出，当前研究对于独立董事制度的实效并未取得一致的结论。独立董事的监督功能和咨询功能的实效受到配套制度的影响，因此，需要结合我国证券市场的禀赋特点进行本土化讨论和设计。本书结合上市公司最新的面板数据，对独立董事制度和上市公司治理实效之间的关系进行实证分析。

三、研究框架

本书除去绪论和结论，正文部分分为以下七章，具体研究框架如下。

第一章和第二章主要从理论层面和比较法层面讨论独立董事制度"是

---

① 叶康涛、陆正飞、张志华：《独立董事能否抑制大股东的"掏空"？》，《经济研究》2007年第4期，第103页。

② See Beasley Mark: An Empirical Analysis of the Relation Between the Board of Director Composition and Financial Statement Fraud, The Accounting Review, 1996(71), 443.

③ See Dechow Patricia, Sloan Richerrd, Hutton Amy: Causes and Consequences of Earnings Manipulation: An Analysis of Firms Subject to Enforcement Actions by the SEC, Contemporary Accounting Research, 1996(13), 1.

④ See Klein April: Audit Committee, Board of Director Characteristics, and Earnings Management, Journal of Accounting and Economics, 2002(33), 375.

⑤ See Jeffrey Cohen, Krishnamoorthy Ganesh, Wright Arnold: The Corporate Governance Mosaic and Financial Reporting Quality, Social Science Electronic Publishing, 2004(23), 99.

⑥ See Agrawal Anup, Chadha Sahiba: Corporate Governance and Accounting Scandals, Journal of Law & Economics, 2005(48), 371.

什么"的问题。第一章奠定本文后续规范分析和实证分析的理论基础，首先对于本文研究的主要概念"独立董事"和"治理实效"的内涵进行了讨论，随后深入阐述了"委托代理理论""团队决策理论"和"最优威慑理论"在独立董事治理问题中的应用。结合董事会结构理论，本章进一步讨论了盎格鲁-撒克逊式单层董事会与欧陆式双层董事会两种董事会结构下，独立董事在公司治理中发挥的制度功能。最后，本章分析了我国上市公司治理体系的特点、董事会结构和独立董事的任职情况。第二章梳理和分析了域外上市公司独立董事制度的相关研究和实证数据，包括英国、美国、中国香港地区和日本的上市公司治理模式特征和独立董事功能、选任、管理和责任承担机制。本章通过规则和实证案例层面的分析，总结归纳域外上市公司独立董事制度的特征。

　　第三章、第四章和第五章结合相关实证研究证据，从规范层面讨论"怎么办"的问题，分析独立董事制度改革的重点和可行方案。第三章关注我国独立董事事前选任制度。本章首先提出我国上市公司治理需要解决的是大股东与中小股东之间的代理问题，在此基础上结合相关规则对独立董事的独立性标准进行分析，并主张以控制力为核心构建独立性标准；其次对独立董事的选任程序进行分析，提出削弱大股东影响选任结果的改革思路；最后分析建立"少数股东独立董事"制度的思路，讨论通过选任程序保障独立董事的独立性。

　　第四章关注我国上市公司独立董事事中履职保障机制，主要集中于管理和薪酬制度。首先，独立董事有效履职的基础是其知情权的充分保障，考虑到独立董事在上市公司内的话语权有限，法律法规应当明确规定其知情权保障机制。其次，我国独立董事的管理机制应当强化声誉资本的约束力，建立相应的候选专家库，并且行业协会应当发挥矛盾调解的功能，促进实现合作式决策监督。最后，薪酬制度为独立董事的履职提供了货币激励，考虑到独立董事制度的特点，货币激励应当保持适度，过低或过高的经济激励都可能削弱独立董事的制度实效。

第五章聚焦我国独立董事的事后责任制度。本章首先以勤勉义务及其免责要件的规定入手，结合汉德公式从最优威慑与预防理论角度讨论独立董事法律责任制度的理论基础；其次结合独立董事所受行政处罚决定书和民事判决书，进一步对独立董事担责的核心要件"过错"的判断进行讨论；最后从"购买-保障"悖论出发分析了改善董责险制度效果的思路。

第六章是全文的实证研究部分，使用上市公司最新的数据从实证层面讨论独立董事制度的实效，检验了三方面的假设，即独立董事异议行为与上市公司违法行为之间的关系，独立董事与上市公司经营绩效之间的关系，以及独立董事辞职所引起的市场反应和"康美案"揭示的民事责任，增加对独立董事辞职行为市场反应的影响。

第七章结合前述讨论提出"怎么干"的改革策略，从独立董事选任机制、管理体制、薪酬制度、职业化改革和事后法律责任等方面讨论独立董事制度的改革思路，并结合中国证券市场的特点提出相关建议。

四、研究方法

本书以法和经济学交叉学科视角讨论上市公司独立董事的治理实效，主要采用了规范分析和实证分析两个方面的研究方法。

（一）规范分析方法

在规范分析层面，本书使用的方法主要包括以下三类。

第一，法和金融分析方法，主要包括运用委托代理理论、不完全契约理论、激励相容理论、威慑理论和资产定价理论等工具，从规范层面讨论独立董事"权、责、利"的分配。

第二，功能分析（Functional Analysis）和比较研究方法，本书首先总结出独立董事制度的功能特点，并以功能维度作为标尺对跨法域的规则进行比较研究，通过对普通法系、大陆法系公司治理和独立董事规范方面的分析，以求更为全面地把握上市公司独立董事制度的功能和最优制度设计。

第三，类型化分析方法，上市公司独立董事的责任体系涉及董事类型、案件类型、违法行为等维度，通过对不同类型董事在特定场景中的责任进行类型化归纳分析，总结出相关核心要点，提升独立董事责任体系的效率。

（二）实证分析方法

在实证分析层面，本书使用的方法主要包括以下两种。

第一，案例分析法。案例分析法是通过典型案例对相关法律制度在个案应用层面的研究方法。通过对案例进行分析，可以厘清独立董事选任、管理和责任承担方面的演化脉络，从而归纳出具有普遍意义的规律。本书系统收集了民事诉讼案件和行政执法案件，并结合典型案例进行深入讨论，基于具体案例辨析境内外独立董事制度的异同，并借此完善我国的独立董事制度。

第二，描述性统计分析和回归分析法。文章系统收集了有关上市公司以及独立董事制度的特征数据，并通过描述性统计分析、多元回归分析、事件研究法等量化分析方法讨论独立董事制度的治理实效。

五、创新点与不足

（一）本书的创新点

上市公司独立董事制度是公司法和证券法的经典议题，国内外学者对该问题已经存在广泛的讨论。本书的创新之处主要是结合当前我国证券市场全面实施注册制的大背景，讨论新《证券法》颁布、《公司法》进入实质性修法阶段，独立董事研究随着我国证券市场进入"强责任"时代所涌现出的新的研究问题，从精细化、体系化和实证化的角度讨论独立董事制度构建及其实效问题。本书的创新点主要集中于以下几方面。

第一，本书在理论分析和后续实证研究部分突破了当前文献在抽象层面讨论独立董事制度的局限，结合最新的实证研究成果讨论制度设计的问题；强调独立董事与执行董事、非执行董事的差异，并在选任、管理、薪酬和责任等方面对独立董事进行差异化对待。

第二，本书从比较法的角度，选择了普通法系和大陆法系主流法域有关独立董事的规定，从功能分析的角度对域外上市公司独立董事实施层面的情况进行了系统分析。

第三，本书除在规范层面讨论独立董事相关制度外，还从实在法的角度切入，结合具体的司法判决和行政执法案例，讨论独立董事法律责任实施面向的问题，为规范层面的制度变革提供实践基础。

第四，本书通过系统收集上市公司和独立董事最新数据，利用描述性统计分析和多元回归分析方法，讨论独立董事在公司治理方面的实效。

（二）本书的不足

第一，由于本人的知识结构和论文篇幅的限制，本书采取了法和经济学的交叉研究视角，通过实证分析讨论和归纳独立董事在实然层面的特征，因此本书对于董事责任的教义学分析仍然存在不充分的地方。

第二，由于本人在独立董事方面的实务经验有限，分析材料主要来自出版物和相关数据库等，对于一手实务经验的理解和掌握存在不足之处。

第一章　公司治理与独立董事制度的基础理论

第一节　独立董事与治理实效的意涵

一、独立董事

1. 董事的分类

上市公司的董事可以分为内部董事和外部董事，前者是实际控制公司的内部人以及由该内部人所控制的董事，主要包括执行董事和影子董事等；而后者为非内部董事的主体，按照不同的分类标准可以划分为非执行董事、无利益冲突董事和独立董事等。图1展示了不同类型董事之间的关系。

（1）内部董事。

执行董事，一般是上市公司的全职员工，在上市公司担任高级管理职务，属于上市公司的内部董事，是董事会成员中对公司的控制力和影响力最强的群体。执行董事是那些在上市公司中担任管理职务并领取薪酬的董事，如在上市公司中担任首席执行官、首席财务官等职位。[①] 他们将大量时间和精力投入公司经营，负责公司各项内外决策，因而对于公司的信息掌握也最为充分。同时，根据上市公司董事的选任程序，控股股东通常凭借其持股优势，在董事提名和选任方面具有较高的影响力。因此，执行董

---

① 陆正飞、胡诗阳：《股东—经理代理冲突与非执行董事的治理作用——来自中国A股市场的经验证据》，《管理世界》2015年第1期。

事一般都是由上市公司大股东或者实际控制人进行任命,并且与他们往往保持着密切的联系。①执行董事一般在上市公司重大欺诈案件中都扮演着比较重要的角色,无论是大股东还是实际控制人,意图操纵上市公司进行财务造假或者违规交易行为时,都必须通过执行董事具体实施违法行为。综上所述,上市公司执行董事在薪酬水平、了解上市公司经营信息和调动上市公司资源的能力方面都存在显著的优势。从"权、责、利"匹配的角度,执行董事的信义义务要求最高,故而当上市公司出现欺诈行为时,其违信责任也最严格。

影子董事(Shadow director)是指那些不在公司担任董事职位,但是公司的董事惯常依照其指示或指令行事之人,最早出现在英国公司法中。②尽管存在部分差异,譬如实际控制人在许多公司治理的事项上或许不需要指示董事即可自己行使,但由于影子董事和实际控制人的行为本质上是一致的,其制度内容与我国实际控制人不谋而合。③对于影子董事应

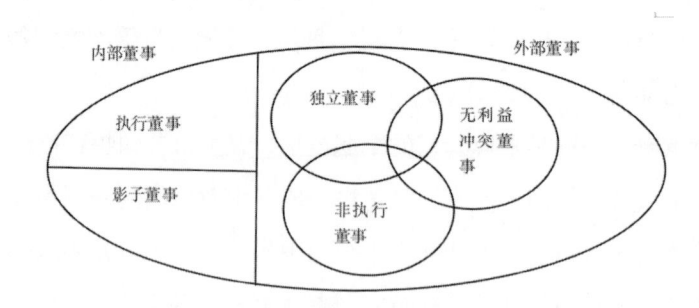

图1:不同类型董事之间的关系

当如何承担信义义务,在域外判例中认为,影子董事和一般董事承担的信

---

① 陈湘永、张剑文、张伟文:《我国上市公司"内部人控制"研究》,《管理世界》2000年第4期。
② 刘斌:《重塑董事范畴:从形式主义迈向实质主义》,《比较法研究》2021年第5期,第89页。
③ 郑彧:《上市公司实际控制人法律责任的反思与构建》,《法学研究》2021年第2期,第97页。

义义务几乎同等，^①参考我国《公司法》，虽未直接说明实际控制人应当履行与董事一致的信义义务，但是通过相关的责任条款，如《公司法》第二十一条中对实际控制人关联交易的规制与董事是一致的，也证实了即使在现行法上，实际控制人也应承担一定的信义义务。

（2）非独立外部董事。

外部董事是与内部董事相对应的概念，一般是指非上市公司的雇员，而无须满足其他独立性要求，因而比独立董事的外延更宽。外部董事的功能被定位于辅助执行董事决策，提升董事会多元化、提供外部观点。[2]非独立外部董事的类型主要包括无利益冲突董事（Disinterested directors）和非执行董事两类。

第一，无利益冲突董事，该类董事的判断标准往往需要结合具体的交易展开，即与特定交易不存在利益冲突。美国特拉华州公司法赋予无利益冲突董事较大的审批权力，规制存在利益冲突的交易。例如，上市公司与其董事、管理层之间的直接交易，或与由董事、管理层控制或持有利益的实体之间进行的交易，或者公司的董事或管理层将公司机会据为己有的情况。关于此类交易的规制主要存在两方面的规则：第一，此类利益冲突交易应当被披露；第二，此类交易应当被无利益冲突董事或股东批准。《特拉华州公司法》第144章规定，存在利益冲突的交易应当因利益冲突原因被视为无效，除非满足以下规定：董事会知悉相关信息，并且过半数无利益冲突董事通过该交易；股东大会通过该交易；在交易达成时，条款对于公司是公平（Fair）的。

第二，非执行董事。在20世纪末期，欧美成熟资本市场开始关注上市

---

① Vivendi SA v. Richards [2013] EWHC 3006 (Ch), 141-143.
② See Cheffins Brian, Company Law: Theory, Structure and Operation, Clarendon Press, 1997, 53.

公司董事会的"可问责性"（Accountability）。[①] 董事会被视为保障公司治理可问责的关键，因而雇用非执行董事的比例呈现上升的趋势。[②] 非执行董事是不在公司担任高级管理职务的董事，其独立性弱于独立董事，与上市公司管理层之间的联系可能更为紧密，因而与上市公司的利益更趋于一致。非执行董事可能是上市公司的非控股股东派驻的董事。此类董事无须受到公司CEO的直接管理，可以监督管理层的管理活动，以及为公司的战略制定提供外部视角，还可以参与公司战略的制定和发展、风险管理和财务控制体系的有效性评估、管理层薪酬的设定，以及高级管理人员的继任和解聘等事宜。

（3）独立董事。

独立董事属于外部董事，在上市公司中并不担任除董事以外的职务，也不参与公司的日常事务管理，主要是以独立身份监督公司运作的兼职董事，领取固定报酬。[③] 关于独立董事的学术定义为"未受到管理层的恩惠，在董事会内外都可以直接说出管理层的违法行为，以保护投资者的利益"。[④] 另外，团队生产理论主张，独立董事应当调和上市公司内部各利益团体的利益，包括股东、员工等，[⑤] 因此，独立董事应当独立于公司所有主要的利益主体，以便其能够独立作出调和决策，避免为了某些主体的利益而牺牲其他方面的利益。

[①] See Monks Robert, Minow Nell: The Director's New Clothes: (Or, The Myth of Corporate Accountability), Journal of Applied Corporate Finance, 1991(4), 78.

[②] See Korn/Ferry International: Egan Associates, Boards of Directors Study in Australia and New Zealand, 2005, 34.

[③] 郭富青：《论上市公司独立董事运作的法律机制》，《甘肃政法学院学报》2003年总第67期，第29页。

[④] See Clarke Donald: Three Concepts of the Independent Director, Delaware Journal of Corporate Law, 2007(32), 73.

[⑤] See Allen William, Jacob Jack, Strine Leo: The Great Takeover Debate: A Meditation on Bridging the Conceptual Divide, University of Chicago Law Review, 2002(69), 1067.

各主要经济体都对独立董事进行了定义。我国证监会于2022年1月5日专门颁布《上市公司独立董事规则》，规定独立董事的独立性主要体现在两个方面。①

第一，职权的独立性。一般而言，独立董事的职权除了一般董事享有的提名、任免人员、决定薪酬等权利以外，还享有部分额外的职权，譬如在《上市公司独立董事规则》第二十二条规定的特别职权。②

第二，法律地位的独立性。独立董事必须在股东大会上选举产生，而非由大股东推荐或是委派，也并非公司的经营或管理者。同时，独立董事独立于股东会、管理层，甚至一定程度上独立于董事会本身，这是为了确保独立董事对公司事务进行独立评判，从而更有效率地监督管理层、追求公司利益最大化，这也要求独立董事不得与公司存在雇佣关系、关联交易等。基于其法律地位的独立性，因此也有学者提出其意思表示也是独立的。③

而美国机构投资者关于独立董事独立性的标准是域外具有代表性的定义。美国加利福尼亚州公共雇员退休基金（California Public Employees' Retirement System，CalPERS）指出独立董事应当满足以下标准：④ "第一，当下以及五年内不是上市公司所雇用的管理人员（Executive capacity）。第

---

① 彭丁带：《美国的独立董事制度及其对我国的启示》，《法学评论》2007年第4期，第100页。
② 独立董事的特别职权包括："（一）重大关联交易（指上市公司拟与关联人达成的总额高于300万元或高于上市公司最近经审计净资产值的5%的关联交易）应由独立董事事前认可；独立董事作出判断前，可以聘请中介机构出具独立财务顾问报告，作为其判断的依据；（二）向董事会提议聘用或解聘会计师事务所；（三）向董事会提请召开临时股东大会；（四）提议召开董事会；（五）在股东大会召开前公开向股东征集投票权；（六）独立聘请外部审计机构和咨询机构，对公司的具体事项进行审计和咨询。"
③ 马更新：《独立董事制度研究》，知识产权出版社，2004，第5页。
④ See Appedix of The California Public Employees' Retirement System, Global Governance Principles, http://calpers.ca.gov/docs/forms-publications/global-principles-corporate-governance.pdf.（最后访问日期：2022年9月30日）

二，在过去三年内，连续12个月内从上市公司获得的直接报酬超过5万美元，但应当排除以下收入：（1）董事报酬和董事会委员会委员报酬，以及履职费用报销收入；（2）投资上市公司证券的回报。第三，未附属于向上市公司提供咨询和建议服务的公司，或在过去三年内，连续12个月担任上市公司高级管理人员且收入超过5万美元。第四，并非上市公司交易对象的雇员，该交易对象与上市公司之间的往来支付额度应当超过20万美元，或超过该交易对象总收入的2%。第五，未附属于任何非营利性组织，该组织应当从上市公司处获取的捐赠超过20万美元，或超过其当年获得捐赠总额的2%。第六，与上市公司的CEO或其他雇员之间不为'连锁'董事，即雇用该独立董事的企业应当未雇用上市公司的CEO或其他员工作为董事。第七，与上市公司的母公司或子公司不存在前述六条所描述的关系。"

2. 独立董事制度的历史发展

从全球范围来看，公众公司董事会的治理结构在过去400余年的时间里经历了由内部人主导向独立董事主导变迁的过程。[①] 1602年成立的荷兰东印度公司被认为是第一家现代的股份有限公司，它同时具备了有限责任、法人独立人格和可转让股份等特征。[②] 彼时，董事会已经成为公众公司治理的重要机构。[③] 然而，与现代董事会结构存在显著差异的是，当时董事会的成员往往是公司的重要股东，其参与董事会的主要诉求是维护自

[①] 王文钦：《公司治理结构之研究》，中国人民大学出版社，2005，第211页。
[②] See Gelderblom Oscar, Abe De Jong, Jonker Joost: The Formative Years of the Modern Corporation: The Dutch East India Company VOC, 1602–1623, The Journal of Economic History, 2013(73), 1050.
[③] See Gevurtz Franklin: The European Origins and the Spread of the Corporate Board of Directors, Stetson Law Review, 2004(33), 925.

身投资利益，董事会的功能主要是为了大股东们达成共识、平衡利益。①而中小股东参与公司治理的意愿普遍不高，更多的是希望能够搭上持股比例较高董事的"便车"，即他们在最大化个人利益的同时，能够改善公司盈利状况，让中小股东自身同样获益。②

在20世纪50年代之前，英国和美国上市公司采取了管理层主导的治理模式，董事会成员主要是高级管理人员。英国公众公司在20世纪前蓬勃发展，有限责任和独立法人制度让股东能够有效控制风险。随着股东群体数量的增长，公众公司逐渐形成了所有权与控制权相分离的状态，即由管理层控制的董事会被视为经营公司的主要机关，而股东则转化为商业风险的承担主体。③亚当·斯密在《国富论》中指出，公众公司的经理们"管理着他人的财富"。④美国上市公司治理的情况与英国相似。在30年代大萧条爆发后，有学者就批评上市公司欺诈丑闻频发的原因在于董事不作为。⑤管理层的权力日益壮大，董事会成员往往由CEO选任，商业实践流行邀请退休的官员和影视明星担任外部非执行董事，通过名人效应吸引投资者。⑥这些"花瓶"董事缺乏有效监督上市公司运营的激励。⑦

---

① See Lipton Phillip: The Evolution of the Joint Stock Company to 1800: A Study of Institutional Change, Monash University Working Paper, 2009, 19, http://ssrn.com/abstract=1413502.（最后访问日期：2022年9月30日）
② 谢朝斌：《解构与嵌合——社会学语境下的独立董事法律制度变迁与创新》，法律出版社，2006，第357页。
③ [加]柴芬斯·布莱恩：《所有权与控制权：英国公司演变史》，林少伟，李磊译，法律出版社，2019，第137页。
④ See Smith Adam: An Inquiry into the Nature and Courses of the Wealth of Nations, New York, 1937, 6.
⑤ See Douglas William: Directors Who Do Not Direct, Harvard Law Review, 1934(47), 1305.
⑥ See Harald Baum: The Rise of the Independent Director: A Historical and Comparative Perspective, In Puchniak Dan, Baum Harald, and Nottage Luke : Independent Directors in Asia: A Historical, Contextual and Comparative Approach, Cambridge University Press, 2017, 27.
⑦ See Chandler Alfred: The Visible Hand: The Managerial Revolution in America, Belknap Press of Harvard University Press, 2002, 16.

这种状况在20世纪70年代发生了变化,一系列财务造假丑闻爆发,让管理层控制的董事会受到了广泛的批评。① 70年代著名的宾州中央运输公司(Penn Central Company)财务造假丑闻,让内部人控制的董事会广受诟病。而"水门丑闻"爆发后,美国大型上市公司被揭露每年为政治人物贡献大量的非法选举资金,并在境内外大肆行贿以获取商业利益。如何有效监督和控制上市公司管理层成为各方关注的重点。美国著名公司法学者梅尔文·艾森伯格提出,董事会应当主要承担监督功能,并主张独立性是实现有效监督的关键。② SEC随后在1976年发布规章,要求NYSE修改上市规则,在董事会内部设立由独立董事组成的审计委员会,以加强董事会的监督能力。③

董事会的主要功能在20世纪70年代向监督管理层转变,促使独立董事制度首先在美国兴起。④ 独立董事的独立性标准也在不断演进完善。早期,独立性标准仅关注董事是否为上市公司的现任管理层,如果不是即为公司治理的"局外人"。⑤ 而这些被选任为独立董事的人员中存在大量会影响独立判断的重大关系,比如其受雇于上市公司的供应商或者客户,或投资银行,或律师事务所⑥。1978年的《公司董事指南》对董事类型进行较为科学的区分:首先董事被分为执行董事(Management)和非执行董事

---

① See Cheffins Brian: Corporate Governance Since the Managerial Capitalism Era, University of Cambridge Faculty of Law Research Paper, 2015, 39, http://ssrn.com/abstract=2618480.(最后访问日期:2022年9月30日)

② See Eisenberg Melvin: The Structure of the Corporation: A Legal Analysis, Beard Books, 1976, 35.

③ See New York Stock Exchange: File No. SR-NYSE-77-3, January 6, 1977, https://www.sechistorical.org/collection/papers/1970/1977_0131_NYSERuleChange.pdf.(最后访问日期:2022年9月30日)

④ See Jeffrey Gordon: The Rise of Independent Directors in the United States, 1950-2005: Of Shareholder Value and Stock Market Prices, Stanford Law Review, 2007(59), 1465.

⑤ See Stanley Vance: Functional Control and Corporate Performance in Large-Scale Industrial Enterprise, The University of Massachusetts,1955, 8.

⑥ See Conference Board: Corporate Directorship Practices: The Compensation Committee, 1959.

（Non-management），其次则进一步区分为关联董事（Affiliated）和非关联非执行董事（Non-affiliated non-management）。①根据该标准，如果董事与公司有财务或个人关系，即"可能会被视为干扰商业判断"。②1992年版的美国法律学会公司治理原则进一步建议上市公司董事由"与公司高级管理层无重大关联的人员"和"与公司管理层无显著关联的人员"。该原则建议，上市公司的董事必须由大多数董事"与公司管理层没有任何重大关系"的人员组成。此外，特拉华州法院对独立董事的优待也促使上市公司聘任更多独立董事，比如，在上市公司并购交易中，如果目标公司董事会成立了由独立董事组成的特别委员会审查收购方报价，那么由该委员会所作出的决策即会受到商业判断规则的保护。③安然和世通的财务造假丑闻爆发后，美国国会通过《萨班斯法案》对审计委员会的独立性标准和财务专家的标准提出了更严格要求。④

相关实证研究显示，1950—2005年，美国上市公司董事会的结构发生了显著变化，独立董事占比由约20%增长至75%。⑤而2013年的数据显示，美国上市公司董事会中独立董事占比超过85%，且约60%的上市公司董事会仅有CEO一名内部董事。⑥与美国上市公司治理模式变化类似，英国公司治理直到20世纪90年代才转向倚重独立董事。到了21世纪初期，英国上

---

① See American Bar Association: Laws: Corporate Director's Guidebook, 33 Business Law, 1978(33), 1619.
② See American Bar Association: Laws: Corporate Director's Guidebook, 33 Business Law, 1978(33), 1620.
③ See Bainbridge Stephen: Independent Directors and the ALI Corporate Governance Project, George Washington Law Review, 1993(6), 1034.
④ See Business Roundtable: Principles of Corporate Governance 16, 2002, http://www.businessroundtable.org/pdf/ 704.pdf.（最后访问日期：2022年9月30日）
⑤ See Jeffrey Gordon: The Rise of Independent Directors in the United States, 1950-2005: Of Shareholder Value and Stock Market Prices, Stanford Law Review, 2007(59), 1466.
⑥ See Urska Velikonja: The Political Economy of Board Independence, North Carolina Law Review, 2014(92), 855.

市公司董事会中独立董事占比超过90%。① 2015年,《欧洲示范公司法》(European Model Company Act)第五章加入规定,即上市公司的董事会应当雇用一定比例的独立董事(Independent non-executive directors)。② 自70年代起,近50年全球证券交易所频繁爆发危机,促使监管机构将独立董事视为解决公司治理失灵的万灵药。

二、治理实效

治理实效与上市公司的目标密切相关,反映出上市公司治理体系实现目标的情况。在理论层面,股东利益本位主义(Shareholder primacy)是主要的公司目标理论。③ 公司治理的目标是为了最大化上市公司的价值,也即是全体股东的利益。④ 因此,衡量治理实效的理论标尺即是相关制度是否能促进公司价值最大化。股东利益本位主义根植于公司的契约理论,该理论认为公司组织并非一个独立实体,而是被解构为股东、董事、职员等各方参与人之间设定权利和义务关系的合同束(A nexus of contract)。⑤ 这种合同束的存在,意味着股东、董事抑或是其他任何与公司有关的成员,其法律地位都是完全平等的,只不过为了达到市场的最优化配置,而对各方的权利义务安排有所不同,以降低企业与市场交易的成本。⑥

在上市公司的利益相关者之中,有一类特殊的主体即股东,其对公司投入的主要是股权投资。随着公众公司的股权愈发分散,伯利与米恩斯观

---

① See Heidrick and Struggles: Corporate Governance Report 2009, Boards in Turbulent Times, 2009, 45.
② See European Model Company Act Group: The European Model Company Act (EMCA) Draft 2015, http://law.au.dk.(最后访问日期:2022年9月30日)
③ See Bebchuk Lucian: The Case for Increasing Shareholder Power, Harvard Law Review, 2005(118), 833.
④ 林少伟:《公司目的新型模式之提出》,《荆楚法学》2022年第3期,第20页。
⑤ See Jensen Michael, Meckling William: Theory of the Firm: Managerial Behavior, Agency Costs and Ownership Structure, Journal of Financial Economics, 1976(3), 305.
⑥ 黄辉:《对公司法合同进路的反思》,《法学》2017年第4期,第125页。

察到公司的所有权与控制权相分离的现象，这也就意味着股东不能够随意支配公司的一切，管理层成为控制公司的主体。① 股东的所有权演变为"剩余控制权"和"剩余索取权"的集合，② 前者是指股东仅享有对利益冲突交易的决策权，而后者则是指公司履行了合同义务后，所产生的剩余利益都将归公司的股东所有。③ 由于其他利益相关者都持有相对优先的固定收益，而股东获取的是劣后的剩余收益，其利益受到保护的优先级别最低。如果最大化了全体股东的利益，也间接实现了对其他固定利益获取主体的保障。从公司运营效率和投资者保护的角度，公司的运作应以股东的利益最大化为出发点，这也就意味着公司的经营者譬如董事会等的决策应当以股东的利益为中心。④

从具体的指标来看，衡量上市公司独立董事制度治理实效的代理指标（Proxy variable）可以分为三类：第一，上市公司经营绩效的指标，包括上市公司的财务指标、股票收益率和"托宾的Q"等相对价值指标；第二，与改善公司治理质量相关的决策，如独立董事提出异议的频次、设置管理层的收入和并购效果；第三，限制减损股东利益的行为，如财务重述和违法违规行为。

第一，如果独立董事制度的实效较高，那么上市公司经营业绩也应当较好。现有文献发现，独立董事制度对总资产收益率（ROA）、每股盈利（EPS）和"托宾的Q"的正向促进作用并不明显。⑤ 如域外研究显示，独

---

① [美]阿道夫·伯利、加德纳·C.米恩斯：《现代公司与私有财产》，甘华鸣等译，商务印书馆，2005，第22页。
② [美]詹森·迈克尔：《企业理论：治理、剩余索取权和组织形式》，童英译，上海财经大学出版社，2008，第162页。
③ See Hart Oliver: The Costs and Benefits of Ownership: A Theory of Vertical and Lateral Integration, Journal of Political Economy, 1896(94), 5.
④ See Keay Andrew: The Enlightened Shareholder Value Principle and Corporate Governance, Routledge, 2013, 31.
⑤ 李常青、赖建清：《董事会特征影响公司绩效吗？》，《金融研究》2004年第5期，第67页。

立董事占比与上市公司"托宾的Q"之间不存在显著的关系，①而我国上市公司数据显示董事会独立性则会提升公司绩效。②

第二，如果独立董事制度的实效较高，那么上市公司做出改善公司治理质量决策的概率也较高。首先，如果高级管理人员不合适，那么股东的利益就可能受到侵害，上市公司治理实效较好表现为替换不合适的管理人员。③有学者利用CEO的更替概率作为治理实效的代理变量，发现董事会中独立董事的比例越高，CEO更替概率与上市公司经营绩效之间的关系更强。④申言之，如果上市公司董事会中独立董事占比较高，那么在公司经营绩效较差时，其CEO更容易被替换。其次，在上市公司并购过程中，如果目标公司独立董事制度能够有效发挥作用，那么目标公司获得的溢价应当较高。基于美国上市公司并购交易数据的实证研究证实了独立董事制度在并购交易中的正向治理实效，独立董事占董事会多数的上市公司被收购时获得的溢价比独立董事占少数的目标公司获得的溢价高出50%。⑤而我国上市公司的数据则显示，独立董事的网络中心度越高，则越能够促进任职上市公司进行改善绩效的并购交易。⑥

第三，独立董事制度的制度功能在于监督上市公司合规经营，应当能够减少上市公司的违法违规行为。首先，财务重述是指上市公司修正前期

---

① See Renee Adams, Hermalin Benjamin, Weisbach Michael: The Role of Boards of Directors in Corporate Governance: A Conceptual Framework and Survey, Journal of Economic Literature, 2010(48), 58.
② 王跃堂、赵子夜、魏晓雁：《董事会的独立性是否影响公司绩效》，《经济研究》2006年第5期，第65页。
③ 杜军：《公司经理权问题研究》，法律出版社，2011，第193页。
④ See Weisbach Michael: Outside Directors and CEO Turnover, Journal of Financial and Economics, 1988(20), 431.
⑤ See Cotter James, Shivdasani Anli, Zenner Marc: Do Independent Directors Enhance Target Shareholder Wealth During Tender Offers?, Journal of Financial Economics, 1997(43), 195.
⑥ 万良勇、胡璟：《网络位置、独立董事治理与公司并购——来自中国上市公司的经验证据》，《南开管理评论》2014年第17期，第66页。

会计报告中的差错，反映出会计信息质量较低的问题。① 有效的独立董事制度能降低上市公司进行财务重述的概率。相关研究显示，当独立董事获取信息的成本较低时能够有效抑制财务重述。② 其次，上市公司违法违规行为会显著降低股东的利益，有效的独立董事制度应当降低上述行为发生的概率。美国上市公司的数据分析显示，董事会独立性提升能够降低财务造假的风险。③ 我国上市公司董事会规模、开会频率、董事性别和独立董事比例，都会影响上市公司违法违规行为发生的概率。④

第二节 独立董事参与公司治理的基本理论

一、委托代理理论

公司治理视域下讨论独立董事制度最重要的理论基础是委托代理理论。⑤ 上市公司治理面临两类主要的代理问题。

第一，在股权较为分散的上市公司中，所有权与控制权呈现分离的状态，也即股东作为上市公司的所有权人并未控制公司，而管理层对上市公司具有较强的控制权。⑥ 股东作为委托人，管理层作为代理人，二者之间存在委托代理关系，而公司治理的目标即降低管理层机会主义行为侵害股

---

① 高芳：《公司治理、管理者代理问题与财务重述研究》，《南开管理评论》2016年第19期，第169页。
② 张洪辉、平帆：《独立董事地理距离、高铁开通与财务重述》，《会计与经济研究》2019年第33期，第26页。
③ See Mark Beasley: Fraudulent Financial Reporting: Consideration of Industry Traits and Corporate Governance Mechanisms, Accounting Horizons, 2000(4), 441.
④ 李彬、张俊瑞、马晨：《董事会特征、财务重述与公司价值——基于会计差错发生期的分析》，《当代经济科学》2013年第1期，第112页。
⑤ See Allen William, Kraakman Reinier, Subramanian Guhan: Commentaries and Cases on the Law of Business Organization, Fourth Edition, 2012, 14.
⑥ See Fama Eugene, Jensen Michael: Separation of Ownership and Control, Journal of Law and Economics, 1983(26), 301.

东利益而导致的代理成本。①② 第二,在股权较为集中的上市公司中,控股股东通过持有较高比例的股权对上市公司产生较强的控制力,而中小股东持股比例较低且面临集体行动困境,因而中小股东与大股东之间存在委托代理关系,而公司治理的目标即降低大股东机会主义行为侵害中小股东利益所导致的代理成本。③

上市公司治理是通过正式的或非正式的、内部的和外部的制度或机制来协调公司与所有利益相关者之间的利益关系,以保证公司决策的科学化,从而最终维护公司各方面利益的一种制度安排。④公司治理可以分为内部治理机制和外部治理机制,其中董事会是公司内部治理机制的核心,也是监督代理人,维护委托人利益的重要场域。⑤根据公司契约理论,董事会应当督促上市公司的管理层最大化全体股东利益。⑥但上市公司的董事会往往被内部人(包括管理层或大股东)所控制,无法有效地保护外部投资者的利益。⑦从内部治理机制控制代理问题的角度看,董事会规模、董事会组成和CEO是否兼任董事长等特征都会影响上市公司的治理实效。⑧

在委托代理理论中,独立董事被视为董事会中监督内部董事的独立外

---

① See Shleifer Andrei, Vishny Robert: A survey of corporate governance, The Journal of Finance, 1997(52), 737.

② [美]克劳斯·乔迪、沃特·史蒂文:《公司法和商法的法理基础》,金海军译,北京大学出版社,2005,第257页。

③ See Bebchuk Lucian, Hamdani Assaf: The Elusive Quest for Global Governance Standards, University of Pennsylvania Law Review, 2009(157), 1263.

④ 李维安:《公司治理》,南开大学出版社,2001,第22页。

⑤ See Morck Randall, Andrei Shleifer, Vishny Rorbert: Management Ownership and Market Valuation: An Empirical Analysis, Journal of Financial Economics, 1988(20), 293.

⑥ See Dorothy Lund, Pollman Elizabeth: The Corporate Governance Machine, Columbia Law Review, 2021(121), 2563.

⑦ See Shleifer Andrei, Robert Vishny: A Survey of Corporate Governance, The Journal of Finance 1997(52), 737.

⑧ See Renee Adams, Hermalin Benjamin, Weisbach Michael: The Role of Boards of Directors in Corporate Governance: A Conceptual Framework and Survey, Journal of Economic Literature, 2010(48), 58.

部力量，以降低董事会受到内部人控制的程度。①

二、团队决策理论

董事会决策是典型的团队决策，董事采取一人一票的方式对相关提案进行表决并形成董事会决议。针对董事会团队决策有效性的研究涵盖了多元学科。

第一，组织理论认为，独立董事在参与董事会团队决策时会受到同质化关系和冲突性关系两方面的影响。② 首先，该理论主张董事会决策过程受到制度规则和社会资本的约束，董事所掌握的社会资本，如资源调动能力、社会影响力和政治地位等因素，都会影响团队决策的结果。其次，董事会决策的有效性受到董事之间合作和对立关系的影响。一方面，同质化董事可能导致决策偏见。③ 虽然董事会成员背景和偏好趋同可以降低决策的成本，避免由于观念性、理念性因素导致的分歧，但也可能导致集体决策出现偏误，如忽视重大的财务指标异常、批准过高的管理层薪酬。④ 董事会引入独立董事增加多元化水平可以显著降低人员同质性导致的决策偏见。另一方面，组织成员对立化可能导致决策失灵。董事会作为共同决策的团队，形成学院式的（Collegial）合作文化可以有效强化董事会决策的

---

① See Dalton D.R, Hitt Michael, Certo Trevis et al.: The Fundamental Agency Problem and Its Mitigation: Independence, Equity, and The Market for Corporate Control, Academy of Management Annals, 2007(1), 13.
② 赵立新、汤欣、邓舸等：《走出困境：独立董事的角色定位、职责与责任》，法律出版社，2010，第214页。
③ See Forbes Daniel, Milliken Frances: Cognition and Corporate Governance: Understanding Boards of Directors as Strategic Decision-making Groups, Academy of Management Review, 1999(24), 489.
④ See Westphal James, Seidel, Marc-David, Stewart Katherine: Second-order Imitation: Uncovering Latent Effect of Board Network Ties, Administrative Science Quarterly, 2001(46), 717.

流畅性，因此董事会成员的和谐氛围能够促进决策的有效性。① 董事会有效决策必须保证人员之间形成有效的合作，深度参与信息收集、分享和处理的决策过程。② 而冲突式的董事会氛围很难帮助团队形成有效决策，反而可能导致决策僵局的问题。③

第二，法律经济学理论指出，独立董事作为董事会团队成员，其参与决策时存在"搭便车"和专用性资产投入不足的问题。④ 董事会决策目标是最大化上市公司的整体利益，其成员在决策过程中处于频繁交往、互动的博弈过程中，董事之间的团队面临两方面因素的影响。一方面，团队成员"搭便车"行为会导致决策无效率。由于决策成本由个人承担而决策收益却是由团队承担，团队成员存在偷懒和"搭便车"的问题。⑤ 独立董事作为团队成员参与决策容易滋生"搭便车"心理，考虑到其获取的固定收入，团队决策质量与其收入之间的关系并不紧密。因此，独立董事与内部董事相比缺乏积极参与决策的动力。另一方面，根据《公司法》的团队生产理论，董事会决策的效率与团队成员投入专用性资产紧密相关。申言之，当董事会成员积累与上市公司治理相关的专业知识、专业技能，掌握上市公司经营状况和业务情况，即能够更好地进行决策。然而，独立董事面临的问题是其投入的专用性资产受到的保护程度较低。独立董事是否能

---

① See Van der Laan: Behavioral Corporate Governance: Four Empirical Studies, Print Partners Ipskamp B.V., Enschede, The Netherlands, 2009, https://pure.rug.nl/ws/portalfiles/portal/13087148/08referenc.pdf.（最后访问日期：2022年9月30日）
② See Van Ees Hans, Gabrielsson Jinas, Huse Morten: Toward a Behavioral Theory of Boards and Corporate Governance, Corporate Governance: An International Review, 2009(17), 307.
③ See Karen Jehn: A Qualitative Analysis of Conflict Types and Dimensions in Organizational Groups, Administrative Science Quarterly, 1997(42), 530.
④ [英]利克特·马丁：《企业经济学：企业理论与经济组织导论（第3版）》，范黎波、宋志红译，人民出版社，2006，第289页。
⑤ See Alchian Armen, Harold Demsetz: Production, Information Costs, and Economic Organization, The American Economic Review, 1972(62), 777.

在上市公司任职并不取决于其履行监督职能和咨询职能的效果，而是取决于上市公司的实际控制人或大股东。相反，如果独立董事过于频繁行使监督权，如提出异议、投反对票，反而会增加其被替换的概率。[1]因此，独立董事缺乏投入专用性资产提升监督能力的激励。

第三，行为经济学理论指出，独立董事在参与董事会团队决策时主要受到有限理性和信息不对称两方面因素的约束。[2]一方面，董事会成员往往受到有限理性的约束。与传统经济学强调完全理性假设不同，行为经济学的研究发现个人决策时往往受到有限理性的约束。例如，首先，董事会成员的注意力有限，其关注的主题数量受限，无法全面考察进行决策。[3]其次，独立董事决策时受到其专业背景的影响，因此更加倾向于从自身专业出发进行决策，而忽视非专业信息的影响。[4]另一方面，董事会成员决策时受到信息不对称的限制，特别是独立董事所面临的信息劣势较为明显，独立董事缺乏直接了解上市公司经营信息的渠道，其主要通过董事会秘书和管理层间接获取决策所需信息。虽然其有对公司实情进行了解的职责，但由于独立董事毕竟属于外部人员，对公司的了解以及其获取的信息大多来自公司内部人士而非亲自调研获取，其中难免存在信息不对称的道德风险，导致独立董事无法像一般董事那样及时准确获取公司经营现状。因此，独立董事在决策时天然存在信息不对称的问题，其决策时更倾向于参照内部董事的行为进行决策。

---

[1] 郑志刚、李俊强、黄继承、胡波：《独立董事否定意见发表与换届未连任》，《金融研究》2016年第12期，第161页。
[2] See Simon Herbert: A Behavioral Model of Rational Choice, The Quarterly Journal of Economics, 1955(69), 99.
[3] See Finkelstein Sydney, Hambrick Donald, Cannella Bert: Strategic Leadership: Theory and Research on Executives Top Management Teams and Board, Oxford University Press, 2009, 5.
[4] See Lorsch Jay, MacIver E.: Pawns or Potentates: The Reality of America's Corporate Boards, Harvard Business School Press, 1989, 35.

三、最优威慑理论

法律经济学最优威慑理论建立在切萨雷·贝卡利亚、杰里米·边沁等的犯罪学理论基础之上，而诺贝尔经济学奖获得者加里·贝克尔被认为是该理论的奠基人。[①] 最优威慑理论指出，违法行为人同样是理性人，都是为了追求效益的最大化，其会衡量违法行为的成本与收益。若行为人从事违法行为的预期效用超过了其将资源投入其他生产活动等的效用时，违法行为即是有利可图的。申言之，理性人是否违法取决于成本和收益之间的比较，如果违法收益大于违法成本时，行为人才会从事违法行为。[②] 贝克尔认为违法行为的预期成本主要由两个因素决定，即法定处罚和定罪概率。法定处罚由法规条文（Rule on the book）决定，而定罪概率由法律实施（Law enforcement）的强度决定。

最优威慑理论并未止步于对违法行为人的分析，而是从社会成本和收益角度推导最优威慑水平。如果将违法行为人、被侵害人和执法机构视为一个整体，那么社会总福利是由违法行为的收益、被侵害人的损失以及执法成本组成。其中，执法活动决定了违法行为发生的概率，执法投入越高、越可能降低违法行为发生的概率，减少被侵害人的损失。但执法成本对减少违法行为的效果呈现边际效率递减的规律，即随着执法成本增长，每单位执法成本的增加所能减少的违法行为数量是越来越少的。因此，社会总福利最优时，违法行为发生的数量并不为零，而是存在社会最优的威慑水平，在该状态下，执法行为的边际成本与违法行为减少的边际收益相等。

在最优威慑理论的基础上，汉德公式进一步从预防投入的角度考察了

[①] See Becker Gary: Crime and Punishment: An Economic Approach, Journal of Political Economy, 1968(76), 169.
[②] [美]加里·贝克尔：《人类行为的经济分析》，王业宇、陈琪译，格致出版社，上海三联书店，上海人民出版社，1993，第63页。

侵权责任的设置思路，以实现最小化社会成本的目标。社会总成本由两部分组成：第一，侵权行为导致的损害，也即侵权损失；第二，避免侵权损害的成本，也即预防成本。随着法律责任和执法水平的提高，违法行为的预期成本也将升高；高昂的成本对违法行为产生威慑力，激励行为人增加预防成本；而随着预防水平的上升，侵权行为导致的损害将下降。汉德公式主张为了实现全社会层面对违法行为的最优威慑，侵权责任应当平衡侵权损失和预防成本两部分影响。

独立董事作为董事会的"看门人"，其通过参与内部治理监督上市公司，受到信义义务的约束。独立董事违反信义义务的法律责任应当维持在社会最优威慑水平，激励独立董事进行有效的预防监督投入，以最小化上市公司违法违规行为造成的损失。首先，独立董事的注意水平不应当以杜绝上市公司违法违规行为为目标，考虑到预防投入的边际效果递减，随着独立董事预防投入的上升，其所能减少的违法风险是逐步降低的。因此，当独立董事的勤勉标准过高时，预防投入必将显著大于减少违法行为所带来的收益。其次，独立董事面临的法律责任也不宜过高。如果法律责任过高，那么独立董事为了规避该责任，就存在激励过度承担预防成本。从全社会的角度看，预防投入的社会成本大于私人成本，因此独立董事会倾向于过度监督。

四、独立董事的制度功能

独立董事的制度功能定位主要是监督与咨询两方面。根据委托代理理论，独立董事被视为董事会中监督内部董事的独立外部力量，以降低董事会受到内部人控制的程度。[1]

---

[1] See Dalton D.R, Hitt Michael, Certo Trevis et al.: The Fundamental Agency Problem and Its Mitigation: Independence, Equity, and The Market for Corporate Control, Academy of Management Annals, 2007(1), 13.

第一，监督内部人的功能，即制衡管理层、实际控制人，防止后者侵害股东的利益，从而缓解委托代理问题。[①]董事会的监督功能主要由独立董事执行，而该功能的实效与其独立程度密切相关。为了保证监督功能的效果，独立董事应当独立于代理人，即管理层和实际控制人。

第二，管理那些存在利益冲突的事务。根据公司法的基本原理，董事会享有对公司的管理权，进一步将日常管理权委托给管理层。而一些存在明显利益冲突事务的法定决策权则保留给独立董事，包括并购交易、重大资产买卖等，特别是当管理层存在利益冲突时，如CEO的选任和薪酬、公司内部的财务和审计工作等，独立董事都应当深入介入决策。董事会内部普遍建立了专业化的委员会，主要包括提名委员会、审计委员会和薪酬委员会，[②]主要是为了在存在利益冲突时，以中立的独立董事为主进行决策。

第三，保护中小股东的利益，避免大股东侵害他们的合法权益。独立董事是整个投资者保护体系中的一个环节，是在事前（Ex Ante）审查相关行为以保护投资者利益，同时，投资者还可以在事后（Ex Post）以诉讼的方式获取司法救济。然而，从公司法关于董事选任的一般规则来看，持股比例是决定董事能否当选的核心原因，虽然累积投票制能够缓解大股东对董事会的控制力，但结果往往是仅有那些持股比例较高的中型股东才能对选举结果产生影响，而一般分散的小股东很难通过董事选任程序来任命能够维护自身利益的董事。

第四，提供咨询服务，提升董事会的多元化。一方面，独立董事应当参与公司战略制定。董事会在商业层面最为重要的功能是制定公司发展战

[①] See McDonald Michael, Westphal James, Graebner Melissa: What Do They Know? The Effects of Outside Director Acquisition Experience on Firm Acquisition Performance, Strategic Management Journal, 2008, 29(3), 1155.

[②] See Vo Thuy-Nga: To Be or Not to Be Both CEO and Board Chair, Brooklyn Law Review, 2010, 76(1), 72.

略，包括短期、中期和长期的目标等，除了明确战略目标之外，董事会还应当负责制订相应的实施计划，保证在执行阶段存在明确的流程和操作指引。另一方面，独立董事的服务功能还涉及评估CEO等高级管理人员的表现，推荐和选任公司管理层，以及对于不适当的人选进行替换等工作。对于该功能的质疑主要是为什么董事会无法通过雇用外部咨询机构提供该项服务，而必须通过非执行董事提供咨询，从时间投入和激励两方面来看，非执行董事在完成咨询功能时可能不如外部咨询机构。[①]

影响独立董事制度功能的因素大致可分为外部因素与内部因素。外部因素指管理层应给予独立董事一定程度的知情权，不仅能够使得独立董事更好地了解公司各方面的情况，更好地发挥监督作用，也有利于独立董事提出有效的建议，改善公司治理结构与经营业绩。内部因素主要有专业性、独立性以及工作投入程度（履职情况）三个子因素。专业性主要是指独立董事可以识别公司的各类风险，并能提出行之有效的建议，公司通过在聘任前对独立董事的背景进行限定与选择，即可控制该因素。独立董事的独立性是长久以来学者们探讨的话题，独立董事区别于一般董事的主要特点即独立于公司的主要利益主体，独立性是保障独立董事对管理层与股东实施监督、提供良好建议的核心特质。最后一个因素是独立董事履职的主观意愿，也是独立董事投入履职的主动性，该因素受到激励制度和责任制度的约束。

第三节　上市公司董事会结构类型

上市公司治理涉及公司管理和控制系统的组织安排，主要包括公司内

---

① [美]班布里奇·斯蒂芬、亨德森·托德：《外包董事会：董事会服务提供商如何改善公司治理》，李诗鸿译，上海人民出版社，2022，第94页。

部治理的制度，即股东（大）会、董事会、监事会和经理层之间"权、责、利"相互制衡的体系。各国上市公司治理体系受到其证券市场特点、经济发展模式、政治制度、法律规范等因素的影响，体现出明显的路径依赖特点。[1] 其中，上市公司董事会结构模式在不同经济体之间存在明显的差异与竞争，即盎格鲁-撒克逊（Anglo-Saxon）式单层董事会与欧陆式双层董事会。[2] 当然，无论是单层董事会还是双层董事会，在不同经济体内也会存在细微的差异；另外，全球化也推动了两类模式的趋同，特别是公司治理规则开始从强制性向任意性转变，上市公司开始拥有选择董事会结构的自主权。

一、盎格鲁-撒克逊式单层董事会

美国、英国以及部分英联邦国家采取了单层董事会结构，也被称为盎格鲁-撒克逊公司治理模式。该模式主要受到自由主义经济哲学的影响，强调产权保护、公平交易（Arm's length transaction）和市场竞争的作用。在宏观层面，英美金融体系以直接融资为主，市场流动性较高，证券市场是企业获取外部资金支持的主要来源。盎格鲁-撒克逊式单层董事会的特点是依靠外部人治理公司，而上市公司的股权结构是理解该问题的基础。[3] 英美上市公司的股权结构较为分散，其存在的委托代理问题主要是管理层作为代理人控制着上市公司，可能侵害委托人股东的利益。因而，董事会相关制度的设计主要是为了制衡和约束管理层的机会主义行为。

---

[1] See Bebchuk Lucian, Roe Mark: A Theory of Path Dependence in Corporate Ownership and Governance, Stanford Law Review, 1999(52), 127.
[2] See Hall Peter, Soskice David: Varieties of Capitalism: The Institutional Foundations of Comparative Advantage, The Academy of Management Review, 2001(28), 515.
[3] See Tirole Jean: The Theory of Corporate Finance, Princeton University, 2006, 31.

1. 美式单层董事会

美国企业的股权结构并非自始就处于分散的状态，在上市初期同样存在持股份额较高的控股股东，并且股权集中程度与其他成熟经济体并无显著的差异；但随着企业完成上市后，股权结构会逐渐趋于分散。① 另外，两方面的法律规范也导致美国上市公司的股权分散：第一，普通法国家的投资者保护水平相对较高，股东无须通过集中持股获得的控制权优势保护自身利益；② 第二，控股股东的私人收益相对较低，而同时受到严苛的法定义务和信息披露要求的约束，维持控股股东身份的成本很高。③ 美国董事会结构是典型的盎格鲁-撒克逊模式，采取了单层董事会的结构，主要由负责经营的高级管理人员和承担监督、咨询功能的外部人员组成，董事会统一承担着管理和监督功能。按照《美国示范公司法》和《特拉华州公司法》(Delaware General Corporation Law)的规定，董事会采取单层董事会模式，其中没有法定的职工代表，以最大化全体股东利益为目标行事。

美国公司法将股东利益最大化作为上市公司治理的目标，它主张董事会应当以最大化全体股东利益为行为准则。④ 美国法律学会（American Law Institute）发布的公司治理准则第§2.01(a)条，主张公司经营应当最大化净利润和股东福利。⑤ 由于股东是上市公司唯一的剩余索取权人，其他利益相关方主要为固定收益获得者，因而最大化股东利益自然能促进利益

---

① See Holderness Clifford: The Myth of Diffuse Ownership in the United States, Review of Financial Studies, 2009(22), 1377.

② See La Porta Rafeal, Lopez-de-Silanes Florencio, Shleifer Andrei et al.: Law and Finance, Journal of Political Economy, 1998(106), 1113.

③ See Roe Mark: Corporate Law's Limits, Journal of Legal Studies, 2002(31), 233.

④ See Matheson John, Olson Brent: Corporate Law and the Longterm Shareholder Model of Corporate Governance, Social Science Electronic Publishing, 1992, 12.

⑤ See American Law Institute: Principles of Corporate Governance: Analysis and Recommendations, American Law Institute, 1992, 10.

相关方的收益。由于单层董事会同时承担监督功能，因而独立于管理层的外部董事被委以监督内部人的重任。NYSE上市规则要求上市公司中独立董事必须占比超过50%，同时审计委员会、薪酬委员会、提名委员会和公司治理委员会的委员仅能由独立董事担任。①

然而独立董事的理论功能似乎未能全面实现，独立董事并未有效防范重大的财务造假丑闻行为。例如，安然公司的董事会超过半数为独立董事，却依然发生了重大的欺诈事件。独立董事未能发挥其功能的原因有以下几点：第一，对独立董事的提名和选任都依赖CEO或执行董事，后者往往挑选自己熟识的人员担任独立董事。第二，独立董事想要获取信息的难度较大。在安然丑闻中，独立董事未能在危机爆发前获取有关公司体系外特殊目的公司的信息，造成其未能发挥独立董事的监督作用。第三，独立董事缺乏监督管理层的激励，因为他们的收入有限且不包括股票期权。第四，集体性思维惯性也起了重要作用，当董事会内的主流意见都是支持管理层，而独立董事单独挑战主流意见的难度较大。② 因而，独立董事制度的改革也主要集中于两方面：一方面，独立董事的认定标准、独立董事的选任主体和选任独立董事的程序应当独立于被监督对象；另一方面，独立董事在控制和监督方面应当具备相应的专业知识。③

此外，单层董事会还采取委员会的方式实现董事会功能的分工与专业化。专门委员会主要包括审计委员会、提名委员会、薪酬委员会等，这些事项是董事会所处理的利益冲突较强的问题，如果由董事会决策难免会侵害股东利益。单层董事会通过设置执行董事、非执行董事和独立董事的席

---

① The NYSE Listed Company Manual, 2004, s. 303A.02, 04, 05, 06.
② See Fanto James: Recognizing the 'Bad Barrel' in Public Business Firms: Social and Organizational Factors in Misconduct By Senior Decision-Makers, Buffalo Law Review, 2009(57), 1.
③ See Jeffrey Gordon: The Rise of Independent Directors in the United States, 1950-2005: of Shareholder Value and Stock Market Prices, Stanford Law Review, 2007(59), 1455.

位引入外部监督力量,并主要由外部董事和独立董事组成专门委员会。对于某些专业性较强的专门委员会,监管机构还设置了任职条件,如任职于审计委员会的委员应当具备相关的会计审计专业知识背景。

2. 英式单层董事会

英国自20世纪初期即出现了上市公司股权结构逐渐分散的趋势,20世纪中叶股权集中度已经出现50%的下降。[①] 股东减持、外部兼并收购等活动导致股东持股比例降低。英国上市公司同样呈现出独立董事占比上升的趋势,同时为了加强监督还要求董事长和CEO由不同人员担任。[②]《凯德伯瑞委员会报告》早在1992年即强调非执行董事应当在公司治理中扮演更重要的角色。而安然丑闻爆发后,希格斯委员会(Higgs Committee)建议在《公司治理联合准则》(*Corporate Governance Combined Code*)加入董事会中独立董事占比应当超过50%的要求。当然,考虑到上市公司的规模差异,规模较小的公司,即不属于FTSE350的上市公司,其董事会仅需保持至少两位独立董事。[③]

次贷危机后,全球公司治理规则对于董事会进行了更详细的规定。英国沃克委员会对公司治理的报告(Walker Review of Corporate Governance)建议,商业银行和其他金融机构的董事会应当聘请超过一半具有财务专业知识的非执行董事,这些董事每年至少应当花费30～36天的时间参与到董事会事务。[④] 英国金融服务局(Financial Services Authority)每年还应当对董事履职情况进行问卷调查。机构投资者近年来在英国上市公司治理中扮

[①] See Franks Julian, Colin Mayer, Stefano Rossi: Ownership: Evolution and Regulation, The Review of Financial Studies, 2009(10), 4009.

[②] See Cheffins Brian: Putting Britain on the Roe Map: The Emergence of the Berle-Means Corporation in the United Kingdom, in McCahery Joseph, Moerland Piet, Raaijmakers Theo, Renneborg Luc: Coporate Governance Regimes, Convergence and Diversity, Oxford University Press, 2002, 45.

[③] UK Corporate Governance Code B.1.2.

[④] Walker Review, 2009, 14 (Recommendation 3).

演重要角色，他们推动董事会任命不同的人员为CEO和董事会主席，CEO专注于日常公司经营，而董事会主席关注领导和协调董事会的事务，寄期望于董事会能够避免成为管理层的"橡皮图章"。①

虽然英国公司治理模式与美国公司类似，但英美两国的公司治理模式在公司治理目标方面存在显著的差异，英国公司治理强调以利益相关方的利益最大化为目标，这点与德国公司治理的目标较为相近。②《英国公司法》在2006年修改后，规定了"开明股东利益原则"（Enlightened shareholder value）。③ 该原则认为，公司应当综合关注传统利益相关者的收益，如环境保护、员工福利、社区发展等，能够促进股东长期的福利。因此，该概念放弃了股东利益和利益相关者利益的对立，也授权董事会在决策时考虑更宽泛的主体，例如维护员工的利益。"开明股东利益原则"与全球范围内兴起的公司治理环境、社会和治理（Environment, social and governance，ESG）理论不谋而合，④ 也被美国企业圆桌会议（Business Roundtable）发布的最新公司治理最佳实践所接受。⑤ 当然，公司法领域学者认为该原则给予董事会过高的自由裁量度，除了会损害股东利益外，也不会促进利益相关者的福利，反而让他们更难因违法违规行为被问责。⑥

---

① See Miller Geoffrey: Political Structure and Corporate Governance: Some Points of Contrast Between the United States and England, Columbia Business Law Review, 1998(1), 31.

② See Cheffins Brian: Corporate Ownership and Control, British Business Transformed, Oxford University Press, 2008, 9.

③ The Companies Act 2006, Section 172.

④ See Keay Andrew: Tackling the Issue of the Corporate Objective: An Analysis of the United Kingdom's Enlightened Shareholder Value Approach, Sydney Law Review, 2007(29), 577.

⑤ See Business Roundtable: Business Roundtable Redefines the Purpose of a Corporation to Promote An Economy That Serves All Americans, https://www.businessroundtable.org/business-roundtable-redefines-the-purpose-of-a-corporation-to-promote-an-economy-that-serves-all-americans.（最后访问日期：2022年9月30日）

⑥ See Bebchuk Lucian, Tallarita Roberto: The Illusory Promise of Stakeholder Governance, Cornell Law Review, 2020(106), 91.

二、欧陆式双层董事会

欧陆式双层董事会受到欧洲大陆国家（如德国、瑞士、奥地利、荷兰等），斯堪的纳维亚国家和亚洲的日本的青睐，其中以德国和日本双层董事会为典型代表。在宏观层面，欧陆国家和日本的金融系统以银行业为主导，证券市场的规模有限、流动性不高，上市公司股权结构较为集中，因而其公司治理结构体现出与盎格鲁-撒克逊经济体不同的样态。

1. 德式双层董事会

德国公司治理长期以来并非其国内公司法学界的讨论热点，直至20世纪90年代受到英美等普通法系比较法学者的影响，该议题才逐渐成为热议话题。① 在德国上市公司治理规则中，除《德国股份有限公司法》（Stock Corporation Act）外，《德国公司治理准则》设置了更为详细的公司治理指引。该规则是由德国公司治理委员会（Regierungskommission Deutscher Corporate Governance Kodex）在2002年发布的，除了提出上市公司治理的原则性规定，还对公司组织、董事会和监事会的最佳实践提出建议。② 虽然这些建议并不具备强制约束力，但2008年的调查数据显示，德国上市公司对准则建议的遵守比例达到了86.1%。③ 该规则还规定上市公司自2002年必须每年发布合规情况报告，披露其遵守《德国公司治理准则》的情况。④

德国上市公司治理结构具备两个典型特点，即双层董事会和员工共决

---

① See Hopt Klus, Kanda Hideki, Roe Mark et al.: Comparative Corporate Governance: The State of the Art and Emerging Research, Common Market Law Review, 1998(3), 361.
② See Deutscher Corporation Governance Kodex, https://www.dcgk.de/en/home.html.（最后访问日期：2022年9月30日）
③ See Werder Axel, Talaulicar Till: Kodexreport 2009 – Die Akzeptanz der Empfehlungen und Anregungen des Deutschen Corporate Governance Kodex, Der Betrieb, 2009(62), 689.
④ See the Stock Corporation Act, Section 161.

制（Labor codetermination）。①《德国股份有限公司法》（Stock Corporation Act）规定股份有限公司应当设立双层董事会，即董事会和监事会。②双层董事会将经营执行、战略制定和监督功能分离开来，实行股东与员工共同决策的机制。公司的股东会是最高的法定权力机关，监事会是董事会的上级机关，负有监督管理委员会的职责，监事会的成员由股东代表和员工代表共同组成，分别由股东大会和工会选举产生。而董事会的人数下限为一名董事，③并且应当由监事会选任，任期最长为五年。④监事会在选任董事会成员时，还应当遵守《德国公司治理准则》有关董事会多样性的规定，特别是保证女性董事的适当比例。⑤董事会负责独立管理公司，其独享的决策权利包括制定战略，协调和控制相关资源，提名高层管理人员。⑥

此外，《德国股份有限公司法》第91（2）条规定了董事会负责风险管理和建立有效的内控机制。上市公司风险管理和内控机制的质量，应当在对公司年度财务报表的法定审计活动中一同接受审计，并且审计结果应当作为审计报告的一部分向市场披露。⑦总体来看，监事会和股东大会并不会参与公司管理，股东大会对于公司经营事项的决策权仅限于《公司法》或公司章程所规定的会显著影响股东利益的事项。⑧

监事会主要承担监督董事会的职责。根据公司注册资本的规模，监事会的成员数量应当保持在3~21人。⑨在采纳了员工共同决策机制的公司

---

① [德]卡纳里斯：《德国商法》，杨继译，法律出版社，2006，第78页。
② See the Stock Corporation Act, Sections 76 and 95.
③ See the Stock Corporation Act, Section 76(2) Para. 4.2.1 of the Corporate Governance Code.
④ The Stock Corporation Act, Section 84.
⑤ The Corporate Governance Code, Para. 5.1.2.
⑥ The Corporate Governance Code, para. 4.2.1.
⑦ The Commercial Code, Sections 289(2) and 315(2).
⑧ The Stock Corporation Act, Section 111(4).
⑨ The Stock Corporation Act, Section 95.

中，监事会的规模与员工数量和注册资本相关，监事数量最多为21人。[1]监事会的成员由股东选任，如果采纳了员工共同决策机制则需要从员工中选任。[2]德国公司法并未对任职设置任何技能和专业知识的要求。监事会的监事长由股东选任，而员工可以选任副监事长。上市公司监事会的独立性更强，《德国股份有限公司法》强调任职监事的独立性。[3]监事会内部可以设置委员会，然而与单层董事会不同，监事会不能将某些核心职能委托给委员会。如对于聘任和解雇董事会的董事是监事会的法定职能，不能由委员会行使。[4]为了落实欧盟《合并报表指引》(*Consolidated Accounts Directive of* 2006)，[5]监事会的审计委员会应当承担起监督风险管理体系和内控机制质量的责任。[6]

除了德国外，采纳双层董事会的国家还包括法国、奥地利、波兰等欧陆国家。这些国家设置监事会制度至少可以追溯到19世纪后半叶，彼时国家公权力退出了公众公司的监督角色，而需要建立替代性机制。[7]双层董事会中监事会的职能有限并局限于监督董事会，往往还承担着咨询建议的功能。法国赋予了上市公司自由选择的权利，虽然大部分公众公司都保持了传统的单层董事会（Président directeur général），但规模最大的跨国公

---

[1] Section 7 of the MitbestG, Section 4(1).
[2] The Stock Corporation Act, Section 96.
[3] The Corporate Governance Code, Para. 5.4.2.
[4] The Stock Corporation Act, Section 107(3) sentence 3.
[5] Directive 2006/46/EC of the European Parliament and of the Council of 14 June, 2006 amending Council Directives 78/660/EEC on the annual accounts of certain types of companies, 83/349/EEC on consolidated accounts, 86/635/EEC on the annual accounts and consolidated accounts of banks and other financial institutions, and 91/674/EEC on the annual accounts and consolidated accounts of insurance undertakings, OJ L 224/1, August 16, 2006.
[6] The Stock Corporation Act, Section 107(3).
[7] See Hopt Klus, The German Two-Tier Board: Experience, Theories, Reforms, in Hopt Klus, Kanda Hideki, Roe Mark, et al.: Comparative Corporate Governance: The State of the Art and Emerging Research, Oxford University Press, 1998, 67.

司中约有20%选择了双层董事会（Directoire et conseil de surveillance）。[1] 授予股东大会灵活选择权，让其按照公司的特点选择单层或双层董事会，也有利于提高公司经营效率。荷兰、比利时、卢森堡、芬兰等国都允许上市公司享有这种自由选择权。[2] 类似地，欧盟层面的欧洲公司（European Company）也具备这种灵活性，其发起人可以在单层和双层董事会之间进行选择，并受到《欧洲公司法典》（Statute of the European Company）的约束，以降低经营成本吸引更多企业。

德国上市公司治理模式的第二个显著特点为员工共同决策机制。德国在1951年确立了该治理机制，反映出德国以利益相关者为核心的公司治理理念。德国立法机关希望通过在公司治理体系中引入制衡机制来平衡股东和员工之间的利益。从行业层面来看，煤炭和钢铁行业在当时是典型的劳动密集型企业，因而上述行业企业率先被要求引入员工共同决策机制，[3] 随后，在1976年，该规则扩展至所有大型股份有限公司。[4] 根据相关法律的要求，员工董事必须享有相同的董事权利，同时负责人事和社会事务的决策。[5] 根据1976年颁布的《共决法案》（Codetermination Act），当员工数量超过500人时，股份有限公司应当设置监事会，同时员工董事的数量应当超过1/3；[6] 当员工数量在2000～1万人时，员工董事的数量应当达到至少6人；当员工数量在1万～2万人时，员工董事的数量应当达到至少8

---

[1] See Cozian Maurice, Viandier Aliain: Deboissy Florence, Droit des Sociétés, LexisNexis Litec, 2010, 18.
[2] See Hopt Klus, The German Two-Tier Board: Experience, Theories, Reforms, in Hopt Klus, Kanda Hideki, Roe Mark, et al.: Comparative Corporate Governance: The State of the Art and Emerging Research, Oxford University Press, 1998, 341.
[3] See MontanMitbestG: BGBl. I, 347, 1951, 23.
[4] See MitbestG: BGBl. I, 1153, 1976, 16.
[5] See the Gesetz über die Mitbestimmung der Arbeitnehmer, Mitbestimmungsgesetz, Act on Labor Codetermination（"MitbestG"）, Section 33.
[6] See the DrittelbG, Sections 1 and 4.

人；而当员工数量超过2万人时，员工董事的数量应当达到10人。①

其他欧洲大陆国家同样存在强制性的员工共同决策机制，与德国的区别在于员工监事所占比例一般为1/3。法国对于该机制的实施较为保守，仅在特定情况下要求董事会中保留两个席位给员工。此外，采纳员工共同决策机制的国家，往往也意味着较大的董事会规模。由于员工共同决策机制削弱了股东对于公司的控制力，因而在法律未进行强制性要求的法域，很少有公司建立该制度。欧盟层面的欧洲公司（European Company），对于员工共同决策机制采取了温和的态度，允许公司享有自由选择的权利。这也导致德国著名公司Allianz Corporation将其法律形式改变为欧洲公司，并将其董事会规模由20人缩减至12人。

员工共同决策机制在理论上可以增加对管理层的制衡和监督，不仅能够起到维护员工利益的效果，更多的是抑制过度风险承担行为，或抑制有损公司整体利益进而威胁到员工工作的行为。此外，公司资方和员工之间可能存在的冲突，也更易被董事会发现，可以将此方面的问题尽早尽快解决。然而，公司员工参与决策似乎也未能起到防范重大欺诈丑闻的目的，反而由于员工担心公司被收购而失去工作，阻碍了外部并购市场对于公司的约束。由于双层董事会的决策链条冗长和参与决策的主体数量较多，因而增加了决策成本、降低了效率。

2. 日式双层董事会

在20世纪初期，日本商法对我国公司法的制定产生过重要影响，这种影响随着改革开放后中日公司法学界的交流一直持续至今。② 传统上，日本公司的组织结构呈现出"三角制"的特点，即股东大会作为公司最高权力机关，其下设董事会与监事会，二者层级属于平级关系。受到日本"二

---

① See the MitbestG, Section 1 and Section 7.
② 朱大明：《公司法立法指导原则的研究——以日本公司法现代化改革为中心》，《清华法学》2022年第2期。

战"后经济发展模式的影响,日本公司治理存在两个典型特点。第一,日本为了降低国内市场向外资企业开放的影响,本土民族资本形成了相互持股共同抵御外资的传统,日本大型集团在上市公司中的持股比例较高,股权集中度较高。第二,商业银行与上市公司的利益深度捆绑也形成了"主银行"制度,即银行业与工商企业之间非正式制度性的合作安排。日本的商业银行不仅是企业主要的债务资金提供方,还同时持有其较高比例的股权。为了降低贷款和股权投资的风险,"主银行"也成为上市公司的主要监督者。① 此外,与德式双层董事会制度存在显著差异,日本并未采纳董事会层面的股东和员工共同决策机制,这是因为日本企业的终身雇佣文化,导致大量董事都是从基层员工岗位逐步成长起来,董事对于员工利益的自然关注较高。

然而,从实践效果来看,日本企业的监事会也并未起到有效的监督作用,徒增公司运营成本,因而备受工商业界和理论界的批评。日本在2005年以推动公司法现代化为目标,从《日本商法典》等商事法律中剥离出有关公司的条文,制定了《日本公司法典》(Companies Act 2005)。② 总体来看,日本公司法开始向放松管制的方向演进。③ 股份有限公司按照规模和股份可转让程度两个维度进行类型化区分,适用不同的公司治理规则。首先,"大型公司"被定义为股本超过5亿日元或债务规模超过20亿日元的公司,所有"大型公司"都必须任命法定审计师(Kaikei-Kansa-

---

① "主银行"制度可以降低信息不对称程度,通过企业提交的贷款申请获取其投资决策的相关信息,可以监督企业是否进行了风险过高的投资项目;而通过企业在商业银行开具的账户信息,"主银行"还掌握着企业现金流和业务情况的信息。基于上述信息收集渠道,"主银行"与上市公司之间的信息不对称程度较低,参见车维汉:《日本主银行体制研究述评》,载《东北亚论坛》2006年第2期。
② 朱大明:《公司法立法指导原则的研究——以日本公司法现代化改革为中心》,《清华法学》2022年第2期,第35页。
③ 沈朝晖:《公司类型与公司法体系效益》,《清华法学》2022年第2期,第61页。

ninn）负责对其账目进行审计，无论该公司是否为公众公司。其次，根据股份可转让程度，划分为公众公司（Public company）和私人公司（Private company），私人公司是指公司章程中规定股东在转让股份时必须通过公司的批准，而非私人公司即公众公司。

日本在2019年对《日本公司法典》进行了第二次修订，引入了强制性的独立董事制度，[①]并形成当前较为稳定的三类董事会结构。

第一，有法定审计师的公司（Company with a statutory auditors）。在该类公司中，股东大会选举董事和法定审计师，其中董事组成了公司的董事会，而法定审计师不属于董事会成员。董事会任命代表董事（Representative directors）代表公司从事日常的经营活动，法定审计师负责监督公司运营状况。此类董事会结构被视为传统"三角制"模式的延续，削弱了公司组织形式的突变可能给工商业造成的负面冲击。

第二，有审计和监督委员会的公司（Company with an audit and supervisory committee）。该类公司的股东大会分别选举审计和监督委员会的董事以及其他董事，这两类董事共同构成公司的董事会。董事会可以任命一名以上的代表董事，而审计和监督委员会一半以上的董事应当为外部董事。审计和监督委员会所拥有的审计权限比法定审计师更广泛，并且该委员会隶属于董事会。此外，该类公司无须设置提名委员会和薪酬委员会。

第三，设置三类委员会的公司。股东会选举董事，董事会下设审计委员会、提名委员会和薪酬委员会。上述三类专门委员会应当包括三名以上董事，且外部董事占比应当超过50%。该类公司与美国单层董事会结构最为相似，也被视为该制度的移植。[②]然而，设置三类委员会的公司与日本商业传统并不兼容，委员会掌控了公司治理的重要权力，削弱了社长或控

---

① 《日本公司法》（2019年修订）第327条第2款。
② ［日］江头宪治郎：《株式会社法（8版）》，有斐阁，2021，第550页。

股股东对公司的控制力。根据东京证券交易所的信息，采取第一种董事会结构的上市公司数量较多，而第二种公司的数量在上市公司中快速上升，截至2020年9月，全日本近4000家上市公司中超过1100家上市公司采取了有审计和监督委员会的公司治理模式。①

日本上市公司除了受到《公司法》的约束，还受到证券交易所规则的规范。日本最大的证券交易所，东京证券交易所（Tokyo Stock Exchange）联合金融服务局（Financial Services Agencies），在2021年6月11日发布了最新的《日本公司治理准则》（Corporate Governance Principles of the Japan Corporate Governance Forum）。新版准则在公司治理方面进行了重要的改革，包括将上市公司独立董事的数量从两名提升至董事会董事数量的1/3；董事会提名委员会和薪酬委员会的半数以上成员应当为外部董事，且至少有一位独立董事；而审计委员会的成员半数以上应当为独立董事。

第四节 我国上市公司治理和董事会结构

一、我国上市公司治理特点

1. 上市公司股权结构

股权是股东持有的对公司现金流量权和控制权的集合，而公司治理则涉及公司内部权力的配置，这意味着上市公司的股权结构将深刻影响公司治理。② 股权的集中程度将决定大股东对公司的控制力度，将影响公司治理，特别是独立董事制度的实效。

我国上市公司的股权结构呈现出较为集中的特点。上海市证券交易所

---

① See Corporate Governance Laws and Regulations Japan 2021-2022, ICLG, https://iclg.com/practice-areas/corporate-governance-laws-and-regulations/japan.（最后访问日期：2022年9月30日）

② [美] 布鲁纳·克里斯多夫：《普通法世界的公司治理：股东权力的政治基础》，林少伟译，法律出版社，2016，第75页。

上市公司研究组于2015年发布的研究报告显示，2013年底沪深两市"一股独大"的上市公司占比为59.3%，其中21.4%的上市公司大股东处于绝对控股地位，37.9%的上市公司大股东处于相对控股地位，沪深两市中"一股独大"的上市公司占比分别为61.8%、57.7%。[①] 这意味着在2013年的沪深两市中，超过一半的上市公司均存在股权过度集中于大股东的情况。

股权集中结构同时存在于国有上市公司和民营上市公司。国有上市公司存在国有股"一股独大"的现象。表1展示了2003—2019年我国国有上市公司股权集中度情况。第1大股东的平均持股比例鲜有低于40%，在2003年至2005年甚至达到45%以上；前3大股东的平均持股比例始终维持在50%以上；前5大股东的平均持股比例常年维持在60%左右，国有股始终牢牢占据着第一大股东的地位。国有上市公司的股权集中，既有历史原因，又有现实政策原因。中国资本市场建设早期，为确保国家对国有企业的控制权以及国有资产安全，国有企业占据了绝大多数上市名额，国有股占据了上市公司较高的股权比例。同时，在股份分置改革之前，由于非流通股长期存在，使得很大一部分股份处于非流通状态并存于大股东手中。此外，地方政府依赖对国有上市公司的控制权，从证券市场上输出资金的利益运转模式也变相加剧了国有企业股权结构的集中度。[②]

[①] 吴新春：《大力推进机构投资者参与上市公司治理》，《上海证券交易所研究报告》2015年第16期，第15页。
[②] 宋春霞：《基于股东资源的中国公司的股权结构研究》，《技术经济与管理研究》2021年第2期，第51页。

表1：2003—2019年A股国有上市公司股权集中度[①]

年份	第1大股东持股比例(%)	前3大股东持股比例(%)	前5大股东持股比例(%)	Z指数(倍)	前5大股东赫芬达尔指数	样本容量
2003	47.020	58.020	60.487	56.580	0.266	868
2004	46.440	58.120	60.834	52.910	0.262	870
2005	45.227	56.859	59.671	43.291	0.2479	846
2006	39.921	51.043	54.008	24.946	0.199	874
2007	39.338	50.295	53.328	21.553	0.195	901
2008	39.470	50.330	53.160	22.917	0.195	880
2009	41.228	52.955	56.010	19.043	0.213	552
2010	41.881	54.217	57.569	19.607	0.221	459
2011	41.792	54.653	58.358	18.818	0.222	384
2012	42.056	55.456	59.180	19.027	0.225	353
2013	41.339	54.165	57.667	19.140	0.217	312
2014	41.304	53.624	57.167	18.680	0.212	312
2015	39.441	52.503	56.400	12.494	0.195	327
2016	39.704	53.523	57.668	10.747	0.201	344
2017	41.249	55.154	59.588	11.648	0.215	372
2018	42.105	56.612	61.213	11.864	0.225	327
2019	41.820	57.548	61.925	11.810	0.223	210

我国民营上市公司的股权也较为集中，但股权集中程度总体上略低于国有上市公司。据亚洲公司治理协会统计数据显示，2010—2017年中国民营上市公司第1大股东平均持股比例虽然总体呈现下降趋势，但均超过

[①] 宋春霞：《基于股东资源的中国公司的股权结构研究》，《技术经济与管理研究》2021年第2期，第53页。

30%，远大于第2至第5大股东平均持股比例之和；并且前五名大股东的持股比例之和均超过50%，如表 2所示。① 民营上市公司的大股东、实际控制人仍然保持着对企业较高的控制权重。

表 2：2010—2017年中国民营上市公司大股东的平均持股比例②

年份	第1大股东平均持股比例（%）	第2至第5大股东平均持股比例之和（%）	总计 (%)
2010	35.02	21.06	56.08
2011	35.06	21.88	56.93
2012	35.56	21.38	56.94
2013	34.96	20.36	55.32
2014	34.78	20.38	55.17
2015	34.20	21.61	55.81
2016	33.14	22.53	55.67
2017	32.31	22.68	54.99

整体来看，我国上市公司的股权结构呈现出从"一股独大"到"多个大股东"的演变趋势。③2003—2019年，上市公司最大股东的平均持股比例呈现出递减的趋势，在2019年甚至跌破33.33%的持股比例，这意味着从平均水平来看，最大股东所持表决权已降至1/3以下。

股权过于集中会引发一系列的问题，尤其是可能导致上市公司内部监督和制约机制无法发挥有效作用，使得监事会、独立董事和其他股东的

---

① 艾哲明、李睿、郭沛源等：《治理在觉醒：中国公司治理进化史》，《亚洲公司治理协会2018年中国公司治理报告》，亚洲公司治理协会，2018，第18页。
② 艾哲明、李睿、郭沛源等：《治理在觉醒：中国公司治理进化史》，《亚洲公司治理协会2018年中国公司治理报告》，亚洲公司治理协会，2018，第16页。
③ 宋春霞：《基于股东资源的中国公司的股权结构研究》，《技术经济与管理研究》2021年第2期，第50页。

监督作用难以落实。① 在掌握绝对股权优势的大股东面前，监事会形同虚设、独立董事沦为"花瓶董事"、中小股东因理性冷漠而监督不足，此时大股东或控股股东的意志往往成为公司决策的关键性因素，导致资金侵占、关联交易、内部人控制、违规担保、不进行分红等侵害中小股东利益情形的发生。大股东或实际控制人对公司进行"隧道挖掘"（Tunneling）以掏空公司，攫取公司控制权私人收益，成为上市公司中非常严重和普遍的问题。唐建新、李永华和卢剑龙（2013）研究发现，在民营上市公司中，存在控股股东的上市公司其大股东的掏空行为相比不存在控股股东的上市公司更为严重，且在无法通过股权控制上市公司时，大股东会转而通过控制董事会来影响公司经营活动。② 但也有学者发现，股权高度集中能促进包括经营激励、收购兼并、代理权竞争、监督机制在内的四种公司治理机制作用的发挥，并同时提升公司绩效。③ 这也从反面印证了，股权的集中程度仅仅说明了大股东以及实际控制人对上市公司的控制程度，但该种控制关系为公司带来的是正面影响还是负面影响，则取决于大股东及实际控制人是否采取相关行为，并非直接取决于公司的股权结构。

2. 上市公司所有权属性特征

我国上市公司根据所有权属性的不同，主要分为国有上市公司和民营上市公司。国有上市公司一般是指政府或国有企业持有50%以上股份，或持有股份的比例虽然不足50%，但是足以影响股东（大）会的决议或者拥有实际控制权的企业。改革开放以来，国有上市公司股权控制的演变与发展历程显示，国企改革是一个企业产权从国家分配给企业家和投资者的过

---

① 朱慈蕴：《公司内部监督机制——不同模式在变革与交融中演进》，法律出版社，2007，第218页。
② 唐建新、李永华、卢剑龙：《股权结构、董事会特征与大股东掏空——来自民营上市公司的经验证据》，《经济评论》2013年第1期，第88页。
③ 孙永祥、黄祖辉：《上市公司的股权结构与绩效》，《经济参考》1999年第12期，第27页。

程。① 虽然全体人民是国有企业的所有者，但每个最终所有人都不能将其所有权转让给他人，也无法直接参与经营管理。因此，必须通过层层的委托代理链进行委托管理。多层的委托代理必然会使信息在传递的过程中经历延迟与扭曲，代理激励经过层层传递被耗损，监督的成本由此大大增加。

在层层的委托管理当中，代理人受上一级委托人的委托。根据委托代理理论，代理人在接受委托时并不能完全忠诚于委托人的利益，而是会追求自身利益的最大化，从而在维护委托人利益之事上存在一定惰性。在国有上市公司中，国有资产公司或者主管部门的官员作为层层委托管理关系中的最终代理人，由于激励的耗损，其从企业中能够获取的剩余份额微乎其微，不足以促使其实施忠诚勤勉的监督行为。尽管国有股东会给经理人一定的激励，但是与市场化原则获取的激励相去甚远，这导致了经理层的激励扭曲。于是，在追求自身利益最大化的驱动下，代理人将低收益的投票权出卖给"内部人"。同时，由于缺乏有效的监督，"内部人"便可利用收买的投票权谋取自身的利益，从而损害所有者的利益以及公司和利益相关者的利益。②

民营企业上市标志着民营经济进入了新的阶段。1999年宪法修正案正式明确非公有制经济是市场经济的重要组成部分，同年，党的十五届四中全会指出政府将逐步从一般竞争性行业退出。此后，逐步宽松的营商环境促成民营经济的快速成长与长足发展，其中一些优秀的企业实现了在交易所上市，扩充了上市企业的类型，促进了整个国民经济的发展与繁荣。民营上市公司一般指最终控制人是自然人或境内民营企业的A股上市公司，包括民营企业绝对或相对控股、自然人为主要发起人或拥有控制权

---

① 肖海军：《国有股权代表人制度研究》，中国检察出版社，2015，第372页。
② 梁洪学、崔惠芳：《国企上市公司股权治理的逻辑与方向》，《江汉论坛》2013年第12期，第65页。

的上市公司。

3.上市公司实际控制人特征

鉴于控股股东、实际控制人在日常经营中存在损害上市公司、中小股东和其他利害关系人利益的问题,新《证券法》拓宽了发行人的控股股东、实际控制人所应承担的法律责任的范围,并加重了处罚力度。一方面,即使证券发行向注册制过渡,但在监管条件上,新《证券法》仍然强调了上市公司"实际控制人"的作用和地位;另一方面,无论是"发行条件"抑或"法律责任",新《证券法》都对上市公司"实际控制人"的法定责任提出了更高的要求。具体而言,新《证券法》增加了实际控制人的公开发行条件和公开承诺的责任,同时在承担责任方式和信息披露责任方面规定了实际控制人的过错推定责任,强化了对于上市公司实际控制人的法定责任要求,加重了其责任承担。值得一提的是,在实际控制人的法律责任方面引入了过错推定原则,该规定相比以前的规定更加有利于实现"追首恶"的目标。

新《证券法》的过错推定追责方式在短期内确实具有一定的司法威慑力,康美案已然将此种威慑力予以显现。但责任产生的基础为违背特定义务,对照公司法中实际控制人对公司承担的信义义务可以发现,过错推定责任仍存在明显的逻辑漏洞,可能导致突破法人人格独立的基本原则、增加实际控制人与其他责任主体之间的责任认定与分配难度、"深口袋"主体成为赔偿主力等问题。①

4.股东会和董事会的权力分配

公司治理主要面向涉及股东会和董事会间的权力分配,实质是对公司

---

① 郑彧:《上市公司实际控制人法律责任的反思与构建》,《法学研究》2021年第2期,第95页。

控制权的分配。①而公司法在此方面的规定既有强制性规范，也有任意性规范；既依靠法治，又授权公司内部意思自治。股东会和董事会的权力分配受到法律规定和章程自治的综合规范。

在董事会中心主义和股东会中心主义两种立法观念下，对股东会和董事会的权力分配亦有所不同。股东中心主义主张公司的成立基础在于股东的投资，因此其财产本质上来源于股东财产，公司雇用的员工应当对公司的股东负责，公司制度的构建应以追求股东利益的最大化为原则，而董事会权力的日益膨胀会损害股东的权益，因此应当创设股东积极主义的公司治理模式。相反，董事会中心主义则主张董事会作为公司权力运作的中心，在忠实于股东利益和尽到勤勉义务的基础上，董事会具有相对独立性，采取集体议事机制就公司内部经营管理事项进行决策，并不受股东会任意干预。②

我国现行《公司法》针对上市公司股东大会与董事会权力分配，属于股东会中心主义的立法模式。③在公司权力的配置上贯彻以股东为本位的立法理念，其主要特点是在立法上赋予股东大会广泛的权力。董事会在法律地位上属于股东会下设机关，股份有限公司的股东大会是公司权力机构。④股东大会是公司意思的决定机关，经由股东大会将大多数股东个体意志上升为公司法人意志。同时，股东大会还是股份有限公司的必要机关，公司重大事项除法律和章程另有规定外均由股东大会决定。

---

① 有学者指出，公司治理涉及"所有者（主要是股东）对经营者的一种监督与制衡机制。即通过一种制度安排，来合理地配置所有者与经营者之间的权力与责任关系"，参见李维安，武立东：《公司治理教程》，上海人民出版社，2002，第39页。
② 唐军：《上市公司权力配置研究》，西南政法大学2019年博士学位论文，第3页。
③ 我国现行《公司法》并未直接对上市公司的股东大会和董事会职权作出特殊规定，而是对包括有限责任公司和股份有限公司在内的所有公司采取统一的一般性规定，作为股份有限公司的上市公司亦需要遵守。
④《中华人民共和国公司法》（2018年修正）第三十六条和第九十八条。

表3展示了我国《公司法》规定的股东会（股东大会）与董事会的职权范围。《公司法》第三十七条、第九十九条、第四十六条关于股东会（股东大会）与董事会的职权规定，股东大会可以决定涉及日常经营："公司，股东会决定公司经营方针和投资计划、审批公司财务预算和决算方案、利润分配方案和补亏方案、增减资本、发行债券等重大事宜"。而公司董事会，不仅需要执行股东会决议，还需要向股东会报告工作。股东会在组织人事、决议执行、工作监督等方面，在"事权"与"人权"，从"事前"到"事后"皆对董事会形成强有力的控制。此外，从股东会的职权范围来看，股东会（股东大会）还可根据《公司法》第三十七条第十项和第十一项的规定，通过修改公司章程来决定自身职权范围，从而将股东会职权的分配权与调整权转化为公司内部自治事项。由此看出，我国《公司法》分配给股东会的权力非常广泛，立法不仅通过法条明确了股东会在公司中广泛职权与最高地位，还许可公司股东会（股东大会）通过公司章程不断扩充延伸自身职权。

表3：我国《公司法》规定的股东会（股东大会）与董事会职权

	股东会（股东大会）职权[①]	董事会职权[②]
	法条集中列举职权	
①	"决定公司的经营方针和投资计划"	"召集股东会会议，并向股东会报告工作"
②	"选举和更换非由职工代表担任的董事、监事，决定有关董事、监事的报酬事项"	"执行股东会的决议"
③	"审议批准董事会的报告"	"决定公司经营计划和投资方案"
④	"审议批准监事会或者监事的报告"	"制订公司年度财务预算方案、决算方案"

[①]《中华人民共和国公司法》（2018年修正）第三十七条。
[②]《中华人民共和国公司法》（2018年修正）第四十六条。

续表

	股东会（股东大会）职权①	董事会职权②
⑤	"审议批准公司年度财务预算方案、决算方案"	"制订公司利润分配方案和弥补亏损方案"
⑥	"审议批准公司利润分配方案和弥补亏损方案"	"制订公司增加或者减少注册资本以及发行公司债券的方案"
⑦	"对公司增加或者减少注册资本作出决议"	"制订公司合并、分立、解散或者变更公司形式的方案"
⑧	"对发行公司债券作出决议"	"决定公司内部管理机构的设置"
⑨	"对公司合并、分立、解散、清算或者变更公司形式作出决议"	"决定聘任或者解聘公司经理及其报酬事项，并根据经理的提名决定聘任或者解聘公司副经理、财务负责人及其报酬事项"
⑩	"修改公司章程"	"制定公司的基本管理制度"
法条单独明确职权		
①	决定公司为公司股东或者实际控制人提供担保事宜①	
②	决定上市公司在一年内购买、出售重大资产或者担保金额超过公司资产总额百分之三十的事宜②	
③	决定股份有限公司发行新股相关事宜③	
④	决定公司因减资或企业合并需要进行公司股份回购④	
⑤	同意董事、高级管理人员将公司资金借贷给他人或者以公司财产为他人提供担保、关联交易、谋取公司商业机会及竞业限制⑤	

---

① 《中华人民共和国公司法》（2018年修正）第十六条第二款。
② 《中华人民共和国公司法》（2018年修正）第一百二十一条。
③ 《中华人民共和国公司法》（2018年修正）第一百三十三条。
④ 《中华人民共和国公司法》（2018年修正）第一百四十二条第一款与第二款。
⑤ 《中华人民共和国公司法》（2018年修正）第一百四十八条。

股东会（股东大会）职权[①]	董事会职权[②]
⑥ 决定公司清算组成员[①]	
法条明确授权公司章程决定的职权	
① 决定公司向其他企业投资或为他人提供担保[②]	
② 聘用和解聘会计师事务所[③]	

除了《公司法》对于公司股东会和董事会权力分配的一般规定，其他法律法规也特殊规定个别事宜需要股东会或股东大会的决议，如《证券法》中对公司改变公开发行股票所募集资金的用途需股东大会决议。[④] 再比如《中华人民共和国企业国有资产法》规定，聘请会计师事务所对国有独资企业、国有独资公司的年度财务会计报告进行审计，需要国有资本控股公司的股东大会决议。[⑤] 证监会《上市公司章程指引》还将"聘用、解聘会计师事务所""在一年内购买、出售重大资产超过公司最近一期经审计总资产30%的事项""审议股权激励计划和员工持股计划"等权力赋予了股东大会。[⑥]

我国《公司法》对公司股东会与公司董事会的权力配置问题也引发了广泛的讨论。首先，股东会与董事会权力划分界限模糊，对股东会和董事会权力的规定多以原则性的法律条文为主，立法上股东会权力过度延伸和宽泛，未加明晰的边界，股东会过度干预董事会权力，董事会独立性受到削弱。同时，董事的勤勉义务内涵界定不清、监事会与独立董事等问责与

---

① 《中华人民共和国公司法》（2018年修正）第一百八十三条。
② 《中华人民共和国公司法》（2018年修正）第十六条。
③ 《中华人民共和国公司法》（2018年修正）第一百六十九条。
④ 《中华人民共和国公司法》（2018年修正）第十四条。
⑤ 《中华人民共和国公司法》（2018年修正）第六十七条。
⑥ 中国证监会：《上市公司章程指引(2022年修订)》第四十一条。

监督机制没有发挥出实效,董事会义务和责任机制不健全,极易引发道德风险;加之公司章程自治边界不清晰,导致股东会与董事会权力配置总是存在灰色地带,公司通过章程自治效率低下。①

其次,未能区分公众公司与私人公司。在股东会与董事会权力分配中,将有限责任公司与股份有限公司混为一谈,未看到公众公司与私人公司最大的区别在于任意性或强制性法律规范的适用差异,忽视了两种公司两权分离程度不同,不符合公司实践。②这些问题导致公司治理的低效率,大股东或实际控制人侵害中小股东利益、董监高机会主义等行为时有发生。

我国《公司法》对股东会中心主义一元制立法模式的选择遵循大陆法系国家传统,但也存在固有弊端。在公司规模逐渐变大、股东人数逐渐变多的情况下,尤其是众多股东间的"集体行动问题"、中小股东的"搭便车"与"理性冷漠"现象的存在,股东会的过度集权不仅将导致股东会决策效率与质量的降低,还将导致专业化的董事无法充分发挥作用,最终增加公司经营成本。一方面,股东会中心主义的立法模式极易诱发大股东权力滥用的倾向,即"隧道现象"和"掏空行为",大股东利用资本多数绝对控制权从而获取私人收益,通过关联交易、操作利润分配、提供担保、资产置换等方式损害中小股东和公司利益;另一方面,股东会权力过大导致董事会独立性缺失,继而沦为大股东控制公司的工具,董事会的独立性与大股东的干预权难以平衡。③

---

① 杨茂琼:《公司股东会与董事会权力配置问题研究》,辽宁大学2018年硕士学位论文,第10页。
② 张建东:《公众公司股东大会与董事会权力分配研究》,吉林大学2020年博士学位论文,第15页。
③ 唐军:《上市公司权力配置研究》,西南政法大学2019年博士学位论文,第36页。

二、我国上市公司董事会结构特征

上市公司董事会结构受公司内部治理水平、发展规模、所在行业领域、股权结构等因素影响，在人数规模、独立董事比例、外部董事比例、男女董事比例、专业董事比例等方面各有差异，在不同程度上影响公司经营决策效率与发展状况。

1. 董事会规模

董事会作为公司经营决策机构，其规模需与应履行的职责相适配。我国《公司法》分别对有限责任公司和股份有限公司的规模予以规定。其中，股份有限公司董事会成员的法定人数为5~19人。① 上市公司均为股份有限公司，因此其董事会的法定规模为5~19人。据亚洲公司治理协会2018年中国公司治理报告《治理在觉醒：中国公司治理进化史》数据显示：2012—2015年，深市主板上市公司的董事会平均人数接近9人，其他板块董事会平均规模与主板上市公司差别并不显著，为8~10人。2013年，沪市上市公司的董事会平均人数是10.3人，将近一半公司的董事人数为8~10人，将近1/3的公司董事会有9名董事。经过五年的公司治理发展，截至2018年5月，中国上市公司中董事会规模为9人的比例已经增长至将近46%，而董事会拥有6~8名成员的公司比例为35%。②

从图2可以直观地看出，2018年5月我国A股上市公司的董事会人数大多为6~9人，超过3/4的A股上市公司选择该规模，并且过于小规模的董事会（5人以下）和过于大规模的董事会（13名以上）所占比例均非常小。这说明对于绝大多数上市公司来说，过大规模和过小规模的董事会可能仅仅局限在特定企业或特定行业，6~9人的中等规模董事会将会是市场中的

---

① 《中华人民共和国公司法》第一百零八条第一款："股份有限公司设董事会，其成员为五人至十九人。"
② 艾哲明、李睿、郭沛源等：《治理在觉醒：中国公司治理进化史》，《亚洲公司治理协会2018年中国公司治理报告》，亚洲公司治理协会，2018，第14页。

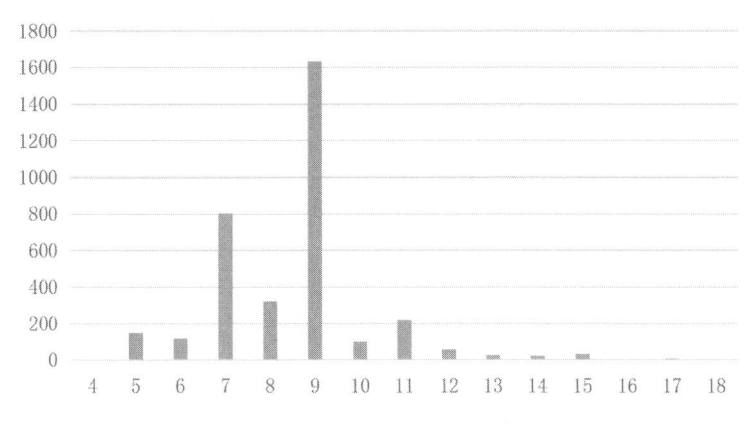

图2：A股上市公司董事会的规模分布（2018年5月）

常态。

因经营规模庞大，部分行业企业会为满足公司经营管理需求和符合监管要求拥有较大的董事会规模，例如上市商业银行的董事会规模远大于一般上市公司。2018年，有杂志统计了中国32家A股上市银行的董事会数据，显示大型银行的董事会规模最大的有17名成员，平均人数达13.8人；全国性股份制银行的董事会规模最大的有18名成员，平均人数达13.6人；城商行的董事会平均规模相比其他商业银行最大，达到14.42人，规模最大的有18名成员；农商行的董事会平均规模为13.42人，最高值为15人，而同期深圳交易所的主板上市公司董事会的平均董事人数仅为8.72人。[①]

所有权与经营权分离的背景下，股东基于投资公司的利益在很大程度上依赖于作为代理人的董事的忠实、勤勉行为来实现，也因此需要为每一名董事支付薪酬与待遇，这也是代理成本的一部分。董事会是公司全体董事进行集体议事与决策的机构，董事会人数一方面影响着企业经营决策的

---

① 曾斌、付玥豪：《A股上市银行2018年董事会治理状况分析》，《中国银行业》2019年第12期，第62页。

质效，另一方面也影响企业的经营成本。适度的董事会规模能够促进公司治理效率的提升，进而实现委托人的利益，但当董事会规模与企业现实需要不相适配时，将导致很高的代理成本。①

那么是否存在最佳的董事规模呢？于东智、池国华研究了2001年12月31日以前在深、沪证交所上市的1160家公司，发现董事会规模与公司绩效指标之间存在着倒U形的曲线关系，即理论上存在最佳的董事会规模。但其同时也指出，这仅仅是一种经济常态，并不意味着过大或过小的董事会规模不合理，即合适的董事会规模需要考虑多重因素，尤其是董事会结构以及公司经营多元化等，董事会规模并不存在单一标准。②当然，存在一些因素，如股权结构、外部大股东的监督、独立董事比例、国有股比例也会影响董事会规模大小。③④董事会的规模需要就公司自身特征而定，仍属于一个成本和收益问题，即多大的董事会规模取决于新增一名董事所带来的边际收益是否高于边际成本。

董事会规模也会在不同程度上影响企业经营。首先，董事会规模与企业绩效有着内在关联。孙永祥和章融（2000）研究了1998年12月31日在深沪两市上市的519家A股公司发现，我国上市公司董事会规模与公司绩效之间存在负相关关系，即公司绩效随着董事会规模的变小而提高，他们同时认为，董事会规模过大将导致沟通效率损失、降低对经理层的监督、董事的"搭便车"行为以及公司缺乏创新，其负面效果超过积极影响。⑤于

---

① [荷] 亨德里克斯·乔治：《组织的经济学与管理学：协调、激励与策略》，胡雅梅、张学渊、曹利群译，中国人民大学出版社，2007，第283页。
② 于东智、池国华：《董事会规模、稳定性与公司绩效：理论与经验分析》，《经济研究》2003年第4期，第72页。
③ 曹廷求、孙宇光：《股权结构、公司特征与上市公司董事会规模》，《山东大学学报》2007年第3期，第72页。
④ 董斌、张振：《股权结构、董事会特征与公司绩效：内生性视角》，《大连理工大学学报》2015年第4期，第15页。
⑤ 孙永祥、章融：《董事会规模、公司治理与绩效》，《企业经济》2000年第10期，第13页。

东智和池国华实证研究发现,董事会规模与绩效呈现倒U形关系,小型董事会对绩效的促进作用以及公司为了对过去绩效做出反应而调整董事会规模可以解释该结论。①董斌和张振(2015)研究了2001—2010年在沪深两市上市的1276家上市公司发现,公司绩效与董事会规模之间显著正相关。②

其次,董事会规模大小也会影响企业的投资。刘胜强和刘星(2010)研究了2004—2008年连续披露R&D投资的制造业和高新技术业上市公司,发现董事会人数处于较小区间时(小于6.5),企业的R&D投资随着董事会规模的扩大而提高,两者呈现显著的正相关关系;而当董事会人数处于较大区间时,企业的R&D投资随着董事会规模的扩大而降低。③

最后,董事会规模也会影响公司的规范经营。杨清香等(2009)认为,董事会对财务舞弊有着直接的影响作用,不同的董事会特征会不同程度地影响到财务舞弊,而适度的董事会规模能够确保董事会的监督能力,并在研究了2003—2007年沪深两市上市的非金融类上市公司后发现,董事会规模与财务舞弊呈现明显的U形关系。④

2.董事性别比例

董事会的男女董事比例是董事会结构特征之一,董事会成员性别的多元化早已在国外得到广泛关注。在我国上市公司董事会成员中,女性董事的比例低于男性,董事会成员性别的多元化问题还未得到官方重视。就法

---

① 于东智、池国华:《董事会规模、稳定性与公司绩效:理论与经验分析》,《经济研究》2003年第4期,第71页。
② 董斌、张振:《股权结构、董事会特征与公司绩效:内生性视角》,《大连理工大学学报》2015年第4期,第15页。
③ 刘胜强、刘星:《董事会规模对企业R&D投资行为的影响研究》,《科学管理研究》2010年第3期,第84页。
④ 杨清香、俞麟、陈娜:《董事会特征与财务舞弊——来自中国上市公司的经验证据》,《会计研究》2009年第7期,第64页。

律规定而言,涉及上市公司董事会构成的法律法规文件有《公司法》《上市公司治理准则》以及各大交易所的规则等,但目前我国还未有相关法律或政策文件对在董事会中强制性加入女性董事配额方面做出实质性要求。

德勤于2017年发布的一项报告显示,A股上市公司女性在董事会占比已达10.7%,担任董事会主席的占5.4%。[1]而香港的瑞信研究院(CSRI)于2021年9月发布的《瑞信性别3000:在更广泛的层面讨论多元化》(*The Credit Suisse Gender 3000 In 2021:Broadening the diversity discussion*)研究报告显示,在中国465家企业当中,2021年的女性董事比例为13%,这一数字远低于24%的全球平均值。[2]2021年,李维安发布了《2021年中国上市公司女性董事专题报告》,相比于2020年的12.64%,2021年中国上市公司中女董事比例的均值提升了3.93个百分点,为16.57%,有显著的增长。总而言之,女性董事的比例在全国各地区上市公司中都有普遍提高,特别是在新上市公司中。[3]

银行业更注重董事会性别多元化。统计数据显示,2018年在A股上市的银行中共有61名女董事,平均每家有女性董事2人,最多为4人,女董事人数占全部董事人数的14%,略高于同期深市A股平均的12%。[4]而在A股上市的银行中,国有大型商业银行的女性独立董事占比更高。数据显示,截至2020年底,中国上市银行共有36名女性独立董事,占比13.19%,略高于1/8。[5]

董事会构成的性别比例,会在很大程度上影响董事会决策倾向,继而

---

[1] 德勤有限公司全球企业治理中心:《董事会成员性别多元化:全球视角》,2017,第12页。
[2] 瑞信研究院:《瑞信性别3000:在更广泛的层面讨论多元化》,2021,第20页。
[3] 李雪婷:《女性董事一小步,可持续发展一大步》,《中国妇女报》2021年12月24日第005版。
[4] 曾斌、付玥豪:《A股上市银行2018年董事会治理状况分析》,《中国银行业》2019年第12期,第62页。
[5] 吴卫军、陈波:《提升上市银行独立董事的专业性和多元化》,《中国银行业》2021年第6期,第31页。

影响企业的经营。王欣、阳镇（2019）经实证研究发现，董事会性别多元化程度能够促进社会责任绩效表现，并且国有企业董事会性别多元化程度越高，风险承担水平越低。① 吕英、王正斌、姚海博（2021）从公司社会责任角度研究了女性董事的作用，结合社会认同和社会网络理论，认为女性董事和女性董事长在企业社会责任（CSR）问题上更容易获得管理层支持。② 周军（2019）研究了2007—2016年我国A股上市公司会计专业独立董事发现，因女性在风险偏好与道德水平上的特点，能够促进其保持独立性，从而改善公司信息披露，继而抑制股价崩盘风险，所以女性会计专业独立董事比男性会计专业独立董事更能抑制股价崩盘风险。③

3. 专业董事比例

董事的专业特质将影响公司决策质量。一般而言，法律、会计、金融、工商管理等专业背景的董事能够从不同专业的视角参与公司决策，从而影响公司的经营管理。王凯、武立东和许金花（2016）从不同工作经历和不同专业背景的独立董事对控股股东掏空行为的监督功能视角出发，研究了我国2004—2014年的A股上市公司，发现在对控股股东掏空问题的监督上，具备会计实务背景的独立董事比其他独立董事的监督功能更强。④ 姚海博、王正斌和吕英（2018）就不同专业背景的董事对企业环境信息披露质量差异原因的问题，研究了2010—2016年在沪深A股的重污染行业的上市公司，发现在环保制度的压力下，工商管理专业背景和法学专业背景

---

① 王欣、阳镇：《董事会性别多元化、企业社会责任与风险承担》，《中国社会科学院研究生院学报》2019年第2期，第35页。
② 吕英、王正斌、姚海博：《女性董事、团体动力与企业社会责任——性别协同还是团体协同？》，《财经论丛》2021年第4期，第97页。
③ 周军：《独立董事性别、地理位置与股价崩盘——基于会计专业独立董事的视角》，《中南财经政法大学学报》2019年第3期，第36页。
④ 王凯、武立东、许金花：《专业背景独立董事对上市公司大股东掏空行为的监督功能》，《经济管理》2016年第11期，第73页。

的董事对环境信息披露质量选择存在不同影响,即董事会中工商管理专业背景的董事比例越高,企业在披露环境信息时的主动性及披露信息的质量就越高。①

焦跃华与孙源(2021)从企业创新的视角研究了学者型独立董事的作用,发现其在促进企业创新中更多地发挥咨询作用,能够促进公司研发投入和产出水平的提升,提高上市公司的创新效率;技术型独立董事比非技术型的独立董事更能对企业研发投入与产出产生积极促进的作用。②张敦力和汪哲(2016)也研究认为,专业董事比例与企业现金持有量存在显著的负相关关系。因为具有专业背景的董事有更强的投融资能力与业务操作能力,更倾向于持有少量现金进行投资,所以具有财务、法律、经济背景的董事比例越高,企业的现金持有量就越少。③

我国《公司法》与《证券法》均未在上市公司董事的专业背景上作出特别要求,但证监会发布的《上市公司独立董事规则》④对独立董事的专业背景及比例进行了规定,要求独立董事应具备法律、经济等履职所需的工作经验,并且在董事会中至少有一名会计专业的独立董事。就独立董事的专业背景而言,多以法律、会计、工商管理领域的学者型独立董事为主,中国上市公司"学者独立董事"现象普遍。有统计数据显示,在2002—2018年学者型独立董事的人数呈逐年上升趋势,所占比例介于

---

① 姚海博、王正斌、吕英:《董事专业背景与企业环境信息披露质量研究》,《预测》2018年第6期,第54页。
② 焦跃华、孙源:《学者型独立董事与企业创新——来自中国资本市场的经验证据》,《会计与经济研究》2021年第5期,第27页。
③ 张敦力、汪哲:《中小板上市公司董事会特征与现金持有水平研究》,《财会通讯》2016年第24期,第12页。
④ 中国证监会于2022年5月发布的《上市公司独立董事规则》第十条,"上市公司应当在公司章程中明确,聘任适当人员担任独立董事,其中至少包括一名会计专业人士。"第九条,"担任独立董事应当符合下列基本条件:……(四)具有五年以上法律、经济或者其他履行独立董事职责所必需的工作经验;……"

42%到48%。① 苏然和冯科（2018）统计了沪深两市2032家A股上市公司的9612名在任独立董事，其中学者型独立董事为4369人次，在全部独立董事中的占比为45.45%，79.98%的上市公司聘任学者型独立董事。而在这些学者型独立董事中，37.49%为财会专业（1638人），19.20%为经管专业（839人），6.75%为财政金融专业（295人），12.22%为法律专业（534人），而24.70%的学者型独立董事具有专业相关技术背景（1079人）。②

三、我国上市公司独立董事的任职情况

1. 独立董事聘任基本情况

独立董事以其专业性、独立性和客观性，能够就上市公司重大事项以及涉及中小股东利益事项发表自己的意见、向股东公开征集投票权等，同公司监事会一起构成公司监督和制约机制的一部分。基于我国公司治理的独特制度禀赋，独立董事主要承担监督作用和咨询功能，图3展示了上市公司协会在2022年对上市公司独立董事问卷调查的结果，绝大多数独立董事将监督类的工作视为其主要职责。

2001年中国证监会发布《关于在上市公司建立独立董事制度的指导意见》（以下简称《指导意见》），正式在我国上市公司中全面推行独立董事制度，分阶段要求上市公司董事会成员中独立董事占比至少达到1/3。③ 2022年1月，《上市公司独立董事规则》出台，《指导意见》同时废止，但

---

① 焦跃华、孙源：《学者型独立董事与企业创新——来自中国资本市场的经验证据》，《会计与经济研究》2021年第5期，第27页。
② 苏然、冯科：《学者型独立董事发展现状及治理效果研究》，《财会通讯》2018年第21期，第5页。
③ 中国证监会于2001年6月18日发布的《关于在上市公司建立独立董事制度的指导意见》第一条第（三）款："各境内上市公司应当按照本指导意见的要求修改公司章程，聘任适当人员担任独立董事，其中至少包括一名会计专业人士（会计专业人士是指具有高级职称或注册会计师资格的人士）。在二〇〇二年六月三十日前，董事会成员中应当至少包括2名独立董事；在二〇〇三年六月三十日前，上市公司董事会成员中应当至少包括三分之一独立董事。"

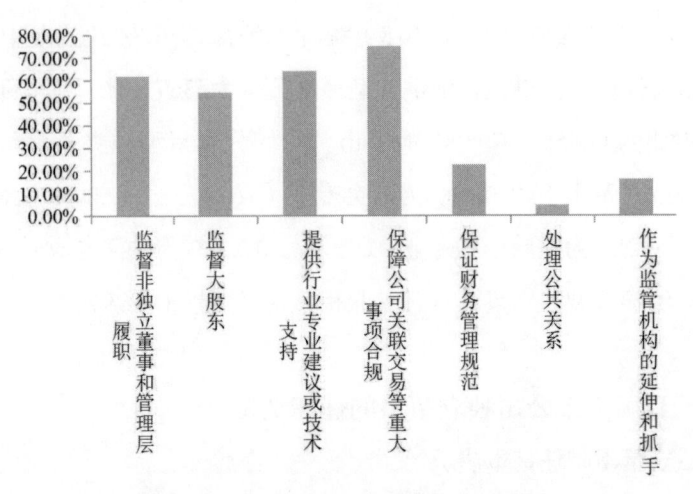

图3：A股上市公司独立董事的主要功能

该文件仍然维持了上市公司独立董事应占董事会成员1/3的比例要求，并新增规定要求独立董事必须在审计、提名、薪酬与考核委员会成员中占据多数，同时担任召集人。①除一般性要求外，不同行业针对独立董事的比例有单独的要求，如银保监会发布的《保险机构独立董事管理办法》要求存在持股超半数的机构，独立董事占比应达到1/2以上。②

2013年，中国上市公司协会发布的《上市公司独立董事履职情况报告》显示，截至2012年底，中国全部上市公司中，独立董事人数为3名和4名的分布占比超过七成和接近两成；独立董事人数为2名及以下的公司占比4.2%，人数为5名及以上的占比5.9%。独立董事"三人现象"十分显著。③

---

① 中国证监会于2022年1月5日发布的《上市公司独立董事规则》第四条，"上市公司董事会成员中应当至少包括三分之一独立董事。上市公司董事会下设薪酬与考核、审计、提名等专门委员会的，独立董事应当在审计委员会、提名委员会、薪酬与考核委员会成员中占多数，并担任召集人。"
② 银保监会2018年6月30日发布的《保险机构独立董事管理办法》第五条。
③ 中国上市公司协会2013年11月发布的《上市公司独立董事履职情况报告》。

2. 独立董事聘任分布

2017年10月，有研究指出，彼时近五年的数据显示上市公司独立董事人数在董事会中的平均比例约为37%。2017年，上市公司独立董事人数比例符合法定要求（超过1/3）的占中国全部上市公司的48.98%，而独立董事比例超过50%的上市公司仅有1.91%，其中最高比例为首旅酒店的75%。[1] 2018年5月，亚洲公司治理协会发布报告显示（见图4），中国上市公司董事会的独立董事比例低于33%的占比2.1%，独立董事比例为33%的占比47.2%，独立董事比例大于33%小于等于40%的占比21.1%，独立董事比例大于40%小于等于50%的占比28.1%，独立董事比例大于50%的占比仅有1.5%。[2]

与一般上市公司不同，上市的商业银行以及其他上市金融机构聘任数

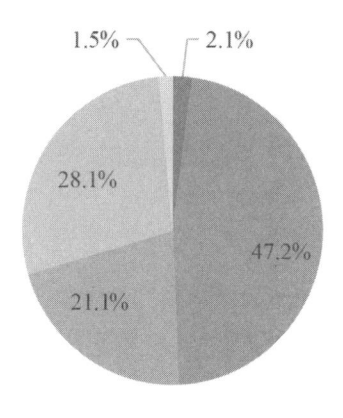

图4：A股上市公司董事会的独立董事比例（2018年5月）

---

[1] 郝臣：《董事薪酬、独立董事制度是新突破口》，《董事会》2017年第10期，第48页。
[2] 艾哲明、李睿、郭沛源等：《治理在觉醒：中国公司治理进化史》，《亚洲公司治理协会2018年中国公司治理报告》，亚洲公司治理协会，2018，第26页。

量更多的独立董事。①相关统计研究显示，2020年底，54家A股或H股上市银行平均聘任5名独立董事，占董事会总人数的比例接近四成；其中国有大型商业银行的独立董事占比更高，达到41.25%。就独立董事的专业背景而言，拥有监管、学术研究和专业技术背景的独立董事占比较高。②

理论上，独立董事作为上市公司的监督者，其在董事会所占比例越高，则对内部董事和公司高管监督力度越强，上市公司治理会更规范，从而其绩效更高。王跃堂、赵子夜和魏晓雁（2006）用实证研究验证了这一观点，研究发现独立董事比例和公司绩效呈现显著的正相关关系。③郝云宏和周翼翔（2010）研究了1999—2008年在深沪两市的509家上市公司发现，董事会独立性与公司绩效存在跨期关联，独立董事比例的增加并不一定提升绩效，但绩效的提高却导致董事会独立性的降低。④但于东智和池国华（2003）认为独立董事比例与公司绩效关系并不明显，"独立董事不独"、独立董事与监事会功能相冲突、独立董事在董事会比例过低、独立董事的知识与精力限制、独立董事市场不成熟、独立董事报酬等问题，都是导致独立董事制度未发挥真正实效的原因。⑤

---

① 艾哲明、李睿、郭沛源等：《治理在觉醒：中国公司治理进化史》，载《亚洲公司治理协会2018年中国公司治理报告》，亚洲公司治理协会，2018，第27页。
② 吴卫军、陈波：《提升上市银行独立董事的专业性和多元化》，《中国银行业》2021年第6期，第31页。
③ 王跃堂、赵子夜、魏晓雁：《董事会的独立性是否影响公司绩效》，《经济研究》2006年第5期，第63页。
④ 郝云宏、周翼翔：《董事会结构、公司治理与绩效》，《中国工业经济》2010年第5期，第112页。
⑤ 于东智、池国华：《董事会规模、稳定性与公司绩效：理论与经验分析》，《经济研究》2003年第4期，第8页。

第五节　小结

上市公司独立董事制度并不是孤立的、割裂的制度设计，而是根植于东道国公司治理体系的，其制度实效必然受到证券市场制度禀赋的影响。本章对于独立董事治理实效研究的理论基础集中于委托代理理论、团队决策理论和最优威慑理论。从全球范围来看，上市公司的董事会结构可以分为盎格鲁-撒克逊式单层董事会和欧陆式双层董事会，二者的主要区别是前者仅有一层董事会，所有的功能都在该层次内实现；而后者的董事会分为董事会和监事会两层，并在不同层次之间进行了功能分工。采用盎格鲁-撒克逊式单层董事会的代表性国家是美国和英国，上市公司的股权结构较为分散，采取了单层董事会的结构，独立董事主要承担监督和咨询功能。德国和日本是采用欧陆式双层董事会模式的代表性国家。德国上市公司治理结构具备两个典型特点，即双层董事会和员工共决制，监事会是董事会的上级机关，主要承担监督董事会的职责，而董事会负责公司的经营活动。双层董事会将经营执行、战略制定和监督功能分离开来，无须独立董事承担监督功能。

我国上市公司治理体系和独立董事制度具有明显的特点。第一，我国上市公司的股权结构呈现出较为集中的特点，代理问题集中于大股东与小股东之间。股权过于集中会导致上市公司内部监督和制约机制无法发挥有效作用，使得监事会、独立董事和其他股东的监督作用难以落实。第二，我国国有上市公司占比较高，多层代理问题显著。多层的委托代理必然会使信息在传递的过程中经历延迟与扭曲，代理激励经过层层转递被耗损，监督的成本由此大大上升。第三，股东会和董事会间的权力分配不平衡，我国现行《公司法》采取股东会中心主义的立法模式，导致大股东保持对公司的较强控制力。根据我国《公司法》的规定，上市公司董事会成员的法定人数为5~19人。亚洲公司治理协会2018年中国公司治理报告显示，我国上市公司聘任的独立董事数量和比例都较低，上市公司独立董事占据董事会席位的比例平均在37%左右，而独立董事占比超过50%的上市公司仅有1.91%。上市公司董事会中独立董事占比较低，也限制了独立董事有效发挥监督功能。

第二章 相关国家和地区独立董事与上市公司治理模式的考察

第一节 英国独立董事与上市公司治理模式

一、英国上市公司治理及董事会特征

1. 上市公司及股权结构特征

英国国家统计局（ONS）2022年3月发布的统计报告显示，截至2020年底，在伦敦证券交易所上市的股票总市值为2.17万亿英镑。总体来看，英国上市公司的股权结构较为分散，[1] 其中海外投资者持有了英国上市公司的绝大部分股份，并呈现持续上升的趋势，达到英国股市市值的56.3%。[2] 自1994年以来，海外投资者持有英国上市公司的股份占据总市值的比例呈现显著的增长趋势，如图5所示。英国股票市场的国际化程度上升，吸引了大量的海外投资者。海外机构投资者持有较高比例上市公司的股份，也形成了证券市场长期投资的文化，以及机构投资者从"管理人"（Stewardship）角度积极介入上市公司治理的宏观环境。相比之下，英国个人投资者持有英国上市公司股份较少。个人投资者持股在2022年占

---

[1] [卢森堡]格尔根·马克：《公司治理》，王世权、杨倩、侯君等译，机械工业出版社，2014，第23页。

[2] See David Summers, Office For National Statistics, Ownership of UK Quoted Share: 2020, Office For National Statistics, https://www.ons.gov.uk/economy/investmentspensionsandtrusts/bulletins/ownershipofukquotedshares/2020.（最后访问日期：2022年9月30日）

总市值比例仅为12%，而个人投资者在1963年曾持有英国上市公司股份比例的54%。英国证券市场经历了由个人散户投资者主导向专业机构投资者主导的转变。

20世纪80年代，英国撒切尔夫人政府推动的私有化浪潮，为英国海内外机构投资者购入优质资产提供了大量机会。图 6汇总并比较了不同类型投资者的持股比例。Barca和Becht（2001）研究了欧美一些拥有大股东的上市公司，发现在英国仅有约2%的公司拥有大股东，而在奥地利、比利时和德国等其他欧洲大陆国家，这一数据高达约2/3。同时，英国上市公司中拥有"有否决权的关键少数股东"的比例也仅为15.9%，远低于上述国家。① 至少在2001年以前，英国上市公司中超过90%的公司的最高表决权比例始终保持在30%以下。②

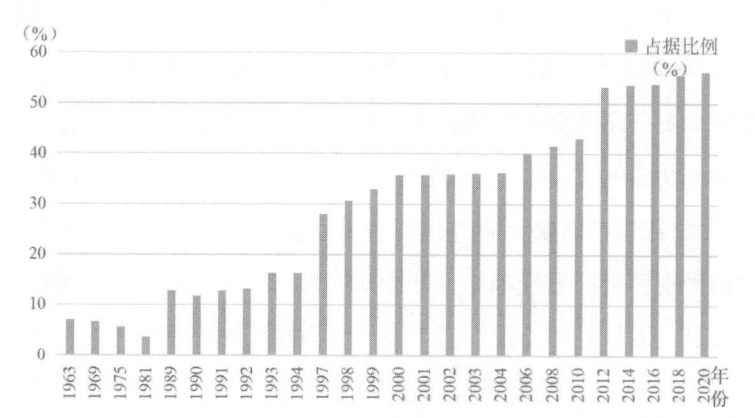

图5：海外投资者持有英国上市公司股份占总市值比例（1963—2020年）③

---

① See Barca Fabrizio, Becht Marco: The Control of Corporate Europe, Oxford University Press, 2001, 21.
② See Georgan Marc, Ronneboog Luc: Strong Managers and Passive Institutional Investors in the UK, in Barca Fabrizio Becht Marco: The Control of Corporate Europe, Oxford University Press, 2001, 268.
③ See David Summers, Office For National Statistics, Ownership of UK quoted shares：2020, Office For National Statistics, https://www.ons.gov.uk/economy/investmentspensionsandtrusts/bulletins/ownershipofukquotedshares/2020.（最后访问日期：2022年9月30日）

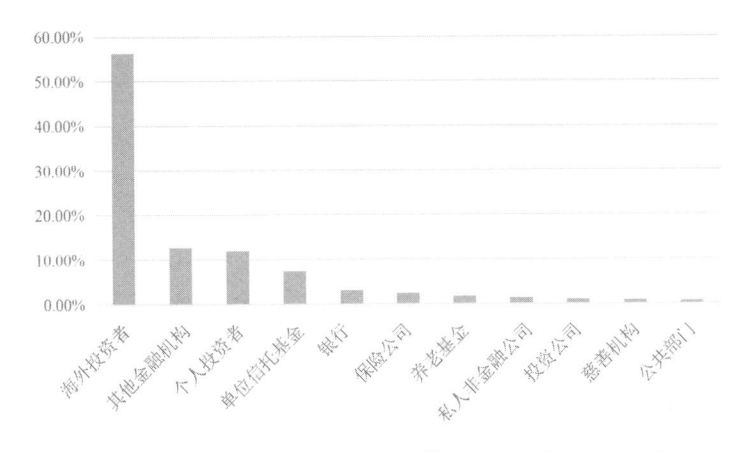

图 6：英国上市公司股份的受益所有人分布（2020年12月31日）

2. 董事会结构特征

英国公司法采取"单层董事会"的治理模式，公司治理结构包括"股东大会-董事会-经理层"三个层级。公司不存在单独设立的监事会，而是由董事会履行监督功能，因此英国公司董事会属于监督型董事会。英国公司董事会在内部管理上有两个鲜明特点：第一，通过董事会下设的专业委员会，如薪酬委员会、审计委员会、执行委员会等，执行董事会特殊职能，推动决策效率提升；第二，将公司董事按照是否在公司任职区分为内部董事和外部董事。[①]据马丁·希尔伯2008年统计显示，英国公司董事会平均人数为13人，外部董事比例达到了77%。[②]

英国财务报告委员会在2018年7月发布的《英国上市公司治理准则》（*The UK Corporate Act Governance Code*）对董事会结构提出了具体要求：第一，英国上市公司董事会需要至少满足以下三个条件之一，即"从全体员工中任命一名董事"，或"成立正式的员工咨询小组"，或"委任一

---

① 刘彦文、张晓红：《公司治理（第二版）》，清华大学出版社，2014，第227页。
② 钟继银：《董事会与公司治理（第二版）》，中国发展出版社，2014，第58页。

名非执行董事",否则需要向英国财务报告委员会作出解释;[①] 第二,除董事会主席之外,董事会中至少有一半董事应是满足独立性标准的外部董事;[②] 第三,董事会设提名委员会主持董事提名程序,其多数成员应当是独立董事;[③] 第四,董事会设立由独立董事组成的审计委员会,其成员至少为三人(规模较小的公司至少为两人),并且至少包括一名具有财务经验的成员;[④] 第五,董事会应设立由独立董事组成的薪酬委员会,其成员至少为三人(规模较小的公司至少为两人)。[⑤]

英国董事会结构日趋多元化,包括董事会族裔多元化和性别多元化。有色人种董事和女性董事在上市公司董事会中占比较低,不利于有效提升公司治理水平。关于董事会的族裔多元化问题,"帕克评论委员会"(The Parker Review Committee)在2020年2月更新了《关于英国公司董事会种族多样性的报告》(*Report into the ethnic diversity of UK boards*)。该报告总结英国FTSE指数追踪的上市公司中,有色人种在公司董事会中仍然是少数群体,董事会种族多样性在上市公司间也会存在较为显著的差异。此外,英国监管机构也关注董事会的性别多样性问题。2011年2月,戴维斯勋爵受英国政府委托,对董事会中的女性董事进行了独立调研,他建议FTSE100指数追踪的英国上市公司应提升女性董事占董事会的席位比例。[⑥] 总体来看,英国上市公司董事会多元化发展趋势明显。

---

① The UK Corporate Act Governance Code 2018. S5.
② The UK Corporate Act Governance Code 2018. S11.
③ The UK Corporate Act Governance Code 2018. S17.
④ The UK Corporate Act Governance Code 2018. S24.
⑤ The UK Corporate Act Governance Code 2018. S32.
⑥ See Deloitte: Women In The Boardroom: A Global Perspective, 2013, 28.

二、英国董事独立性标准与任职情况

1. 英国董事独立性标准

英国独立董事制度建立在《英国公司治理守则》的基础上,而该守则属于自律监管规则。① 《英国公司法》(2006年)未明确独立董事的独立性标准,② 政府委托的专业委员会发布的公司治理准则对独立性标准进行了定义。1992年,坎德伯里委员会发布了《坎德伯里报告》,是第一版公司治理守则。随后,《希格斯报告》(Higgs report of 2003)和财务报告委员会在2018年颁布的《英国公司治理准则》,完善了董事独立性的标准。《坎德伯里报告》指出独立董事应该独立于管理层,除董事费用(Director fees)和持股外,与公司没有任何其他关系。③ 然而,《坎德伯里报告》并未对董事独立性提出具体要求,仅指出为维护非执行董事的独立地位,其不得参与股票期权计划以及公司养老金服务。④

表4:《希格斯报告》与《英国公司治理准则》(2018年)关于董事独立性的规定比较

	希格斯报告	英国公司治理准则	内容变化	所涉类型
①	是公司或集团的前雇员,直至雇佣(或任何其他重要关系)结束五年	在过去五年内是或曾是公司或集团的雇员	无	雇佣关系
②	在过去三年内,曾直接或曾与公司有实质性的业务关系,或作为公司的合伙人、股东、董事或高级雇员与公司有实质性的业务关系	在过去三年内,曾直接或作为与公司有该等关系的机构的合伙人、股东、董事或高级雇员与公司有重大业务关系	对业务关系增加"重大性"标准	重大业务关系

---

① See Harald Baum, The Rise of the Independent Director: A Historical and Comparative Perspective, Max Planck Private Law Research Paper No. 16/20, https://papers.ssrn.com/sol3/papers.cfm?abstract_id=2814978.(最后访问日期:2022年9月30日)
② 英国法上的独立董事是指"独立董事",为逻辑一致,本文均采取"独立董事"的表述。
③ See The Committee on the Financial Aspects of Corporate Governance, Gee Publishing, 1992, 24.
④ 朱斌:《论英国独立董事制度的缺陷》,《理论月刊》2011年第3期,第149页。

续表

	希格斯报告	英国公司治理准则	内容变化	所涉类型
③	已从公司获得或获得除董事薪酬以外的额外报酬，参与公司的股票期权或与业绩相关的薪酬计划，或是公司养老金计划的成员	已从公司获得或获得除董事报酬以外的额外报酬，参与公司的股票期权或与业绩相关的薪酬计划，或是公司养老金计划的成员	无	经济利益关系
④	与公司的任何顾问、董事或高级员工有密切的亲属关系	与公司的任何顾问、董事或高级雇员有密切的家庭关系	无	亲属关系
⑤	拥有跨董事职位或通过参与其他公司或机构与其他董事有重大联系	拥有跨董事职位或通过参与其他公司或机构与其他董事有重大联系	无	同公司其他董事的重大关系
⑥	代表一位重要股东	代表一位重要股东	无	同大股东关系
⑦	在董事会任职超10年	自首次任命之日起在董事会任职9年以上	任职时间从"10年"改为"9年"	任职年限

《希格斯报告》认为，大多数非执行董事应该独立于管理层，同时不能有任何可能实质性干扰独立判断的业务关系或其他关系。① 如表4第一列所示，在判断董事独立性上，该报告同样支持由董事会来检验董事的独立性，只要经董事会确定董事满足独立性标准，并且不存在任何可能影响董事独立判断的关系或因素，那么即可认定该董事具备独立性。② 《希格斯报告》进一步丰富和完善了《坎德伯里报告》所列明的独立性标准，同样列举了可能影响董事独立判断的七种关系和因素。2018年《英国公司治

① See Review of the Role and Effectiveness of Non-Executive Directors, Gee Publishing, 2003, 3.
② See Review of the Role and Effectiveness of Non-Executive Directors, Gee Publishing, 2003, 4.

理准则》(以下简称《准则》)对《希格斯报告》有关董事独立性标准进行了小幅修改。如表4第二列所示,《准则》不仅要求上市公司在年报中确定外部董事的独立性,还分别从雇佣关系、重大业务关系、经济利益关系、亲属关系、与公司其他董事的重大关系、与大股东关系、任职年限七个方面对独立性标准进行了细化规定。①

2. 英国独立董事任职情况

自《坎德伯里报告》提出完善独立董事制度,英国上市公司董事会中独立董事的占比不断升高。该报告指出外部董事为董事会决策引入第三方独立判断,建议增加独立董事的数量,以增强公司董事会的独立性。②《希格斯报告》进一步提升了独立董事的比例要求,第9.5条和第A3.5条建议除董事会主席外,董事会成员中至少一半成员应当为独立董事。同时,第A3.6条建议在公司年度报告中确定一名首席独立董事,以便在董事长或CEO无法正常履职时介入。《希格斯报告》还建议上市公司应设置由多数独立董事组成的提名委员会和全部由独立董事组成的审计委员会。③

《英国公司治理准则》吸收了《希格斯报告》的建议,并要求上市公司董事会满足以下独立标准:第一,除董事会主席以外的过半成员应当是独立董事;④第二,提名委员会中的多数成员应为独立董事;⑤第三,审计委员会应至少由3名成员组成(规模较小的公司可以仅包括2名成员),其成员应当全部为独立董事;⑥第四,薪酬委员会应当由独立董事组成,至少包括3名成员(规模较小的公司可以仅包括2名成员)。⑦

---

① The UK Corporate Governance Cod(2018), Article 10.
② See The Committee on the Financial Aspects of Corporate Governance, Gee Publishing, 1992, 19.
③ See Review of the Role and Effectiveness of Non-Executive Directors, Gee Publishing, 2003, 10.
④ The UK Corporate Governance Cod, § 11, FRC(2018).
⑤ The UK Corporate Governance Cod, § 17, FRC(2018).
⑥ The UK Corporate Governance Cod, § 24, FRC(2018).
⑦ The UK Corporate Governance Cod, § 32, FRC(2018).

独立董事在英国上市公司中的作用越来越受重视，董事会保持着较高的独立董事比例。在2001—2009年，英国上市公司董事会中的独立董事占比接近90%。① 2020年，斯宾塞·斯图亚特公司（Spencer Stuart）对FTSE中市值最大的150家上市公司进行全面调查，发现这些上市公司的独立董事占董事会席位的比例平均约为93%，董事会独立性保持在非常高的水平。②

三、英国独立董事的信义义务

英国上市公司独立董事同样受到信义义务的约束。《公司法》在界定董事范畴时采取实质主义原则，将"董事"定义为"处于董事位置上的任何人"，而不拘泥于形式上的称谓。③ 易言之，英国公司法下的"董事"，不仅包括已被任命为董事的人，还包括事实董事④和影子董事⑤。英国法之所以采取如此宽泛的定义，是为了避免由于董事定义导致责任逃避的问

---

① See Harald Baum: The Rise of the Independent Director: A Historical and Comparative Perspective, Max Planck Private Law Research Paper No. 16/20, https://papers.ssrn.com/sol3/papers.cfm?abstract_id=2814978.（最后访问日期：2022年9月30日）

② See SpencerStuart: Five- and Ten- Year Trends: 2020 UK Spencer Stuart Board Index, https://www.spencerstuart.com/research-and-insight/uk-board-index/trends.（最后访问日期：2022年9月30日）

③ 英国《2006年公司法》第250条对"董事"所下定义为："在公司法规中，董事包括处在董事位置上的任何人，不管其称呼。"参见葛建军译，《英国2006年公司法》（2012年修订译本），法律出版社2012年版，第152页。

④ 事实董事（De Facto Director）指未经有效任命而实际作为董事行事的人。事实董事虽被公司认定为董事并声称自己是一名董事，但从未被实际有效任命。See Andrea Lista, Directors' Duties in the UK, Research Handbook on Directors' Duties, 2014, 1.

⑤ 英国《2006年公司法》第251条对"影子董事"所下定义为："（1）在公司法规中，与公司相关的影子董事是指公司习惯于根据其指导或指示而行事的人。（2）一个人并非仅因董事根据其以专业身份出具的建议行事而视为影子董事。（3）为下列各章之目的，法人并非仅因子公司的董事习惯于根据其指导或指示行事而视为其任何子公司的影子董事——第2章（董事的一般义务），第4章（要求成员批准的交易），或者第6章（与系董事的单个成员的合同）。"参见《英国2006年公司法》（2012年修订译本），葛建军译，法律出版社2012年版，第152页。

题。①此外，离职董事也在一定程度上被英国公司法纳入董事义务的涵摄范围内。

根据《英国公司法》（2006年）的规定，公司董事即使卸任也应当遵守第175条和第176条所设定的"忠实义务"。②第175条要求公司董事在利用其任职期间所获取的公司财产、信息或者机会时，应当"避免利益冲突"。③第176条要求公司董事不得任职期间为所为或不为的事项而从第三方接受利益，将"忠实义务"有条件地适用于离职后的董事，防止出现"事后"的利益冲突行为。④英国公司法还将"影子董事"纳入"董事"的范畴中，不仅明确定义了"影子董事"的概念，还在权利与义务等方面适用"董事"相关规范。⑤

英国法上的信义义务起源于衡平法与普通法的信托制度，董事为公司利益而履行其职责时需遵循的特定标准被称为"信义义务"（Fiduciary duty）。董事作为公司的"受信人"，一般情况下只对公司负有信义义务。⑥该原则来自普通法著名判例Percival v. Wright案，法院判决公司董事与股

---

① See Andrea Lista, Directors' Duties in the UK, Research Handbook on Directors' Duties, 2014, 1.
② 英国《2006年公司法》第170条第（2）款规定："不再是董事的人，仍然要遵守——（a）对于他在担任董事期间所知晓的任何财产、信息或机会的利用，第175条（避免利益冲突的义务）的义务，以及（b）对于他不再是董事之前作为或不作为的事情，第176条（不得从第三人处接受权益的义务）的义务。受限于任何必要的修正，在该范围内这些义务适用于前董事。"参见英国《2006年公司法》（2012年修订译本），葛建军译，法律出版社2012年版。
③ 英国《2006年公司法》第175条。
④ 英国《2006年公司法》第176条。
⑤ 英国《2006年公司法》第170条第（5）款规定："当并且在相应普通法规则和衡平法原则这样适用的范围内，一般义务适用于影子董事。"参见英国《2006年公司法》，葛建军译，法律出版社2012年版，第152页。
⑥ 张开平：《英美公司董事法律制度研究》，法律出版社，1998。

东间不存在信义关系,董事对公司负有信义义务。① 1962年,《杰金斯委员会报告》重新确认了该原则。② 在成文法层面,《英国公司法》(2006年)第172条确认了董事"促进公司成功的义务",同时还在该条第(3)款规定,受限于成文法或其他规定,董事在特定情形下也应当维护债权人的利益。③ 如《英国破产法》(1986年)第214条要求公司董事在公司破产清算时对债权人负担"信义义务"。④

作为教义学概念,信义义务一般包含忠实义务与注意义务。不同于美国法,英国法所称信义义务一般仅指忠实义务。⑤ 英国公司法学者认为,董事义务包括信义义务和注意义务,信义义务是一项类似处于受托人地位所负担的义务,而注意义务独立于信义义务。⑥ 因此,英国制定的公司法多对忠实义务进行了明文规定,而注意义务则通过判例法进行阐述。《英国公司法》(2006年)系统总结了董事义务的相关规范,⑦在第十部分"公司董事"第一次对董事义务进行法典化编纂。⑧《英国公司法》(2006年)第171条至177条将董事的一般义务分别概括为:"(1)在权力范围内行使的义务;(2)促进公司成功的义务;(3)独立判断的义务;(4)合理、谨慎和勤勉的义务;(5)避免利益冲突的义务;(6)不得从第三方处接受利

---

① 在该案中,原告作为公司股东,因被告公司董事未在同原告进行股份转让前向股东披露公司将以更优价格被出售的事宜,认为原告股东与被告公司董事间存在信义关系,主张股份转让无效。后法院裁定被告胜诉。但该案发生于闭锁公司,对于公开公司的董事而言,董事买卖本公司股份现已有证券法加以规制(董事作为内部人而负有特殊的披露义务)。参见张开平:《英美公司董事法律制度研究》,法律出版社1998年版。
② 张开平:《英美公司董事法律制度研究》,法律出版社,1998,第150页。
③ 英国《2006年公司法》第172条。
④ 英国1986年《破产法》第214条。
⑤ 楼建波、姜雪莲:《信义义务的法理研究——兼论大陆法系国家信托法与其他法律中信义义务规则的互动》,《社会科学》2017年第1期,第92页。
⑥ L. C. B. GOWER, ibid., 550-551.
⑦ 《英国2006年公司法(2012年修订译本)》,葛建军译,法律出版社,2012,第95页。
⑧ See Andrea Lista: Directors' Duties in the UK, Research Handbook on Directors' Duties, 2014, 16.

益的义务；（7）在议定交易时披露利益冲突的义务。"①

具体而言，第172条设定了董事行为的目标，要求董事善意地以公司成员的整体利益和促进公司成功为目标行事，同时董事在履职时应当考虑公司雇员、供应商、消费者等利益相关者的利益，特定情况下还应考虑公司债权人的利益。②第174条规定了董事履责的注意标准，即以"董事通常所具有的知识、技能和经验"，来要求董事在履职时应有的谨慎、技能和勤勉水平。③在Re City Equitable Fire Insurance Co. Ltd案中，审理法官提出"主观测试法"来判断董事是否履行职责，主张应当以董事自身的能力、知识和经验的主观标准来判断。④在In Lister v Romford Ice and Cold Storage Co. Ltd案中，审理法官发展出了"客观测试法"，主张董事应当具备合理的技能履行其董事职责。⑤判例法逐渐形成了"主观测试法"和"客观测试法"相结合的"双重测试法"（"Two-Tier"test）。⑥

第175条要求董事必须避免与公司之间的利益冲突，特别涉及利用公司财产、信息和机会的情况。未经董事会授权，公司董事应当避免享有与公司利益冲突的直接或间接利益。⑦在理论上，避免利益冲突的义务属于忠实义务的范畴。当董事与公司之间存在利益冲突时。董事很难再以公司利益最大化为标准行事。第176条要求董事不因其职务或职务行为，而从除公司及以外的第三方接受利益。⑧该条是对第175条"避免利益冲突"的补充，旨在规范"事前"容易引发利益冲突的行为。上述两个条款旨在

---

① 《英国2006年公司法（2012年修订译本）》，葛建军译，法律出版社2012年版。
② 英国《2006年公司法》第172条。
③ 英国《2006年公司法》第174条。
④ Re City Equitable Fire Insurance Co [1925] Ch 407.
⑤ See Andrea Lista, Directors' Duties in the UK. Research Handbook on Directors' Duties, 2014, 15.
⑥ See Andrea Lista, Directors' Duties in the UK. Research Handbook on Directors' Duties, 2014, 18.
⑦ 英国《2006年公司法》第175条。
⑧ 英国《2006年公司法》第176条。

确保董事忠实于其委托人（公司）的利益，而不至于利用其职务便利从事损害公司利益的行为。

第二节 美国独立董事与上市公司治理模式

一、美国上市公司治理及董事会特征

作为世界规模最大、最活跃的证券市场，美国上市公司及其治理改革备受全球关注。从上市公司数量来看，截至2021年10月，NYSE共有2434家美国和国际上市公司，而纳斯达克证券交易所（NASDAQ）则有3566家。① 美国是推动全球公司治理变革的主要国家。由于上市公司股权分散程度较高，股东几乎不太参与公司治理，董事会处于治理的核心地位，有着广泛的权力。② 美国公司的治理结构主要由两部公司法所预设，一部是最具影响力的州立公司法《特拉华州普通公司法》（Delaware General Corporation Law），另一部则是美国律师协会起草的《标准公司法》（Model Business Corporation Act）。③

对于董事会的权利安排，《标准公司法》第8.01(b)条与《特拉华州普通公司法》第141(a)条均有所规定。④ 当然，董事会并不享有一切权利，譬如其无权直接修改章程，而是需要经过股东的批准才能进行修改。尽管股东拥有对章程修改的批准权，但是此批准权并不能使股东施加实质性影

---

① See Statista Research Department: Comparison of the Number of Listed Companies on the New York Stock Exchange (NYSE) and Nasdaq from 2018 to 2021, https://www.statista.com/statistics/1277216/nyse-nasdaq-comparison-number-listed-companies.（最后访问日期：2022年9月30日）
② [美]克里斯多夫·M.布鲁纳：《普通法世界的公司治理：股东权力的政治基础》，林少伟译，法律出版社，2016，第35页。
③ [美]汉密尔顿·罗伯特：《美国公司法（第5版）》，齐东祥等译，法律出版社，2008，第55页。
④ 相关条文为"除公司章程大纲另有规定外，公司的一切权力应当由董事会行使或者依照董事会的授权行使；并且，公司的业务和事务应当由股东会进行管理，或者依照股东会的指导并在其监督之下管理"，See MBCA 8.01.(b)。

响，股东依然无法直接启动章程的修改程序。由此可见，在美国法上，董事会而非股东拥有影响公司日常经营管理的最高权力。[①] 此外，董事会还承担着广泛的监督职能。[②]

从美国上市公司实际聘任的董事数量来看，标准普尔500指数和罗素3000指数追踪的上市公司里，绝大部分公司的董事会有着6个及以上的董事，其中以大于10个董事的董事会组成为主见。从董事年龄来看，标准普尔500指数和罗素3000指数追踪的上市公司的现任董事平均年龄略高于60岁，且最年轻的董事也超过了40岁，但这一年龄可能随着时间的推移而逐渐降低，因为新任董事的年龄组成趋向年轻化。从董事性别多元化来看，上述指数追踪的上市公司现任董事会中，男性比例仍然远高于女性，男性董事占比分别为71.1%与75.9%。[③]

美国董事会组成值得关注的特点是独立董事占比非常高，在两个指数追踪的上市公司董事会中占比平均超过80%。易言之，美国主要的上市公司所聘任的董事，绝大部分与公司保持相对独立性。根据Gordon（2007）的统计，1955—2005年这五十年间，独立董事在董事会的占比从20%提高

[①] 董事会的经营职能主要包括："（1）制定公司的发展战略规划、具体目标；（2）选任公司的首席执行官及其他高级管理人员；（3）确定管理层薪酬、养老金及退休政策；（4）就公司管理事项向首席执行官及其他高级管理人员进行授权；（5）向管理层提供建议、咨询及帮助；（6）制定关于价格、劳资关系、扩展市场、新产品的政策；（7）决定股息分配、融资及资本变动；（8）监督公司的运营及对其福利保持警惕并在必要时采取适当行动；（9）提请股东大会审议需要后者批准的事项；（10）为开展董事会的业务创造充足的机制保障"，See James Cox, Thomas Hazen: Business Organizations Law, West Academic, 2016, 172.

[②] 具体来看，董事会的监督职能包括："（1）公司经营业绩、计划和战略；（2）管理层对于公司所面临主要风险的评估；（3）管理层的绩效和薪酬；（4）促进公司符合法律与道德行为的政策与实践；（5）管理层编制的公司财务状况报告；（6）管理层对于公司内部控制制度有效性的设计和评估；（7）首席执行官和其他高级管理人员的储备计划；（8）董事会及其专门委员会的组成；（9）能够为董事履职及时提供适当信息的信息及报告系统"，See Official Comment on MBCA, 162.

[③] 资料来源参见网站THE CONFERENCE BOARD，https://www.conference-board.org.（最后访问日期：2022年9月30日）

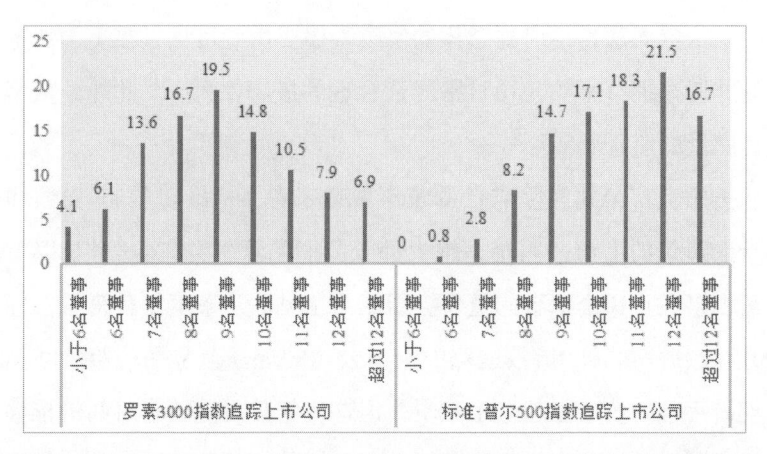

图 7：2021年标准普尔500指数和罗素3000指数追踪的上市公司董事会规模分布

到75%以上。① 上市公司董事会独立性提升的趋势明显，外部人治理已经成为美国上市公司董事会结构的新特点。

美国独立董事制度是在法律制度与经济环境不断变化的背景下逐步强化形成的，独立董事地位的增长受到董事会中心主义的思潮推动。美国独立董事制度核心反映的是董事会的结构和决策方式都更倾向于构建事实上的独立董事会。②此外，董事会逐步形成了与独立董事制度相互关联的整体性治理机制，例如专门委员会，具体来说包括常设的专业委员会和对于特定交易进行审查的特别委员会（Special committee）。最后，在董事会决策程序方面还包括了各种限制CEO权力的机制，例如首席董事和排除CEO等内部董事参加的独立董事会议等。

早在20世纪70年代，公司治理的最佳实践就已经开始呼吁设置三类专

---

① See Jeffrey Gordon: The Rise of Independent Directors in the United States, 1950-2005: of Shareholder Value and Stock Market Prices, Stanford Law Review, 2007(59), 1458.
② See Jeffrey Gordon: The Rise of Independent Directors in the United States, 1950-2005: of Shareholder Value and Stock Market Prices, Stanford Law Review, 2007(59), 1462.

门委员会，即审计委员会、薪酬委员会和提名委员会，并且要求独立董事在这三个委员会中占多数。21世纪初，NYSE进一步规定这些专门委员会的成员必须完全由独立董事组成。这三个委员会设置的目的都是希望在管理层和股东利益可能存在冲突的领域，授权独立董事进行独立审查。专门委员会的设置，主要通过独立性的判断，约束和监督CEO在特定领域的自由裁量权，并且逐渐衍生出董事会对经理层绩效和战略的评估功能。

在美国公司治理发展历史上，审计委员会被视为董事会最重要的专门委员会。早在20世纪40年代初期，NYSE和SEC先后建议引入该项制度，然而到了70年代上市公司才逐步广泛设立审计委员会。1977年NYSE开始要求上市公司设立审计委员会，1979年所有NYSE上市公司都已设置审计委员会，并且92%的公司审计委员会成员都是独立董事。80年代，美国另外两大交易所NASDAQ和AMEX也开始要求公司设立审计委员会。在《萨班斯法案》出台后，上市公司被要求强制设立审计委员会，同时也对审计委员会成员的独立性标准和专业性标准提出了严格的要求。《萨班斯法案》赋予了审计委员会对于聘任审计机构的决定权，进一步加强了审计委员会成员的独立性作用，改变了一直以来外部审计机构主要由经理层聘任，导致审计委员会作用被削弱的缺陷。与审计委员会相比，薪酬委员会和提名委员会出现的时间晚一些，在NYSE的上市规则中，这两个委员会的成员也必须由独立董事担任。除了以上三种委员会外，最能体现独立董事作用的机制实际上是公司为了批准特定事项而单独成立的特别委员会（Special committee），特别委员会成员一般完全由独立董事组成。特别委员会制度起源于70年代末，但是采用的场景并不多，一般只有在进行特定交易时才会采用，例如管理层收购、母子公司合并、派生诉讼，通常由提名委员会组建特别委员会。

另外一项重要的机制设计是召开只有独立董事而无执行董事参会的"独立董事会议"，此时主持会议的董事被称为"首席董事"（Lead director）。自20世纪90年代起，"独立董事会议"已经成为美国董事会运作中的普遍做法。例如，通用汽车在1994年就召开了3次"独立董事会议"。而在NYSE的上市规则中，要求上市公司必须定期召开"独立董事会议"。首席董事的概念则是指当董事长由CEO兼任时，另外指定较为资深的独立董事主持"独立董事会议"。首席独立董事对于美国的公司治理机制有很大的帮助，特别是当CEO存在一定的履职问题或受到挑战时，首席独立董事可以较好地领导公司管理层渡过危机。

保障独立董事独立性的关键在于其提名和产生的过程，管理层特别是CEO，对董事选举的影响力始终是非常大的。美国董事选举程序也受到董事会中心主义的影响，而且CEO在公司中的影响和作用也是居于非常核心的位置。在1950—2005年，美国的CEO和管理层群体一直抵制和反抗有关股东对董事更替的干预，直到提名委员会被逐步采用。同时，提名委员会也被要求必须全部由独立董事组成后，CEO对于董事选举和轮替的影响才逐渐被削弱。[①]

二、美国董事独立性标准与任职情况

美国证券法律法规和自律规则对独立董事有着多种定义。根据NYSE对独立董事标准的定义："第一，除非董事会肯定地认定该董事与上市公司没有重大关系（无论是直接关系还是作为与公司有关系的组织的合伙人、股东或管理层），否则该董事没有资格担任独立董事。第二，在肯定地确定将在上市公司董事会薪酬委员会任职的任何董事的独立性时，董事会必须考虑所有具体相关因素，以确定某位董事是否与上市公司存在对该董事在履行薪酬委员会成员职责时，独立于管理层的能力有重大影响的关

---

① See Jeffrey Gordon: The Rise of Independent Directors in the United States, 1950-2005: of Shareholder Value and Stock Market Prices, Stanford Law Review, 2007(59), 1475.

系，包括但不限于：（1）该董事的报酬来源，包括上市公司支付给该董事的任何咨询、顾问或其他补偿费用；（2）该董事是否与上市公司、上市公司的子公司或上市公司的子公司的关联公司有关联。"①

当然，有关规则也不可能预见或明确规定所有可能预示潜在利益冲突的情况，或者可能影响董事与上市公司关系重要性的情况，因此，做出独立性判断的董事会最好广泛考虑所有相关的事实和情况。特别是在评估董事与上市公司关系的重要性时，董事会不仅要从董事的角度考虑问题，还要从与该董事有关联的个人或组织的角度考虑问题，这些关系可以包括商业、工业、银行、咨询、法律、会计、慈善和家庭关系等。NYSE认为由于对独立董事之独立性关注的是其受到管理层的影响程度，因此并不会直接认定董事拥有大量的股票构成违反独立性标准的要件。

NASDAQ在其交易所规则中也有对独立董事独立性的认定标准。独立董事是指"除本公司执行董事或雇员，或任何其他具有本公司董事会认为会妨碍在履行董事职责时作出独立判断的关系的个人"。以下人员不应视为独立人士，包括："（1）现在或在过去三年的任何时候受雇于公司的董事；（2）在确定独立性之前的三年内连续十二个月内接受或有家庭成员接受公司任何超过12万美元报酬的董事，但下列情况除外：为董事会或董事会委员会服务的报酬，或支付给身为公司雇员（执行除外）的家庭成员的报酬，或符合税收条件的退休计划下的福利，或非决定性的补偿；（3）现在或在过去三年的任何时候被公司聘为执行官的个人的家庭成员的董事；（4）董事是或其家庭成员是任何组织的合伙人，或控股股东或执行官，而本公司在当前或过去三个财政年度中的任何一个财政年度向该组织支付或从该组织获得的财产或服务付款超过该年度接收方综合总收入的5%或

---

① See NYSE: Listed Company Manual 303A.02, https://nyseguide.srorules.com/listed-company-manual/document?treeNodeId=csh-da-filter!WKUS-TAL-DOCS-PHC-%7B0588BF4A-D3B5-4B91-94EA-BE9F17057DF0%7D--WKUS_TAL_5667%23teid-69.（最后访问日期：2022年9月30日）

20万美元（以较高者为准），但以下情况除外：仅因投资公司的证券而产生的付款，或根据非自由裁量的慈善捐款匹配计划支付的款项；（5）本公司董事或其家庭成员是另一实体的执行官，在过去三年的任何时候，本公司的任何执行官都在该另一实体的薪酬委员会任职；（6）董事或其家庭成员是公司外部审计师的现任合伙人，或曾是公司外部审计师的合伙人或雇员，并在过去三年的任何时间内从事公司的审计工作；（7）如果是投资公司，则以《1940年投资公司法》第2（a）（19）条定义的公司的'利益相关者'董事为标准，但其作为董事会或任何董事会委员会成员的身份除外。"①

三、美国独立董事信义义务及违信责任

由于美国并非成文法国家，董事的信义义务并未写入法典中。传统观点认为，董事有两大信义义务，即忠实义务（Duty of loyalty，也称公平交易义务Duty of fair dealing）与注意义务（Duty of care，也称勤勉义务Duty of diligence）。有学者认为董事还应包括一些其他的核心义务，如伯纳德·布莱克认为，董事还应当有信息披露义务（Duty of disclosure），以及另一个仍未命名的义务，这一义务是董事所在公司成为收购目标时董事的特别注意义务（Duty of special care when the director's company is a takeover target）。②也有人将董事信义义务分为三种，除了忠实义务与注意义务以外，还应当包括服从义务（Duty of obedience），尽管这种义务在公司法中不太突出，但是其对于委托代理关系下的董事义务的规定是非常重要

---

① Nasdaq Rule 5605 (a) (2).
② See Black Bernard: The Core Fiduciary Duties of Outside Directors, Asia Business Law Review, 2001(3), 4.

的。① 另一种说法是，善意义务（Duty of good faith）是第三种信义义务，其最早出现在1993年Cede & Co. v. Technicolor, Inc.（Cede II）一案中，特拉华州最高法院作出的判决，在分配举证责任时，要求原告必须证明董事违反了三项信义义务之一（Any one of the triads of fiduciary duties），其中就包括了善意义务。② 特拉华州最高法院还在多个判决中引用过这种三项信义义务，③ 但其也从未明确提出过善意义务为何独立于忠实义务与注意义务，因此善意义务之存在仍旧饱受争议。④

当然，无论任何情况下，忠实义务与注意义务都是美国法上公认的董事应当承担的信义义务。但是美国作为判例法系国家，对忠实义务与注意义务的判断不能采取"一刀切"的态度，违反信义义务后产生的董事责任的判断标准也较为分散。事实上，美国公司董事在什么情况下应承担责任以及承担何种责任，很大程度上都取决于其在司法实践中总结出的"商业判断规则"。⑤ 在美国法上，一般认为要想在具体个案上判断是否违反信义义务并非易事，这是因为公司治理商业实践变幻莫测，若不包容董事经营行为中可能存在的风险与错误判断，可能会使得董事决策寸步难行，扼杀公司的创新行为和风险承担行为。以事前对董事决策行为的期待与事后结果的不同，而要求董事承担对经营损失的赔偿显然是有失公平的。因

---

① See Allen William , Kraakman Reinier, Khanna Vikramaditya: Commentaries and Cases on the Law of Business Organization (6ed), Wolters Kluwer Law, 2021, 259.
② Cede & Co. v Technicolor, Inc. (Cede II), 634 A.2d 345 (Del. 1993).
③ See Cinerama, Inc. v. Technicolor, Inc., 663 A.2d 1156, 1179 (Del. 1995); Malone v. Brincat, 722 A.2d 5, 10 (Del. 1998); McMullin v. Beran, 765 A.2d 910, 917 (Del. 2000); Emerald Partners v. Berlin, 787 A.2d 85, 91 (Del. 2001).
④ See Bruner Christopher: Good Faith, State of Mind, and the Outer Boundaries of Director Liability in Corporate Law, Wake Forest Law Review, 2006(41), 1131; Gold Andrew: The New Concept of Loyalty in Corporate Law, U.C. Davis Law Review, 2009(43), 457; Lund Andrew: Opting Out of Good Faith, Florida State University Law Review, 2010(37), 6.
⑤ 谢哲胜：《商业判断原则法律与政策》，元照出版公司，2017，第194页。

此，对董事执行业务的商业判断必须给予一定自由的裁量空间，即使董事可能确实存在一定过失，但仍需判断这种过失的合理性。美国判例法逐渐衍生出商业判断规则，显示出司法机关在商业决策判断方面的谦抑性，降低董事过失责任风险。

对美国商业判断规则的理论与实践进行考察后发现，主张运用商业判断规则以降低董事的过失责任风险的理由具体有如下几点。[①] 第一，避免对需要承担风险的董事施加过度责任，阻碍正常的商业决策。公司的创新活动和商业活动都依赖董事的决策，若无譬如商业判断规则等保障，那么董事会的决策显然会趋于保守与规避风险，从而导致企业的整体经济表现下降。第二，法院对商业现实之判断能力不足。法官并不擅长对商事实践中的决策进行分析，更何况其存在后见之明偏见，若让法官对商事行为进行"马后炮"式的反省，可能会得出不恰当的结论。[②] 第三，董事是不合适的"成本规避者"。对董事过大的责任会使其成为一种"成本分散工具"，但任何董事都不是一个好的成本分散者，因为董事常常只服务于少数公司；而股东是好的风险分担者，可以通过投资组合的多样化分摊商业风险。

当然，商业判断规则对董事的保护建立在一定的前提条件之上，基于判例法的总结，司法实践中适用商业判断规则的要件包括以下几个方面。第一，经营决策。商业判断规则仅适用于董事实际行使商业判断的情况，包括以商业判断为基础所决定采取的作为或所决定的不作为。[③] 第二，无个人利害关系且应当独立判断。商业判断规则会预先假定董事没

---

① See Emanuel Steven: Corporations and Other Business Entities, Wolters Kluwer Law & Business, 2013, 184.
② Joy v. North, 692 F.2d 880 (2nd Cir.1982).
③ See Bainbridge Stephen: Corporate Law, Foundation Press, 2015, 123.

有利益冲突，这是一种可被推翻的推定。① 法院在Seminarie v. Landa案中认为，假设董事个人会因董事会的决策导致其实质上有利益或损害等相关的影响，但公司及其股东并未受到同样的影响时，则可以判断董事具有个人利害关系，② 但若仅是因某经营决策可使公司获利，连带也可使董事薪酬增加，或是董事恰好是大股东等，则不应轻易将其视作具有个人利害关系。③

第三，基于适当信息作出满足适当注意的决策。商业判断规则要求商业决策必须是在"知情"（Informed decision）的情况下作出的。董事在作出决策的过程中，必须获得足够的进行勤勉与谨慎的决策所需的信息。特拉华州法院判决亦证实，司法上的适当注意要件指的是决策过程的适当性，因此有法院已经开始称此要件为"过程的适当注意"（Process due care）。④ 若原告主张董事未获取充分信息就进行决策，应当自行举证来推翻此推定。而大多数法院认为，只有当董事对他所收集的信息存在严重疏失时，董事才会失去商业判断规则的保障。申言之，若仅仅是普通疏忽大意，尚不足以引发董事责任。⑤ 例如，在被学者频繁引用的Smith v. Van Gorkom案中，法院即表示在商业判断规则下，董事责任以存在重大过失为基础，且重大过失也是判定董事的商业判断是否知情的适当标准。⑥

第四，决策是理性作出的。在Sinclair Oil Corp. v. Levien案中，特拉华州最高法院认为，只要董事会的决策可归因于任何理性的商业目的，则商

---

① Lewis v. S.L. & E., Inc., 829 F.2d 764, 769 (2d Air. 1980).
② 662 A.2d 1350, 1354 (Del.Ch. 1995).
③ De Simone v. VSL Pharm. Inc., 352 F. Supp. 3d 471, 488-489 (D. Md. 2018).
④ See Bainbridge Stephen: Corporate Law, Foundation Press, 2015, 123.
⑤ See Emanuel Steven: Corporations and Other Business Entities, Wolters Kluwer Law & Business, 2013, 185.
⑥ 488 A.2d 858 (Del. 1985).

业判断规则就禁止法院以其判决取代该董事会的决策。① 董事并不是必须作出客观上最能够有利于公司的决议，其仅需理性地考量其决策是符合公司利益最大化的。② 因此，无论法官或陪审团在事后考虑决策事实时，认为决策实质上是错误的，或透过"愚蠢"延伸到"恶劣"或"非理性"的错误程度，只要法院认为其决策过程是理性的，或是其出于善意的努力来推动公司利益，都不会因此产生董事责任。③

第五，没有滥用裁量权限。美国判例法显示在没有滥用裁量权限、诈欺、恶意或非法行为的情况下，法院不会要求董事对其行为负责。④ 因此，未滥用裁量权限可视为适用商业判断规则的要件。若"某一决策是那么不可理喻或超出可理解的范围，以至于其背后的判断超出对商业决策的可承受范围"，则此时应当认为其滥用了裁量权，从而不受商业判断规则的保障。⑤ 可能构成裁量权滥用的情况例如"超出合理判断的界限，以至于似乎基本上除恶意之外无从解释""决定是过分的""缺乏任何理性的商业目的"等，甚至这些情况有时可能还带有欺诈的表征。⑥

第六，诚信（善意）。诚信之所以看似与勤勉义务有所关联又不太相同，是因为其所涉及的是董事的主观心态，其应善意并且诚实地相信所采取的行动符合公司的最佳利益。⑦ 然而在司法审判中，很难真正证明行为人的"主观"状态，绝大多数的制度都将主观意图客观化，即从行为人的客观行为来推定其内心真实意图。特拉华州最高法院已经确定了两个主

---

① 280 A.2d 717, 720 (Del. 1971).

② See Emanuel Steven: Corporations and Other Business Entities, Wolters Kluwer Law & Business, 2013, 188.

③ In re Caremark Int'l Inc. Derivative Litig., 698 A.2d 959, 967-968 (Del. Ch. 1996).

④ Lake Region Packing Assoc. Inc. v. Furze, 327 So.2d 212, 214 (Fla.1976); Massaro v. Vernitron Corp., 559 F. Supp. 1068, 1080 (D. Mass. 1983).

⑤ Stanziale v. Nachtomi, 330 B.R. 56, 61 (D. Del. 2004).

⑥ RSH Liquidating Tr. v. Magnacca, 553 B.R. 298, 314(Bankr. N.D. Tex. 2016).

⑦ In re Think3, Inc., 529 B.R. at 178.

要类别：第一类为"主观恶意"，指"以实际意图伤害为动机的受托行为"；第二类可被归为"故意失职"或"有意无视某人责任"的行为。①

第七，不存在重大的诈欺、不法行为。若决策涉及诈欺或不法行为，自然是无法逃避司法审查的。②

第八，不存在浪费行为。所谓浪费，是指公司交易时所获得的对价明显不足，以至于交易实际上没有达到企业目的，反而让公司资产减损。换句话说，只要任何理性的人认为这笔交易是有道理的，法院就不会认为有浪费行为的存在。③

第三节　日本独立董事与上市公司治理模式

一、日本上市公司双层治理结构

日本上市公司广泛存在企业间交叉持股现象，以至于成为一种被称为"相互锁定"的隐性制度。通过"相互锁定"的持股，日本公司通过共同商业利益鼓励银行和企业购买其大部分股份，而公司以提高同持股者间的债务和商业联系为回报，将股票从市场与潜在的外国投资者手中"锁住"。④ 银行、保险公司等金融机构和其他公司法人，通过与被投资公司间稳定的交叉持股方式，形成一种兼任公司商业合作伙伴及公司战略股东的长期性合作关系。因此，大多数日本上市公司存在一个相对集中且稳定的公司所有权结构。⑤ Bohren和Michalson（1994）对比了1980—1990年美国、挪威和日本的资本市场后发现，日本交叉持股占股票市值的比例维持

---

① In re Think3, Inc., 529 B. R. at 178-179.
② See Bainbridge Stephen: Corporate Law, Foundation Press, 2015, 127.
③ See Bainbridge Stephen: Corporate Law, Foundation Press, 2015, 127.
④ [英]查卡姆·乔纳森：《公司长青：英美法日德公司治理的比较》，郑江淮、李鹏飞等译，中国人民大学出版社，2006，第82页。
⑤ 张捷：《公司治理的制度与文化》，博士学位论文，复旦大学，第59页。

在50%左右，远远领先于其他两个国家，美国该比例始终保持在个位数，而挪威则保持在10%~20%。①

自20世纪90年代以来，日本企业间交叉持股现象有所缓解，特别是银行、保险公司等金融机构持股比重开始下降，取而代之的是海外投资者持股比例逐渐上升。日本大和研究所（2006）对日本股票分布状况的调查显示，金融机构持股在90年代达到最高40%的比例后，直到2004年逐渐降至不足20%，而企业法人持股一直总体保持在25%左右，海外投资者持股比重于2004年超过金融机构，达到与企业法人相当的持股水平。② 截至2017年，从日本股市股东构成来看，持股比例最高的是外国投资者，达到30.2%，其次是商业公司、信托银行和个人投资者。③

日本《公司法》对其上市公司董事会的规模设置了法定最低人数要求，要求设置董事会的上市公司必须拥有不少于3名董事。④ 从实践来看，日本大多数上市公司整体上更偏好中大型的董事会规模。2015年，在日经225指数和东证100指数追踪的上市公司中，约有一半的上市公司董事会有9~12名董事。此外，在日经225与东证100两种指数的上市公司间也存在显著差异，东证100上市公司更偏好拥有12名以上董事的大型董事会；而日经225上市公司的情况恰好相反，偏好规模较小的董事会。

在日本公司内部治理中，监督型董事会是其一大特征。除设置监事会

---

① See Bohren Oyvind, Michalson Dag: Corporate Cross-ownership and Market Aggregates: Oslo Stock Exchange 1980~1990, Journal of Banking and Finance, 1994(18), 687.
② [日]伊藤正晴：《企业法人交叉持股的倾向显著》，大和综合研究所工作论文，2006年。转引自裴桂芬：《中国上市公司交叉持股的思考——从日本交叉持股谈起》，《广东社会科学》2008年第4期，第41页。
③ [日]太田珠美：《企业需要的"股东管理"》，《大和综研调查季报》2018年第31期，第8页，https://www.dir.co.jp/report/research/capital-mkt/securities/20180723_030010.html.（最后访问日期：2022年9月30日）
④ [日]伊藤靖史、大杉谦一、田中亘、松井秀吉：《会社法（第3版）》，有斐阁，2015，第206页。

的公司外，董事会所拥有的监督职权远不只对经理层的监督，还作为整个公司的监督机构发挥作用。2014年日本修订《公司法》改革公司董事会后，按照是否设立监事会，日本的上市公司大致可分为两类，即"监事会设置公司"和"委员会设置公司"。在传统的"监事会设置公司"中，监事会履行监督职责，董事会不单独设置监察等委员会；在"委员会设置公司"中，需要设置若干委员会，由董事会下设的委员会履行监督职责。因为"监督"与"业务执行"分离，故"委员会设置公司"的董事会又被归入"监督型董事会"①。

委员会设置公司又可细分为"单委员会设置公司"和"三委员会设置公司"。②"三委员会设置公司"的董事会设有提名委员会、薪酬委员会和监察委员会，且每个委员会中独立董事所占比例至少达到50%。"三委员会设置公司"在实践中很少，2013年东京证券交易所上市的2275家公司中，"三委员会公司"所占比例仅达2.2%。③在"单委员会设置公司"中，由于不存在监事会，监察等委员会的设置代替了监事会的内部监督职能，故监察委员会中委员董事的任免有别于一般董事。④截至2021年，在东京证券交易所市场一部和市场二部的1028家企业中，有322家企业为单委员会公司，有36家多委员会公司，有670家监事会设置公司，占比分别为31.32%、3.5%和65.18%。⑤

---

① 平力群：《日本公司治理平成改革评析》，《现代日本经济》2021年第3期。
② 郭远：《日本公司法改革和实施效果的经验与启示》，《现代日本经济》2019年第4期。
③ [日]伊藤靖史、大杉谦一、田中亘等：《会社法（第3版）》，有斐阁，2015。
④ [日]伊藤靖史、大杉谦一、田中亘等：《会社法（第3版）》，有斐阁，2015，第329条第1、2款，以及第339条第1款和第309条第2款第7项。
⑤ [日]神田秀树：《关于上市公司公司治理的措施和效果的调查》，朱大明译，HRガバナンス・リーダーズ株式会社，2021。

二、日本董事独立性标准与任职情况

日本于2009年正式引入独立董事制度，在2014年公司治理改革开始后，上市公司的独立董事数量和占比均有大幅提升，其对上市公司治理的介入程度也显著加深。就独立董事的整体情况而言，截至2015年东证100指数的上市公司均已聘任独立董事，而日经225指数的上市公司则有98.2%聘任了独立董事，仅有4家未聘任。[①] 同时，日经225和东证100上市的公司中，分别有高达64.4%和58%的上市公司任命2~3名独立董事，而聘任4名及4名以上独立董事的上市公司仅分别约占20%和30%。[②] 另外，独立董事占董事会成员的比例也在逐步上升，2015年，日经225和东证100上市的公司这一比例分别为23.8%和26.6%。[③]

结合2021年的数据来看，除JASDAQ市场以外，日经400、东京证券交易所第一部门、东京证券交易所第二部门、新兴企业市场（Mothers）中均有超过1/3的上市公司维持着1/3~1/2比例的独立董事。其中日经400和东证一部分别有64.6%和52.8%的上市公司将独立董事的比例维持在1/3~1/2之间，反映出这两个市场的董事会独立程度更高。而JASDAQ市场独立董事占比则相对较低，77.7%的上市公司的独立董事比例在1/3以下。

此外，日本证券监管机构制定的相关法律文件从独立董事的法定比例、独立性标准、资质与职责等方面构建出了一个较为完整的独立董事制度。东京证券交易所发布的《公司治理准则》（以下简称《准则》）对独立董事进行了较为细致的规范。首先，《准则》从原则上要求上市公司应考虑使用不参与业务执行、与业务执行保持一定距离的董事，以确保董事

---

① [日]神田秀树：《关于上市公司公司治理的措施和效果的调查》，朱大明译，HRガバナンス・リーダーズ株式会社，2021，第8页。
② [日]神田秀树：《关于上市公司公司治理的措施和效果的调查》，朱大明译，HRガバナンス・リーダーズ株式会社，2021，第8页。
③ [日]神田秀树：《关于上市公司公司治理的措施和效果的调查》，朱大明译，HRガバナンス・リーダーズ株式会社，2021，第13页。

会对管理层独立客观监督的有效性。① 其次，《准则》明确指出了独立董事的职责："第一，依托自身知识，就管理政策和管理的改善提出建议，以促进公司的可持续发展，提高公司中长期价值；第二，通过董事会的重大决策，如选举和罢免管理层的高级管理人员，对公司经营管理层进行监督；第三，监督公司与管理层和控股股东之间的利益冲突；第四，从独立于管理层和控股股东的角度，适当地向董事会反映包括少数股东在内的利益相关者的意见"。②

同时，《准则》规定了上市公司应配置独立董事的具体人数及比例要求，同时也针对不同上市公司的具体情况进行了"从严"的灵活性要求。要求考虑到行业、规模、业务特点、机构设计、公司环境等因素，认为有必要选举多数独立董事的主要市场上市公司（认为有必要选举至少1/3以上独立董事的其他市场上市公司）应选举足够数量的独立董事。③ 并且，《准则》也通过对独立董事在上市公司董事会下设委员会中的数量作出要求，强化了独立董事在提名、薪酬等事项上作用的发挥。《准则》还要求在设有监事会或设有审计委员会的上市公司中，如果独立董事未占董事会多数席位，应在董事会下设立独立的提名委员会和薪酬委员会，且以独立董事为主要成员，以便在审议提名和薪酬等特别重大事项时，获得这些委员会的适当参与和建议。尤其是在主要市场上市的公司，其每个委员会的多数成员应以独立董事为基础。④ 但《准则》并未对上市公司独立董事的"独立性"做出要求，而是规定每家上市公司可自行制定自身的"独立性"标准。事实上，与其他国家的独立董事制度相比，日本的独立董事更强调

---

① 日本2021年《公司治理守则》（CGコード）原则4-6。
② 日本2021年《公司治理守则》（CGコード）原则4-7。
③ 日本2021年《公司治理守则》（CGコード）原则4-8。
④ 日本2021年《公司治理守则》（CGコード）补充原则4-10。

"外部性"而非"独立性"。①

三、日本独立董事的违信责任

日本公司法赋予"董事"概念多层含义,对于代表不同功能与特征的董事在条文中采取不同表述方法,整体上将董事区分为执行董事、代表董事、外部董事、独立董事等。根据日本《公司法》的规定,除公司章程另行规定外,未设置董事会的公司由董事执行股份公司的业务;② 设置有董事会的公司,则由代表董事,或除代表董事之外的、由董事会决议选定的董事执行公司业务。③ 参与公司业务执行的"执行董事"是日本公司法上最常见的一类董事。

日本《公司法》还非常重视外部董事在公司治理中的作用。除设有提名等委员会的公司外,股份公司还设有外部董事。④ 此外,根据《金融商品交易法》的规定,在部分上市的大型监事会设置公司中必须设置外部董事。⑤ 日本《公司法》为"外部董事"的概念下了明确的定义,从"不参与业务执行""未曾在母公司任职"以及"无特定亲属关系"等方面基本锚定了外部董事的范围。⑥ 为使外部董事更多地参与董事会下设的审计监督、审计、提名或薪酬委员会的工作,日本《公司法》还要求外部董事在"单委员会公司"的审计监督委员会占据多数,⑦ 以及在"多委员会公司"的提名委员会、审计委员会或薪酬委员会各委员会中占据大多数。⑧ 外部

---

① See Ferrarini Guido, Filippelli Marilena: Independent Directors and Controlling Shareholders Around the World, http://ssrn.com/abstract=2443786.(最后访问日期:2022年9月30日)
② [日]伊藤靖史、大杉谦一、田中亘等:《会社法(第3版)》,有斐阁,2015,第348条。
③ [日]伊藤靖史、大杉谦一、田中亘等:《会社法(第3版)》,有斐阁,2015,第363条第1款。
④ [日]伊藤靖史、大杉谦一、田中亘等:《会社法(第3版)》,有斐阁,2015,第348条之二。
⑤ [日]伊藤靖史、大杉谦一、田中亘等:《会社法(第3版)》,有斐阁,2015,第327条之二。
⑥ [日]伊藤靖史、大杉谦一、田中亘等:《会社法(第3版)》,有斐阁,2015,第2条第15项。
⑦ [日]伊藤靖史、大杉谦一、田中亘等:《会社法(第3版)》,有斐阁,2015,第331条第6款。
⑧ [日]伊藤靖史、大杉谦一、田中亘等:《会社法(第3版)》,有斐阁,2015,第400条。

董事通常不参与公司业务执行，但在涉及其他董事执行公司业务可能产生利益冲突风险并有损公司利益时，该业务将委托外部董事执行。①

日本独立董事同样受到董事信义义务的约束，即忠实义务和勤勉义务（又称"善管注意义务"）。② 日本公司法有关公司与董事的规定是基于民法上的"委任关系说"展开，③ 公司董事在履职时需依照《日本民法典》第644条关于受任人义务的规定，尽到善良管理人的注意义务。④ 在此法律关系中，公司作为委任人，将公司财产的经营管理活动委任给董事。近年来英美法系的"信托关系说"在日本亦有所发展。比如，在东京证交所发布的《公司治理准则》（2021年）中，对董事信义义务进行规定时采取了"受托人责任"的表述，要求"上市公司的董事、监事和经营层认识到对各自股东的受托人责任，确保与利益相关者的适当协作，应当为公司和股东的共同利益行事"。⑤

日本《公司法》同时规定，董事必须遵守法律法规和公司章程的规定以及股东大会的决议，且董事承担必须忠实地为股份公司执行职务的义务。⑥ 一般而言，将前者称为董事的"善管（注意）义务"，而后者则被称为董事的"忠实义务"。⑦ "善管（注意）义务"被学者理解为，董事负有以作为董事之地位之人通常被要求之注意程度的义务，有义务必须处理因该职务所需之各种事务，在个别具体的状况下，董事如欠缺善良管理人

---

① [日]伊藤靖史、大杉谦一、田中亘等：《会社法（第3版）》，有斐阁，2015，第348条之二第1、2项。
② See Ramseyer Mark, Tamaruya Masayuki: Fiduciary Duties in Japanese Law, http://www.law.harvard.edu/programs/olin_center/.（最后访问日期：2022年9月30日）
③ [日]伊藤靖史、大杉谦一、田中亘等：《会社法（第3版）》，有斐阁，2015，第330条。
④ 日本2021年《公司治理守则》（CGコード）原则4-5。
⑤ 日本《民法典》第644条："受托人，需根据本条规定，在善良的管理者的注意下，承担处理委任事务的义务。"
⑥ [日]伊藤靖史、大杉谦一、田中亘等：《会社法（第3版）》，有斐阁，2015，第355条。
⑦ [日]近藤光男：《最新日本公司法（第7版）》，梁爽译，法律出版社，2016，第231页。

之注意时，则被认为有过失。① "忠实义务"则通常被理解为，董事不得将自己或第三人的利益置于公司利益之上的义务。

日本公司法上的"注意义务"源自民法关系，公司法针对"忠实义务"也仅在第355条进行了原则性规定。日本《公司法》第356条要求公司董事在从事竞业行为，以及从事自我交易、关联交易等其他产生利益冲突的行为时，须在股东大会上披露并经股东大会同意。② 但该条文仅仅是关于防止公司董事违反"忠实义务"的程序性规范，即要求董事从事以上利益冲突行为时应履行必要程序。易言之，董事谋求自身利益的行为即使符合以上规定，并不意味着董事绝对不违背忠实义务。

与第356条功能类似，日本《公司法》为防止董事违背信义义务，设置了较多相关制度和程序性要求："第一，股份有限公司的董事若发现有可能对公司造成严重损害的事实时，需向股东（或监事会设置公司的监事，或审计等委员会设置公司的'审计委员会'）报告；第二，就股份有限公司业务执行事项，符合法律规定的股东若有充足理由怀疑存在不正当行为，或违反法律、章程的重大事实，可申请法院选任'检查官'调查公司的业务、财务等经营管理状况；第三，当董事实施超出股份有限公司宗旨或其他法律法规、公司章程范围外的行为，有可能对公司造成重大损害时，符合法律规定条件的股东可请求该董事停止该行为；第四，针对董事等管理人员怠于履行职务时对公司造成的损害，日本《公司法》明确规定了其损害赔偿责任以及免责情形和非免责情形。"③

日本公司法还移植了美国商业判断规则，通过判例法来发展具备本土

---

① [日]永井和之：《会社法（第3版）》，有斐阁，2001，第204页。
② [日]伊藤靖史、大杉谦一、田中亘等：《会社法（第3版）》，有斐阁，2015，第356条。
③ [日]伊藤靖史、大杉谦一、田中亘等：《会社法（第3版）》，有斐阁，2015，第357条、第358条、第360条和第423条第2款。

特色的商业判断规则。①法院常用"商业判断规则"来检验董事是否违背注意义务,在符合该规则的情况下董事或被法院判决免于承担责任。②但日本法院在适用商业判断规则上不同于美国法院,一般不愿意自然而然地推翻董事会的决定。③日本最高法院在2010年爱泊满(Apamanshop)案中首次适用了该规则,其在认定董事责任时认为,本案中董事长对收购价格的判断是一种应该留给管理者进行专业判断的问题。董事在决定公司进行的股份交易以及定价时,基于对公司未来前景影响的评估,会考虑一系列因素,诸如股票的估值、收购的需要、公司任何的财务负担、顺利进行交易的需要等。在此过程中,除非董事们的决策过程或内容极其不合理,否则董事不会违反其作为谨慎管理者的注意义务。④该案判决意义重大,日本最高法院在本案中的态度表明,只要经营管理决定的作出过程和决定内容本身不存在"明显不合理"的方面,那么董事就不会违反他们的注意义务。⑤

第四节　我国香港地区独立董事与上市公司治理模式

一、我国香港地区上市公司治理及董事会特征

我国香港地区的金融服务业较为发达,是亚洲最为重要的国际金融中

---

① See Eiji Takahashi, Tatsuya Sakamoto: Japanese Corporate Law: Important Cases in 2010, Journal of Japanese Law, 2011(16), 259.
② [日]近藤光男:《判例法中的经营判断规则》,梁爽译,法律出版社,2019,第183页。
③ See Ramseyer Mark, Tamaruya Masayuki: Fiduciary Duties in Japanese Law, http://www.law.harvard.edu/programs/olin_center/.（最后访问日期：2022年9月30日）
④ See Apamanshop Derivative Litigation, Supreme Court, 15 July 2010, https://www.courts.go.jp/app/files/hanrei_jp/447/080447_hanrei.pdf.（最后访问日期：2022年9月30日）
⑤ See Puchniak Dan, Masafumi Nakahigashi: A New Era for the Business Judgment Rule in Japan? Domestic and Comparative Lessons from the Apamanshop Case, https://papers.ssrn.com/sol3/papers.cfm?abstract_id=2257827.（最后访问日期：2022年9月30日）

心之一，其证券市场也是全球最活跃的证券市场之一。香港证券交易所分为主板和创业板，其股票总市值和上市公司数量均居于全球主要成熟证券市场前列，就2022年2月底的数据来看，香港交易所的股票总市值虽远低于美国NYSE和NASDAQ，但远高于英国、加拿大、德国和瑞士等国的证券交易所。在上市公司总数上也高于同期泛欧交易所、纽约交易所、伦敦证交所、德国交易所、瑞士证交所等诸多西方发达国家的证券交易所。截至2022年5月3日，在港交所主板和创业板上市的公司分别为2222家和349家，总市值分别约为37.51万亿港元和843亿港元。

香港上市公司的股权主要由机构投资者、个人战略投资者、公共部门、私营企业等多种类型的投资者持有，并且，来自各个国家或地区的政府等公共部门和海外投资者持有上市公司很高比例的股票。据OECD调查报告，2017年总市值占香港市场90%的371家上市公司中，私人公司大约平均持有股票总市值的18%，政府、主权财富基金等公共部门平均持有约24%，自然人以及家族等个人战略投资者平均持有约19%，银行、共同基金、信托等机构投资者平均持有约12%，其他类型投资者持有27%。[1]

香港上市公司的所有权结构通常以家族控制为基础。La Porta等人（1999）指出，香港上市的公司主要是家族控制的企业。[2] Adrian等人（2012）发现，香港公司中超过50%的董事会包括两名及以上的家族成员，并且在排名前100的上市公司中，大多数都是以家庭或集团为基础的，100家市值最高的公司中有25家由10个大家族控制。[3] 由于家族所有

---

[1] See De La Cruz Adriana, Medina Alejandra, Tang Yun: Owners of the World's Listed Companies, OECD Capital Market Series, www.oecd.org/corporate/Owners-of-the-Worlds-Listed-Companies.htm.（最后访问日期：2022年9月30日）

[2] See La Porta Rafael, Lopez-de-Silanes Florencio, Shleifer Andrei: Corporate Ownership Around the World, The Journal of Finance, 1999(54), 471.

[3] See Lei Adrian, Song Frank: Board Structure, Corporate Governance and Firm Value: Evidence from Hong Kong, Applied Financial Economics, 2012(22), 1289.

权的集中，香港市场的外部监督机制很薄弱，使得敌意收购和并购几乎不存在。① OECD调查报告显示，2012年，香港证券交易所约75%的上市公司拥有持股30%或以上的主要股东（如个人/家庭或国有实体），② 超过一半上市公司的最大股东持有公司50%以上股权，75%的上市公司其前3名最大股东持有公司50%以上股权，这一比例高于波兰、新加坡、希腊、澳大利亚、意大利、法国、德国等国家，所有权集中程度在45个司法管辖区内排名第十。③

受到英国和美国证券市场改革趋势的影响，香港上市公司董事会近年来也开始推动提升多元化水平。④ 早在2012年9月，港交所建议修订《企业管治守则》（以下简称《守则》）及《企业管治报告》时，不仅建议《守则》内有关"董事会组成"的原则将加入"多样的观点与角度"，促使发行人在思考董事会组成时考虑多元化因素，还明确上市公司的提名委员会（或董事会）应制定有关董事会成员多元化的政策并作相应披露⑤。2022年4月，港交所推出全新的董事会多元化资料库，希望提升有关上市公司董事会多元化的信息透明度，还在2022年最新的《上市规则》中新增规定，不再接受发行人董事会只有单一性别的成员。⑥港交所的系列措施源于董事会多元化理念对于公司治理的正向作用，多元化的董事会不仅仅是成员

---

① See Jaggi Bikki, Leung Sidney, Gul Ferdinand: Family Control, Board Independence and Earnings Management: Evidence Based on Hong Kong Firms. Journal of Account Public Policy, 2009(28), 281.
② See OECD: OECD Survey of Corporate Governance Frameworks in Asia 2017, https://www.oecd.org/daf/ca/OECD-Equity-Markets-Review-Asia-2017.pdf.（最后访问日期：2022年9月30日）
③ See OECD: OECD Corporate Governance Factbook 2021, https://www.oecd.org/corporate/corporate-governance-factbook.htm.（最后访问日期：2022年9月30日）
④ 朱大明：《香港公司法研究》，法律出版社，2015，第130页。
⑤ 香港交易所《香港交易所刊发有关董事会成员多元化的咨询文件》，香港交易所网站，如https://www.hkex.com.hk/News/News-Release/2012/120907news?sc_lang=zh-HK.（最后访问日期：2022年9月30日）
⑥ 香港交易所《主板上市规则》第13.92条；《GEM上市规则》第17.104条。

的组成在性别、种族及专业知识间的平衡，多元化还意味着对广泛的专业技能、个人经验、专业背景和知识领域的容纳与结合，推动企业的风险决策合理化、治理体系科学化。

香港上市公司董事会性别多元化水平虽不及大多数西方国家，但近些年随着港交所的推动而迅速提升。OCED组织调查26个国家和地区的公司治理情况发现，2017年，香港上市公司董事会中女性任职的比例为11.3%，该比例位居全球主要证券市场的中上水平。① 而2019年以来，香港上市公司董事会中女性董事的比例持续上升，女性董事占上市公司董事总人数的比例在2022年达到15.5%。董事会成员为单一性别的香港上市公司正在减少。

二、我国香港地区董事独立性标准与任职情况

港交所监管规则要求上市公司董事会必须保持足够的独立性，不仅在主板和创业板上市规则中对上市公司的独立董事人数、占董事会比例、专业背景等作出硬性规定，同时针对采取双重股权架构的上市公司，要求其必须建立一个完全由独立的非执行董事组成的公司治理委员会，并必须由其中一名独立董事担任主席。② 在独立董事的人数及比例上，港交所上市规则要求发行人所委任的独立董事必须至少占董事会成员人数1/3，且至少委任三名独立董事，其中一名至少具备财会等专业资格。③ 为满足港交所监管要求，绝大部分上市公司在董事会中设置不少于1/3比例的独立董事。截至2022年5月，在港交所发行上市的2567个上市公司共有19996

---

① See OECD: OECD Corporate Governance Factbook, 2021, https://www.oecd.org/corporate/corporate-governance-factbook.htm.（最后访问日期：2022年9月30日）
② 香港证券交易所《主板上市规则》第8A.30条和8A.31条。
③ 香港证券交易所《主板上市规则》第3.10条、第3.10A条；《GEM上市规则》第5.05条、第5.05A条。

名董事，其中独立董事占比最大，达到42.6%，而执行董事和非执行董事占比分别为40.6%和16.8%。港交所上市的绝大部分公司董事会的独立董事比例维持在1/3~1/2之间，这一类上市公司占85%左右。仅有相对较小部分上市公司在董事会任命超过一半的独立董事，占总上市公司的比例在13%~15%。总体来看，港交所上市公司董事会的独立董事比例更贴近于"1/3的最低比例要求"，即相较于任命"超大规模"（超过50%比例）的独立董事而言，上市公司整体上更倾向于维持略高于法定最低要求比例的独立董事规模。

值得注意的是，香港上市公司的独立董事还存在较为普遍的"连任多年"[①]和"超额任职"[②]的现象。据港交所统计，截至2020年6月，发行人中约有8170名独立董事，其中1654名为连任多年的独立董事，约占独立董事总数的20%；有166家上市公司的所有独立董事均在任九年或以上，占总上市公司数量的7%。[③] 2022年，有1488位在任超过九年的独立董事，就任于775家上市公司。[④] 并且，有243位超额任职独立董事，即同时担任7家及以上上市公司的独立董事。但由于港交所的严格要求，上市公司超额任职独立董事的数目正在递减，2019年超额任职独立董事占比12%，在2022年达到8.5%。[⑤] 多年连任可能会导致对独立董事独立性的质疑，在多家上市公司超额任职也会分散独立董事履职的精力，影响独立董事实际作

---

① 指因为重选在任已过九年的独立董事。
② 指被选任出任七家（或以上）上市公司董事的独立董事。
③ 《2019年发行人披露企业管治常规情况的报告》，香港交易所网站，https://www.hkex.com.hk/-/media/HKEX-Market/Listing/Rules-and-Guidance/Other-Resources/Exchanges-Review-of-Issuers-Annual-Disclosure/Review-of-Implementation-of-Code-on-Corporate-Governance-Practices/CG_Practices_2019_c.pdf.（最后访问日期：2022年9月30日）
④ 《聚焦董事会多元化及包容性》，香港交易所网站，https://www.hkex.com.hk/chi/Board Diversity/index_c.htm.（最后访问日期：2022年9月30日）
⑤ 《聚焦董事会多元化及包容性》，香港交易所网站，https://www.hkex.com.hk/chi/Board Diversity/index_c.htm.（最后访问日期：2022年9月30日）

用的发挥。根据2019年1月1日生效的《企业管治守则》，发行人需要就"连任多年独立董事"的独立性以及"超额任职独立董事"的"履职时间的足够程度"作出解释。①

港交所对于独立董事的任职资格进行了详细的规定，对于独立董事而言，最重要的原则便是其独立性。根据港交所的规定，评估独立董事是否具备任职条件，其独立性是否得以满足，可能会考虑以下因素："第一，以1%和5%为标准，若该名董事持有上市公司已发行股份超过1%低于5%，则需要对该名董事符合独立性的要求进行举证说明，才能将其委任为独立董事。若该名董事所持股份超过5%（含5%），则推定其不符合独立性的要求，一般不能委任为独立董事。第二，若该名董事曾以赠予或其他资助方式，从上市公司本身或者上市公司的关联人物上获得过上市公司的股份，其独立性将会受到质疑。第三，该董事在两年内是否曾向上市公司、其控股公司或其各自的任何附属公司或核心关联人士提供服务，或在两年内曾是上述主体的最高行政人员或董事（独立董事除外）。第四，该名董事是否在一年内与上市公司及其关联方存在业务交易或有重大利益，关联方包括其控股公司及附属公司。第五，该名董事作为董事会成员的目的是否具有正当性，即是否追求其他个体的利益而违背股东利益。第六，该董事在两年内曾与上市公司的董事、最高行政人员或主要股东存在亲属或同居关系。第七，该董事在两年内是否曾担任过上市公司或任何关联方的行政人员或董事（独立董事除外）。第八，该董事是否在财政上与上市公司或任何关联方存在依赖关系。"②

---

① 香港交易所《企业管治守则》第A4.3条及第A5.5条。
② 香港联合交易所《上市规则》第3.13条。

三、我国香港地区独立董事信义义务及违信责任

港交所上市公司董事的义务主要由《上市规则》第3.08条规定。发行人的董事会须对公司的管理与经营负责,董事须对公司诚信勤勉,为公司行事应具备、发挥应有的技能,保持谨慎尽责。具体来说,应当满足以下要件:"第一,以公司的整体利益为前提,主观诚实、善意;第二,行事具备适当目的;第三,动用发行人的资产应对发行人负责;第四,避免产生与发行人的利益冲突或职务冲突;第五,与发行人签订合约应履行全面公正的信息披露义务;第六,具备并发挥应有的技能,行事过程保持谨慎与勤勉,其程度应符合一般理性人对于具有同等条件的董事的合理期待"。①

而对于独立董事的行为标准,港交所发布的《独立董事指南》进一步规定如下。② 第一,独立董事应当有效参与董事会的决策,例如促进董事会进行有素质的讨论,以及担任特别职能。第二,独立董事应当进行风险管理。独立董事能从局内及局外人两种视角探讨企业的风险管理问题,在风险承担意识、风险管治与文化、风险评估、风险缓和及监控等发表专业意见。第三,独立董事应当保障有效的内部监控。独立董事应确保公司设有健全的内部监控制度,以确保公司产生营运成效和效率、作出可靠的财务汇报,并符合有关法律、规管、政策等。第四,处理股东关系。独立董事在履职时应探讨有关股东,特别是机构投资者所提出的顾虑。独立董事有责任出席股东大会,了解股东当场提出的疑虑和关注事项。第五,独立董事应当保持专业技能。胜任的独立董事拥有以下专业技能,包括行业知识、董事的成功经验、业务记录、法律法规知识、财务知识、数据分析知识、沟通技巧等。第六,独立董事应当促进可持续发展。独立董事应敦促

---

① 香港联合交易所《上市规则》第3.08条。
② 香港董事学会:《独立董事指南:简易常规说明及辅助提示(第六版)》,香港董事学会有限公司2021年版,第12页。

董事会关注ESG事宜、推动董事会领导落实及监督ESG政策，并确保管理层用心执行、建立渗透企业的ESG文化。

第五节 小结

本章对英国、美国、我国香港地区和日本上市公司的治理模式和独立董事制度进行了比较分析，从这些经济体的发展经验来看，独立董事制度内嵌于公司治理体系之中，其实效有赖于制度功能与市场发展阶段的匹配程度。

英国证券市场的制度禀赋特点包括股权结构较为分散、机构投资者持股比例高、单层董事会结构、董事会多元化水平较高等，形成了"管理人"（Stewardship）角度积极介入上市公司治理的市场文化。在这个背景下，董事会履行监督功能，且存在两个鲜明的特点：第一，通过董事会下设的专业委员会，如薪酬委员会、审计委员会、执行委员会等，具体执行董事会的特定职能，推动决策效率的提升。第二，公司治理强调外部董事的核心作用，并且外部董事占据董事会绝大多数席位。在董事的独立性标准方面，《英国公司治理准则》吸收了希格斯报告的建议，设置了较为严格的要求。而独立董事相关义务方面，英国的成文法和判例法都存在相关规定。英国法上的信义义务起源于衡平法与普通法的信托制度，作为教义学概念，信义义务一般包含忠实义务与注意义务。《英国公司法》（2006年）在第171条至177条集中规定了公司董事应尽的义务。

美国与英国同为普通法系国家，二者证券市场的制度禀赋存在相似之处，当然也有一定的差异。美国上市公司股权分散程度较高，股东几乎不太参与公司治理，董事会处于治理的核心地位。美国上市公司治理需要应对的是分散的股东与控制公司的管理层之间的代理问题，并且监管机构倾向于鼓励股东积极参与公司治理，即股东积极主义成为限制管理层机会主义行为的重要机制。美国上市公司中独立董事所占比例较高。美国NYSE和NASDAQ两个交易所都制定了有关董事独立性的规则，从任职情况、收入情况、家庭关系、合作情况等方面设置了负面清单，避免与上市公司控制人存在关联的主体成为独立董事。美国独立董事制度的变迁反映出董事会中心主义理论倾向于构建事实上的董事会独立性，并逐步形成了与该制度相互关联的整体性治理机制，如专门委员会、特别委员会，还包括各种限制CEO权利的机制，如首席董事，以及排除CEO参加的独立董事会议等。美国独立董事受到"商业判断规则"的保护，其因为违反信义义务而担责的情况较为少见。

我国香港地区上市公司治理的特点是以家族公司为主，家族成员普遍在董事会中拥有席位，因此公司治理需要解决的主要问题是内部控制人与外部投资者之间的代理问题。家族所有权集中导致香港市场的外部监督机制较为薄弱，敌意收购和并购几乎不存在。香港上市公司的股权主要由海外机构投资者、个人战略投资者、公共部门、私营企业等多种类型的投资者持有。受到英美证券监管最佳实践的影响，香港上市公司治理也在推动提升董事会多元化和独立性。港交所监管规则要求上市公司董事会必须保持足够的独立性，不仅在主板和创业板上市规则中对上市公司的独立董事人数、占董事会比例、专业背景等作出硬性规定，同时针对采取双重股权架构的上市公司，要求其必须建立一个由独立董事担任主席的公司治理委员会。港交所发布的《独立董事指南》对上市公司董事的行为标准进行了细致的规定。

日本上市公司治理采纳了典型的欧陆模式，其发展和改革经验对我国具有一定的借鉴意义。日本上市公司采取了双层董事会结构，并且金融机构和其他公司法人之间交叉持股比例较高，上市公司的股权集中度也比较高。日本上市公司需要处理的主要是上市公司内部控制人与外部投资者之间的代理问题。考虑到传统双层董事会的组织成本较高，日本公司治理结构最近经历了明显的改革。2014年日本修订《公司法》改革公司董事会后，按照是否设立监事会，日本的上市公司大致可分为两类，即"监事会设置公司"和"委员会设置公司"，公司治理的灵活性显著增强。在传统的监事会设置公司中，监事会履行监督职责，董事会不单独设置监察等委员会；在委员会设置公司中，需要设置若干委员会，由董事会下设的委员会履行监督职责。委员会设置公司又可细分为"单委员会设置公司"和"三委员会设置公司"。"三委员会设置公司"的董事会设有提名、薪酬和监察委员会，且独立董事占比应达到半数以上。日本证券市场于2009年正式引入独立董事制度，独立董事深度介入上市公司治理趋势十分明显。日本独立董事同样受到董事信义义务的约束，即忠实义务和勤勉义务（又称"善管注意义务"）。日本公司法有关公司与董事的规定是基于民法"委任关系说"展开的，公司董事在履职时需依照《日本民法典》第644条关于受任人义务的规定，尽到善良管理人的注意义务。近年来英美法系的"信托关系说"在日本亦有所发展，比如在东京证交所发布的《公司治理准则》（2021年版）中，对董事信义义务进行规定时采取了"受托人责任"的表述，要求"上市公司的董事、监事和经营层认识到对各自股东的受托人责任，确保与利益相关者的适当协作，应当为公司和股东的共同利益行事"。

第三章　内部人控制问题与独立董事选任制度分析

独立董事制度已经成为全球证券市场解决内部人控制的主要抓手之一，而选任制度是独立董事独立性的基础保障。本章采取制度功能分析和委托代理理论，结合我国证券市场的制度禀赋，包括股权结构、公司治理结构、董事会运行实效和文化等因素，讨论我国独立董事选任制度中涉及的独立董事席位比例、独立性标准、提名和信息披露以及独立董事分类和投票程序等事项。

第一节　内部人控制与代理问题

一、控股股东引起的代理问题

虽然我国独立董事制度主要借鉴美国、英国等普通法系国家的相关规定，但从制度史的角度看，我国上市公司存在的委托代理问题与上述国家存在显著的差别。独立董事制度从出现至今不过50余年，近30年内才首先成为美国上市公司治理的基石制度。直至20世纪中期，美国公众公司的董事会仍然以执行董事为主，而外部董事往往也是与执行董事密切相关的个人。到了70年代，美国证券市场逐渐形成了推动董事会独立于管理层的几方关键力量：①第一，董事会的核心功能从咨询向监督转换；第二，"股东优先主义"，即公司应当以股东利益最大化为目标，逐渐成为证券市场相关主体认可的原则，美国上市公司及监管机构亟须相关制度抓手促进该政策目标的实现，特别是督促上市公司管理层对其股价的变化作出回应，促使绩效较低的公司采取改善措施；第三，21世纪初安然财务丑闻重创了投资者对于美国证券市场的信心，独立董事被视为挽救公司治理形象的工具，促使美国国会推出《萨班斯法案》并扩大了独立董事所享有的权利，强调独立董事在公司治理中的作用，其中最为突出的便是要求上市公司设立完全由独立董事组成的审计委员会。另一方面，司法机关，特别是特拉华州法院，在审查存在利益冲突的交易时，也形成了对独立董事决策的依赖。对于那些由独立董事主导的交易，特拉华州法院更倾向于适用商业判断原则维护被告的利益，事后法律责任助推了上市公司将独立董事视为事前规避法律责任的手段。②

因此，滥觞于盎格鲁-撒克逊经济体的独立董事制度，主要是以解决管理层机会主义导致的代理问题为目标。申言之，由于美国、英国等成熟证券市场上市公司的股权结构较为分散，股东因为"集体行动困境"而无法对控股股东进行有效的约束。为了避免管理人利用自身对上市公司的控制权侵害股东的利益，独立董事被引入董事会，以减少内部人控制的问题，成为董事会中监督管理层的"看门人"。

反观我国证券市场，上市公司所有权结构异于英美等国，因而我国在移植独立董事制度的过程中应当进行适应我国国情的本土化，寻求良好独立董事与外部董事的比例，以达到制度功能发挥最大化，完善独立董事选

---

① See Jeffrey Gordon: The Rise of Independent Directors in the United States, 1950-2005: of Shareholder Value and Stock Market Prices, Stanford Law Review, 2007(59), 1465.
② See Palmiter Alan: Reshaping the Corporate Fiduciary Model: A Director's Duty of Independence, Texas Law Review, 1989(67), 1351.

拔、薪酬等机制。[①] 具体而言，我国上市公司的股权分布较为集中，存在一股独大或有实际控制人的情况。与英美等上市公司股权较为分散的证券市场相比，我国上市公司控股股东或大股东能够有效监督管理层，减少股东与管理层之间的代理问题。但也正是因为股权集中度较高，导致我国上市公司治理的代理问题主要是存在于大股东与中小股东之间，即控股股东或大股东利用其持股优势侵害中小股东利益。上市公司的董事在选任、管理和薪酬等各方面受制于控股股东，独立董事无法对公司股东起到有效的监督。[②]图 8显示了上市公司协会在2022年对独立董事的问卷调查结果，绝大部分受访者认为大股东对独立董事的选任结果具有控制力，超过一半认为具有较大影响。

此外，我国上市公司董事会治理目标也与英美等国存在显著的不同。英美上市公司治理具备"董事会中心主义"的特点，虽然上市公司治理的目标是最大化股东利益，但股东在董事提名、选举和解雇等重大事项的决

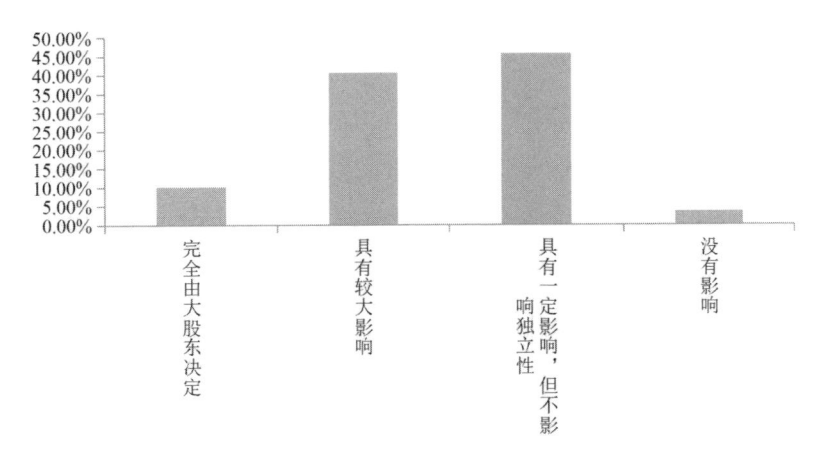

图8：大股东对上市公司独立董事选任的影响力

[①] 刘俊海：《我国〈公司法〉移植独立董事制度的思考》，《政法论坛》2003年第3期，第43页。
[②] 邱静、谢雨霖：《大股东掏空与独立董事监督失效——以ST华泽为例》，《财会月刊》2019年第17期，第8页。

策力有限。作为委托人的股东未能有效约束作为代理人的管理层，近年来英美公司治理改革倾向于提升股东在董事选任中的影响力。具有代表性的即美国公司治理改革，董事会对上市公司的控制力强，现任董事会对董事选任影响力很大，因此促成了"股东积极主义"的兴起。而我国上市公司治理具备"股东会中心主义"的特点，股东会可以确定股东大会的审议事项、任命和替换董事，对董事会的控制力更强。因此，对我国上市公司的治理而言，改革的重点是提升董事会抵御控股股东和大股东影响的能力。①

二、我国独立董事选任的制度禀赋分析

比较公司治理的文献指出各法域中皆存在大量股权集中的公众公司，②如在美国证券市场上，由于科技上市公司普遍采用双层股权结构，此类公司治理同样面临控股股东侵占的问题。③但在移植他国经验的过程中，我国独立董事制度必须回应自身证券市场禀赋，法律移植应当考虑上市公司治理的生态系统。④

第一，由于我国证券市场的股权集中度较高，控制权市场（Market for corporate control）产生的外部约束机制运行不畅。在股权较为分散的上市公司中，管理层时刻面临着证券市场"野蛮人"的威胁，后者可以通过收购那些经营不善的上市公司的股权，替换不称职的管理人员，外部敌意收

---

① See Cools Sofie: The Real Difference in Corporate Law Between the United States and Continental Europe: Distribution of Powers, Delaware Journal of Corporate Law, 2005(30), 697.
② See Tarun Khanna, Yishay Yafeh: Business Groups in Emerging Markets: Paragons or Parasites?, Journal of Economic Literature, 2007(45), 331.
③ See Bebchuk Lucian, Assaf Hamdani: The Elusive Quest for Global Governance Standards, University of Pennsylvania Law Review, 2008(157), 1263.
④ See Gilson Ronald: Controlling Shareholders and Corporate Governance: Complicating the Comparative Taxonomy, Harvard Law Review, 2006(119), 1641.

购的威胁约束着上市公司管理层。然而，当上市公司股权较为集中时，外部"野蛮人"无法收购足够的股份获取上市公司的控制权，因而被收购的威胁也无法约束大股东或控股股东的机会主义行为。

第二，制衡股东（Block shareholder）的约束力被削弱。股权较为分散的上市公司往往存在数名持股比例较高的股东，这些股东之间可以产生相互制衡的效果。制衡股东虽然无法实现对上市公司的控制，但却有积极介入上市公司治理、监督管理层的激励，可以在一定程度上通过行使股东权力、发表意见等方式降低代理成本。然而，我国上市公司的股权集中度高，制衡股东的影响力受限，且行动激励较弱。制衡股东的干预渠道主要是通过行使股东权利，然而股东决策又主要遵循"资本多数决"的原则，股权的集中导致制衡股东的约束效果被削弱。同时，大股东或控股股东已经持有较高比例的股份，制衡股东能够购买的股份比例较低，投票行为可能产生的影响也有限，因而介入激励不足。

第三，控股股东或大股东的机会主义行为类型存在差异。股权集中公司和股权分散公司除了在控制人身份上存在差异外，内部人的机会主义行为类型也存在差异。在股权分散的上市公司中，管理层利用控制权和所有权相分离的特点，多采取打造企业帝国、获取高额薪酬、稳固自身职位等手段谋取私人利益。而对于我国上市公司，控股股东一般通过"隧道效应"（Tunneling effects）实现私人收益，即其除了持有上市公司的股份外，往往还持有其他公司的股份，通过隐蔽的关联交易，将上市公司的利益输送给体系外的公司。[①]

上市公司独立董事制度最重要的功能之一是约束控股股东、大股

---

① See Vladimir Atanasov, Black Bernard, Ciccotello Conrad: Unbundling and Measuring Tunneling, University of Illinois Law Review, 2014(17), 1697.

东。① 这与域外上市公司独立董事监督管理层的功能存在差异。② 由于上市公司董事会的受控程度比较高，在选任制度上首先应当削弱大股东对选任程序的控制力，以缓解公司治理中内部人控制的问题。首先，考虑到如何有效履行独立董事的监督功能，其独立性标准应当围绕与大股东之间可能存在的、影响股东独立决策的关系。③ 其次，独立董事选举程序应当着眼于减少大股东干预，避免独立董事因为寻求当选而回避监督控股股东。最后，容易被忽视的问题是独立董事的专业性问题。与股权分散公司中管理层的机会主义行为相比，我国上市公司控股股东的机会主义行为更为隐蔽，大股东主要通过"隧道交易"或关联交易侵害中小投资者的利益。④ 为了保证独立董事监督的有效性，独立董事应当具备一定的专业性，保证其拥有辨识利益冲突最为严重的交易，是否存在显失公平的能力。现有文献指出董事的专业性也是保持其独立于控制人的重要因素。

第二节　董事会独立董事席位比例与任职标准

董事会中独立董事的席位比例和独立性标准是选任程序的基础性制度，如果上市公司中独立董事的席位数量较低，那么很难对董事会决议形成明显影响。同时，如果独立董事的独立性要求较低，那么也很难保证独立董事的判断是隔绝上市公司控制人的影响进行的独立判断。

---

① See Bebchuk Lucian, Hamdani Assaf: The Elusive Quest for Global Governance Standards, University of Pennsylvania Law Review, 2009(157), 1263.
② 叶康涛、祝继高、陆正飞等：《独立董事的独立性：基于董事会投票的证据》，《经济研究》2011年第1期，第127页。
③ See Ma Juan, Khanna Tarun: Independent Directors' Dissent on Boards: Evidence From Listed Companies in China, Strategic Management Journal, 2016(37), 1547.
④ See Gutierrez Maria, Sdez Lacave Maribel: Deconstructing Independent Directors, Journal of Corporate Law Studies, 2013(63), 68.

一、受控董事会与独立董事席位比例

一般来说，公司董事会中独立董事的占比越高，越能够更好地抑制公司的盈余管理行为。① 根据我国上市公司治理的相关规范，董事会中独立董事所占比例应至少达到1/3，② 同时，董事会应当下设审计委员会，还可以设立薪酬与考核、提名等专门委员会，在这些专门委员会中，独立董事应当担任召集人，并且占据成员数量的多数。③ 20世纪90年代初期，我国企业为了满足境外上市公司的治理要求，率先引入了独立董事制度。1993年，青岛啤酒赴香港联交所上市，按照要求聘请了两名独立董事。④ 在1997年，证监会在《上市公司章程指引》中即倡导各上市公司可以根据需要设立独立董事。2001年证监会发布《关于在上市公司建立独立董事制度的指导意见》，强制规定上市公司独立董事在2003年6月30日前应当占据超过1/3的席位。考虑到我国《公司法》规定股份有限公司董事会的规模为5人至19人，⑤ 上市公司独立董事的人数应当为2~7人。

监管规则设定的是我国独立董事席位的最低比例，上市公司还可以根据自身经营发展的需要提升上市公司董事会中独立董事的比例。根据《上市公司独立董事履职情况报告》的官方数据，在我国上海和深圳证券交易所上市的公司在2012年共聘任了5972名独立董事，平均每家公司聘任3.3名独立董事，每名独立董事在1.39家上市公司任职。官方的数据还显示，我国上市公司仅维持满足最低的独立董事人数要求，并且保持3名独立董事和总共9名董事的董事会规模。而根据作者整理的数据显示，⑥ 10年来，

---

① 吴清华、王平心：《公司盈余质量：董事会微观治理绩效之考察——来自我国独立董事制度强制性变迁的经验证据》，《数理统计与管理》2007年第1期，第32页。
② 《上市公司独立董事规则》（2022年）第四条第一款。
③ 《上市公司独立董事规则》（2022年）第四条第二款。
④ 中国上市公司协会：《上市公司独立董事履职情况报告》，2014，第8页。
⑤ 《中华人民共和国公司法》（2018年）第一百零八条。
⑥ 资料来源于Wind数据公司。

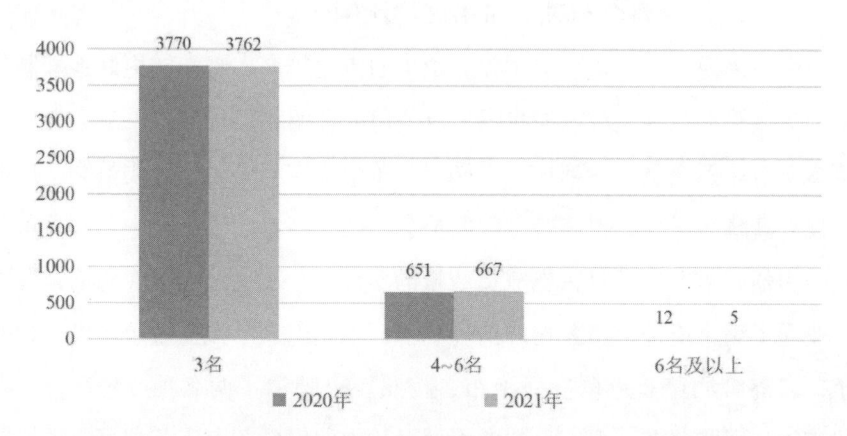

图9：A股上市公司董事会中独立董事数量分布（2020年和2021年）

上市公司聘任独立董事的情况并无显著改变，大量上市公司仅聘任3名独立董事。而在2020年和2021年，独立董事占沪深证券交易所上市公司董事会的比例平均仅为37.1%，仅比2019年上升了约1%。

上市公司仅维持满足监管要求的独立董事比例是对独立董事成本和收益的权衡，在学界和实务界目前还存在以下几点争论。第一，维持较低数量的独立董事对上市公司经营绩效的促进作用存在理论和实证层面的争论，如有学者在2003年通过实证研究证明，独立董事未能对公司绩效的提高产生显著的作用，两者之间并不具有统计意义上的相关性。[①] 第二，雇用更多数量的独立董事或使独立董事在董事会中占有更高比例，是否能够提升我国上市公司的市场估值也存在争论。第三，独立董事多为兼职董事，无法像全职董事那样投入大量时间研究公司经营状况，对于董事会决策的边际贡献存疑。根据《上市公司独立董事履职指引》（2020年）的规定，个人最多兼职五家上市公司的独立董事。[②] 同时，独立董事勤勉尽责

[①] 于东智：《董事会、公司治理与绩效——对中国上市公司的经验分析》，《中国社会科学》2003年第3期，第30页。
[②] 《上市公司独立董事履职指引》（2020年）第五条。

的最直观的表现在于对上市公司投入时间的长短,《上市公司独立董事履职指引》(2020年)对独立董事的工作时间提出最低要求,其每年在上市公司投入的工作时间至少为十五个工作日。① 第四,独立董事增加了实际控制人的控制成本,其属于外部董事,提高了董事会讨论的透明度,对于内部董事存在显著的制衡。

然而,如果从比较公司治理的角度看,域外主要证券市场上市公司已经形成以独立董事为主的董事会。特别是在盎格鲁-撒克逊经济体中,独立董事已经成为董事会的主要成员。例如,美国上市公司独立董事已经占据董事会的多数席位。2011年的一项调查甚至显示,超过70%的标准普尔500上市公司的董事会中仅有一名内部董事,即上市公司的CEO。② 该制度安排在维持较小董事会规模的前提下,保持较高比例的独立董事,以提升董事会中外部专家相对公司内部人的谈判能力。③ 根据上市公司治理的历史经验,内部人在上市公司治理中的话语权明显强于独立董事,提升独立董事比例可以降低内部人控制的风险,也能够让董事会真正地监督和问责管理层。

而在欧陆双层董事会结构中,管理职能和监督职能在董事会层次中进行分工,董事会成员皆为公司的管理层,因而具备独立性的董事仅出现在监事会中。以德国为例,管理董事会成员全部为内部董事,而监事会中超过一半成员为员工,员工成为监事会中监督管理层的重要力量。但从全球

---

① 独立董事的工作内容包括"出席股东大会、董事会及各专门委员会会议,对公司生产经营状况、管理和内部控制等制度的建设及执行情况、董事会决议执行情况等进行调查,与公司管理层进行工作讨论,对公司重大投资、生产、建设项目进行实地调研等",参见《上市公司独立董事履职指引》(2020年)第六条。

② See Olubunmi Faleye: The Costs of A (Nearly) Fully Independent Board, Journal of Empirical Finance, 2015(32), 49.

③ See Golden Brain, Zajac Edward: When Will Boards Influence Strategy? Inclination × Power = Strategic Change, Strategic Management Journal, 2001(22), 1087.

范围来看，上市公司的员工一般不满足董事的独立性要求。此外，德国双层董事会中监事会的外部董事也可能不符合独立性的严格要求，例如大量外部董事是上市公司的上下游供应商、债权人派驻的员工，这些主体显然可能受到公司控制人的影响。德国联邦司法部设立的公司治理准则委员会在2019年修订了《德国公司治理准则》，专门对监事的独立性标准进行了详细规范。①

二、决策冲突与首席独立董事

除了独立董事在上市公司董事会的席位比例较高外，域外有关首席独立董事（Lead independent director）的制度设计也值得借鉴。如果上市公司的董事会主席为CEO兼任时，其应当任命一名首席独立董事，以解决监督者和经营者为同一人可能引起的利益冲突。首席独立董事是独立董事群体中较为资深的成员，并且享有公司法和章程赋予的强势地位，主要是为了能够引领董事会中分散的独立董事力量，提升制衡内部董事的效率。②全美董事协会（National Association of Corporate Directors）在2004年首次提出首席独立董事，以应对21世纪初期美国证券市场安然财务丑闻所暴露出的上市公司治理问题。③虽然NYSE和NASDAQ没有直接采纳该建议，但也在2003年修改其上市规则，规定董事会会议期间应当组织仅由独立董事参加的独立董事会议。④截至2005年，标准普尔500上市公司中，

---

① 杨大可：《中国监事会真的可有可无吗？——以德国克服监事会履职障碍的制度经验为镜鉴》，《财经法学》2022年第2期，第5页。

② See Lipton Martin, Lorsch Jay: A Modest Proposal for Improved Corporate Governance. Business Law, 1992(48), 59.

③ See National Association of Corporate Directors (NACD): Report of the NACD Blue Ribbon Commission on Board Leadership, National Association of Corporate Directors and the Center for Board Leadership, 2004, 14.

④ See NYSE: Commentary to Listed Company Manual, 2003, Section 303A.03.

约94%的上市公司设置了类似于首席独立董事的"主导董事"（Presiding director）。此外，次贷危机的爆发也赋予首席独立董事更为重要的职责。在危机爆发前，美国上市公司的CEO和董事会主席两个职位往往是由相同人士担任；①而危机后，公众和监管机构认为内部人控制是引发危机发生的重要原因，因而督促上市公司任命独立董事担任董事会主席。②根据最近的调查显示，在2019年S&P500上市公司中，超过34%的上市公司任命独立董事担任董事会主席。③SEC也在2010年修改了监管规则，要求上市公司在年报中披露首席独立董事在公司治理中的作用。④

一般来说，首席独立董事的职能包括：第一，审阅和批准上市公司董事会会议议程，提升独立董事获取的信息质量。由于独立董事为兼职董事，并不参与公司的日常运作，因而其在决策时与执行董事相比存在信息劣势，无法实现真正的独立决策。⑤首席独立董事拥有对董事会会议日程和信息集的审阅权，有利于提升独立董事决策的效果，避免因董事会会议被控制人操纵而让独立董事的监督流于形式。第二，作为中间人改善执行董事，特别是董事会主席，与独立董事之间的沟通效率。首席独立董事应当清晰明确董事会的战略目标，在董事会会议期间积极推动董事会成员之间的讨论，促进董事会沿着正确的方向讨论，而不是拘泥于日常管理的细

---

① See Dey Aiyesha, Engal Ellen, Liu Xiaohui: CEO and Board Chair Roles: To Split or Not To Split?, Journal of Corporate Finance, 2011(17), 9.
② See Tonello Matteo: Separation of Chair and CEO Roles, Harvard Law School Forum on Corporate Governance, 2011, 45, https://corpgov.law.harvard.edu/2011/09/01/separation-of-chair-and-ceo-roles/#2b.（最后访问日期：2022年9月30日）
③ See Spencer Stuart: 2019 Spencer Stuart U.S. Board Index, 2019, 6, https://www.spencerstuart.com/research-and-insight/ssbi-2019-board-composition-part-3.（最后访问日期：2022年9月30日）
④ See Securities and Exchange Commission: Release Nos. 33-9089, 2010, 33.
⑤ See Cao Ying, Dhaliwal Dan, Li Zengquan et al.: Are All Independent Directors Equally Informed? Evidence Based on Their Trading Returns and Social Networks. Management Science, 2015(61), 795.

节。① 第三，主持董事会大会期间的独立董事会议。美国上市公司在董事会大会期间会专门组织仅有独立董事参加讨论的会议，由首席独立董事担任会议主持。第四，作为与机构投资者沟通的主要负责人。由于美国证券市场股东积极主义运动的兴起，对冲基金等机构投资者成为积极介入上市公司治理的重要力量。首席独立董事与管理层一起与机构投资者沟通，有助于提升沟通过程的信任程度。第五，首席独立董事有权召开董事会。该制度避免了上市公司因为各种原因无法召开董事会而可能出现的治理僵局。第六，实时对董事会主席履职情况进行评估，对董事会主席是否能够尽职地履行职务保持关注，特别是董事会主席与CEO之间的工作关系和合作情况。首席独立董事对董事会主席的评估是持续性的，避免必须等到年度评估和董事更替时，才暴露出不能胜任的董事长。② 除此之外，每年首席独立董事应当主导对董事会主席的内部评估，并启动独立的第三方外部评估程序。

基于美国证券市场的实证研究显示，2003—2010年是上市公司任命首席独立董事的高峰，每年约200家公司新设首席独立董事。截至2015年，约有41.61%的上市公司设置了该席位。③ 从首席独立董事的特征来看，一般年纪较大并且具有更丰富的经验，在性别方面主要为男性，并且这些首席独立董事往往兼职更多上市公司的独立董事。在委员会任职方面，首席独立董事更频繁地担任上市公司专业委员会的委员，但是很少是该委员会的主席。这可能是考虑到独立董事之间的分工和专业背景的差异。

另外，基于美国上市公司的实证研究还显示，投资者认为上市公司设

---

① See Spencer Stuart: A Closer Look at Lead and Presiding Directors, Cornerstone of the Board: The New Governance Committee, 2006, 4.
② See Price Waterhouse Coopers, Lead Directors: A Study of Their Growing Influence and Importance, Price Waterhouse Coopers, 2010, 21.
③ See Lamoreaux Phillip, Lubomir Litov, Landon Mauler: Lead Independent Directors: Good Governance or Window Dressing? Journal of Accounting Literature, 2019(43), 47.

置首席独立董事能够改善公司治理水平，上市公司的股票存在显著为正的超额收益。① 还有研究显示，设置首席独立董事的上市公司，在股价表现较差的时期，CEO非自愿离职的概率更大，② 申言之，首席独立董事有助于替换掉那些表现不佳的CEO。当然，也有学者质疑首席独立董事的制度实效，首席独立董事被认为是上市公司对于董事长和CEO为相同个人的妥协，超过70%的首席独立董事是公司的前任CEO，或其他上市公司的董事会主席，因此也有学者质疑这些首席独立董事能在多大程度上挑战现任的管理层。③

三、独立性标准

独立董事的独立性内涵有个体与整体两个层面的要求，即独立董事个体的独立性和独立董事整体的独立性。④ 根据我国《上市公司独立董事规则》第二条规定，上市公司独立董事的定义为："不在上市公司担任除董事外的其他职务，并与其所受聘的上市公司及其主要股东不存在可能妨碍其进行独立客观判断关系的董事。"⑤ 这是一个典型的原则性规范，即使用较为原则的语词对独立性进行定义，依靠事后的裁判断定董事是否满足独立性。该原则主要包括两方面要件：第一，独立的对象是受聘的上市公司和主要股东；第二，独立性的内涵是"不存在可能妨碍其进行独立客观判断的关系"。该规则第六条进一步规定，独立董事履职时不受"上市公司

---

① See DeFond Mark, Zhang Jieying: A Review of Archival Auditing Research. Journal of Accounting and Economics, 2014(58), 275.
② See Jenter Dirk, Kanaan Fadi: CEO Turnover and Relative Performance Evaluation, The Journal of Finance, 2015(70), 2155.
③ See Spencer Stuart: A Closer Look at Lead and Presiding Directors, Cornerstone of the Board: The New Governance Committee, 2006, 4.
④ 谭劲松：《独立董事"独立性"研究》，《北方工业经济》2003年第10期，第66页。
⑤ 《上市公司独立董事规则》第2条。

主要股东、实际控制人或者其他与上市公司存在利害关系的单位或个人的影响"。该条扩充了可能会影响独立性的主体范围，增加了"实际控制人或者其他与上市公司存在利害关系的单位或个人"。

该规则第七条对独立性标准的禁止性事项进行了罗列，为上市公司任命独立董事提供了更为明确和具备可操作性的规则指引。该条第一款认定"在上市公司或者其附属企业任职的人员及其直系亲属、主要社会关系"不满足独立性，不仅排除了本人任职的情形，也对亲缘关系任职情况予以限制。需要注意的是，该条中的直系亲属的范围与民法上直系亲属的概念存在差异，仅指"配偶、父母和子女"；而主要社会关系是指"兄弟姐妹、子女和兄弟姐妹的配偶、配偶的父母和兄弟姐妹"。第二款从持股比例上认定"直接或间接持有上市公司已发行股份百分之一以上或者是上市公司前十名股东中的自然人股东及其直系亲属"不符合独立性要求。第三款则从持股比例和职务两个方面认定，"在直接或间接持有上市公司已发行股份百分之五以上的股东单位或者在上市公司前五名股东单位任职的人员及其直系亲属"不符合独立性要求。第四款规定，如果最近一年内存在满足此前三款所规定的情况，则该人员不满足独立性要求。第五款则从业务关联的角度认定，"为上市公司或者其附属企业提供财务、法律、咨询等服务的人员"不符合独立性要求；第七款授权上市公司自主设定独立性标准，公司章程可以认定特定人员不符合独立性要求；此外，第六款和第八款分别授权法律、行政法规、部门规章以及中国证券监督管理委员会对独立性设置其他标准。

此外，证券交易所也对董事的独立性标准进行了规定。根据《上海证券交易所上市公司自律监管指引第1号——规范运作》的规定，独立董事候选人不应当存在不良行为记录[①]、最多仅能在五家境内外上市公司担任

---

① 《上海证券交易所上市公司自律监管指引第1号——规范运作》第3.5.5条。

独立董事，且限制了在一家上市公司任职期限最长为六年①。《上海证券交易所上市公司自律监管指引第1号——规范运作》规定了不满足独立性标准的情形，除了《上市公司独立董事规则》规定的事项外，还增加了"任职于上市公司实际控制人及其附属企业的人员"以及"与上市公司及其控股股东或者其各自的附属企业具有重大业务往来的单位担任董事、监事和高级管理人员，或者在该业务往来单位的控股股东单位担任董事、监事和高级管理人员"。② 类似地，《深圳证券交易所上市公司自律监管指引第1号——主板上市公司规范运作》也对董事不满足独立性要求的情况进行了规定，内容与上交所规定类似。③同时，其还规定了存在六类不良行为记录的候选人不宜当选独立董事。④此外，独立董事最多仅能在五家境内外上市公司任独立董事，且如果独立董事在同一家上市公司任职超过六年，则十二个月内不得被提名该上市公司的独立董事。⑤

上述对董事独立性标准的"原则+规则"式定义，虽然为上市公司治理提供了一定的指引，但仍然存在改进的空间。考虑到独立董事的制度功能主要是在上市公司董事会、管理层、股东和其他相关主体之间存在利益冲突的场景中，从独立的角度进行决策，而上市公司主要存在的利益冲突的场景包括关联交易、任免董事、管理层薪酬、兼并收购和评价董事会和管理层等事项。⑥因而，我国董事的独立性标准应当围绕"控制力"展开，提升上述"控制主体"和"控制链条"两方面标准的类型化程度，以在事前提供更为清晰的指引。

---

① 《上海证券交易所上市公司自律监管指引第1号——规范运作》第3.5.6条。
② 《上海证券交易所上市公司自律监管指引第1号——规范运作》第3.5.4条。
③ 《深圳证券交易所上市公司自律监管指引第1号——主板上市公司规范运作》第3.5.4条。
④ 《深圳证券交易所上市公司自律监管指引第1号——主板上市公司规范运作》第3.5.5条。
⑤ 《深圳证券交易所上市公司自律监管指引第1号——主板上市公司规范运作》第3.5.6条。
⑥ 李建伟：《独立董事制度研究：从法学与管理学的双重角度》，中国人民大学出版社，2004，第179页。

1. 直接控制主体

考察董事独立性的要件首先是能够独立于上市公司的控制主体。独立董事的功能在于监督对上市公司有控制力的主体，避免由于其机会主义行为损害股东的利益，因此，控制上市公司的主体是独立董事应当独立的对象之一。在理论层面，能够控制上市公司的主体包括两类。

第一类，在上市公司担任主要管理职务的个人。《上市公司独立董事规则》第七条第（一）款将在上市公司或者其附属企业任职的人员视为对上市公司拥有控制权的主体。该规定较为严格，将所有与上市公司或其附属企业存在雇佣关系的人员排除于独立性标准涵盖的范围。一般来说，对上市公司具有显著控制力的是其高层管理人员，一般员工难以利用其职权侵害股东利益。但是，一般员工可能因为雇佣或上下级关系而无法实施有效的监督。因此，将其排除于独立性之外也存在一定的合理性。

第二类，持有上市公司一定投票权的主体。《上市公司独立董事规则》第七条第（二）款将持股比例达到1%的个人股东，以及前十名股东中的自然人股东视为对上市公司拥有控制力。该规定并不合理，考虑到科技公司中同股不同权的情况较为常见，因此应当以投票权比例为参考设置持股限制。此外，即便将投票权比例设置为1%，也存在有待商榷之处。考虑股权结构较为集中的上市公司中，持股1%的股东很难利用如此低的投票权实现对股东会决议的显著影响。另外，考虑如果适当允许存在控股股东的公司中持有一定比例股份的外部股东担任独立董事的职位，其监督的激励和对抗大股东影响的能力都会更强。参考我国证券市场关于要约收购的规定，上市公司的股东如果持股达到5%以上，即应当向市场和监管机构进行信息披露。[①]该规则说明《证券法》认为一般情况下，持股比例达到5%是股东可以对上市公司产生控制的"门槛"。因此，综合考虑我国

---

① 《证券法》第六十三条。

证券市场的禀赋，应当将对持股主体的限制定于5%的比例。

另一方面，《上市公司独立董事规则》认定，如果单一股东持有的股份比例达到5%以上，或者单一股东为上市公司前五名股东，其雇员即可能利用单一持股产生的控制权侵害其他股东的权益。考虑到单一股东的员工是利用其职权间接利用单一股东持股控制上市公司，控制链条较长且控制力度较弱。因此，可以适当放宽比例和职务限制。从比较法的角度看，有些法域将10%的持股比例作为判断大股东的持股比例标准。[①] 因此，可以考虑将该比例提升至持有投票权达到10%以上的单一股东，并且将职务限制放宽为在该单位担任高层管理人员。

2. 间接控制关系

控制上市公司的主体还可以通过各种控制链条来影响独立董事的决策，因此独立董事还应当独立于控制链条的主体。从类型化分析的角度来看，控制链条可以划分为以下几类。

第一，基于业务往来的间接控制。《上市公司独立董事规则》第七条第（五）款排除了"为上市公司或者其附属企业提供财务、法律、咨询等服务的人员"，认为其不具备独立性。然而，除了提供上述服务的主体可能受到不正当影响外，还有其他与上市公司存在业务往来的个人或企业，如上市公司上下游的供应商和渠道商，以及上市公司的债权人或上市公司的主要债务人。上海和深圳证券交易所都禁止了与上市公司存在重大业务往来公司的雇员任职独立董事。这些个人以及公司的雇员可能因为发展或维持业务的原因而受控于上市公司的高层管理人员或控股股东。目前交易所的规定是从上市公司角度划定重大交易的标准，但上市公司规模较大，其重大交易的标准可能较高，因此应当增加从交易对手方定义重大交易的

---

① 瑞典公司治理准则（Sweden Corporate Governance Code）规定上市公司的独立董事应当独立于主要股东，而对主要股东的定义即为直接或间接持有10%以上投票权的股东。

要求，即与上市公司之间的交易额超过特定绝对数额（如1000万元）或占交易对手方营业额的比例超过20%，则该个人或企业的雇员不满足董事的独立性要求。

第二，基于亲缘关系的间接控制。《上市公司独立董事规则》第七条第（一）（二）（三）款都禁止与具有显著控制力个人存在亲缘关系的个人担任独立董事。依据控制力大小，亲缘关系的划分也呈现差序结构。第七条第（一）款规定在上市公司或者其附属企业中任职的人员，其直系亲属和主要社会关系都不符合独立性要求。① 而该条第（二）款规定自然人股东持股绝对比例大于1%或位列前十名股东，则其直系亲属不符合独立性要求。该条第（三）款规定在上市公司单位大股东（持股5%以上或前五名股东）任职的人员，其直系亲属不符合独立性要求。

上述规定模糊了我国上市公司治理的主要矛盾，即大股东滥用控制权带来的危害，对其亲属范围的限制不尽合理。虽然第七条第（二）款对于持股比例较高股东的亲属进行了限制，但是该规定却未对上市公司大股东进行特殊规定。应当增加"对于直接或间接持有投票权比例达到30%以上的股东，其直系亲属和主要社会关系都不符合董事独立性要求"的规定。

第三，《上市公司独立董事规则》还应当增加限制与控股股东存在特定关系的个人担任独立董事，此处控股股东是指直接或间接持有投票权比例达到50%以上的个人。一方面，对于控股股东亲属范围的限制应当进一步扩宽，除了直系亲属和主要社会关系外，还应当包括三代以内的旁系亲属；另一方面，由于我国传统文化较为重视社会关系，为了有效抑制控股股东的机会主义行为，以下三方面的社会关系也应囊括进来：第一，雇

---

① 直系亲属是指配偶、父母、子女等；主要社会关系是指兄弟姐妹、配偶的父母、子女的配偶、兄弟姐妹的配偶、配偶的兄弟姐妹等。

佣关系。存在控股股东的上市公司，三年内曾在该公司工作的人员不符合其独立董事的标准。第二，同学关系。同学关系是我国较为重要的社会关系，由于同学之间具有相似的教育背景和成长经历，相互之间难以形成有效的监督。第三，共同居住关系。当前社会发展的多元化和包容性日益增长，存在很类似亲缘关系的亲密关系，例如拟任独立董事的个人与控股股东是未进行婚姻登记的同居人员，该种情形下难以对控股股东实施有效监督。

从域外经验来看，对于董事独立性的标准具有两种设定思路。以美国上市公司董事独立性标准为例：第一，事前清晰的独立性规则，如监管机构所发布的独立董事认定规则；第二，事后特定场景下的独立性规则，该标准被美国特拉华法院所采纳。前者包括美国商业界最具影响力的组织，商业圆桌会议发布的《公司治理准则》（*Principles of Corporate Governance*）对董事"独立性"的定义，指其不得存在任何可能损害其独立判断能力的关系。而当董事会评估董事的独立性时，应考虑所有相关事实和情况，重点是考察候选人是否与公司、高级管理层或其他董事有任何直接或间接的、可能影响判断的关系。这种利益冲突关系包括重要的业务关系、收入关系、亲属关系和社会关系等。[①]

此外，NYSE和NASDAQ都规定了细致的规则性规范，如NYSE禁止在三年内从上市公司处获得超过100万美元收入或超过2%总收入的个人及组织（同时包括依附于该组织的个人和其近亲属）被视为满足董事的独立性标准。[②]而NASDAQ则禁止从上市公司处获得超过20万美元收入或超过5%总收入的个人即组织（同时包括依附于该组织的个人和其近亲属）被视为

---

① See Principles of Corporate Governance, https://s3.amazonaws.com/brt.org/Principles-of-Corporate-Governance-2016.pdf.（最后访问日期：2022年9月30日）
② NYSE Manual(CCH) § 303A.02 (b)(v).

满足董事的独立性标准。①后者则包括特拉华州公司法对董事的独立性的判断规则，认为需要结合具体的商业场景进行判断，不存在普遍独立的董事。②特拉华法院在裁判时通常使用情景分析法（Situational approach），结合具体交易的利益冲突情况进行判断。③这种具体分析的方法（Ad hoc）虽然给裁判者提供了裁量的基础，但是也存在裁判标准不清的问题，未能给市场主体带来稳定预期。而英国上市公司独立性标准的设置较我国规定更为严格。《坎德伯里报告》专门制定了详细的负面条件清单。④

四、专业性标准

我国上市公司独立董事的专业性标准较为模糊。《上市公司独立董事规则》第三章专章规定了独立董事的任职条件。其中，第八条的一般规定要求独立董事应当具备充分履行职权的各方面条件。第九条列举了五方面的标准，并要求独立董事应当参加监管机构及授权组织的培训。然而，其中三方面的条件都较为模糊："第一，符合其他法律、法规和有关规定，以及董事任职的资格；第二，满足独立性要求；第三，满足法律法规以及

---

① The NASDAQ Stock Market LLC Rules (CCH) 5605(a)(2).
② In re Aronson v. Lewis, 473 A.2d 805, 815 (Del. 1984).
③ See Yaron Nili: The Fallacy of Director Independence, Wisconsin Law Review, 2020(491), 159.
④ 存在以下情况的董事不满足独立性：(1)或曾是公司或集团的雇员；(2)是执行董事的亲戚；(3)代表大股东或其他单个利益团体（供应商或债权人等）；(4)是通过个人关系被任命的，未经过正规的程序选举；(5)参与公司的股票期权计划；(6)在一家公司担任独立董事的时间太长；(7)这种服务有资格领取养老金。而英国最新版《公司治理准则》进一步进行了细化规定，认为以下情形都属于违反独立性标准的情况：(1)在过去五年内，是或曾经是公司或集团的雇员；(2)在过去三年内，与公司建立了实质性的业务关系的机构的合伙人、股东、董事或高级雇员；(3)除董事报酬外，从公司获得额外报酬，参与公司的股票期权或绩效挂钩薪酬计划，或是公司养老金计划的成员；(4)与公司的任何顾问、董事或高级员工有密切的亲属关系；(5)通过在其他公司或机构任职与其他董事有重要联系；(6)代表某个重要股东；(7)自首次被任命之日起在董事会任职九年以上，See UK Corporate Governance Code 2018. 中文翻译版本参见《英国公司治理准则》(2018年版)，李留荣译，载《公司法律评论》2019年卷。

公司章程对独立董事任职资格进行的其他规定。"与独立董事专业性直接相关的明确规定仅两条:"第一,熟悉相关法律规则并掌握上市公司运作的基本知识;第二,具备五年以上相关领域工作经验,其中明确列出的包括法律和经济领域。"

当前上市公司治理规则有关独立董事专业性标准的规定如此模糊,主要是受过度关注独立性所导致的负面影响,特别是有一些研究将董事的专业性与独立性对立起来。有研究指出当独立董事具备了专业性后,可能难以保持与上市公司内部董事之间的距离,因而可能导致监督不力的结果。[1] 从信息收集能力、对上市公司业务熟悉程度和商业判断能力等方面来看,内部董事必然相比于独立董事具有显著的优势。然而,不同独立董事之间仍然存在专业程度的差异,独立董事的专业性是弱化其信息劣势负面影响的重要因素。当信息成本较高时,专业董事能够给公司治理监督带来的收益最大。上市公司可以寻求聘任同时具备独立性和专业性的独立董事,而不是主张为了专业董事必须放弃其独立性。

董事的独立性仅是在表层实现有效监督的因素,而具体到对控制人的实质监督实际还得落实到独立董事的专业性上,[2] 从某种程度上说,董事的独立性依赖于其专业性,二者并非替代关系。独立董事所处理的事务是高度专业化的,一方面受制于上市公司提供的相关信息,另一方面需要独立董事具有一定的收集、处理信息的能力,并拥有专业判断力。如果独立董事不具备足够的专业知识,无法对上市公司相关文件进行判断,无法对相关决策形成独立的看法,从而在专业层面无法形成独立的判断,实际上独立性即无从谈起。当其专业性不足时,在信息有限的条件下,独立董事可能无法凭借有限的信息发现违法行为,即便是其发现了造假风险,也无

---

[1] 原东良,周建:《地理距离对独立董事履职有效性的影响——基于监督和咨询职能的双重视角》,《经济与管理研究》2021年第2期,第124页。
[2] See Martin Edwards: Expert Directors, University of Colorado Law Review, 2019(90), 1051.

法具有说服力地与管理层对峙。

美国次贷危机爆发后,学界对于独立董事的专业性要求进行了激烈的讨论。2009年以后,上市公司,特别是大型金融机构,独立董事专业性不足的问题也开始引起学者的广泛关注。[1] 以花旗银行为例,在次贷危机爆发前,其董事会虽然以独立董事为主,但没有一位外部董事具备金融业从业经验;在危机爆发后,其减记了数百亿美元住房抵押贷款相关的资产,并随后即宣布将要任命更多具备金融和投资专业知识的人员为独立董事。[2] 该个案说明独立董事尽职履责必须在决策时充分获取信息,而这些信息不仅包括上市公司内部产生和汇总的相关信息,还包括市场上相关行业的信息。独立董事为了能够实施有效监督,必须能够收集、整理和分析相关信息,而这些信息成本对于非专业人士来说是非常高昂的。[3] 对于"通才型"独立董事,其往往能够对于一般性的日常事务进行有效监督。然而,上市公司除了一般性业务外,还存在大量具备"专业性"和"复杂性"的业务,并且这些业务是有较高风险出现违法违规行为的业务类型。"通才型"独立董事往往缺乏专业性知识储备和信息分析能力,无法形成对这些业务的有效监督,必须依赖"专才型"独立董事。

上市公司专业性较强、信息不对称程度较高场景主要集中于以下几个方面。第一,财务会计领域。年报的编制是典型具备专业性和复杂性的业务领域,上市公司在向董事会提交年报时,往往汇集了本公司一年内从事

---

[1] See Pozen Robert: The Big Idea: The Case for Professional Boards. Harvard Business Review, 2010(88), 50.

[2] See Dash Eric: Dean of Harvard Business School May Join Citigroup's Board, New York Times, 2008, 3.

[3] See Bainbridge Stephen, Henderson Todd: Boards-R-Us: Reconceptualizing Corporate Boards, Stanford Law Review, 2014(66), 1051.

的大量交易，也是最容易隐藏违法行为的场景。①需要短时间内从纷繁复杂的财务信息中发现可能存在的风险点，对于上市公司独立董事的会计专业知识要求较高。"通才型"独立董事往往很难发现报表中的异常情况。全球范围内，证券监管机构主要要求上市公司独立董事具备财务领域专业知识。实证研究表明，审计委员会的专业性有利于降低上市公司的审计费用，②如美国③、英国④、澳大利亚⑤等国家证券监管机构皆要求上市公司董事会审计委员会中至少包括一名具备财务相关资质和经验的独立董事，例如获得当地注册会计师并有一定执业经验。但是也有学者通过实证研究表明，审计委员会的专业性与财务报表的信息披露质量之间没有显著的相关性。⑥

  第二，行业领域。相关调查研究显示，上市公司董事会成员将专业性视为最能为公司带来正面价值的董事特征。⑦这个领域具有代表性的业务包括兼并收购、订立重大合同和关联交易。以上市公司收购重大资产为例，内部人通过收购行为将上市公司的资产通过"隧道效应"转移至其控制的实体，是上市公司实际控制人最常见的侵害中小股东利益的行为。独立董事需要对交易结合、融资结构和成本以及相关资产的盈利能力和行业发展前景等因素进行判断，以决定是否批准相关项目进行。独立董事在短

---

① See Benston George, Hartgraves Al, Enron: What Happened and What We Can Learn from It, Journal of Accounting and Public Policy 2002, 21, 105-127.

② 李云、王菲菲、尹天祥：《CEO权力、审计委员会专业性与审计费用》，《审计研究》2017年第6期。

③ See Sarbanes–Oxley Act (U.S. Congress, 2002, Sec. 407).

④ See Financial Reporting Council, UK Corporate Governance Code (2014), C.3.1.

⑤ See Suzanne Le Mire: Independent Directors: Partnering Expertise with Independence, Journal of Corporate Law Studies 2016, 16, 1-3.

⑥ 王雄元、管考磊：《关于审计委员会特征与信息披露质量的实证研究》，《审计研究》2006年第6期。

⑦ See Deloitte LLC: 2014 Board Practices Report. Society of Corporate Secretaries and Governance Professionals and Deloitte LLP Center for Corporate Governance, 2015, 10.

期内对于如此复杂、涉及大量信息的交易，需要具备相关的行业专业知识，才可能进行较为有效的监督。基于美国上市公司的实证研究显示，公司的市场价值与外部董事中具备相关行业经验的董事比例呈正相关关系。①

第三，合规与公司治理。独立董事的工作背景是影响审计质量的重要因素，②上市公司在特殊情况下的决策可能涉及公司治理法律法规，需要具备法律与监管规则专业背景的独立董事进行判断。例如，在上市公司决定是否修改公司章程设置反收购条款时，该议题即涉及董事信义义务的履行问题和对未来诉讼风险的判断。此外，监管机构对于上市公司合规经营的要求越来越严格，域外经验显示合规和公司治理委员会已经逐渐成为上市公司董事会必备的专业委员会，并且具备法律背景的专业人士作为上市公司独立董事的比例呈现升高的趋势。③上市公司合规体系的建立往往涉及大量的法律法规安排，包括建立和维持有效的上市公司内部控制体系，同样需要独立董事具备相关的专业知识以保障制度建设的实效。

从域外经验来看，监管机构日趋关注董事对于董事会的专业贡献，规制董事的专业性路径主要采用信息披露的方式。如SEC在2009年即要求上市公司披露董事的技能和任职历史，以向市场传递董事的专业属性。④《澳大利亚公司治理》准则第22条要求上市公司披露董事的专业矩阵（Skill matrix）。⑤ 对于独立董事专业性的证明材料，则可以从以下几方面进行考

---

① See Drobetz Wolfgang, Felix von Meyerinck, Oesch David et al.: Industry Expert Directors, Journal of Banking & Finance, 2018(92), 195.
② 李娜、欧阳玉秀：《独立董事背景与审计质量的相关性研究》，《财会月刊》2009年第9期，第60页。
③ See Lubomir Litov, Sepe Simone, Whitehead Charles: Lawyers and Fools: Lawyer-Directors in Public Corporations, Georgetown Law Journal, 2013(102), 413.
④ Proxy Disclosure Enhancements, 74 Fed. Reg. 68,361 (Dec. 23, 2009).
⑤ ASX Principles (3rd edn), commentary to recommendation 2.2.

虑：第一，一定年限的行业从业经验；第二，获得了相应的学位或在该领域中从事过多年研究；第三，接受过符合一定标准的专业培训，如课时总时长、机构声誉和课程体系。例如，在全国知名会计师事务所担任管理合伙人的职位满五年，可以证明该独立董事候选人具备会计专业知识。

第三节　独立董事选任的程序性保障

一、基本原则

选任程序是防止独立董事受到上市公司内部人不当影响的主要制度保障。与股权分散的上市公司存在显著的差别，独立董事在股权集中公司中缺乏对抗控股（大）股东的工具。在股权分散公司中，独立董事制度功能为监督公司的管理层，可以采取解雇不合格的管理者、调整管理者薪酬等手段，对管理层产生一定的威慑力。然而，在股权集中公司中，独立董事主要监督的对象是公司的控股（大）股东，董事会和独立董事不可能像对待管理层那样约束控股（大）股东。相反，控股（大）股东对于董事会成员包括独立董事能否当选拥有绝对的话语权，因而独立董事制度在股权集中公司中所能发挥的功效远不如股权分散公司。因此，独立董事的选任程序应当严格限制控股（大）股东对独立董事选任程序的干涉。

独立董事选任程序中提名、投票环节所产生的独立董事对上市公司控股（大）股东的依赖并未获得监管机构的足够重视。独立董事可能因为选任或连任需求而无法有效监督控股（大）股东。独立董事受控的原因是多方面的，包括董事席位可能带来的经济激励、社会关系增值、声誉资本的增加等。在股权分散的企业中，由于不存在控股股东，独立董事选任、连任主要是受管理层的间接影响，即后者利用自身的影响力对提名、投票等环节进行操纵。而当存在控股（大）股东时，独立董事的选任、连任是直接由控股（大）股东决定的。有学者认为，薪酬与声誉是影响独立董事独立性的重要方面，高知名度的专业人士相比薪酬更加关心声誉资本，会促使他们积极发现公司的问题并主动促进公司矫正，但并不意味着他们不重视薪酬。①当薪酬过低时，独立董事激励不足，但独立董事薪酬过高，则会激励过度，削弱独立董事的独立性。②

欧洲大陆国家移植英美独立董事制度的反思显示，在移植该制度时忽略了股权集中因素对独立董事选任的影响，显著地削弱了独立董事制度的有效性。因此，在我国上市公司独立董事选任中应当特别隔绝独立董事可能因寻求当选而怠于监督被监督者的问题。我国的社会文化特点可能会进一步削弱独立董事监督帮助其当选的控股（大）股东的激励。③具体而言，当选独立董事可能仅是因为上市公司管理层或者实际控制人支持其当选，即对他们产生感激的情绪，因而在日常工作中倾向于采取合作态度，不愿意对决策过程进行严格的监督。

二、独立董事提名规则

独立董事的提名规则决定了能够参与竞争独立董事席位的人员入围名单，实际上掌握了对独立董事市场准入的决定权。因此，对于意欲当选独立董事的人员来说，获得提名是其进入独立董事市场的先决条件。甚至有学者指出，提名权比投票权更为重要，可以决定最终当选的独立董事。④图10展示了上市公司协会在2022年对独立董事的问卷调查结果，绝大部

---

① 高明华、马守莉：《独立董事制度与公司绩效关系的实证分析——兼论中国独立董事有效行权的制度环境》，《南开经济研究》2002年第2期，第65页。
② 张天舒、陈信元、黄俊：《独立董事薪酬与公司治理效率》，《金融研究》2018年第6期，第156页。
③ See Shivdasani Anil, Yermack David: CEO Involvement in the Selection of New Board Members: An Empirical Analysis, Journal of Finance, 1999(54), 1829.
④ See Grossblatt Devan: Boarded In: Counteracting the Consequences of Board Insularity by Legitimizing Director Elections, Journal of Corporate & Financial Law, 2015(20), 533.

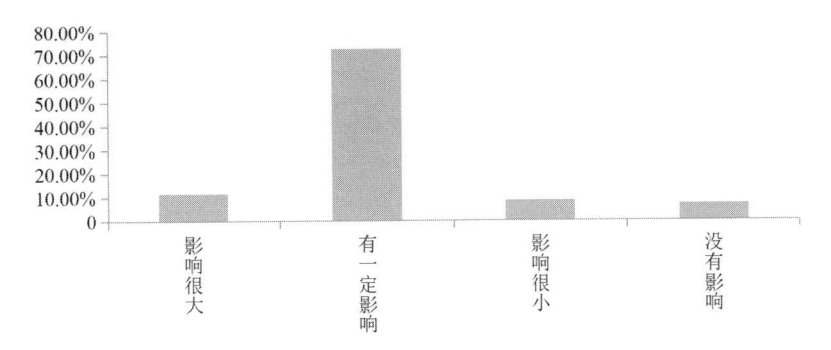

图10：大股东提名独立董事对独立性的影响程度

分受访者认为大股东对独立董事的提名至少具有一定的影响力。

我国独立董事提名权制度存在中小股东缺乏推荐独立董事候选人的积极性、提名的独立董事来源范围不够广泛、独立董事提名程序不够完善、独立董事提名权缺乏保障机制等问题。[①] 我国上市公司董事会、监事会、单独或者合并持有上市公司已发行股份1%以上的股东可以提出独立董事候选人，[②] 如果上市公司设置了董事会提名委员会，提名委员会也仅有建议权，包括研究选任标准和程序、遴选合格人选以及审核候选人，并向董事会提出建议。[③]

遗憾的是，上市公司董事会专业委员会中，仅审计委员会是应当设立的专业委员会，战略、提名、薪酬与考核等相关专门委员会仅是根据需要设立。[④] 上市公司如若设置提名委员会，应有1/2以上的委员为独立董事，并且只能由独立董事担任召集人。提名独立董事应首先充分了解被提名人包含学历、工作经历等在内的基本情况。一方面，提名人应当对被提名人担任独立董事的客观资格以及独立性发表意见；另一方面，被提名人应当

---

① 傅健杰：《关于独立董事提名权的思考》，硕士学位论文，华东政法大学。
② 《上市公司独立董事规则》（2022年）第十二条。
③ 《上市公司治理准则》（2018年）第四十一条。
④ 《上市公司独立董事履职指引》（2020年）第十八条。

就其本人独立于上市公司，且和上市公司之间不存在任何影响其独立客观判断的关系发表公开声明。①

由于我国上市公司存在控股（大）股东的比例很高，长期以来在提名环节董事候选人即与他们存在较为紧密的联系。根据上海证券交易所在21世纪初的调研报告显示，上市公司新任董事中约有32%的候选人是控股（大）股东和董事长协商以董事会名义提名，此外控股（大）股东直接提名候选人的占12%。② 实证研究也发现了类似的情况，在所有的上市公司中，有接近45%的公司的控股（大）股东提名的候选人当选董事的比例高于50%。③ 也即是说，如果董事候选人无法获得控股（大）股东的支持，能够当选上市公司的董事的概率很低。

而在交易所规则方面，根据《深圳证券交易所上市公司自律监管指引第1号——主板上市公司规范运作》规定了独立董事候选人的负面特征清单，包括历史出席情况、独立同时发表意见质量、兼职数量是否超过五家、是否被提前免职、近三年内是否受到处罚以及其他情形。如果提名候选人存在上述问题，那么提名人应当进行披露并详细解释提名理由。④

虽然监管机构在软法层面对独立董事的提名人与独立董事之间的关系

---

① 《上市公司独立董事规则》（2022年）第十三条。
② 潘成林：《董事任免制度研究》，吉林大学2013年博士学位论文。
③ 唐跃军、肖国忠：《独立董事制度的移植及其本土化——基于对500家中国上市公司的问卷调查》，《财经研究》2004年第2期，第126页。
④ 《深圳证券交易所上市公司自律监管指引第1号——主板上市公司规范运作》第3.5.9条规定，提名独立董事应当重点关注独立董事候选人是否存在下列情形："（一）过往任职独立董事期间，连续两次未亲自出席董事会会议或者连续十二个月未亲自出席董事会会议的次数超过期间董事会会议总数的二分之一的；（二）过往任职独立董事期间，未按规定发表独立董事意见或发表的独立意见经证实明显与事实不符的；（三）同时在超过五家公司担任董事、监事或高级管理人员的；（四）过往任职独立董事任期届满前被上市公司提前免职的；（五）最近三十六个月内受到中国证监会以外的其他有关部门处罚的；（六）可能影响独立董事诚信勤勉和独立履职的其他情形。独立董事候选人存在上述情形之一的，其提名人应当披露具体情形、仍提名该候选人的理由、是否对上市公司规范运作和公司治理产生影响及应对措施。"

进行了宏观约束，然而，上述规则很难推动上市公司提名高质量的独立董事候选人。一方面，我国证券监管规则对董事独立性的规定相对宏观，规则层面的董事独立性要求较宽泛、而原则层面的要求又缺乏可操作性，因此控股（大）股东很容易找到符合独立性要求且不会严格履行监督职责的候选人；另一方面，独立董事提名环节的违法违规行为的法律后果不明确，也缺乏对挑战候选人资格的主体的激励，因而难以激励提名高水平的独立候选人。

  从英美等股权分散证券市场上市公司治理的经验来看，降低独立董事选任过程中管理层和CEO的影响已经成为共识。实证研究也显示如果CEO参与了董事的选任，那么当选的新董事不愿意严格监督管理层。[①] 从制度设计层面看，英国和美国上市公司独立董事的提名基本上由独立董事全程主导。以英国为例，自1992年《坎德伯里报告》发布后，上市公司董事会内部设置薪酬和提名委员会已经成为公司治理的常态。虽然《英国公司治理准则》仅要求超过半数成员为外部的独立董事，[②] 但其同时设置了首席独立董事的席位（Senior independent director），[③] 以更好地协调外部董事的工作以及对抗内部人可能存在的违法违规行为。薪酬和提名委员会应当主导董事选任工作，并且监督选任过程中是否存在违法违规行为。独立董事被委以选任和解雇董事的重任，薪酬和提名委员会应当由超过半数外部的独立董事（Independent outside non-executive directors）组成，并且由董事长或者首席独立董事担任委员会的主任。[④] 考虑到英国公司治理最佳实践主张董事长应当由非CEO的外部董事担任，因此委员会主任由董事长兼任

---

① See Murphy Michael: The Nominating Process for Corporate Boards of Directors: A Decision-Making Analysis, Berkeley Business Law Journal, 2008(5), 131.
② The UK Corporate Governance Code, 第2.11条。
③ The UK Corporate Governance Code, 第2.12条。
④ The UK Corporate Governance Code, 第3.17条。

并不会削弱其独立性。同时,《英国公司治理准则》还要求所有董事每年都必须进行重新选举,① 上市公司应当在年报中描述提名委员会的工作情况,包括提名的程序以及如何保证董事候选人推荐渠道的多样化、董事的评估体系、董事多样性和包容性的政策以及保障措施和董事会性别平衡的情况。英国上市公司在独立董事提名方面主要通过对候选人多样性的要求,引入不同背景的候选人来削弱内部人控制的问题。

美国上市公司对于独立董事提名的规定更为严格。以NASDAQ上市公司为例,上市公司的董事会成员超过半数应当为独立董事,② 并且应当设立提名委员会。而董事候选人有两种产生方式:第一,超过董事会所有独立董事半数的董事进行投票;第二,完全由独立董事组成的董事提名委员会进行提名。③ 在董事会提名委员会进行董事候选人人选推荐时,需要重点保证董事会的多元化特征,包括女性董事、少数族裔董事和性少数群体(LGBTQ+)。④

从英国和美国上市公司独立董事提名的规则来看,立法者对上市公司的控制主体参与董事提名还是比较谨慎的。考虑到英美上市公司中管理层对独立董事的选任结果是间接影响,因此公司治理规则主要是减少管理层对选任过程的干预,警惕持有投票权比例较高的股东对独立董事提名的不当影响。同时,监管规则还通过引入董事会多元化标准,避免董事会成员背景同质化可能导致无法有效监督控制人。而从我国上市公司股权结构和董事选举规则来看,控股(大)股东等主体对独立董事选任结果产生的是直接影响。从独立董事提名开始到投票选举环节都受到控股(大)股东的直接干预。因此,对于独立董事的提名制度设计需要回应独立董事在我国

---

① The UK Corporate Governance Code, 第3.18条。
② The NASDAQ Stock Market LLC Rules 5605(b)(1).
③ The NASDAQ Stock Market LLC Rules 5605(e)(1).
④ The NASDAQ Stock Market LLC Rules 5605(f).

受控程度更深的问题,也应当更为严格地限制控股(大)股东参与独立董事提名。

三、信息披露规则

在确定了独立董事候选人后,上市公司还应当向股东披露候选人信息,以便他们能够充分获得决策依据。根据《上市公司章程指引》(2022年)第五十七条的规定,董事候选人的详细资料应当在股东大会前向股东充分披露。① 除此之外,《上市公司独立董事规则》(2022年)第十四条还规定:"在选举独立董事的股东大会召开前,上市公司董事会应当按照本规则第十三条的规定公布相关内容,并将所有被提名人的有关材料报送证券交易所。上市公司董事会对被提名人的有关情况有异议的,应同时报送董事会的书面意见。"交易所规则方面,根据《深圳证券交易所上市公司自律监管指引第1号——主板上市公司规范运作》规定,上市公司最迟应当在发布召开关于选举独立董事的股东大会通知公告时,向本所报送独立董事提名人声明、独立董事候选人声明、独立董事候选人履历表,并披露相关公告。上述规则对于股东有效行使投票权选举独立董事的规定较为模糊,特别是对于独立董事履责相关信息规定较少,并且缺乏从上市公司董事会的角度对于拟聘任独立董事履职能力和可能贡献的讨论。

首先,监管规则应当强制规定上市公司在选举独立董事的股东大会开始前,提前一段时间向股东公告候选人相关信息。从域外的规定来看,提前公告候选人信息有助于有意向参加投票的股东评估独立董事选举情况。而我国上市公司受到内部人控制的情况较为普遍,控股(大)股东在提名独立董事时,具有明显的信息优势和程序优势。其利用持股优势、信息优

---

① 信息披露的披露内容包括"第一,教育背景、工作经历、兼职等个人情况;第二,与本公司或本公司的控股股东及实际控制人是否存在关联关系;第三,披露持有本公司股份数量;第四,是否受过中国证监会及其他有关部门的处罚和证券交易所惩戒。"

势和程序优势完全可以实现控制独立董事选举结果的目的。中小股东的投票行为可能因为信息劣势而依赖上市公司内部人的提名。上市公司内部人参与公司的日常经营,除了实时掌握公司的内部信息外,还了解一些软信息,即无法通过披露表格反映出来的情况。中小股东是上市公司的外部人,对上市公司信息的了解主要来源于内部人披露的信息和文件,信息掌握程度并不充分,因此,在股东大会时中小股东可能因为缺乏决策信息和充足的时间,而采取跟随内部股东投票的策略。

其次,上市公司披露的独立董事相关信息主要集中于独立董事候选人履历表,而该表所记录的内容缺乏针对性。该表设置了一些独立董事可能存在的利益冲突信息,包括"个人简况""社会关系(配偶、父母、子女、兄弟姐妹)""兼职单位"等。同时,该表设置了专业性相关信息,包括"教育背景""工作经历""培训情况""董事经历""所获奖励""专业资格""著作及成就"以及"有助于担任独立董事的其他情况"。然而上述专业性信息都是以表格的形式出现,大多仅包括时间、相关奖励、经验、资格证的名称等简单信息,并未对独立董事的专业性以及其如何能够改善上市公司治理进行详细说明。

最后,独立董事对于提升上市公司的治理质量具有重要的作用,上市公司应当在披露相关信息表的同时,对提名候选人在改善公司治理方面的作用进行详细说明。第一,从提升公司治理实效的角度看,维持董事会成员背景多元化具有重要的意义,避免上市公司完全由内部人把控。[1] 而独立董事是董事背景多元化的重要来源,上市公司应当在提名时就该候选人在哪些方面可以提升董事会多元化进行说明。有学者发现,在独立董事背景的众多考察因素中,有政府背景和银行背景的独立董事的比例越高,

---

[1] See Dallas Lynne: The Multiple Roles of Corporate Boards of Directors, San Diego Law Review, 2003(78), 801.

公司的业绩就越好。[①] 第二，当前上市公司除了追求利润最大化外，其对ESG的关注也日益增长，甚至很多机构投资者提出以ESG为导向。独立董事作为上市公司重要的监督力量，上市公司应当披露独立董事在ESG方面可能的贡献。

  域外独立董事选任过程中的信息披露规定也备受学者诟病，信息披露不足被认为阻碍了选举具备独立性的董事。[②]如美国证券监管机构SEC依据"监管规则S-K"制定了"表格407"（Item 407）规范上市公司选任独立董事。[③]首先，上市公司必须明确向市场披露哪些董事被认定为独立董事；其次，如果上市公司在证券交易所上市规则之外还制定了认定独立董事的标准，那么应当对外披露；最后，上市公司必须将其有关董事独立性的披露信息纳入其年度投票征集文件（Annual proxy statement）或年度"监管10-K报告"中。同时，SEC还要求上市公司披露可能存在的导致董事不满足独立性的利益冲突交易、利益冲突关系和利益冲突安排。[④] "表格404"（Item 404）规定任何与相关人员存在关联关系的交易，如果其交易额超过12万美元，则应当进行披露。"相关人员"包括董事、管理层和持股5%以上的股东以及他们的近亲属。然而，在上述规则涵盖的利益冲突范围之外，还存在一些"灰色地带"。上市公司对于法律法规涵摄范围之外的利益冲突关系很少进行信息披露。例如，在案件In re KKR Financial Holdings LLC Shareholder Litigation中[⑤]，上市公司KKR Financial Holdings LLC未披露一位独立董事，曾经为正在收购该上市公司的企业工作过。因

---

① 魏刚、肖泽忠、邹宏等:《独立董事背景与公司经营绩效》,《经济研究》2007年第3期, 第95页。
② See Nili Yaron: Out of Sight Out of Mind: The Case for Improving Director Independence Disclosure, Journal of Corporation Law, 2017(43), 35.
③ 17 C.F.R. § 229.407(a) (2012).
④ Item 407(a)(3).
⑤ In re KKR Fin. Holdings LLC S'holder Litig., 101 A.3d 980, 2014, 997.

此，有建议指出上市公司应当向股东们披露更多判断董事独立性的依据和理由。

第四节 少数股东选举独立董事的投票制度

一、投票制度一般规定

我国上市公司股东大会选举独立董事一般采取直接投票制。① 同时，《上市公司章程指引》（2022年）第五十七条规定，"除采取累积投票制选举董事、监事外，每位董事、监事候选人应当以单项提案提出。"单项提案的规定避免了上市公司的实际控制人采取"捆绑销售"的策略，即将独立董事候选人与其他能够改善股东福利的提案一起提交表决。但直接投票制和单项提案赋予了控股（大）股东在独立董事选任方面较强的控制力，导致上市公司董事会成员能否当选主要由控股（大）股东决定。假设上市公司拥有甲、乙两名股东，前者持有61股而后者持有39股，那么根据直接投票制和单项提案的规定，股东甲在每个单项提案中都拥有决定权。对独立董事的调查也证实，改革独立董事的选任方式是限制大股东对董事会控制力的重要机制，如图11所示。

当然，监管机构意识到股权集中可能带来的问题。《上市公司治理准则》（2018年）第十七条规定了累积投票制，即"股东大会选举两名以上的董事时，股东所持有的每一股份拥有与当选董事总人数相等的投票权，股东既可以把所有的投票权集中选举一人，亦可分散选举数人，按得票数的多少决定董事人选的表决制度。"② 累计投票权在遵循了公司法"资本多数决原则"的基础上，通过允许中小股东汇集和倍增少数投票权，而实现

---

① 刘连煜：《累积投票制与应选董事人数之缩减》，载刘连煜：《公司法理论与判决研究》，法律出版社，2005，第42页。
② 王继军：《股份有限公司累积投票制度研究》，《中国法学》1998年第5期，第83页。

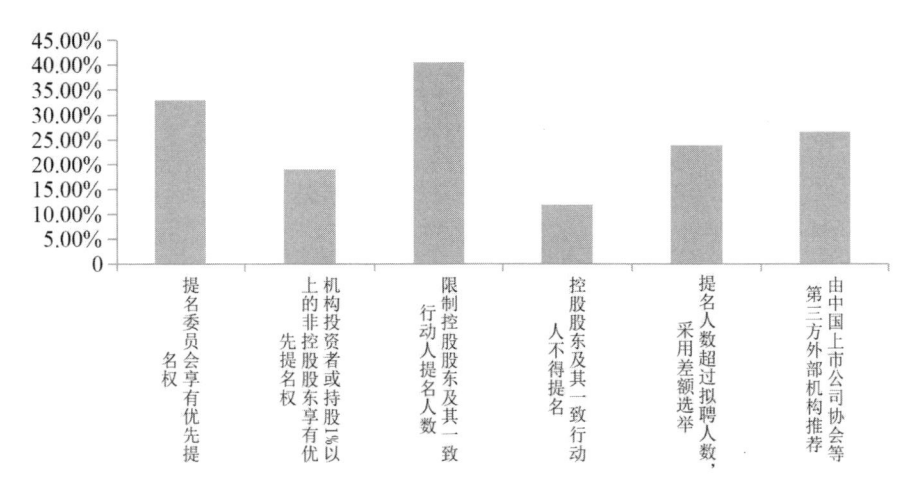

图11：选任阶段提高董事独立性的改革措施

四两拨千斤的效果，提升选任由中小股东提名的独立董事候选人当选概率。当然，成功的累计投票制仅能帮助中小股东增加少数董事会席位，而无法改变控股（大）股东选任董事占据董事会多数席位的情况。假设上市公司拥有甲、乙两名股东，前者持有61股而后者持有39股，在选举两名新董事的股东大会中，股东甲推荐了两名董事候选人，而股东乙推荐了一名董事候选人。在直接投票制下，股东甲能够保证其提名的两名候选人都当选。而在累积投票制规则下，股东甲总计持有183票（61股×3），股东乙总计持有117票（39股×3），股东甲持有的总票数仅能保证一名候选人成功当选。因此，中小股东对董事选举结果保持了一定的决定权。然而，上述累积投票的制度设计，仍然无法给予存在持股比例较高大股东的上市公司的中小股东以充分保障。①

---

① 陈玉罡、许金花、李善民：《对累积投票制的强制性规定有效吗？》，《管理科学学报》2016年第3期，第37页。

二、"隧道效应"与"少数股东董事"

对于存在控股股东的上市公司，独立董事是董事会中抵御大股东通过"隧道效应"侵害其他股东利益问题的"看门人"，因而独立董事在审批和监督与控股股东相关的交易时，其秉承的原则应当是对中小股东利益负责。Bebchuk 和 Hamdani（2017）提出了"少数股东董事"的概念，并主张上市公司独立董事中部分席位应当由此类独立性更强的董事担任。通过特殊的选任规则，削弱控股股东的介入干预，以实现"少数股东董事"比普通独立董事独立性更高的目标。①

实现选任"少数股东董事"的制度设计包括两方面的特点：第一，限制控股股东对于独立董事的影响，让独立董事主要为公众股东负责；第二，向独立董事提供激励，让其在涉及控股股东交易和关联交易中不受外部干预地决策。具体来看，"少数股东董事"制度应当改革独立董事的选任和解雇规则。在股权集中公司中，控股股东对独立董事的选任和解雇拥有重大的影响力，因而会显著改变独立董事监督大股东的激励。应当赋予中小股东选任独立董事的权利，由他们选任代表其利益的"少数股东董事"，此类董事的选任经由两项投票，第一，经由股东大会选出；第二，经由与控股股东不存在关联的中小股东的多数投票选出。② 这种制度设计实际上赋予中小股东否决权，即他们虽然不能直接选出不符合控股股东偏好的独立董事，却能否决股东大会选出且明显存在利益冲突的独立董事。

全球主要资本市场都存在类似于"少数股东董事"的制度设计，也被称为"高级独立董事"（Enhanced-independence directors）。美国上市公司治理规则即在董事会中设置特定数量的席位由少数股东选举的董事任职。

---

① See Bebchuk Lucian, Hamdani Assaf: Independent Directors and Controlling Shareholders, University of Pennsylvania Law Review, 2017(165), 1271.
② See Reddy Bobby: The Fat Controller: Slimming Down the Excesses of Controlling Shareholders in UK Listed Companies, Oxford Journal of Legal Studies, 2018(38), 733.

美国上市公司投票权集中的情况主要出现在采取了双层股权结构的公司。为了应对股东控制的问题，AMEX交易所规定持有非超级投票权的股东（多数为外部公众股东），有权选任至少1/4的董事。① AMEX在20世纪70年代首先允许双重股权结构公司上市，彼时NYSE还拒绝此类公司上市。在第一家双重股权结构公司王安实验室（Wang Laboratories）上市时，其允许持有劣势投票权股票的股东选举1/4的董事，而AMEX在此后即采纳了一项"王氏公式"以保证持有劣势投票权股票的股东利益。② 在NYSE允许上市公司采用双层股权结构时，AMEX上市的22家双层股权结构公司都采取了这种董事会选任规则。③ 一项使用2012年双层股权结构上市公司的数据显示，在193家样本公司中，60家给予外部股东选任董事的权利。④

部分欧陆国家也已经开始对独立董事设置不同类型，如"少数股东选举的独立董事"（Minority director）。西班牙在2005年修改公司法时要求上市公司至少保持一个董事会席位，由非控股股东任命的人员担任董事。⑤ 虽然该制度设计没有完全解决独立董事提名的问题，但引入了不受大股东控制的董事（很可能符合独立董事条件）制约了上市公司的内部人。此外，西班牙法院判决指出，由于董事不可能独立于提名其的股东，因而大股东提名的独立董事皆为内部董事，进一步限制了大股东对于董事会的

---

① See Seligman Joel: Equal Protection in Shareholder Voting Rights: The One Common Share, One Vote Controversy, The George Washington Law Review, 1986(54), 687.
② See Seligman Joel: Equal Protection in Shareholder Voting Rights: The One Common Share, One Vote Controversy, The George Washington Law Review, 1986(54), 687.
③ See Partch Megan: The Creation of a Class of Limited Voting Common Stock and Shareholder Wealth, Journal of Financial Economics, 1987(18), 313.
④ See Kastiel Kobi: Against All Odds: Hedge Fund Activism in Controlled Companies, Columbia Business Law Review, 2016(60), 126.
⑤ Articles 147-ter ff. of Law nº 262 of 2005.

控制。①

此外，意大利有关"少数股东董事"的规定也具有代表性。意大利上市公司的股权结构较为集中，普遍存在能够控制上市公司的大股东，②外部投资者保护水平较低，因此大股东与中小股东之间的代理问题较为严重。③然而，在21世纪初震惊欧洲的意大利上市公司帕玛拉特（Parmalat）财务造假事件被曝光后，意大利上市公司治理进行了全面改革，④其中具有代表性的即是规定少数股东有权选举至少一名董事，这名董事将作为维护中小股东利益的代表。新规自2007年7月实施后，意大利上市公司的董事选举制度由"一元制"变为"多元制"（A "slate-vote-system" based on quotas）。前者规定上市公司的董事由股东选举，由于大股东在所有股东中拥有一定的话语权和控制权，因而大股东对董事的选任具有绝对的影响力；而后者规定董事会的特定席位仅能由中小股东选举任命。意大利《统一金融法》（Consolidated Law on Finance）第147条规定董事选举提名所要求的股本比例，⑤设置由中小股东选举的董事席位，激励中小股东更为积极地参与公司治理。一项实证研究显示，截至2012年，意大利约42.2%的上市公司的董事会中存在至少一名"少数股东董事"；这些少数股东中约84.03%为符合监管要求的独立董事，而在董事选举中，机构投资者、

---

① See Gutiérrez María, Maribel Sáez: Deconstructing Independent Directors, Journal of Corporate Law Studies, 2013(13), 63.
② See Volpin Paolo: Governance with Poor Investor Protection: Evidence from Top Executive Turnover in Italy, Journal of Financial Economics, 2002(64), 61.
③ See Melis Andrea: Corporate Governance in Italy, Corporate Governance: An International Review, 2000(8), 3470.
④ See Massimo Belcredi, Stafano Bozzi, Caemine Di Noia: Chapter 8: Board Elections and Shareholders Activism: The Italian Experiment. In Massimo Belcredi, Guido Ferrarini: Boards and Shareholders in European Listed Companies, Cambridge University Press, 2013, 12.
⑤ TUF, Art. 147-ter, par. 3.

金融机构和商业企业是提名董事的主要力量。①

"少数股东董事"提升公司治理的机制包括以下几方面。第一，中小股东利用"少数股东董事"席位改善公司治理。根据最近一项关于美国股东积极主义的实证研究显示，少数股东董事是美国证券市场上积极股东作用于上市公司治理的主要渠道。② 美国证券市场对于双重股权结构上市公司设置了特殊的董事选任规则。部分双重股权结构上市公司允许公众股东提名和选举"少数股东董事"。在采取了双重股权结构的受控公司（Controlled companies）中，实际控制人主要通过两种方式控制公司。第一，大股东持有超级投票权股票，其持有的投票权比例较高；第二，实际控制股东有权利选举董事会的多数席位，而剩余席位由公众股东选任，其所持有的投票权并不占据多数。在第二种受控公司中，虽然实际控制人有权选任董事会的多数席位，但外部股东仍然能够选任部分董事，而此类董事完全独立于公司的控制人，并有权查看公司的账目、各项记录和参与重大事项的讨论，③ 此类外部董事成为公众股东监督内部人的主要渠道，特别是其能够向积极股东传递上市公司决策中的问题信息。

一个典型的例子是积极股东在2008年介入《纽约时报》（New York Times Company）的案例。苏兹贝格家族（Sulzberger family）通过持有拥有超额投票权的B类股票实现了对纽约时报的控制，并且能够选任董事会13个席位中的9个，其他4个席位则留给了与实际控制人无关的其他股东。积极股东通过选举少数股东董事，成功任命代表外部股东利益的董事，并

---

① See Moscariello Nicola, Pizzo Michele, Govorun Dmytro et al.: Independent Minority Directors and Firm Value in a Principal–Principal Agency Setting: Evidence from Italy, Journal of Management and Governance, 2019(23), 165.
② See Kastiel Kobi: Against All Odds: Hedge Fund Activism in Controlled Companies, Columbia Business Law Review, 2016(60), 126.
③ See Laster Travis, Zeberkiewicz John: The Rights and Duties of Blockholder Directors, The Business Lawyer, 2015(33), 44.

由该董事推动了一系列改革措施，打破了内部人对公司的把控。[1]

第二，"少数股东董事"可以在存在利益冲突的情况下独立决策。如关联交易审查方面，美国州公司法对于独立董事在存在控股股东的上市公司中对受到控股股东影响的交易进行审核赋予了较为重要的角色。[2]特拉华州公司法规定，当存在证据表明相关交易受到控股股东影响时，应当由独立董事组成的特别谈判委员会主导交易，以确保交易的公平性，[3]或以保障"商业判断原则"的适用。[4]比利时公司法第524条规定，重大关联交易必须由三名独立董事组成的委员会首先审议后才能提交董事会表决。[5]意大利金融市场监管局（Italian Financial Markets Authority）发布的关联交易监管规则第8条规定，独立董事在审核重大关联交易时应当扮演核心角色，包括：第一，由独立董事组成的委员会应当自谈判阶段即全程介入并及时和完整地获取相关信息；第二，委员会必须公开表明其关于交易的意见。[6]意大利证券市场的实证研究显示，由少数股东任命的董事具备更大的可能性在董事会投票中投出反对票，支持了当董事选任不由大股东控制时，其更愿意挑战内部人决策。[7]

---

[1] See Pérez-Peña Richard: Investor to Step Down from Times Co Board, New York Times: Dealbook, 2010, 8.

[2] See Bebchuk Lucian, Hamdani Assaf: Independent Directors and Controlling Shareholders, University of Pennsylvania Law Review, 2017(165), 1271.

[3] Kahn v. Lynch Commc'n Sys., Inc., 638 A.2d 1110, 1994, 1116.

[4] See Cox Jame, Randall Thomas, Delaware's Retreat: Exploring Developing Fissures and Tectonic Shifts in Delaware Corporate Law, Delaware Journal of Corporate Law Review, 2018(324), 345.

[5] See Geens Koen: Corporate Boards in Belgium, Corporate Boards in Law and Practice, Oxford University Press, 2013, 5.

[6] See Commissione Nazionale Per Le Societd E La Borsa (Consob), Resolution no. 17221, 2010, 2.

[7] See Piergaetano Marchetti, Gianfranco Siciliano, Marco Ventoruzzo: Dissenting Directors, European Business Organization Law Review, 2017(18), 659.

三、选任"少数股东董事"的投票方案

根据当前"少数股东董事"的选任投票实践来看,主要可以分为以下三类规则。

第一,"赢者通吃规则",即得票最多的候选董事当选。当上市公司存在控股股东时,中小股东由于存在持股劣势和集体行动困境,基本上对于选举结果没有任何影响力。

第二,"双层选举规则",即董事当选必须获得股东大会多数和少数股东多数通过。在该规则下,中小股东实际享有否决权,而这种否决权赋予少数股东权利,防止那些受到控股股东影响的独立董事进入董事会。"双层选举规则"是一种预防性的手段,当控股股东意识到特定人选无法通过少数股东投票,必定在事前提名时不选择那些特别不符合中小股东利益的董事候选人。因此,候选人声誉资本的约束力将被放大,证券市场上那些听命于控股股东,或曾受到监管机构行政、非行政或自律处罚的候选人也不容易获得任命。

第三,"名单投票规则"(Slate voting),即董事会分为股东大会选举席位和少数股东选举席位,因而部分董事能够代表并维护中小股东利益。[1]特别是在拥有控股股东的上市公司中,"赢者通吃规则"让控股股东能够牢牢把握住上市公司董事会,中小股东的影响力微乎其微,因而其利益很难受到保护;而"名单投票规则"对于中小股东的利益最为友好。意大利上市公司董事会的选举采取了"名单投票规则",意大利《统一金融法》(*Consolidated Law on Finance*)规定,董事会特定数量的席位保留给少数股东进行投票选任。[2]"名单投票规则"在1998年成为上市公司选任法定审计委员会(Board of statutory auditors)的强制性规则。而该制度

---

[1] See Amour John, Enriques Luca, Hansmann Henry et al.: The Basic Governance Structure: The Interests of Shareholders as A Class, European Corporate Governance Institute, 2017, 3.
[2] See Zingales Luigi: Italy Leads the Way in Protecting Minority Investors, Financial Times, 2008, 18.

在2005年进一步成为董事选举的强制性规则，①并且有大约40%的上市公司在"名单投票规则"驱动下出现少数股东成功选任董事的情况。②持有上市公司股份比例达到法定最低限额的股东（一般为1.5%）即拥有提名权，③可以在董事选举过程中提交一份候选人名单。意大利上市公司都被要求在其章程（By-laws）中载明董事选任的程序性规则，并且应当允许代表少数股东利益的董事在董事会中有席位。传统的董事会选举采取了"赢者通吃规则"，即获得投票数量最多的名单即为董事会当选成员，而名单投票制度属于多赢的规则，即获得投票数量最多的提名名单仅能任命董事会席位总数减去法定保留席位数量的董事。除此之外，在与得票最多名单提名人不存在关系的主体所提名单中，获得投票数量排名第一的候选人名单（总得票数排名第二），可以选任至少1名候选人成为公司董事。④实证研究证实了"少数股东董事"对公司治理和投资者利益的正面促进作用，能够提升意大利上市公司的股利分配。⑤

当然，对于由少数股东选举董事的制度仍然存在一定的反对声音，质疑主要集中在可能出现中小股东的机会主义行为。少数股东董事的选任虽然由外部股东投票产生，但扮演重要角色的往往是外部股东中持股相对较高的主体，主要为机构投资者。⑥这类投资者仍然是自利的，也即是说他们可能利用相对持股优势选举对自身有利而对公司无益的董事。在我国机构投资者中，可以分为三类。第一类是养老金、年金等长期投资者。这类

---

① Law 262/2005 (the "Protection of Savings" Law).
② See Assonime-Emittenti Titoli: An Analysis of the Compliance with the Italian Corporate Governance Code (Year 2010), http://www.Assonime.it. (最后访问日期：2022年9月30日)
③ 意大利证监会（Consob）根据上市公司的市值规模将提名所要求的持股比例，从0.5%至4.5%分了六个等级。
④ 意大利上市公司的章程还可以规定超过1名的"少数股东董事"。
⑤ See Passador Maria Lucia: List Voting's Travels: The Importance of Being Independent in the Boardroom, Fordham Journal of Corporate & Financial Law, 2018(24), 105.
⑥ 王勇华：《董事会权力法律制度研究：理论与规则》，法律出版社，2014，第135页。

投资者往往采取被动投资策略,即持有相应股票组合而不会激进地干预上市公司的正常运行。这类投资者也被称为"优质"的少数股东,政策制定者希望他们能够积极参与少数股东董事的选举。第二类是私募基金、对冲基金等短期投资者。这类机构的盈利策略包括持有少量上市公司股票,通过积极干预相关活动,如董事选举、并购、股利分配等,实现自身收益最大化。这类投资者往往被视为"低质"的少数股东,倾向于为了短期利益而损失上市公司的长期利益。第三类是中小投资者保护机构。《上市公司治理准则》(2018年)第八十二条鼓励中小投资者保护机构通过持股行权保护投资者的合法利益。中证中小投资者服务中心作为我国最为活跃的投资者保护机构,可以利用其法定的特殊身份,如持股比例和时间限制的豁免,通过提起"少数股东董事"提案以改善上市公司治理。

第五节　小结

本章结合委托代理理论分析独立董事事前选任制度。从制度功能的角度看,我国独立董事制度意图解决的主要是上市公司控股(大)股东与中小投资者之间的代理问题。我国控股股东或大股东能够有效监督上市公司的管理层,但也因此导致我国上市公司治理的代理问题主要存在于大股东与中小股东之间,即控股股东或大股东利用其持股优势侵害中小股东利益,包括董事选任受制于控股股东。

我国上市公司独立董事占比约为1/3,仅满足监管规则的最低要求。独立董事属于董事会中的少数派,难以形成抵御内部控制人的有效监督力量。我国上市公司独立董事在公司治理决策中与执行董事相比,其博弈能力存在缺陷。法律法规应当从正式制度层面赋予独立董事更大的话语权,设立首席独立董事席位。首席独立董事一般是独立董事群体中较为资深的成员,并且享有公司法和章程赋予的强势地位,主要是为了能够凝聚董事会中分散的独立董事力量，提升制衡内部董事的效率。

我国公司治理在独立性和专业性两个标准上设置了独立董事的准入要求。在独立性方面，我国采取了原则性规范和规则性规范相结合的立法例。从改善独立性标准实效的角度看，一方面，应当明确董事独立的对象主要是对上市公司具有控制力的主体；另一方面，应当明确独立董事独立于控制链条上的主体。在专业性方面，我国相关规范的要求较为模糊。独立董事的专业性是弱化其信息劣势负面影响的重要因素。当信息成本较高时，专业性高的董事能够从专业化视角察觉公司治理的漏洞或问题，从而给公司治理监督带来最大化的收益。从信息不对称程度来看，财务会计、行业、合规与公司治理属于信息不对称程度较高的专业领域，监管规则可以强制性要求上市公司聘请具有相关专业背景的独立董事，用专业性弱化信息劣势带来的负面影响。

选任程序是防止独立董事受到内部人不当影响的主要制度保障，特别是提名和信息披露环节。大股东对董事会成员包括独立董事能否当选具有绝对的影响力，因而在股权集中公司中，独立董事制度受到的约束远远大于股权分散公司。因此，独立董事的选任程序应当严格限制大股东对独立董事选任程序的干涉。候选人获得提名是其参加竞争独立董事席位的前提条件，当存在控股股东时，独立董事的选任、连任是直接由控股股东决定的。独立董事可能因为董事席位带来的经济激励、社会关系增值、声誉资本的增加等无法有效监督控股（大）股东。我国目前实践中独立董事提名权制度存在着中小股东推荐候选人的动力不足、提名的独立董事来源范围不够广泛、提名程序不够完善、提名权缺乏保障机制等问题。从制度设计的层面看，公司独立董事的提名应当由独立董事全程主导，将提名委员会变更为上市公司必须设立的专业委员会，该委员会负责独立董事的提名，并且仅应当由独立董事组成。

从投票制度看，少数股东选举规则是一项具有较高借鉴价值的制度设计，上市公司独立董事中部分席位应当由少数股东选举出的独立董事担任。实现选任"少数股东董事"的制度设计主要包括两种：第一，"双层选举规则"，即董事当选必须获得股东大会多数和少数股东多数通过，中小股东实际享有否决权；第二，"名单投票规则"，即董事会分为股东大会选举席位和少数股东选举席位，因而部分董事一定会维护中小股东利益。意大利上市公司董事会的"名单投票规则"具有代表性，获得投票数量最多的提名名单，仅能任命董事会席位总数减去法定保留席位数量的董事。保留席位则由总得票数排名第二的提名人任命。意大利上市公司数据的实证研究显示，"少数股东董事"对公司治理和投资者利益具有正面促进作用，能够提升上市公司的治理实效。

第四章　董事会有效决策与独立董事履职保障制度分析

独立董事制度的有效性，除了在选任环节选举出具备独立性和专业性的独立董事外，还需要为其提供充分的履职保障和适当的激励。根据我国证券法律法规，董事会负责上市公司的日常经营与管理，需要对特定重大事项进行决策；而独立董事作为董事会中负责监督的主体，需要对具有利益冲突的重大交易进行审查。我国独立董事履行监督职能的方式，主要是董事会决议而不是个人决定来实现，独立董事在存在异议时主要通过在董事会决议过程中投出反对票实现对内部人的约束。[①] 然而，从履职结果来看，我国独立董事制度的实效并不明显。相关实证研究显示，2006—2015年每年上市公司董事会决议中，存在独立董事投出非赞成票的决议数量仅占决议总数的8%左右，独立董事制度的约束力较弱。[②] 因此，本章从上市公司独立董事的履职保障和管理制度入手，讨论如何改善独立董事的监督实效。

---

① 缪因知：《董事"监督"公司外部股东时的义务》，《南京师大学报》（社会科学版）2022年第2期，第97页。
② 郑志刚、胡晓霁、黄继承：《超额委派董事、大股东机会主义与董事投票行为》，《中国工业经济》2019年第10期，第157页。

第一节　独立董事履职的制度保障

一、独立董事履职行为的类型化分析

独立董事的主要职能在于维护上市公司整体利益，保护中小股东的合法权益不受侵害，其履职行为可以类型化为以下三方面。第一，参与董事会决策并投票。独立董事在参与董事会决策时应当充分收集和分析相关信息，并从公司利益最大化的角度进行投票。例如，我国公司法规定了上市公司在"向其他企业投资或者为他人提供担保"时，应当经过股东大会或董事会决议；① 董事会还享有聘用和解聘承办上市公司审计业务的会计师事务所的权利；② 而根据董事会的议事规则，其作出决议应当经由超过半数的董事投赞成票才能通过。③ 由于我国上市公司董事会中独立董事比例较低，绝大部分上市公司仅维持满足监管要求的1/3独立董事席位，因此，独立董事很难通过个人投出反对票，阻止侵害上市公司利益的议案通过。此时独立董事尽职履责投出非赞成票，更多是向市场发出相关信号，即表明其认为董事会决议存在问题。实证研究显示，独立董事所投出的非赞成票会向市场传递很重要的信息，相关上市公司的股票价格即会出现显著的负超额收益，说明投资者获得了警示信息。④

第二，当存在明显利益冲突时，独立董事作为独立第三方进行决策。此时独立董事个人履职行为对决策结果的影响较为明显。该类型履职行为又可以进一步分为两类。第一类，上市公司内部人存在明显利益冲突，由所有独立董事进行决策。例如，根据《上市公司独立董事规则》第二十二

---

① 《中华人民共和国公司法》（2018年修正）第十六条。
② 《中华人民共和国公司法》（2018年修正）第一百六十九条。
③ 《中华人民共和国公司法》（2018年修正）第一百一十一条。
④ 祝继高、李天时、YANG Tianxia：《董事会中的不同声音：非控股股东董事的监督动机与监督效果》，《经济研究》2021年第5期，第182页。

条第一款，重大关联交易在提交审议之前，应当由独立董事在事前进行认可。考虑到大部分上市公司仅雇用了三名独立董事，单个独立董事的投票行为对于结果即会产生较强的影响力。第二类，在关联交易中，独立董事作为非关联董事，与其他非关联董事共同决策。在该场景下，独立董事并不必然为非关联董事。例如，《上市公司收购管理办法》（2020年修正）第五十一条规定，对于管理层收购案件，非关联董事应当对该交易进行投票表决，同时取得2/3以上独立董事的同意。考虑到独立董事在管理层收购过程中一般不存在相关利益，因此其投票选择在决策过程中具有相对重要的决定性。

第三，独立董事对特定存在较高内部人侵占风险的活动进行审查。例如，上市公司独立董事应在年度报告中，对上市公司报告期末尚未履行完毕和当期发生的对外担保情况、执行本章规定情况进行专项说明，并发表独立意见。[1]独立董事在这种情况下应当对相关问题进行主动的调查，充分了解相关活动的进展信息，甚至可以在无法通过个人努力获取足够信息的情况下，要求上市公司支持其雇用外部第三方中介对风险事件进行调查。

独立董事在履行上述职责时，受到信义义务的约束，应当满足勤勉尽责的标准。[2] 以上市公司虚假陈述案件为例，行政责任层面，独立董事在董事会审议定期报告时，如果在定期报告上签字确认，那么当上市公司虚假陈述行为被揭露后，监管机构除了调查并处罚上市公司外，还有可能对签字的独立董事进行行政处罚。而从当前公布的行政处罚判决书来看，监管机构的处罚依据是独立董事未能勤勉尽责进而违反了信义义务。此外，根据北京市第一中级人民法院行政庭法官就独立董事提起行政诉讼判决进

---

[1] 《上市公司监管指引第8号——上市公司资金往来、对外担保的监管要求》第十四条。
[2] 《中华人民共和国公司法》（2018年修正）第一百四十七条。

行的实证研究来看，司法机关认为独立董事在处理信息披露事务时，应当至少满足三方面的微观标准才算是勤勉尽职：第一，在任职过程中"持续关注和了解公司事务"；第二，对于重大事项，如"公司经营情况、财务状况、重大事项"，进行审慎调查核实；第三，在董事会讨论时有效表达意见。① 而在民事责任承担方面，《证券法（2019年修订）》第八十五条规定了发行人虚假陈述案件中独立董事承担连带责任的免责事由为自证不存在过错，也即是履职过程中勤勉尽责。而最高人民法院在2022年新出台的虚假陈述司法解释中，通过列举的方式明确了独立董事能够自证不存在过错的情形，其中也包括独立董事曾主动收集和调查相关问题。因此，如果立法机关、司法机关和监管机构都期待独立董事细致地监督上市公司，那么从"权、责、利对等"的角度看，独立董事履职保障和激励制度也应当进行相应的配合性规定。

二、决策信息与知情权制度

独立董事监督功能的有效性是建立在其对相关事项充分知情的基础之上，很难想象独立董事在对决议议题毫无了解的情况下，能够迅速并有效地发现内部人侵害公司利益的行为。图12展示了上市公司协会在2022年对独立董事有关履职影响因素的问卷调查结果，其中获取信息不足是最为主要的限制因素。独立董事作为上市公司外部董事，相对内部董事来说，天然具有信息劣势。独立董事虽然主观上希望能够监督内部人并提升投资者保护水平，但信息不对称的问题导致客观上缺乏有效判断的依据。因此，独立董事履职保障首先应当保障其知情权。

---

① 张婷婷：《独立董事勤勉义务的边界与追责标准——基于15件独立董事未尽勤勉义务行政处罚案的分析》，《法律适用》2020年第2期，第86页。

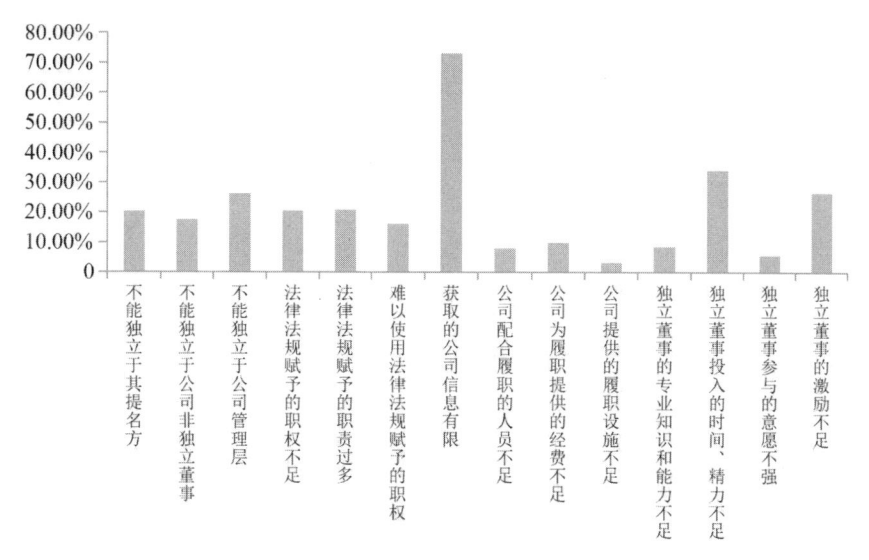

图12：影响我国上市公司独立董事履职的主要因素

1. 义务人的披露义务

根据证券法对独立性的要求，除董事职位外，独立董事不得担任上市公司的其他职务。因此，其缺乏通过亲身参与公司经营获取一手信息的渠道。同时，独立董事的住所往往与上市公司的主要经营地相距较远，也导致其获取上市公司经营情况和内部信息的成本较高、机会较少。[1] 相关研究显示，独立董事住所如果距离上市公司太近，则可能受到实际控制人的俘获；而如果距离过远，则可能因为履职成本过高而削弱独立董事的监督能力。[2] 因此，独立董事获取信息的主要渠道是上市公司为其提供的相关书面介绍、财务报告等二手资料。考虑到上市公司的控制人也同样是理性的主体，存在向独立董事进行选择性披露、不实披露的激励，而实际控制

---

[1] 原东良、周建：《地理距离对独立董事履职有效性的影响——基于监督和咨询职能的双重视角》，《经济与管理研究》2021年第2期，第125页。

[2] 罗进辉、黄泽悦、朱军：《独立董事地理距离对公司代理成本的影响》，《中国工业经济》2017年第8期，第119页。

人的这种机会主义行为，无疑会显著降低独立董事据以决策的信息质量。

考虑到信息对于独立董事监督效果的重要性，监管机关也在最近有关独立董事的部门规章中，对独立董事的知情权予以制度的保障。中国证监会在2022年发布了《上市公司独立董事规则》，其中第六章是有关独立董事履职保障的规定。首先，该规定第二十五条第一款要求独立董事与非独立董事之间应当享有同等的知情权。该条文在原则性规范上保障了独立董事的知情权，然而，在实践层面却很难落实同等知情权。一方面，执行董事参与上市公司各项业务，获取了上市公司经验的一手信息，特别是很多无法从纸质材料上获取的"软信息"，执行董事具备天然的信息优势；另一方面，上市公司独立董事的信息储备可能少于执行董事。上市公司的执行董事往往具有相关行业长时间的工作经验，对于上市公司和行业发展积累了大量的信息。而独立董事在一家上市公司的任期最长为两届六年，因此上市公司董事会存在一定比例的初次受聘于上市公司作为独立董事的人员。相关研究发现，当"新手"独立董事占比更高时，上市公司受到的监管更弱。[1] 因此，较为符合实践的规定应当是保障独立董事享有与其他董事一样的、对重大信息的知情权。

其次，《上市公司独立董事规则》在上述有关独立董事知情权的原则性规定基础上，从三方面具体规定了上市公司应当保障独立董事的知情权。

第一，独立董事应当持续获取公司事务的相关信息。该规则第二十四条要求上市公司保障独立董事履职的必要工作条件。董事会秘书是保障独立董事知情权的首要主体，应当"积极为独立董事履行职责提供协助，如介绍情况、提供材料等，定期通报公司运营情况，必要时可组织独立

---

[1] See Chen Zonghao, Keefe Michael, Watts Jameson: Board of Director Compensation in China: It Pays to be Connected, Pacific-Basin Finance Journal, 2020(63), 101.

董事实地考察"。

第二，该规则第二十六条规定了上市公司有关人员应当配合独立董事行使职权，特别提到有关人员不得隐瞒相关信息。这也为独立董事在更大范围内获取相关信息创造了条件。然而，独立董事在实践过程中很可能难以从非董事会成员和上市公司高管之外的员工那里获得决策所需信息，上市公司组织独立董事考察业务也仅是在必要时才进行，即在重大决策进入董事会审议阶段之前，独立董事很难获取阶段性的信息。

第三，独立董事有权在认为上市公司提供的信息不完备时，要求其进行补充。[①] 该条实际上使上市公司独立董事在判断决策信息是否充分以及信息补充问题上处于主动地位。然而，独立董事无法单独提出补齐材料的要求，至少需要再获得一名独立董事的支持，同时提出补齐材料的要求，才能向董事会提出延期召开董事会或审议该事项。[②] 但是，考虑到上市公司董事会的结构情况，绝大部分上市公司雇用的独立董事集中在三名或四名，该规定实际要求至少半数以上独立董事提出异议。考虑到我国上市公司独立董事的独立性仍然较弱，可以将该条修改为"当两名或两名以上独立董事，或独立董事中三位之一成员认为资料不充分或论证不明确时，可联名书面向董事会提出延期召开董事会会议或延期审议该事项，董事会应予以采纳"。

最后，独立董事知情权除了包括获得决策所需的充分信息之外，决策时限的重要性往往被监管机构忽略。无论是上市公司的定期报告，还是关联交易、对外担保等事项，其所涉及的信息量都是巨大的。独立董事从海量信息中进行筛选，发现可能存在的风险点，并与上市公司实际控制人、高管或其他董事进行沟通是需要大量时间的。可以想象，在信息相同的情

---

① 《上市公司独立董事规则》第二十五条第一款。
② 《上市公司独立董事规则》第二十五条第一款。

况下,给予独立董事三天和一个月的时间审议相关事项,时间越长其发现不合理之处的可能性越大。然而,《上市公司独立董事规则》留给独立董事决策的时间非常有限。为了保证独立董事决策的时间充足,应当要求上市公司在相关事项的发生概率较高时,就与独立董事进行预先沟通;而不是等到事情成熟后,在提交董事会审议前才通知独立董事。

2. 调查权

调查权是独立董事主动获取信息的制度保障。证券法律法规授予上市公司独立董事广泛的调查权,根据该权利行使的难易程度可以划分为以下几类。

第一,独立董事个人必须行使的调查权。管理层在收购上市公司时,独立董事在参加董事会审议前,应聘请独立第三方中介机构,对收购交易出具专业意见。① 此外,独立董事发现可能存在重大风险点,必要时应当聘请第三方中介机构进行调查。②

第二,独立董事个人可以行使的调查权。如果上市公司进行重大资产重组,且该重组属于关联交易,独立董事即可聘请独立第三方中介机构就该重组事项对非关联方股东的影响发表专业意见,作为其决策重要参考。③ 同时,上市公司还有义务配合、帮助"调阅相关材料,并通过安排实地调查、组织证券服务机构汇报等方式,为独立董事履行职责提供必要的支持和便利"。④ 此外,独立董事在关联方以资产折抵欠债时,可以聘请第三方中介出具独立的财务意见。⑤ 最后,独立董事在审查上市公司

---

① 《上市公司收购管理办法》(2020年修正)第五十一条。
② 重大的风险点包括:"(1)重要事项未按规定提交董事会或股东大会审议;(2)未及时履行信息披露义务且造成重大影响的;(3)公开信息中存在虚假记载、误导性陈述或者重大遗漏;(4)其他涉嫌违法违规或者损害中小股东合法权益的情形"《北京证券交易所上市公司持续监管指引第1号——独立董事》第十八条。此外,《深圳证券交易所上市公司自律监管指引第1号——主板上市公司规范运作》第3.5.21条也进行了类似的规定。
③ 《上市公司重大资产重组管理办法》(2020年修正)第二十一条第一款。
④ 《上市公司重大资产重组管理办法》(2020年修正)第二十一条第二款。
⑤ 《上市公司监管指引第8号——上市公司资金往来、对外担保的监管要求》第二十一条。

担保事项时，可以聘请会计师事务所核查上市公司累计担保和当期担保情况。①

第三，独立董事需要经过特定集体决策程序才能行使的调查权。首先，独立董事集体决策程序，同意行使调查权的独立董事数量应当达到一定比例。一方面，独立董事在事前批准重大关联交易时，可以聘请独立第三方中介机构，但需要经半数以上的独立董事同意；另一方面，如果聘请的第三方中介机构是外部审计和咨询机构，则需要取得独立董事的一致同意。② 其次，独立董事在监督上市公司使用募集资金时，经半数以上的独立董事同意，可以聘请外部会计师事务所出具鉴证报告。③

第四，独立董事还可以建议上市公司聘请中介机构进行调查。在审查股权激励计划草案时，独立董事可以建议上市公司聘请独立第三方中介机构，但是上市公司拥有否决权，需要对独立董事的提议进行公告。④

从上述规则分析可以看出，证券法赋予了我国上市公司独立董事广泛的法定调查权。特别是在存在利益冲突的场景下，独立董事以第三人的身份聘请中介机构对相关交易、事项进行调查或鉴证，可以有效发现侵害上市公司和中小股东利益的情况。然而在实践中，独立董事想要行使调查权却面临重重困难。考虑到我国上市公司雇用的独立董事集中于三名至四名，取得半数以上的同意即至少需要获得两名独立董事的同意，甚至在有些情况下需要全体独立董事的一致同意，这种集体达成一致的成本很高。特别是考虑到我国上市公司独立董事受到实际控制人的影响较强，独立董事形成多数意见的难度较大，为此应当鼓励单个独立董事行使调查权。

---

① 《上海证券交易所关于发布上海证券交易所科创板上市公司自律监管指引第1号至第3号的通知》（上证发〔2022〕14号）第6.4.3条。
② 《上市公司独立董事规则》（〔2022〕14号）第二十二条。
③ 《上市公司监管指引第2号——上市公司募集资金管理和使用的监管要求》第十三条。
④ 《上市公司股权激励管理办法》（2018年修正）第三十五条。

然而，毫无限制的独立董事调查权，可能给上市公司造成较高的成本，也会扰乱上市公司正常的经营活动。从平衡监督成本和投资者保护收益的角度，可以按照上市公司的规模进行调查权的差异化安排，为独立董事设置日常行使调查权的预算和预算上限。例如，根据上市公司的市值差异，当上市公司上一年平均市值小于50亿元人民币时，独立董事可以自由支出至多10万元人民币的调查费用；当上市公司上一年平均市值在50亿元~100亿元人民币时，独立董事可以自由支出至多20万元人民币的调查费用；当上市公司上一年平均市值超过100亿元人民币时，独立董事可以自由支出至多30万元人民币的调查费用。该安排可以鼓励独立董事适度行使调查权，当然具体的调查费用上限可以进一步精算讨论。

3. 人员保障

根据当前公司治理的制度安排，独立董事履职的主要渠道是参加董事会会议，而在上市公司内部所对接的主体是董事会秘书。该制度安排导致独立董事主动获取信息的渠道过于狭窄。董事会秘书属于上市公司高管序列，日常所需要处理的事务较多，在工作繁忙的情况下再要求其细致配合独立董事持续了解上市公司的经营状况并不现实。考虑到成本和收益的平衡性，可以在规模较大的上市公司中，强制董事会设立独立董事办公室。例如，当上市公司市值超过100亿元人民币时，应当在董事会办公室设置独立董事辅助专员，专门持续地为独立董事尽职履责提供帮助。

根据证券法的相关规定，可以将独立董事的职责划分为三类。相应地，独立董事辅助专员的工作范围应当与独立董事的职责范围相匹配。

第一，独立董事对于上市公司治理的监督应当是持续性的。因此，其应当能够随时调取查阅上市公司的相关资料。独立董事辅助专员的最首要的工作任务即是配合独立董事对上市公司日常的持续监督，包括帮助独立董事持续收集上市公司的新闻、资料和经营情况报告，配合独立董事获取上市公司保存的相关资料。如果不设置辅助专员，独立董事对于信息的获取成本较高、连续性较差，监督成本的上升可能阻碍独立董事原本能够进行的监督活动，导致上市公司的违法违规行为未能在早期、初期被发现。

第二，独立董事对于包括关联交易在内的特定交易进行监督，需要在短期内对特定事项进行信息收集。此时，独立董事辅助专员应当为独立董事收集该特定事项的相关信息提供帮助和便利条件。由于此类交易存在较高的内部人、控制人牟利风险，其交易结构往往很复杂，完全依靠独立董事在短时间内获取和分析信息做出的决策质量是存疑的。而独立董事辅助专员作为长期在上市公司为独立董事服务的人员，已经积累了一定的上市公司相关的人力资本，能够帮助独立董事处理一些决策辅助事务，可以缓解时间紧迫性对决策质量的负面影响。

第三，独立董事在发现存在欺诈风险时，应当对可能的违法违规行为进行调查。调查上市公司可能存在的风险事件是一项长期的工作，独立董事作为上市公司的兼职董事，往往仅在董事会期间才会前往上市公司的总部，因此，由其直接进行此类长期调查是非常不方便的。独立董事辅助专员则不同，其接受上市公司的雇用，是全职员工，能够在前期更方便地对风险事件进行信息收集和调查工作。

三、独立董事专门会议

独立董事尽职履责的重要途径即是参加上市公司的董事会，审议相关议案并参与作出董事会决议。董事会会议属于集体决策程序，在此过程中难免会受到董事之间影响力差异的干扰。虽然独立董事与执行董事之间并不存在正式的层级关系，但仅从我国上市公司的决策程序设计方面来看，独立董事可能因以下因素在决策过程中难以形成和表达独立的见解。

1. 设置独立董事专门会议的必要性

（1）人数劣势

独立董事仅占少数席位，绝大多数为大股东委派。从发表异议的角度来看，独立董事的不同观点很难被董事会采纳。主要有以下两个原因。

第一，独立董事在缺乏沟通的前提下，很难形成稳定的一致意见。由于独立董事之间在非董事会会议期间也缺乏稳定的沟通机制，在知悉上市公司董事会议案后还需要对海量材料进行梳理并形成独立的意见，异议独立董事缺乏时间和机会有效说服其他独立董事。

第二，必须承认，独立董事之间的主动性、独立性、专业性仍然存在差异。那些独立性强、专业性高的独立董事不难独立作出决策，甚至为了维护自身声誉和道德准则，主动说服其他独立董事共同抵制侵害公司利益的董事会提案。而部分独立董事则对上市公司内部人的依附性较强，由于主观意愿或者专业性不够，可能也很难支持异议董事的意见。

上述原因导致即使独立性较高的专业独立董事提出反对意见，也很难改变董事会投票的结果。单个独立董事的行为具有很强的正外部性，却缺乏相关机制对其行为成本的补偿，因此独立董事提出异议的频次低于社会最优水平。同时，从心理学有关集体决策的理论来看，独立董事预测其行为无法改变集体决策结果，同时会损害董事会整体的和谐氛围。上述经济和心理因素都会阻碍独立董事进行有效监督。

（2）非正式层级劣势

虽然独立董事在名义上与执行董事不存在行政层级的差异，但部分独立董事在非正式层级上处于明显的劣势地位。这种差异主要来自董事之间社会资本的不同，即董事因为在董事会之外的社会身份、影响力等因素而导致在董事会内部议事时出现非正式的层级差异。[1] 独立董事除了在上市公司董事会任职之外，其在社会经济政治领域还扮演着其他角色，而"先赋身份"会导致话语权的差异。执行董事往往具有较高的非正式层级，上

---

[1] 程博、熊婷：《儒家传统文化与公司违规行为——基于中国家族上市公司的分析》，《经济理论与经济管理》2018年第10期，第76页。

市公司的执行董事一般是公司高层管理人员，甚至是上市公司的大股东，这些主体具有较深的资历、较大的行业影响力、较广泛的社会关系网络以及较高的个人财富。这些因素都会促使他们成为董事会会议期间的意见领袖，弱化独立董事作为上市公司外部人对决策结果的影响力。

当然，这种非正式层级可能给上市公司董事会决策带来效率的提升，比如讨论议题的设置、发言顺序的决定、方案的优先顺序，甚至出现僵局时进行协调，即董事会中非正式层级较高的成员会起到主导讨论避免无效交流的作用。①其他成员也会通过积极参与决策、提供有益建议积累影响力，提升个人在非正式层级中的位置。但是，在"尊卑有序"的传统文化影响下，身份地位差异导致地位较低个体会尊重地位较高个体。②非正式层级可能导致独立董事所表达的异议不被董事会其他成员所重视，因此对于那些缺乏经验的独立董事，其表达异议所产生的影响较低，因此也会降低其提出异议的动力。

（3）信息劣势

信息的质量和数量决定了上市公司独立董事决策的有效性。有相关的调查研究显示，接近八成的受访独立董事认为重大信息从上市公司内部向独立董事充分流动是其履职尽责的重要前提。③如前文所述，虽然证券法和公司法规定了上市公司独立董事享有平等的信息权，但是无论是实践还是理论研究，与执行董事相比，独立董事都具有明显的信息劣势。④

---

① 李长娥、谢永珍：《董事会权力层级、创新战略与民营企业成长》，《外国经济与管理》2017年第12期，第72页。
② 卫旭华、刘咏梅、陈思璇：《组织等级：基本概念及作用机理》，《心理科学进展》2015年第8期，第1468页。
③ 唐清泉、罗党论：《设立独立董事的效果分析——来自中国上市公司独立董事的问卷调查》，《中国工业经济》2006年第1期，第123页。
④ See Renée Adams, Ferreira Daniel: A Theory of Friendly Boards, The Journal of Finance 2007(62), 217.

首先，独立董事面临信息供给不足的问题。[①] 上市公司的执行董事还控制着董事会的进程，虽然独立董事能够通过参加董事会会议进行信息交换，但高管和内部董事有较强的对独立董事隐瞒重大信息的激励。[②] 例如，当上市公司可能出现经营危机风险时，执行董事出于保护自身利益的角度可能不会在早期向独立董事披露这些重大信息，而是选择隐瞒并想方设法缓解可能出现的负面问题。有研究显示，大部分独立董事认为执行董事在设置董事会议题时，其提供的背景资料难以帮助独立董事有效理解讨论议题。[③]

其次，独立董事面临时间紧迫的难题，无法充分分析和利用上市公司提供的决策信息。近2/3的上市公司在一周内才将董事会讨论议题和决策材料提供给独立董事，并且独立董事缺乏在会前知悉会议具体安排的渠道。由于上市公司董事会决策所涉议题复杂且专业，独立董事需要时间对相关信息进行阅读、理解和分析，以及当发现可能出现的问题时，进行核实和问询，但时间的紧迫性限制了独立董事处理信息的能力，导致在董事会开会期间，独立董事很难提出充分的信息去质疑执行董事所提董事会决议。

最后，上市公司虽然会在董事会开会之前向独立董事提供决策所需信息，但这些信息往往是基于客观指标的"硬信息"，例如上市公司已经制定好的财务报表，待审议事项的基本说明等。毫无疑问，这些信息对于独立董事决策具有重要的参考价值，但独立董事获取一手信息和"软信息"的机会非常有限。有相关研究显示，上市公司受疫情影响通过线上召开董

[①] 杨有红、黄志雄：《独立董事履职状况和客观环境研究》，《会计研究》2015年第4期，第21页。
[②] 吴育辉、吴世农：《企业高管自利行为及其影响因素研究——基于我国上市公司股权激励草案的证据》，《管理世界》2010年第5期，第142页。
[③] See Albie Brooks, Oliver Judy, Veljanovski Angelo: The Role of the Independent Director: Evidence from A Survey of Independent Directors in Australia, Australian Accounting Review, 2009(19), 161.

事会会议，这种会议方式削弱了独立董事在参加线下会议获取软信息的能力，包括非正式交流、表情和肢体传递的信息。

2. 专门会议的制度安排

董事会是上市公司独立董事获取、交换、分析信息的重要场合，在考虑到独立董事相对于内部董事的各方面劣势，应当强制要求上市公司在董事会期间，于董事会会议正式开始前组织独立董事专门会议。在没有执行董事出席的情况下，一方面，会议的议程将由独立董事设置和推进，能够避免人数劣势、非正式层级劣势和信息劣势带来的负面影响；另一方面，独立董事之间的沟通会更加直接，相互分享和讨论有关上市公司的风险情况，即通过专门会议可以增加"软信息"的获取。

独立董事专门会议在域外已经形成较为成熟的制度安排。《英国公司法》（2013）第149(8)条[Section 149(8)]首次引入了独立董事专门会议制度，要求上市公司在董事会会议期间，主持专门由独立董事参加的会议环节，非独立董事禁止出席。每个财年至少举行一次独立董事专门会议，如果上市公司可能存在重大治理风险，单个或多名独立董事可以召集特殊独立董事会议。如果上市公司任命了首席独立董事，那么其应当作为特殊会议的召集人；如果未任命首席独立董事，那么任何其他独立董事都可以作为召集人。在会议召开前七个工作日，应当通知所有董事。独立董事专门会议主要审议与内部董事和管理层相关的议题。[①]

美国《纽约证券交易所公司治理规则》（*New York Stock Exchange Corporate Governance Rules*）也进行了类似的规定，非执行董事每年应当举行专门会议，管理层禁止出席该会议：首先，董事长应当召集非执行董事专门会议，讨论执行董事履职情况；其次，非执行董事每年还应当召

---

① 具体来看包括：（1）审议非独立董事的表现和董事会整体的表现；（2）审议上市公司董事长的表现；（3）审议上市公司与董事会之间重大信息流动的数量（Quantity）、质量（Quality）和及时性（Timeliness）；（4）审议上市公司内幕交易和"吹哨人"报告。

开一次专门会议，该会议禁止董事长出席，主要目的是评估董事长的表现。① 20世纪90年代后，美国上市公司开始执行这一程序，② 1996年的一项调查指出，超过六成的被调查上市公司执行了该程序。③

第二节 独立董事续聘和管理制度

一、人力资本与独立董事任期

1. 法定任期

根据《上市公司独立董事规则》（2022年）第十五条的规定："独立董事每届任期与该上市公司其他董事任期相同，任期届满，连选可以连任，但是连任时间不得超过六年。"从独立董事任职期限的理论讨论来看，长时间任职于某家上市公司会提高其专用性资产水平，而该类资产会引起显著的制度成本和收益。

从制度成本方面来看，独立董事在一家上市公司长期任职，无疑会显著降低其独立性。独立董事在上市公司的专用性资产与其任职时间呈正相关，而专用性资产的增长会显著降低独立董事的监督效果，独立董事从初期的外部董事变为"内部"董事。④ 具体来看，随着任期增长，独立董事所积累的专用性资产包括以下三方面。

第一，独立董事会积累与该公司相关的人力资本，包括但不限于对公司业务、规章制度和行业新的了解。这些人力资本的价值在独立董事更换任职公司后都会出现衰减，降低了未来预期的收益。因此，为了避免专用

---

① Section 303A.03 of the NYSE Listed Company Manual.
② See Working Group on Corporate Governance, A New Compact for Owners and Directors, Harvard Business Review, 1991, 141.
③ See Korn/Ferry International, 24th Annual Board of Directors Study 21, 1996.
④ See Nili Yaron: The New Insiders: Rethinking Independent Directors' Tenure, Hastings Law Journal, 2016(68), 97.

性人力资本的贬值,独立董事维持其职位的意愿更强,降低了其监督上市公司的激励。

第二,独立董事积累了与该公司相关的社会关系。随着独立董事在上市公司任职时间增长,其必然与内部董事和管理层从相对陌生演变为熟悉,甚至可能发展成为朋友。这种社会关系的拓展虽然不一定必然导致独立董事在决策时偏向上市公司的内部人,但会增加其对上市公司的决策认可度,独立董事对那些异常决策的敏感性将下降,监督内部人的敏感度将降低,不利于发现侵害上市公司和投资者的行为。

第三,独立董事积累了与该公司相关的声誉资本。独立董事任职后,其声誉资本将与上市公司部分绑定,例如其履职情况、配合度等声誉。当独立董事任职年限越长,市场便会对其发表的独立意见或评价更为信任。如果独立董事在任职期限结束前被上市公司更换掉,将向市场发送有关其声誉的负面信号。虽然一般来说上市公司并不会指责独立董事并因独立董事不专业而将其解雇,但更换独立董事本身即是对独立董事声誉资本的一个负面冲击。

从制度收益来看,独立董事在一家上市公司长时间任职,也将有利于提升其专业性和信息收集分析能力。相关实证研究发现,独立董事的任期增长能够提升其监督实效,认为不应当对董事任期加以强制性的限制。[1]独立董事开始任职时的个人能力和知识储备是其是否能有效履职的基础,但不能否认的是,独立董事的履职能力会随着其任职时间的增长而提高。在任职初期,独立董事不熟悉上市公司状况,难以取得充分的信息进行有效监督。随着任职时间增长,独立董事对公司经营和财务状况更为了解和

---

[1] 陈冬华、相加凤:《独立董事只能连任6年合理吗?——基于我国A股上市公司的实证研究》,《管理世界》2017年第5期,第145页。

熟悉，能够更有效地履行其职责。①

此外，随着独立董事的任职时长增加，其受到信息俘获（Information capture）的程度会降低，获取和分析信息履行其职责的能力上升。② 一般来看，"兼职"独立董事缺乏直接获取上市公司信息的渠道，并不直接接触和控制任何管理层，因而没有获取信息的抓手，仅能获得上市公司筛选后的信息，并缺乏时间、资源和产业相关的知识来处理信息。独立董事在一家上市公司花费的时间往往仅有20天左右，这导致他们获取信息仅能依靠管理层的解释、意见和结论。③ 而随着其在上市公司的任职时间增长，其获取信息的正式或非正式渠道将增加，能够缓解信息不足对履职实效的影响。此外，独立董事分析信息的时间有限，这体现在独立董事往往是在董事会会议前几天才收到讨论的议题和相关信息，而董事会一年开会次数有限，每次会议讨论的议题数量众多，④ 因此，当独立董事在上市公司任职时间更长时，其对董事会议题的熟悉度更高，能够在短时间内作出相对科学的决策。

2. 解聘和续聘

独立董事的解聘和续聘机制会对其履职产生重要的影响。根据上市公司监管的规则，独立董事被解聘仅需履行法定程序即可。《上市公司独立董事规则》第十七条规定："独立董事任期届满前，上市公司可以经法定程序解除其职务。提前解除职务的，上市公司应将其作为特别披露事项予

---

① See Dou Ying, Sahgal Sidharth, Zhang Emma Jincheng: Should Independent Directors Have Term Limits? The Role of Experience in Corporate Governance, Financial Management, 2015(44), 583.
② See Kastiel Kobi, Nili Yaron: Captured Boards: The Rise of Super Directors and the Case for A Board Suite, Social Science Electronic Publishing, 2017(7), 19.
③ See Thomas Robert, Schrage Michael, Bellin Joshua et al.: How Boards Can Be Better—a Manifesto, MIT Sloan Management Review, 2009(50), 69.
④ See Sharpe Nicola: The Cosmetic Independence of Corporate Boards, Seattle University Law Review, 2011(34), 1435.

以披露。"《上市公司独立董事规则》（2022年）第十六条规定："独立董事连续三次未亲自出席董事会会议的，由董事会提请股东大会予以撤换。"独立董事职务具有一定的不稳定性，解除独立董事的职务几乎没有限制。如果上市公司存在实际控制人，那么其只需要履行特定的程序，如召开董事会或股东大会，即可解除独立董事的职务，无需考虑该独立董事是否存在违法违规行为，或者其他不称职行为。当独立董事履职缺乏保障时，其抵御和拒绝上市公司无理要求的能力即相对较弱。如果想要当选的独立董事具备一定监督上市公司内部人的能力，在履职过程中保持独立性，监管规则应当禁止上市公司随意解除独立董事职务，并列举独立董事被解聘的例外情况。

我国上市公司面临着独立董事连任不得超过六年的任期限制，在独立董事任职初期，考虑到独立董事职位可以带来的未来收入，续聘是独立董事在董事会决策时重点考虑的因素。有相关研究发现，独立董事发表否定性意见的时间具有一定的规律。在其就任独立董事的初期，其更多地关注是否会被免职、是否会被续聘等因素，因而较少发表否定性意见；而当独立董事处于任期后半段时，其已经无法寻求再次续聘独立董事，因而具有更强激励履行监督职责，发表否定性意见的概率更高。相关实证研究显示，位于任期后半段的独立董事相比于位于任期前半段的独立董事，前者对董事会提案出具否定性意见的概率约是后者的1.4倍。[①]

3. 返聘

虽然上市公司监管规则规定了独立董事的连任时间最长不得超过六年，但有部分独立董事在连任六年后暂时离开独立董事职位，若干年后又重新获得任命为同一家公司的独立董事，这也被称为独立董事"返聘"现

---

① 郑志刚、李俊强、黄继承等：《独立董事否定意见发表与换届未连任》，《金融研究》2016年第12期，第163页。

象。根据最新一项实证研究显示，2013—2017年，近500家上市公司总计"返聘"了587名独立董事，即这些独立董事在某家上市公司连续任职满六年后，离职一段时间，又被同一家上市公司"返聘"。上市公司每年"返聘"的独立董事数量呈现上升趋势，在2012年之前保持在100人以下，但到了2017年已经达到318人。平均来看，"返聘"独立董事第一任期的均值为5.3年，最长达到9.2年。[①]

造成该现象的原因主要有两方面。一方面，"返聘"在一家上市公司连续任职六年的独立董事将显著增加其对该公司的了解，并且积累较高的任职经验，产生正面的"学习效应"。这些经验有助于独立董事开展工作，并且可以显著改善上市公司的治理实效。同时，独立董事也拥有比新任董事更为丰富的信息获取渠道，能够提升其监督内部人的效率。[②] 简言之，任职经历会提升上市公司独立董事的履职能力，可以增加公司市值。另一方面，"返聘"在一家上市公司存在任职历史的独立董事，会减损其独立性，产生负面的"关系效应"。由于实际控制人对独立董事的选任具有较大的决策能力，受到"返聘"的独立董事可能与控制人关系密切，或者控制人认为其在此前任期表现得较为配合。[③] 概言之，被"返聘"的独立董事可能配合度更高，因而会削弱独立董事履职的实效。

二、独立董事协会

当前上市公司协会下设独立董事委员会，并未建立独立董事协会。考虑到独立董事在公司治理方面所承担的"看门人"功能，应当成立独立董

[①] 杜兴强、张颖：《独立董事返聘与公司违规："学习效应"抑或"关系效应"？》，《金融研究》2021年第4期，第155页。

[②] See Armstrong Chris, Guay Wayne, Weber Joseph: The Role of Information and Financial Reporting in Corporate Governance and Debt Contracting, Journal of Accounting & Economics, 2010(50), 179.

[③] 杜兴强：《殷勤款待与审计独立性：天下有白吃的午餐吗？》，《会计研究》2018年第5期，第85页。

事协会，并由其承担自律管理独立董事的职能，可以从组织定位和功能设计等方面进一步优化，提升管理实效。

1. 强化声誉资本约束

独立董事协会是主导独立董事自律管理的组织，应当充分发挥其自律监管功能。一方面，独立董事任职资格方面的规定应当予以细化。与执行董事相比，独立董事主要发挥监督和咨询等作用。因此，独立董事应当保持较高的道德水平和合规意识。独立董事协会应当起草制定独立董事任职资格的负面清单，除了法律法规规定的禁止性事项外，如果独立董事存在未能尽职履责、出现其他违反职业道德的情况，那么也应当适当限制其作为独立董事的资格。

另一方面，我国上市公司独立董事的声誉资本约束力较弱，并未产生较为严格的束缚作用。声誉机制是上市公司独立董事尽职履责的重要动机。[1] 在独立董事市场上，上市公司在做雇佣决策时，会考虑独立董事此前履职的情况。因此，如果独立董事曾经未能尽职，可能导致其丧失新的被聘任为独立董事的机会。[2] 然而，此种声誉机制可能存在一定的扭曲，考虑到上市公司实际控制人拥有选任独立董事的较大决定权，当前声誉机制可能存在"向下竞争"的问题，即独立董事建立配合上市公司经营的声誉，以期获取控制人的青睐。上市公司协会在2022年对独立董事的问卷调查结果显示，"评优"和"负面清单"被视为最为有效的加强声誉资本的改革措施，如图13所示。

独立董事协会应当充分利用信用监管的工具，建立独立董事履职评估体系，定时发布履职情况评价表。上市公司独立董事数量众多，可以仅从

---

[1] See Fama Eugene, Michael Jensen: Separation of Ownership and Control, The Journal of Law and Economics, 1983(26), 301.

[2] See Fich Eliezer, Anil Shivdasani, Financial Fraud: Director Reputation, and Shareholder Wealth, Journal of Financial Economics, 2007(86), 306.

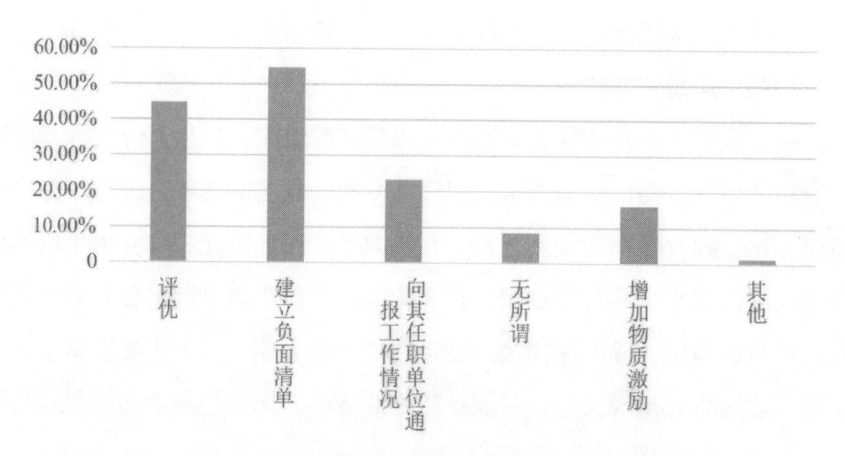

图13：加强独立董事声誉资本约束的改革措施

正面评价入手，选取履职效果优良的独立董事。此外，独立董事协会还可以从优秀独立董事人才群体中向上市公司推荐候选人。考虑到上市公司治理应当充分发挥市场机制的作用，这种推荐应当为非强制性的。申言之，上市公司协会根据上市公司的需求推荐独立董事候选人，是否任用推荐的候选人由上市公司结合自身的情况进行决定。这种机制设计可以增加声誉资本对于选任机制的积极作用，在上市公司协会所推荐的高声誉候选人被拒绝时，势必需要推出更为优秀的候选人，实现了声誉资本"向上竞争"的效果。

2. 建立人才库

当前，独立董事的选任主要还是依靠上市公司实际控制人的社会关系进行筛选，选任标准为方便其控制上市公司的董事会，并不是筛选出适合上市公司发展的独立董事。我国关于独立董事协会制度的讨论早在2000年左右就开始了，当时有学者提出由协会负责对独立董事的人选进行考核、选拔，再赋予其相应的权利；公司在聘请独立董事时也要遵循协会规定的程序。① 还有学者建议扩大独立董事享有的权利，建立全国性的独立董事自治协会。② 独立董事协会应当做好人才库的建设，将具有协会会员资格的纳入人才库。独立董事人才库可以过滤掉那些明显不能胜任独立董事的人员，作为上市公司寻求独立董事的集中渠道，有效降低其搜寻成本。

加入独立董事协会的方式可以是多种多样的，至少存在三种方式：第一，取得国内外公认的职业证书，如注册会计师资格、律师资格等；第二，参加独立董事协会组织的培训并通过结业考核；第三，取得相应的高级职称，如高级经济师、副教授或副研究员及以上职称等。

另外，独立董事协会还应当持续组织培训活动，增加独立董事的人力资本。此类培训应当围绕独立董事履职展开，着重于以下三方面。第一，独立董事的职业道德要求。独立董事应当对其职责有清晰的认识，并且对于职业道德有深刻的理解，包括日常行为准则，促进股东利益，避免可能存在的利益冲突等议题。第二，公司治理规则。独立董事最重要的功能之一即是保障公司治理的质量。因此，独立董事应当充分了解与公司治理相关的规定，同时也应当保持对公司治理理论前沿信息的关注，在公司治理中积极推动最优实践的落地。第三，合规经营所涉及的相关法律法规。上市公司合规经营不仅涉及公司法、证券法所设置的相关义务，还包括行业监管法律法规所涉及的议题。这方面的规定是庞杂而专业的，上市公司的独立董事应当系统地接受此方面的培训，以保证在董事会层面对相关规定的熟悉和执行。

---

① 余祖德、宋朝霞、叶彬：《关于建立独立董事行业协会制度的探讨》，《企业活力》2002年第11期，第10页。
② 《证券日报》：《建议成立独立董事协会 杜绝"嘴软、手软、力弱"现象》，中国经济网，https://baijiahao.baidu.com/s?id=1726594081590405696&wfr=spider&for=pc.（最后访问日期：2022年9月30日）

3. 调解独立董事与任职上市公司的分歧

独立董事与上市公司在履职方面可能存在一些潜在的矛盾与分歧，独立董事协会可以作为调解或者仲裁组织缓解纷争，促进上市公司内部人与外部人合作治理。当存在矛盾时，无论是因为主观因素还是客观因素导致无法履职，都将对上市公司的经营管理产生负面影响，损害股东的利益。此时如果存在第三方对二者的分歧进行调解，则有可能帮助双方以相对平和的方式解决分歧。从理论层面看，上市公司董事会的决策属于团队决策，如果团队成员内部的分歧较大，甚至处于对立状态，便不利于提高决策的有效性。

比较有代表性的例子是莱宝高科与其独立董事蒋某某之间爆发的分歧。莱宝高科在2022年3月31日公告了其上一年度的年度报告，时任独立董事蒋某某对其年报的真实性提出了质疑，引起轩然大波。从具体的时间线来看，双方的矛盾并非在一开始就陷入不可调和的状态，而是随着整个事件的不断发酵而愈演愈烈。早在2022年1月24日，蒋某某即向莱宝高科及其年报审计机构发信，表示质疑其财务报表中主要科目的真实性；第二天，莱宝高科即组织了线上的沟通会，审计机构也书面回复了蒋某某。在3月16日，董事会向其成员发出了聘任审计机构和报酬数额的讨论议案，而蒋某某认为当前审计机构不够勤勉尽责，建议成立由独立董事组成的委员会，通过招投标的方式选取候选审计机构，并提交董事会和股东大会通过。在该提议未被采纳的情况下，蒋某某又提出由上市公司出资，其聘请独立第三方审计机构对上市公司的报表进行二次审计，该提议也未通过。在对年报审计事务提议未获妥善处理的情况下，蒋某某于3月20日提出辞去独立董事的申请，并在3月29日董事会会议上对年度报告投出反对票。从该事件的发展来看，上市公司和独立董事之间出现冲突时，二者缺乏调解机制，从而演变为无法调和的冲突。①

三、履职考核

与上市公司其他雇员一样，独立董事的履职尽责情况同样需要进行评估。由于独立董事是兼职董事，大量公司外因素可能影响其尽职履责。根据相关研究显示，独立董事对上市公司的投入会显著影响后者的经营状况，例如，Falato，Kadyrzhanova和Lel（2014）采取了较为新颖的研究设计，收集了那些同时在多家上市公司任职的独立董事，并发现当某家上市公司的CEO或其他独立董事突然离世，该公司的独立董事会呈现出更为忙碌的状态，这种"分心"状态会降低该独立董事兼任的其他上市公司的经营绩效。②而Masulis和Zhang（2019）则利用了更为广泛的"分心"事件，考察当上市公司独立董事因为个人（如疾病、意外）和职业（如并购、财务危机）因素而减少工作投入的影响，并发现"分心"独立董事的会议出席率更低，并且在上市公司表现较差时更可能离职。③最后，Wang和Verwijmeren（2020）同样发现公司层面的事件导致独立董事"分心"将会降低上市公司下一季度的Tobin's Q和股票价格的表现。④

因此，我国上市公司的相关监管规则，对独立董事也设置了相对客观的履职要求，如最低工作时长。根据《上市公司独立董事履职指引》（2020

---

① 陈捷、李若山、刘运宏等：《莱宝高科独董履职风波谁之过？》，《董事会》2022年第4期，第25页。
② See Falato Antonio, Dalida Kadyrzhanova, Ugur Lel: Distracted Directors: Does Board Busyness Hurt Shareholder Value?, Journal of Financial Economics, 2014(113), 404.
③ See Masulis Ronald, Zhang Emma Jincheng: How Valuable Are Independent Directors? Evidence from External Distractions, Journal of Financial Economics, 2019(132), 226.
④ See Wang Rex Renjie, Verwijmeren Patrick: Director Attention and Firm Value, Financial Management, 2020(49), 361.

年）第六条规定，独立董事的最低工作时长为十五个工作日。①考虑到上市公司的经营状况较为复杂，十五天的期限很难保证独立董事充分评估上市公司的经营状况。独立董事除了出席各种会议，还应当投入额外的时间去收集和分析所任职上市公司的重大信息以尽到勤勉义务。而实证研究显示，超过九成独立董事在单一上市公司的工作时长小于二十个工作日，除去参加董事会和股东大会的时间外，八成的独立董事每年投入相关工作的时间少于八个工作日。②如此短的工作时长很难保障其充分了解所有重大信息。

法定工作时长过低可能带来较大的负面影响。从行为法律经济学的角度看，十五个工作日的要求为独立董事设置了过低的参照系，为其顺从上市公司内部董事提供了心理上的支撑。考虑到独立董事的薪酬有限，监管规则所设置的最低工作天数成为独立董事推卸责任的依据，即监管机构认为独立董事仅需要投入这些时间作为数万元报酬的对价即可。然而，监管机构应当是希望独立董事尽可能投入更多的时间用于监督上市公司，而不是设置一个客观的工作时长来作为独立董事免责的理由。从这个角度来看，监管机构应当设置相对较高的工作日要求，如需要投入至少两个月时间用于处理上市公司各项事务。或者监管机构可以直接取消客观的履职时间限制，采用相对原则性的规定，如独立董事应当投入充足的时间有效履职。

除了最低工作日限制外，上市公司还应当对独立董事履职情况进行系统评估。第一，独立董事出席董事会会议的情况。《上市公司独立董事规则》（2022年）第十六条规定，"独立董事连续三次未亲自出席董事会会议

---

① 工作内容包括出席股东大会、董事会及各专门委员会会议，对公司生产经营状况、管理和内部控制等制度的建设及执行情况、董事会决议执行情况等进行调查，与公司管理层进行工作讨论，对公司重大投资、生产、建设项目进行实地调研等。
② 方重：《上市公司独立董事，独立吗？懂事否？》，《清华金融评论》2021年第9期，第35页。

的，由董事会提请股东大会予以撤换"。参与董事会会议是独立董事履行监督职能的重要渠道，因此监管规则将多次缺席董事会会议视为严重不称职的情况。除了连续三次未能出席董事会会议外，上市公司还应当评估独立董事的整体参会率。第二，独立董事参加会议时发言次数、发言质量和建议被采纳情况。独立董事参会情况仅是其尽职履责的最基本要求，除此之外，独立董事还应当保证参会质量。由于董事会采取集体投票决策的模式，独立董事在参会时发言以及发言内容即关乎其履职质量。第三，是否存在提示上市公司经营和治理风险点的情况。独立董事的监督功能是其核心职能，而履职情况即包括其是否能够改善公司的治理状况，发现可能的风险点。当然，上市公司在一般情况下都是合规运营，该点更多是独立董事履职的加分项。

第三节 专业委员会

上市公司的专业委员会承担规则设定、向董事会提交正式和非正式咨询报告、建议董事会采取行动的功能。[1] 早在20世纪40年代，专业委员会即成为保障独立董事履职能力的重要制度设计，SEC建议美国上市公司建立由外部董事组成的审计委员会。[2] 随后在70年代，上市公司被要求披露审计委员会的组成人员信息，审计委员会的重要性进一步凸显。[3] 21世纪初美国上市公司财务丑闻集中爆发，美国国会在2022年通过《萨班斯法案》，NYSE和NASDAQ按照新监管要求，强制上市公司建立完善的专业委

---

[1] See De Kluyver Cornelis: A Primer on Corporate Governance, Business Expert Press, 2009, 25.
[2] See Birkett Brenda: The Recent History of Corporate Audit Committees, Accounting Historians Journal, 1986(13), 109.
[3] See Reeb David, Upadhyay Arun: Subordinate Board Structures, Journal of Corporate Finance, 2010(16), 469.

员会体系。《萨班斯法案》规定审计委员会、薪酬委员会和提名委员会属于强制性委员会,并应当完全由外部董事组成;除了上述强制性委员会之外,域外上市公司还自愿在董事会下设立了战略委员会、融资委员会和社会责任委员会等。①

我国同样建立了上市公司董事会专业委员会制度。根据《上市公司独立董事履职指引》(2020年)第十八条的规定:"上市公司董事会应当设立审计委员会,并可以根据需要设立战略、提名、薪酬与考核等相关专门委员会。"在委员会人员组成方面,该条还规定:"独立董事有权参与上市公司董事会下设的审计、提名、薪酬与考核等专门委员会工作,按照相关规定担任召集人并在委员会成员中占有二分之一以上的比例。"本节从独立董事履职角度,讨论专业委员会的设置和功能。

一、专业委员会制度的成本和收益分析

有研究指出,专业委员会会议已经取代董事会会议成为上市公司主要的决策作出机构。②从上市公司董事会决策的角度来看,专业委员会能够提高独立董事的人力资本、提升上市公司的决策效率和增加董事会决策的可问责性,但也存在增加信息割裂的负面影响。

1. 专业委员会的收益

董事会下设专业委员会的收益主要包括三方面。第一,专业化人力资本的积累。上市公司独立董事的监督和咨询工作都非常专业,需要独立董事积累与上市公司相关的专业化人力资本,③当独立董事分属不同委员会

---

① See Chen Kevin, Wu Andy, Wu Andy: The Structure of Board Committees, 2016, https://ssrn.com/abstract=2646016.(最后访问日期:2022年9月30日)
② See Klein April: Firm Performance and Board Committee Structure, The Journal of Law and Economics, 1998(41), 275.
③ See Kim Kyonghee, Mauldin Elaine, Patro Sukesh: Outside Directors and Board Advising and Monitoring Performance, Journal of Accounting and Economics, 2014(57), 110.

后，可以有针对性地积累某一个或某几个方面的知识技能。① 通过专业委员会的制度设计，独立董事从"通才型"人才向"专才型"人才转变，提升对特定事项的决策效率。例如，管理层薪酬设定是较为复杂的任务，而薪酬委员会的成员可以通过专门投入相关精力获取专业能力和信息，以提升决策的有效性。

第二，工作任务分工带来的效率提升。在董事会内部下设委员会，实现了独立董事之间就董事会工作的分工和专业化，并且节约了董事会层面因董事人数较多而导致的高昂的协调和交流成本。② 实证研究指出，随着董事会规模的不断增长，受到偷懒和"搭便车"问题的影响，董事会的决策有效性将大幅度降低。③ 专业委员会的制度允许董事会将部分职能授权给小型委员会，以降低董事会规模过大所带来的负面影响。从基于美国上市公司的实证研究来看，上市公司将越来越多的决策工作委托专业委员会决定。④ 委员会层面的工作在《萨班斯法案》颁布之前仅占董事会工作总量的36%，而这一比例在法案颁布后增长至52%。⑤ 由于工作量的显著增长，在专业委员会任职的独立董事的工作时长也显著增长，审计委员会每年平均开会8次，薪酬委员会开会6次，每次会议平均时长达到2.7小时。⑥ 委员会决策缓解了议题日趋复杂所带来的决策成本上升问题。

---

① See Rosen Sherwin: Specialization and Human Capital, Journal of Labor Economics, 1983(1), 43.
② See Reeb David, Upadhyay Arun: Subordinate Board Structures. Journal of Corporate Finance, 2010(16), 469.
③ See Lipton Martin, Lorsch Jay: A Modest Proposal for Improved Corporate Governance, The Business Lawyer, 1992(48), 59.
④ See Renee Adams, Hermalin Benjamin, Weisbach Michael: The Role of Boards of Directors in Corporate Governance: A Conceptual Framework and Survey, Journal of Economics Literature, 2010(48), 58.
⑤ See Renee Adams, Ragunathan Vanitha, Tumarkin Robert: Death by Committee? An Analysis of Corporate Boards (Sub-)Committees, Working Paper, 2016, 16.
⑥ See Larcker David, Richardson Scott, Tuna Irem: Corporate Governance, Accounting Outcomes, and Organizational Performance, The Accounting Review, 2007(82), 963.

第三，提升可问责性。委员会决策行使进一步从两方面提升了董事会决策的可问责性。一方面，董事会决策是典型的团队决策模式，即决策投入取决于每个成员的努力程度，而决策成果却笼统地归于团队整体。委员会决策将特定的工作和责任赋予特定独立董事，将个人工作成果与董事会集体分开。[1] 在这种情况下，独立董事的工作投入和产出是明确的，避免团队生产中个人"搭便车"的偷懒行为。[2] 另一方面，由于委员会决策过程隔绝了上市公司内部人的参与，因此独立董事在作出某些决定时，讨论和决策过程能够避免内部人介入导致的不当影响。[3] 因此，也避免了独立董事将决策失误的责任推诿给内部董事，指责他们不当干扰决策程序的情形。

2. 专业委员会的成本

董事会下设的专业委员会赋予成员不同的决策权力，增加了成员异质性、改变了其分享信息的激励，导致信息割裂效应（Information segregation）增加了组织内部的信息成本，降低了董事会决策的效率。比较董事会决策和委员会决策，后者的信息分享程度更低，委员会成员可能缺乏董事会其他未在该委员会任职的成员所掌握的信息，其决策所依据的信息可能是不完备的。董事会进一步将决策过程下放至委员会层面，加剧了董事会层面的沟通障碍，可能会降低决策效率。[4]

在不同委员会里的董事会成员可能会收到差异化的信息，也会导致在

---

[1] See Harrison Richard: The Strategic Use of Corporate Board Committees. California Management Review, 1987(30), 109.

[2] See Alchian Armen, Demsetz Harold: Production, Information Costs, and Economic Organization, American Economic Review, 1972(62), 777.

[3] See Hermalin Benjamin, Weisbach Michael: Boards of Directors as An Endogenously Determined Institution: A Survey of the Economic Literature. Federal Reserve Bank of New York Economic Policy Review, 2003(9), 7.

[4] See Renee Adams, Ragunathan Vanitha, Tumarkin Robert: Death by Committee? An Analysis of Delegation in Corporate Boards, Working Paper, 2015, 12.

董事会形成集体决定时各成员掌握信息集和决策依据存在差异，那些不隶属于特定委员会的董事会成员可能会策略性地隐藏信息，并操纵董事会信息集以获取对委员会决策结果的影响力。① 特别是考虑到当前上市公司董事会治理结构中，执行董事的法定决策权日渐式微，这些上市公司的内部人会通过隐藏私人信息、操纵董事会获得的信息集的方式提升自身的实际决策权。②

二、监督型专业委员会

监督型专业委员会主要包括审计委员会、提名委员会和薪酬委员会。这三个委员会所负责的事务是上市公司内部人的利益冲突最为明显的情况，并且各主要经济体都要求监督型专业委员会由独立董事组成，对于上市公司执行董事进入此类委员会施加了较为严格的限制。

1. 审计委员会

审计委员会是上市公司设置最频繁的专业委员会，产生这种现象的部分原因是监管驱动。美国上市公司受到《萨班斯法案》的规范，被强制要求设置审计委员会，并且必须有一名成员为财务专家。美国两家交易所的上市规则在该法案的基础上进行了细化规定。NYSE进一步要求上市公司设置完全由独立董事组成的提名委员会和薪酬委员会，而NASDAQ仅要求独立董事组成提名和薪酬两个委员会的多数成员。英国、加拿大和澳大利亚等国家上市公司监管规则要求大型企业设置审计委员会。③ 审计委员会的主要功能是聘任、评估和更换上市公司的审计师、监督财务和会计制度

---

① See Philippe Aghion, Tirole Jean: Formal and Real Authority in Organizations, Journal of Political Economy, 1997(105), 1.
② See Renee Adams, Ragunathan Vanitha, Tumarkin Robert: Death by Committee?An Analysis of Corporate Board (sub-) Committees, Journal of Financial Economics, 2021(141), 1119.
③ See Calkoen Willem: The Corporate Governance Review, Law Business Research Limited, 2017, 1.

的有效性、监督内部审计的有效性等。

审计委员会是我国上市公司董事会必须设置的专业委员会，与域外规定不同，独立董事占比仅需超过1/2，并且担任召集人。① 我国《上市公司治理准则》（2018年）第三十九条规定了上市公司审计委员会的主要职责。② 一方面，审计委员会对上市公司聘请外部审计师具有聘任和解聘的提议权，而对于内部审计，审计委员会具有监督和评估的权利；另一方面，审计委员会还负责监督和评估上市公司的内部控制体系。③ 与域外实践相比，我国审计委员会的组成和职权相对较弱。由于我国上市公司股权集中度较高，非独立董事广泛参与审计委员会的工作；同时，审计委员会没有聘任外部审计师的决定权而仅有建议权，因此很难隔绝上市公司实际控制人对审计委员会决策的影响。

审计委员会的独立性和专业性是保证其运行实效的重要因素，实证研究表明，高声誉的会计专业独立董事能积极发挥治理作用，提高盈余质量。④ 早期对于审计委员会功能的分析显示，当审计委员会的独立性提升时，可以显著提升上市公司的市值，⑤ 并降低上市公司的异常费用（Accruals）。⑥ 此外，从市场反应来看，当审计委员会新增具备财务背景

---

① 《上市公司独立董事履职指引》（2020年）第十八条。
② 审计委员会的主要职责包括："监督及评估外部审计工作，提议聘请或者更换外部审计机构；监督及评估内部审计工作，负责内部审计与外部审计的协调；审核公司的财务信息及其披露；监督及评估公司的内部控制；负责法律法规、公司章程和董事会授权的其他事项。"
③ 《上市公司治理准则（2018年修订）》第三十九条。
④ 黄海杰、吕长江、丁慧：《独立董事声誉与盈余质量——会计专业独董的视角》，《管理世界》2016年第3期，第130页。
⑤ See Aggarwal Reena, Erel Isil, Ferreira Miguel et al.: Does Governance Travel Around the World? Evidence from Institutional Investors, Journal of Financial Economics, 2011(100), 154.
⑥ See Klein April: Audit Committee, Board of Directors Characteristics, and Earnings Management, Journal of Accounting and Economics, 2002(33), 375.

的专业成员时，股价会出现超额上涨。① 并且，当审计委员会内具备专业背景的独立董事数量增长时，可以显著改善上市公司的经营表现。② 总体来看，审计委员会的独立性和专业性是保障其治理实效的重要因素，上市公司监管规则应当在这两方面设置强制性的标准。

2. 提名委员会

提名委员会主要负责上市公司的董事和高级管理人员候选人提名，以及建议各专业委员会成员。③ NYSE要求上市公司的提名委员会全部由独立董事组成，而NASDAQ仅要求其占据委员半数以上。英国、加拿大和澳大利亚则主要采取了中小公司豁免建立提名委员会，同时大型公司需"遵守或解释"（Comply or explain）的制度设计。比较有代表性的是英国，其公司治理准则要求上市公司建立提名委员会，否则应当进行公告解释。④ 大型上市公司对该规则的遵守比例较高，FTSE 350组成公司超过九成都设立了提名委员会。⑤

我国上市公司董事会并未被强制要求设立提名委员会，在那些设立该委员会的公司中，独立董事应当占多数并担任召集人。⑥ 提名委员会的职责主要包括："（一）研究董事、高级管理人员的选择标准和程序并提出建议；（二）遴选合格的董事人选和高级管理人员人选；（三）对董事人选

---

① See DeFond Mark, Hann Rebecca, Hu Xuesong: Does the Market Value Financial Expertise on Audit Committees of Boards of Directors?, Journal of Accounting Research, 2005(43), 153.

② See Chan Kam, Li Joanne: Audit Committee and Firm Value: Evidence on Outside Top Executives as Expert-Independent Directors, Corporate Governance: An International Review, 2008(16), 16.

③ See De Kluyver Cornelis: A Primer on Corporate Governance. Business Expert Press, 2009, 6.

④ See Calkoen Willem: The Corporate Governance Review, Law Business Research Limited, 2017.

⑤ See Kalin Kolev, David Wangrow, Vincent Barker et al.: Board Committees in Corporate Governance: A Cross-Disciplinary Review and Agenda for the Future, Journal of Management Studies, 2019(56), 1138.

⑥ 《上市公司独立董事规则》（2022年）第四条。

和高级管理人员人选进行审核并提出建议。"①

提名委员会主要是由独立董事组成，以便隔绝执行董事的利益冲突给提名过程带来的负面影响。最近的一项对美国上市公司提名委员会成员的访谈研究显示，即使在制度上已经隔绝管理层对提名决策的影响，但是超过一半受访的独立董事仍然认为CEO对于提名过程和结果存在重大影响。② 该项研究指出，由于提名委员会成员主要通过咨询管理层了解公司需求，因而其获取的信息也是对当前管理层较为友好的。考虑到我国上市公司实际控制人对董事和管理层的影响力较强，提名委员会的成员应当仅由独立董事出任，并且尽最大努力克服和消除实际控制人对提名过程的影响。

3. 薪酬委员会

薪酬委员会的主要功能是为CEO和其他高级管理人员设置薪酬和结构，包括授予相关管理人员股权激励计划以及其他以绩效为基础的激励计划。在理论层面，薪酬委员会需要向管理层提供最优激励合约，同时避免过度支付报酬，以保证后者最大化股东利益。域外上市公司设置薪酬委员会的改革主要是由机构投资者推动，包括将CEO等高级管理人员从该委员会中排除，以降低决策过程中的利益冲突。③ 根据《上市公司独立董事规则》（2022年）第四条的规定，上市公司可根据需要决定是否设立薪酬委员会。薪酬委员会的主要职责包括两方面："（一）研究董事与高级管理人员考核的标准，进行考核并提出建议；（二）研究和审查董事、高级管理人员的薪酬政策与方案。"④

---

① 《上市公司治理准则》（2018年）第四十一条。
② See Clune Richard, Hermanson Dana, Tompkins James et al.: The Nominating Committee Process: A Qualitative Examination of Board Independence and Formalization, Contemporary Accounting Research, 2014(31), 748.
③ See Del Guercio Diane, Seery Laura, Woidtke Tracie: Do Boards Pay Attention When Institutional Investor activists "Just Vote No"?, Journal of Financial Economics, 2008(90), 84.
④ 《上市公司治理准则》（2018年）第四十二条。

域外公司治理重视薪酬委员会的主要原因在于意图解决管理层与股东之间的代理问题，而管理层通过控制上市公司实现自我利益的重要渠道之一即是薪酬设定，管理层控制董事会和薪酬委员会为自己设置高额的薪酬，并且不受上市公司经营业绩的影响。反观我国上市公司往往存在控股（大）股东，代理问题集中于控股股东和外部股东之间，管理层受到控股股东的约束，利用薪酬设定攫取上市公司资产的能力受限，因此，薪酬委员会的独立性在我国的重要性弱于域外。

持股比例较高的股东任职于薪酬委员会有助于限制管理层的收入规模，并且提高使用股权性工具作为报酬的比例。[1] 该现象主要归因于当薪酬委员会的成员持有一定比例的股份时，其决策更加倾向于提升上市公司的股价，而授予管理层更高比例的股权性报酬，能够实现激励相容的效果，激励管理层最大化上市公司的市值。总体来看，薪酬委员会独立性对上市公司的影响是不确定的，因此，监管规则不宜设置薪酬委员会独立性的强制标准。

4. 合规管理委员会

在全球经济发展的合规要求日趋严格的背景下，合规委员会也成为上市公司自愿建立的监督型委员会。该委员会主要负责保障上市公司在运营过程中符合法律和监管规则的要求，并根据需求制定和完善上市公司内部控制指引和规则。受到上市公司社会责任运动的推动，合规管理委员会也会负责监督上市公司履行环境、健康和安全等方面规则的情况。合规管理委员会已经在美国上市公司中获得了一定的青睐，约有16%的标准普尔

---

[1] See Conyon Martin, He Lerong: Compensation Committees and CEO Compensation Incentives in US Entrepreneurial Firms, Journal of Management Accounting Research, 2004(16), 35.

500上市公司在2018年自愿设立了合规管理委员会。①

上市公司合规运营的问题也受到我国学术界和实务界的关注。基于域外比较法研究，合规义务已经成为上市公司董事信义义务的一部分，我国上市公司董事信义义务体系应当进一步完善。②同时，上市公司建立有效合规体系具有必要性，并且应当从全流程覆盖的角度，系统地构建和监督上市公司的合规工作。当前《公司法》面临修订之际，有学者主张将合规管理的要求写入公司治理部分，以提升公司合规运营的水平。③从落实董事信义义务和上市公司合规运营的角度，应当鼓励上市公司在董事会下设合规管理委员会，以便提升合规治理水平。④

三、咨询型专业委员会

咨询型专业委员会主要包括战略委员会、融资委员会等。不可否认，咨询型专业委员会同样具有一定的监督功能，但该类委员会并不以监督工作为主。咨询型专业委员会的重要特点是，上市公司的内部人，如CEO、CFO等往往在该类委员会任职。执行董事在咨询型专业委员会中占据主导地位，而独立董事的作用偏向决策辅助。

1. 战略委员会

战略委员会是上市公司较常设置的咨询型专业委员会，其职能包括制定商业发展规划，目标和愿景以及实现规划的具体部署等。董事会应当与上市公司的管理层共同讨论制定公司战略，能够充分利用前者的人力资

---

① See Ernst and Young Center for Board Matters, A Fresh Look at Board Committees, 2018, 9, https://corpgov.law.harvard.edu/2018/07/10/a-fresh-look-at-board-committees/#2b.（最后访问日期：2022年9月30日）

② 梁爽：《美、日公司法上的董事合规、内控义务及其对我国的启示》，《中外法学》2022年第2期，第521页。

③ 邓峰：《公司合规的源流及中国的制度局限》，《比较法研究》2020年第1期，第36页。

④ 赵万一：《合规制度的公司法设计及其实现路径》，《中国法学》2020年第2期，第71页。

本，同时帮助其更好地履行监督职责。① 从董事履职的角度看，信义义务要求其对上市公司的战略制定进行审定和监督。② 然而，当前存在较多争议的是董事会战略委员会如何介入上市公司战略的制定过程。一方面，有学者建议董事会应当积极介入战略制定，独立董事只有把握和参与塑造上市公司的战略制定，才能够有效地履行其监督职责；③另一方面，有学者建议董事会在战略制定过程中仅扮演被动角色，即仅作为上市公司战略制定的"橡皮擦"。④ 持有该观点的学者认为，独立董事对于上市公司的经营状况和行业发展前景不够了解，因此无法对战略制定作出显著的贡献。独立董事至多可以为上市公司提供一些咨询的意见，并不能对战略制定产生决定性的作用。

2.融资委员会

上市公司主要是自主设置融资委员会以解决资本运营和分配方面的专业问题，各主要经济体并未设置强制性要求。该委员会主要负责向上市公司管理层提供有关资本运作的咨询，并制定公司层面的融资政策规则。一般来说，融资委员会还负责监督上市公司资金分配、设置资本结构和审议年度经营预算等工作；有时还获得授权监督上市公司的投资、股利分配、股份回购和兼并收购等事项。根据美国一项2018年的调查研究显示，标准

---

① See Lorsch Jay, Young Jack: Pawns or Potentates: The Reality of America's Corporate Boards. Academy of Management Perspectives, 1990(4), 85.
② See Philip Stiles, Bernard Taylor: Boards at Work: How Directors View their Roles and Responsibilities, Oxford University Press, 2001, 5.
③ See Sydney Finkelstein, Donald C. Hambrick, Strategic Leadership: Top Executives and Their Effects on Organizations, West Publishing Company, 1996, 2.
④ See Golden Brian , Zajac Edward : When Will Boards Influence Strategy? Inclination *Power = Strategic Change, Strategic Management Journal, 2001(22), 1087.

普尔500上市公司中约有36%的公司在董事会下设融资委员会。① 相关实证研究也支持上市公司主要从咨询和解决问题的角度建立融资委员会。当上市公司发行衍生证券、维持高杠杆和信用评级以及派发高额股利时，其更可能设置融资委员会以利用董事会中的专业人力资本。如知名上市公司通用电气（General Electric）在2017年12月设置了融资和资本分配委员会（Finance & Capital Allocation Committee），以监督并购活动和公司内部资本配置活动。②

第四节　独立董事激励制度

从理论层面看，作为代理人的独立董事，其同样需要获得适当激励以履行职责，甚至有学者提出独立董事应当"像股东一样思考"。③ 独立董事的货币激励较低，其主要从上市公司领取固定薪酬，独立董事持股受到较为严格的限制。

一、薪酬与结构

独立董事也是理性的个人，其履行职责同样需要适当的激励。从制度设计初衷来看，引入独立董事的目的在于赋予无利益冲突的第三方较弱的货币激励，通过声誉机制进行约束，让其监督上市公司合规运营。我国上

---

① See Ernst and Young Center for Board Matters: A Fresh Look at Board Committees, 2018, 12, https://corpgov.law.harvard.edu/2018/07/10/a-fresh-look-at-board-committees/#2b.（最后访问日期：2022年9月30日）

② See Pozen Robert : What GE's Board Could Have Done Differently, Harvard Business Review, 2018, 21, https://hbr.org/2018/07/what-ges-board-could-have-done-differently.（最后访问日期：2022年9月30日）

③ See Harley Ryan, Wiggins Roy: Who Is in Whose Pocket? Director Compensation, Board Independence, and Barriers to Effective Monitoring, Journal of Financial Economics, 2004(73), 497.

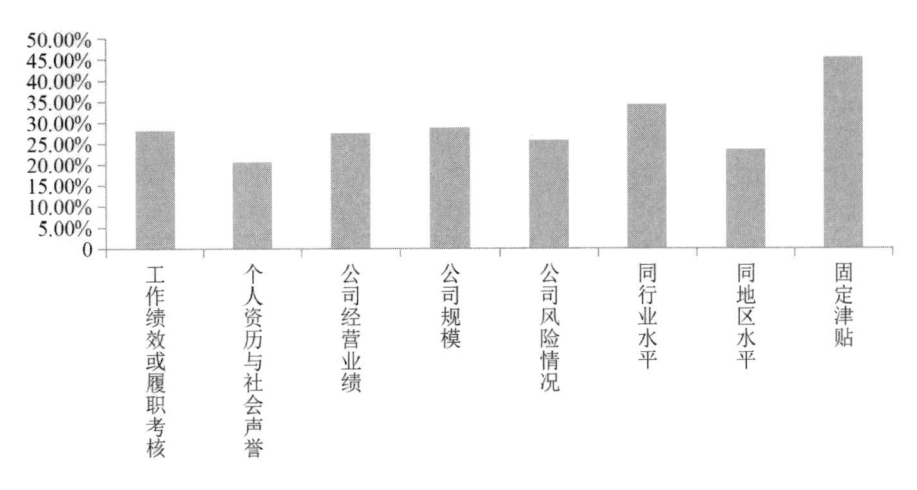

图14：独立董事薪酬应当考虑的决定因素

市公司独立董事的薪酬主要以固定工资为主。根据《新京报》贝壳财经的报告，截至2021年底，我国A股市场共有4634家上市公司，这些公司雇用了14387位独立董事。从2020年的收入情况来看，独立董事当年的平均收入约为8.5万元，收入中位数约为7万元，其中收入最高的为年薪500万元，有534位独立董事不从上市公司领取薪水。[1] 而我国居民在2021年人均可支配收入约为3.5万元，城镇居民人均可支配收入约为4.7万元。[2] 图14报告了上市公司协会在2022年对独立董事的问卷调查结果，绝大部分受访独立董事认为薪酬应当与履职表现挂钩。

独立董事作为兼职工作，其收入已经是我国人均收入的两倍，收入规模相对可观。因此，对于部分职业来说，如高等院校的教师、科研院所的研究人员，独立董事是非常具有吸引力的兼职机会。利用2003—2013年上市公司的数据，张天舒等（2018）考察了独立董事的工资收入对独立董事

---

[1] 《A股独立董事全画像：刷屏辞职背后，有人年薪五百万，有人年薪三百块》，东方财富网，https://stock.eastmoney.com/a/202111252192790785.html.（最后访问日期：2022年9月30日）

[2] 统计局网站：《2021年居民收入和消费支出情况》，中华人民共和国中央政府网，http://www.gov.cn/xinwen/2022-01/17/content_5668748.htm.（最后访问日期：2022年9月30日）

履职效果的影响，发现当工资性收入较高时，独立董事对于薪酬重视度增加，为了保住职位也同样会放松对高管称职度、业绩水平等的监督。① 域外经验研究也发现了类似的情况。21世纪初期，美国证券市场安然、世通等知名上市公司的财务造假事件，即揭示出独立董事作为上市公司董事会的"看门人"，为了获取高昂的报酬而弱化了对上市公司的监督，导致长期忽略财务造假的问题。

此外，随着我国证券市场对于违法违规行为的"零容忍"政策，独立董事面临的法律责任越来越严格，薪酬收入绝对数额较低还会影响到独立董事整体的人力资本水平，逆向选择效应导致优秀人才不愿意担任独立董事。② 考虑到独立董事履职的行政责任和民事责任大幅度增加，独立董事在事前必然会投入更多的时间和精力，以减少因未履行勤勉义务而遭受处罚的风险。而事后独立董事虽然已经尽力履职但仍然可能承担上市公司违法违规的连带责任，包括投资者诉讼和监管处罚等，预期法律责任的增长势必转换为独立董事在事前要求收入增长，③ 即独立董事收入的绝对数额将会影响到其履职投入。④

除了独立董事收入的绝对水平外，薪酬结构也同样会对独立董事履职激励产生影响。从委托代理关系来看，独立董事作为代理人获取固定收入，必然会存在道德风险问题，因为无论其投入多少精力处理上市公司的工作，其都仅能获得固定薪酬。道德风险效应将导致理性的独立董事减少投入的精力，如除了参会外并不会研究上市公司的经营情况等。以固定报

---

① 张天舒，陈信元，黄俊：《独立董事薪酬与公司治理效率》，《金融研究》2018年第6期，第156页。
② See Walter Salmon, Crisis Prevention: How to Gear Up Your Board, Harvard Business Review, 1993(71), 68.
③ See Pound John: The Promise of the Governed Corporation, Harvard Business Review, 1995(73), 89.
④ 胡奕明、唐松莲：《独立董事与上市公司盈余信息质量》，《管理世界》2008年第9期，第151页。

酬为主的薪酬结构将导致独立董事缺乏履职激励，怠于监督上市公司经营状况，相关实证研究显示，独立董事的激励会显著影响其履职效果，如强激励的独立董事更倾向于替换不称职的CEO。[①]

二、持股比例

根据我国上市公司独立董事的任职条件，持股超过1%的股东即不满足独立性要求。[②] 同时，根据《上市公司股权激励管理办法》第八条的规定，独立董事和监事不得适用股权激励。我国独立董事的薪酬结构以固定的现金工资为主，上市公司独立董事持股比例的设置主要涉及其履职时的激励问题。

一方面，限制独立董事持股比例具有显著的正面作用，持股比例较低可以避免独立董事丧失独立性，研究表明独立董事持有较高比例的股份，可能会导致其丧失独立性，异化为与上市公司内部人利益捆绑的主体。[③] 从委托代理理论的角度看，如果仅将独立董事视为股东的代理人，那么其持有一定数量的股权，将有助于减少代理成本，激励代理人最大化股东价值。但独立董事不仅为股东的代理人，其还具有监督上市公司经营的职责。独立董事在决策时应当尽量避免受到上市公司经济利益的干扰，而是从个人独立决策的角度进行判断，[④] 如果其持有较高比例的股份，那么股价对于独立董事的财富影响较大，[⑤] 独立董事的独立性被削弱，可能为了

---

① See Perry Tod: Incentive Compensation for Outside Directors and CEO Turnover, Working Paper, Arizona State University, 2000, 12.
② 《上市公司独立董事规则》（2022年）第七条。
③ See Bebchuk Arye, Fried Jesse: Executive Compensation as An Agency Problem, Journal of Economic Perspectives, 2003(17), 71.
④ See Brown Lawrence, Caylor Marcus: Corporate Governance and Firm Performance, 2004, 5, http://ssrn.com/abstract=586423.（最后访问日期：2022年9月30日）
⑤ 唐雪松、申慧、杜军：《独立董事监督中的动机——基于独立意见的经验证据》，《管理世界》2010年第9期，第140页。

维持高股价而放弃监督上市公司及其内部人，①维持股票收益的激励，将降低独立董事在揭露违法违规行为方面的动力，特别是这种揭露行为可能损害其持有的股权利益。②

另一方面，限制独立董事持股可能还存在一定的负面效果。我国独立董事领取的津贴大部分在10万元以下，有限的货币激励导致独立董事从成本收益对比的角度，也不愿意投入较多的时间进行监督活动。从激励相容的角度看，虽然限制持股提升了独立董事的相对独立性，但固定津贴模式导致独立董事额外投入监督工作无法获取相应的回报，从而使其对履行职责产生一定惰性，怠于回应股东和管理层的诉求。独立董事应当被允许持有股份，且不应当设置股份上限，持有股份的独立董事与股东之间的经济利益保持一致，有激励去为了股东利益进行决策。③独立董事持有上市公司股票的情况并不鲜见，约10%的上市公司雇用了持有任职公司股票的独立董事。④

从域外比较的角度看，独立董事持有股份的限制较为宽松。美国证券监管规则赋予外部董事越来越多的职责，作为履职对价并不严格限制独立董事的持股比例。考虑到《萨班斯法案》和《多德-弗兰克法案》都显著增加了独立董事的工作内容，董事会的专业委员会成员，如审计委员会，必须具备专业背景、承担更高的风险，并更为频繁地出席董事会。因此，在美国独立董事的薪酬结构方面，基本津贴、参会补贴和股票期权构成了独立董事的主要收入来源。在一定程度上让其与全体股东保持一致的利益

---

① 谢德仁：《独立董事：代理问题之一部分》，载《会计研究》2005年第2期，第40页。
② See Nili Yaron: The New Insiders: Rethinking Independent Directors' Tenure, Hastings Law Journal, 2016(68), 97.
③ See Fich Eliezer, Shivdasani Anil: The Impact of Stock-Option Compensation for Outside Directors on Firm Value, Journal of Business, 2005(78), 2229.
④ 郭富青：《我国独立董事的制度悖论、缺陷与解决途径——对"康美药业案"引发的独立董事辞职潮的思考》，《学术论坛》2022年第1期，第63页。

诉求，是增强其履职激励的主要工具，因此在制度设计方面，美国公司治理鼓励独立董事持股。① 从趋势上来看，美国独立董事的收入每年都会增长约5%，并且递延股权计划（Deferred Stock Units）超过独立董事薪资总量的一半。②

在实证研究方面，独立董事持股对于上市公司经营绩效的影响并不一致。第一，独立董事薪酬越高，其出于保存职位的目的，越不容易投票反对内部人主导的董事会议案。③ 第二，独立董事薪酬水平越高，则代表其市场价值和声誉资本越高，因而更倾向于提出反对意见。④ 第三，还有学者认为独立董事薪酬与监督效果之间呈现倒U形的非线性关系，应当将独立董事薪酬维持在能够反映出其人力资本的合理区间。⑤ 实证研究结果不一致可能主要有三方面的原因：第一，独立董事的任务是多维度的，相关研究仅选取其中某一维度的工作效果作为被解释变量。第二，独立董事收入以固定津贴为主，因而可能无法反映出持股比例产生的影响。第三，不同研究所选取的公司范围和时间维度有差异，在我国证券市场和证券监管快速转型的背景下，薪酬与独立董事治理实效之间的关系可能是急剧变化的。

---

① See Ahmed Anwer, Scott Duellman: Accounting Conservatism and Board of Director Characteristics: An Empirical Analysis, Journal of Accounting and Economics, 2007(43), 411.
② See Nili Yaron: Trends in Board of Director Compensation, HLS Forum on Corporate Governance and Financial Regulation, 2015, https://corpgov.law.harvard.edu/2015/04/13/trends-in-board-of-director-compensation/.（最后访问日期：2022年9月30日）
③ 唐雪松、申慧、杜军：《独立董事监督中的动机——基于独立意见的经验证据》，《管理世界》2010年第9期，第140页。
④ 郑志刚、梁昕雯、黄继承：《中国上市公司应如何为独立董事制定薪酬激励合约》，《中国工业经济》2017年第2期，第178页。
⑤ 朱杰：《独立董事薪酬激励与上市公司信息披露违规》，《审计与经济研究》2020年第2期，第78页。

三、独立董事兼职

根据我国证券市场监管规则，一名自然人最多可以在五家上市公司担任独立董事。①实践中独立董事兼职也是较为普遍的现象，2002—2013年，董事会中有至少一位兼职独立董事的上市公司数量，占上市公司总数的比例从52%上升到85%，在多家上市公司兼职的独立董事在该群体中的占比也从16%上升到25%。②学界对于独立董事兼职的讨论主要集中于两方面：第一，是否应当允许独立董事兼职；第二，是否应当设置独立董事兼职的上市公司数量上限。

受限于个体的时间和精力，独立董事兼职可能会弱化其履职效果。独立董事兼职可能会影响其投入至上市公司的精力，并且随着兼职数量的增多，其投入的积极性在边际上即会出现加速衰减。③按照相关监管规则，独立董事每年最低仅需投入15个工作日处理上市公司事务，而履职方式以参加上市公司董事会会议为主。从独立董事的精力分配方式来看，企业规模越大、报酬越丰厚、社会影响力越高的上市公司可能吸引独立董事更多的精力投入；而企业规模越小、报酬越低，独立董事不愿意过度投入精力至此类公司，而有学者研究表明，后者在经营过程中出现违法违规行为的概率更高。④因此，独立董事兼职可能产生悖论，即独立董事因为收入、声誉等因素将精力更多地投入到那些违法风险较低的大企业，而对于违法

---

① 《上市公司独立董事规则》（2022年）第六条规定，"独立董事原则上最多在五家上市公司兼任独立董事，并确保有足够的时间和精力有效地履行独立董事的职责。"
② 郑志刚、阚铄、黄继承：《独立董事兼职：是能者多劳还是疲于奔命》，《世界经济》2017年第2期，第154页。
③ See Shivdasani Anil, Yermack David: CEO Involvement in the Selection of New Board Members: An Empirical Analysis, The Journal of Finance, 1999(54), 1829.
④ See Ferris Stephen, Murali Jagannathan, Pritchard AC: Too Busy to Mind the Business? Monitoring by Directors with Multiple Board Appointments, Journal of Finance, 2003(58), 1087.

风险较高的小企业投入不足。①

与上述意见相反,支持独立董事兼职的学者主张兼职可以增强独立董事的履职能力。第一,独立董事兼职可以增加其职业经验。考虑到独立董事需要监督上市公司,并对其经营情况提供咨询意见,兼职独立董事处理过更多案例,这些经验将有助于提升履职效率。② 第二,独立董事兼职可以建立商业网络,有助于为任职上市公司带来商业机会。③ 兼职董事可以获取不同上市公司的商业信息,而这些信息往往是具备重要商业价值的。对于供给和需求可以匹配的情况,独立董事能够撮合任职公司进行交易,实现比竞争对手更迅速达成交易的效果。已有研究发现,兼职独立董事形成的商业网络能促进商业信息的获取,在此基础上独立董事能够对并购决策进行全面的判断与分析,并提供相应的咨询建议,从而促使公司进行并购。④ 第三,独立董事兼职可以弥补收入不足的劣势,吸引有竞争力的人才。由于独立董事固定收入并不高,对于那些具备较高人力资本的专业人才来说,如果限制其兼职可能导致收入过低而无法吸引到合适的人才。允许独立董事兼职可以缓解经济收入不足的问题,吸引具有高人力资本的候选人。

当前有关独立董事兼职问题的讨论支持独立董事适度兼职的观点。实证研究发现当独立董事兼职上市公司的家数过多时,上市公司的经营管理

---

① 谢诗蕾、许永斌、胡舟丽:《繁忙董事、声誉激励与独立董事监督行为》,《厦门大学学报》(哲学社会科学版)2016年第5期,第150页。
② See Loderer Claudio, Peyer Urs: Board Overlap, Seat Accumulation, and Share Prices, European Financial Management, 2002(8), 165.
③ See Carpenter Mason, Westphal James: The Strategic Context of External Network Ties: Examining the Impact of Director Appointments on Board Involvement in Strategic Decision Making, Academy of Management Journal, 2001(44), 639.
④ 万良勇、胡璟:《网络位置、独立董事治理与公司并购——来自中国上市公司的经验证据》,《南开管理评论》2014年第2期,第67页。

绩往往表现不佳。① 基于我国上市公司数据的实证研究显示，"董事会中兼职数量最多的独立董事的兼职公司数"与公司业绩之间存在负向关系。② 当一家上市公司的董事会中存在兼职的独立董事数量较少时，新增独立董事兼职的正向效应较高；而当大部分独立董事都存在兼职时，独立董事新增兼职的负面效应较高，新增的兼职董事能够为上市公司带来更多的专业知识和网络正效应，帮助上市公司提升经营业绩，而兼职独立董事投入不足的问题并不显著。同时，对于独立董事个体来说，当兼职数量较少时，新增兼职将会为公司带来正面效应；而当其已经存在一定数量兼职时，增加兼职数量可能会带来负面影响，特别是当独立董事在不同上市公司兼职时，由于各家公司的地理位置相距较远，导致独立董事在董事会开会期间疲于奔命，降低其董事会会议的出席率。有实证研究显示，我国上市公司独立董事兼职的最优数量为3家，显示出董事兼职数量与上市公司绩效之间的倒U形关系。③ 因此，监管机构应当对独立董事兼职数量设置上限，鼓励独立董事在少量上市公司中同时兼任该职位。

第五节 小结

本章结合信息不对称理论和激励相容理论分析了独立董事事中履职保障制度。独立董事有效决策的基础是充分获取信息，因此其知情权的保障是履职实效的重要决定因素。虽然《上市公司独立董事规则》（2022年）第二十五条第一款规定独立董事与非独立董事之间应当享有同等的知情

---

① See Jiraporn Pornsit, Davidson Wallace, DaDalt Peter et al.: Too Busy to Show Up? An Analysis of Directors' Absences, The Quarterly Review of Economics and Finance, 2009(49), 1159.
② 魏刚、肖泽忠、邹宏等：《独立董事背景与公司经营绩效》，《经济研究》2007年第3期，第98页。
③ 郑志刚、阚铄、黄继承：《独立董事兼职：是能者多劳还是疲于奔命》，《世界经济》2017年第2期，第154页。

权。但独立董事并不在上市公司内担任除独立董事之外的职务,其缺乏通过亲身参与公司经营获取一手信息的渠道,决策主要依赖上市公司为其提供相关的书面介绍、财务报告等二手资料。独立董事知情权包括披露主体充分披露的义务和规则层面独立董事借助上市公司资源主动调查获取信息的权利。

考虑到我国上市公司受控情况较为普遍,董事会会议期间应当设置独立董事专门会议以隔绝内部董事对其决策的影响。当前,我国上市公司独立董事在董事会中存在人数劣势、非正式层级劣势和信息劣势三方面的限制。在日常董事会决策中,独立董事很难形成意见合意,异议意见的效果不明显,投票行为对董事会决策结果影响不大。而独立董事专门会议是域外普遍采用的提高独立董事决策效率的制度设计。在没有执行董事出席的情况下,一方面,会议的议程将由独立董事设置和推进,能够避免人数劣势、非正式层级劣势和信息劣势带来的负面影响;另一方面,独立董事之间的沟通会更加直接,相互直接分享和讨论有关上市公司的风险情况,也即是通过专门会议增加"软信息"的获取。

此外,续聘和考核是激励独立董事有效履行职责的制度。我国证券监管规则设定了独立董事连续任职的上限不得超过六年。该规定具有一定的制度收益,可以避免独立董事丧失独立性,但也存在浪费独立董事积累的专用性资产、人力资本等制度成本。同时,上市公司可以仅履行法定程序即解聘独立董事,无须以独立董事存在违法违规行为或其他不称职行为为前提。当独立董事履职缺乏保障时,其抵御和拒绝上市公司无理要求的能力即相对较弱。如果想要当选的独立董事具备一定的监督上市公司内部人的能力,能够在履职过程中保持独立性,那么监管规则应当在一般情况下禁止上市公司随意解除独立董事职务,并且通过列表的方式指明独立董事被解聘的例外情况。

董事会专业委员会逐步成为独立董事履职的重要场景。早在20世纪40

年代，专业委员会即成为保障上市公司独立董事履职能力的重要制度设计，包括审计委员会、薪酬委员会和提名委员会，以及设立的战略委员会、融资委员会和合规管理委员会等。专业委员会的制度优势在于提高独立董事的人力资本、提升上市公司的决策效率和增加董事会决策的可问责性等。但也有学者指出专业委员会提高了董事会内的信息割裂程度，增加了组织内部的信息成本，降低了董事会决策的效率。

最后，虽然独立董事制度设计并不强调货币激励的作用，而是主张发挥声誉资本和法律责任等机制的作用。然而，适当的激励机制可以提升独立董事的履职效果。当前，我国上市公司独立董事的收入主要以固定津贴为主，并且津贴数额较低。随着独立董事面临的法律责任越来越严苛，较低的薪酬收入会产生逆向选择效应，导致优秀人才不愿意担任独立董事。独立董事持股是弥补固定收入不足的重要机制，而我国上市公司独立董事持股不得超过1%，且股权激励对象不得包括独立董事，也对该机制发挥作用产生了限制。从域外经验来看，独立董事的薪酬计划中，股权性报酬已经成为较为重要的组成部分。根据我国证券市场监管规则，一名自然人最多可以在五家上市公司担任独立董事。受限于个体的时间和精力，独立董事过度兼职可能会弱化其履职效果；但兼职机会对于人力资本较高的独立董事来说是重要的激励机制。独立董事适度兼职可以弥补薪资收入不足的问题，吸引有竞争力的人才。此外，独立董事兼职可以增加其职业经验，帮助其建立商业网络，有助于为任职上市公司带来商业机会，提升履职的效率。

第五章　最优预防投入与独立董事勤勉义务及其责任分析

法律经济学经典理论指出，法律责任增加了违法违规独立董事的事后成本，可以实现两方面的功能：第一，在事前激励独立董事积极履行职责；第二，在事后确定风险承担主体。[①] 长期以来，我国独立董事被视为公司治理中的"橡皮图章"，未深度介入公司经营和治理事务，因履职而承担法律责任的风险较低，形成了低介入、低责任的弱势均衡。然而，2021年11月康美案一审判决责令被告向5万余名原告投资者支付侵权损害赔偿24.59亿元，而相关独立董事分别在5%或10%的范围内承担连带赔偿责任，赔偿数额高达数亿元。康美药业案判决打破了独立董事低介入、低责任的弱势均衡，大幅度提升了独立董事的法律责任，独立董事的"权、责、利"失衡，引起了广泛的关注。独立董事因履职而担责的主要原因是违反信义义务，其中因违反勤勉义务而担责的情况最为普遍，且该类案件情节较为复杂，理论界和实务界对此也一直存在不同的观点。本章重点分析独立董事勤勉义务及违反该类义务的责任承担问题，并指出法律经济学有关勤勉义务及其责任的理论依据，认为独立董事无法在履职过程中完全消灭违信行为，信义义务和违信责任的目标在于给独立董事适当的威慑，激励其投入社会最优水平的预防投入。因此，独立董事责任制度改革需要实现"权、责、利"三方面的再平衡。

[①] See Cooter Robert: Economic Theories of Legal Liability, Journal of Economic Perspectives, 1991(5), 11.

第一节　独立董事勤勉义务与汉德公式

上市公司独立董事在履职过程中因未能满足勤勉义务而承担侵权责任的情况较为常见。本节从法律经济学有关侵权责任的经典汉德公式出发，在规范层面讨论设置社会最优的独立董事勤勉义务的思路。

一、上市公司独立董事勤勉义务及归责要件

我国公司法和证券法采取原则性规范和规则性规范相结合的立法例，规定了董事勤勉义务及其免责事由。在原则性规范方面，《中华人民共和国公司法》（以下简称《公司法》）（2018修正）第一百四十七条规定了董事勤勉义务一般性规则，对公司负有忠实义务和勤勉义务。董事履职最重要的途径是出席董事会，对相关议案发表意见并投票表决。《公司法》（2018修正）第一百一十二条建立了"签字即担责"的基本原则，只要董事在会议记录上签字，即应当对会议所形成的决议负责。《证券法》第八十二条要求董事"应当对证券发行文件和定期报告签署书面确认意见"，并"保证发行人及时、公平地披露信息，所披露的信息真实、准确、完整。"

证监会发布的相关规则还为独立董事设置了近20项专门职责。[1] 首先，《独立董事指导意见》第五条第一项规定了六项职权，即审核重大关联交易、独立聘请外部审计机构、提请召开临时股东大会、在股东大会召开前征集投票权、提议召开董事会和提议聘用或解聘会计师事务所。

---

[1] 郭富青：《我国独立董事的制度悖论、缺陷与解决途径——对"康美药业案"引发的独立董事辞职潮的思考》，《学术论坛》2022年第1期，第62页。

其次，该意见第六条第一项规定了独立董事应当对六方面重要事项①发表意见。最后，其他相关规定零散地在述职报告②、现金分红政策③、管理层收购上市公司④、使用闲置募集资金购买理财产品⑤和资产重组中的关联交易⑥等方面为独立董事设置了专门职责。独立董事已经被视为解决上市公司治理问题的"万能钥匙"，被过度委以"看门人"职责。⑦

而对于独立董事的免责规定，学术界的通说观点认为其应当承担相对较轻的法律责任，特别是与内部董事相比尽职履责要求更低、免责更容易、责任更轻。⑧同时，考虑到独立董事所能调动的资源有限，缺乏获取上市公司一手的内部信息，其在履职过程中应当被允许合理信赖其他专家的意见。⑨部分实证研究指出，从当前处罚案件来看，监管机构已经将独立董事视为特殊群体，与其他董事区别对待，处罚的严苛程度更低。⑩

而在法律层面，无论是《公司法》还是《证券法》，都未能在信义义务的内涵和违反该义务的免责要件方面区分独立董事和其他董事。独立董事缺乏针对性的免责规定成为限制其有效履职的重要制度性短板。⑪独立

---

① 该六项事项包括提名和任免董事、聘任或解聘高级管理人员、董事和高级管理人员的薪酬、关联主体对上市公司的大额借款或其他资金往来、其他可能损害中小股东权益的情况、公司章程规定的其他事项。
② 《上市公司股东大会规则》第二十八条。
③ 《上市公司监管指引第3号——上市公司现金分红》第三条、第六条、第八条、第十二条。
④ 《上市公司收购管理办法》第五十一条。
⑤ 《上市公司监管指引第2号——上市公司募集资金管理和使用的监管要求》第七条。
⑥ 《上市公司重大资产重组管理办法》第二十条、第二十一条和第二十二条。
⑦ 曾洋：《重构上市公司独董制度》，《清华法学》2021年第4期，第157页。
⑧ 王涌：《独立董事的当责与苛责》，《中国法律评论》2022年第3期，第65页；曾洋：《重构上市公司独董制度》，《清华法学》2021年第4期，第157页。
⑨ 邢会强：《上市公司虚假陈述行政处罚内部责任人认定逻辑之改进》，《中国法学》2022年第1期，第245页。
⑩ 台冰：《独立董事在上市公司信息披露中法律责任问题研究》，《证券市场导报》2022年5月号，第15页。
⑪ 汤欣：《谨慎对待独董的法律责任》，《中国金融》2019年第3期，第50页。

董事免责只能适用董事免责的一般性规定：第一，其能够"证明在表决时曾表明异议并记载于会议记录的"①；第二，独立董事对于证券信息披露的免责事由，包括"在书面确认意见中发表意见并陈述理由"②或"能够证明自己没有过错"③。例如，在信息披露违规的案件中，独立董事参与董事会会议审议相关事项并在决议上签字，即被视为认可信息披露"真实性、准确性和完整性"。监管机构在处罚决定中往往将独立董事与执行董事、主责管理人员打包认定违法行为，不会对不同主体的过错问题单独讨论说明。

"过错"要件成为有关独立董事归责和免责讨论的核心概念。最高人民法院在康美案判决公开后，对独立董事在因虚假陈述引发的民事侵权案件中是否存在"过错"进行了列举式规定。《最高人民法院关于审理证券市场虚假陈述侵权民事赔偿案件的若干规定》（2022年发布）第十六条规定了四种独立董事不存在过错的情形，④但该规定并未穷尽所有情况，仅是独立董事免责的充分非必要条件，并允许独立董事进一步举证证明已经满足勤勉尽责的要求。此外，该条还设置了过错程度的判断依据，包括独立董事是否已经"按照法律、监管部门制定的规章和规范性文件以及公司章程的要求履行职责"或"在虚假陈述被揭露后及时督促发行人整改且效果较为明显的"。

类似地，证监会也对行政处罚程序中独立董事的"勤勉尽责"和"过

---

① 《中华人民共和国公司法》（2018修正）第一百一十二条。
② 《中华人民共和国证券法》第八十二条。
③ 《中华人民共和国证券法》第八十五条。
④ (1)在签署相关信息披露文件之前，对不属于自身专业领域的相关具体问题，借助会计、法律等专门职业的帮助仍然未能发现问题的；(2)在揭露日或更正日之前，发现虚假陈述后及时向发行人提出异议并监督整改或者向证券交易所、监管部门书面报告的；(3)在独立意见中对虚假陈述事项发表保留意见、反对意见或者无法表示意见并说明具体理由的，但在审议、审核相关文件时投赞成票的除外；(4)因发行人拒绝、阻碍其履行职责，导致无法对相关信息披露文件是否存在虚假陈述作出判断，并及时向证券交易场所、监管部门书面报告的。

错"要件进行了规定。

首先,独立董事在日常履职过程中满足勤勉尽责的充分条件包括以下几个方面。第一,持续关注和了解上市公司的相关信息。《上市公司信息披露管理办法》第三十五条和《上市公司独立董事规则》第二十一条,都要求独立董事了解并持续关注公司的信息,并主动调查、获取决策所需要的资料。第二,应当积极出席上市公司的董事会。《上市公司独立董事规则》第二十一条规定独立董事应当按时出席董事会会议。如果连续三次未出席董事会会议,则属于明显不当履职的情形。[①] 第三,就上市公司重大事项发表意见。独立董事发表的意见类型包括:"同意;保留意见及其理由;反对意见及其理由;无法发表意见及其障碍。"[②] 该项要求独立董事在发表意见之前充分获取信息,并且在决策过程中符合理性人的决策标准。

其次,证监会一方面明确规定了三类符合"不存在过错"要件的情况:"第一,独立董事对相关事项明确表示反对并记载于会议记录,同时在会议上投出反对票;第二,独立董事因不可抗力、失去人身自由等原因,在信息披露违法事实所涉期间无法正常履职;第三,独立董事并非信息披露违法行为的主要责任人,并及时向公司和证券交易所、证券监管机构报告。"[③] 另一方面,证监会还规定了不属于"不存在过错"的五种情况,包括:"不直接从事经营管理;能力不足、无相关职业背景;任职时间短、不了解情况;信赖专业机构或者专业人员出具的意见和报告;以及受到股东、实际控制人控制或者其他外部干预。"[④]

最后,证监会还对独立董事行政责任大小的判断依据进行了规定,包括考察期在信息披露违法行为中的作用,知情程度和态度,职务、具体职

---

① 《上市公司独立董事规则》第十六条。
② 《上市公司独立董事规则》第二十三条。
③ 《信息披露违法行为行政责任认定规则》第二十一条。
④ 《信息披露违法行为行政责任认定规则》第二十二条。

责及履行职责情况以及专业背景等因素。① 独立董事还可以提交"公司章程,载明职责分工和职责履行情况的材料,相关会议纪要或者会议记录以及其他证据"来证明不存在过错,但是上述证据的具体证明力并不确定。②

二、汉德公式、最优预防投入与独立董事勤勉义务

法律经济学将侵权责任视为激励侵权行为人,内化其行为外部性成本的工具。如果侵权行为人在事故(Accident)发生后需要对被侵权人进行损害赔偿,即其需要内化其行为对他人带来的成本,那么在事前即会投入预防性资源降低风险发生的概率。按照最大化经济效率的原则,侵权责任应当最小化侵权行为给全社会带来的成本。因此,侵权行为的免责标准应当综合考虑侵权行为人和被侵权人的成本和收益。

汉德公式(Hand Formula)是讨论侵权责任的经典理论,该理论涉及在侵权行为人承担过失责任的情况下,如何设置最优的归责和免责标准,可以最小化侵权行为给全社会带来的成本。③ 美国法官兰德·汉德(Learned Hand)在一项经典判决中提出了汉德公式。④ 该案涉及在纽约港拖船时引发的侵权行为,属于典型的多个原因导致侵权结果的案件。⑤ 汉德法官总结,如果从全社会的角度审视该侵权案件,社会总成本实际上由

---

① 《信息披露违法行为行政责任认定规则》第十九条。
② 《信息披露违法行为行政责任认定规则》第十五条。
③ United States v. Carroll Towing Co., 159 F.2d 169 (2d Cir. 1947).
④ United States v. Carroll Towing Co., 159 F.2d 169 (2d Cir. 1947).
⑤ 该案的基本案情如下:数艘驳船被一根泊索固定在港口的多个支墩上,被告的拖船在将其中一艘驳船拉出港口时,被告的员工移动了拴住其他驳船的泊索,而此时其他驳船上并没有员工可以进行配合。然而泊索调整结果不佳,导致其中一艘驳船后来脱离了固定的支墩,并与其他货船相撞。货船的部分货物因撞击沉入海底。货船的船主因此起诉拖船的船主,主张被告的员工在调整泊索时,存在过失导致其遭受损失。而被告船主主张驳船船主同样存在过失,因为驳船的员工在泊索调整时,并未按照要求待在船上配合。如果驳船的员工在船上,其即可以检查泊索的牢固程度,避免撞击事件的发生。

两部分组成：第一，侵权行为导致的损害，即侵权损失；第二，避免侵权损害的成本，即预防成本。而前者是由侵权损失发生的概率（P）和被侵权人损失（L）共同决定，后者则是由侵权人所投入的预防成本（B）决定。一方面，如果假设侵权行为发生的概率是可以控制的，并且由各主体所投入的预防成本决定，那么侵权人的预防成本将部分决定侵权损失发生的概率，且预防成本与损失发生概率之间呈负相关关系；另一方面，市场主体投入预防性活动需要耗费成本，这些成本仍然需要由全社会承担。[1] 因此，无限制地提升市场主体的预防投入并不会持续改善社会福利，反而当社会预防性投入增长过高时会消耗社会总福利。侵权责任和免责标准设置的目标是实现市场主体在事前采纳有效率的审慎行为，投入社会最优的预防水平（Precaution）。

从社会最优的角度来看，汉德公式主张侵权责任的免责标准应当平衡侵权损失和预防成本两部分。如果侵权行为人的预防投入低于社会最优水平，那么其即存在过失且应当承担侵权责任；如果侵权行为人的预防投入大于或等于社会最优水平，那么其即不存在过失且不应当承担侵权责任。考虑到预防投入与侵权损失发生概率的负相关关系，实现社会最优预防投入水平的条件为，边际预防成本等于额外预防投入所带来的边际收益时。申言之，汉德公式指出如果侵权行为人的额外预防投入是成本有效的，那么其就应当进行额外的预防性投入，否则其即存在过失。立法机关和司法机关应当通过设置事后效率最优的法律责任和免责标准，激励行为人在事前投入最优的预防成本。

独立董事作为董事会的"看门人"，其通过参与内部治理监督上市公司。勤勉义务为独立董事设置了行为标准，要求其尽职履责、不存在过错。然而，前述小节对独立董事制度的分析显示，我国有关勤勉义务的规

---

[1] See Guido Calabresi: The Cost of Accidents, Yale University Press, 1970.

定较为宏观，虽然司法解释和监管规则以列表的方式列举了部分满足或不满足勤勉义务的情形，但仍然存在大量未被列明的情况，需要监管机构和人民法院根据原则性规范进行个案判断。汉德公式强调从全社会角度看，预防投入和侵权损害都是社会成本，侵权行为人应当投入最优预防水平。① 该分析思路为独立董事勤勉义务的判断提供了理论基础。勤勉义务制度通过两方面因素影响独立董事事前投入的预防成本：一方面，该义务强制要求独立董事投入的法定注意水平（预防性投入），该因素决定了独立董事的归责和免责标准；另一方面，独立董事违反该义务，也即未能投入法定预防投入，需要承担法律责任，该因素决定了独立董事在事后的预期违法成本。

首先，法律法规所设置的注意水平，不应当以要求独立董事杜绝上市公司违法违规行为为目标。考虑到预防投入的边际效果递减，随着独立董事预防投入的上升，其所能减少的违法风险是递减的。申言之，预防投入对降低侵权风险发生概率的效果呈现边际递减效应。若对独立董事的注意水平要求过高，独立董事的预防投入必将显著大于减少违法行为所带来的收益，徒增社会总成本。同时，独立董事的法定注意水平也不应当设置过低。过低的注意水平意味着独立董事在事前所投入的法定最低预防成本较低，那么很难对违法违规行为起到有效预防作用。

其次，违法行为的法律责任也会影响事前的预防投入。其中，违反勤勉义务的情况具有一定的特殊性，上市公司违法存在多个实施主体和多个监督主体，是典型的"多因一果"事件。以上市公司虚假陈述案件为例，独立董事一般因为信息披露违法而担责。而上市公司信息披露涉及内外部各主体：一方面，信息的生产涉及大股东、管理层等，是违法行为的主动实施方；另一方面，信息披露的监督涉及中介机构、独立董事等，是违法

---

① 王涌：《独立董事的当责与苛责》，《中国法律评论》2022年第3期，第65页。

行为的被动监督方。同时，独立董事在监督信息披露违法时，因为存在信息劣势和专业劣势，也不是最优的预防者。独立董事并不在上市公司担任管理职务，同时往往也非行业或财务领域的专家，其获取和分析相关信息的成本较高。因此独立董事是否违反勤勉义务并不完全受其自身控制，其承担法律责任存在一定的不确定性。如果法律责任过高，其为了规避该责任就存在激励过度承担预防成本。而独立董事的预防投入除了自身时间和精力外，还涉及调动上市公司的资源投入，预防投入的社会成本大于私人成本，因此风险厌恶的独立董事会倾向于过度监督。类似地，如果独立董事违反勤勉义务的法律责任较低，就无法在事前起到有效的威慑，那么独立董事投入的预防水平也会较低，无法有效监督上市公司。

独立董事的社会最优预防投入应当综合考虑法定注意水平和法律责任两方面的因素，可以类型化为四个组合。第一个组合是低注意水平、低法律责任，独立董事的预防投入显然低于社会最优水平。第二个组合是低注意水平、高法律责任，独立董事的预防投入会略高于法定注意水平。其受到高法律责任的威慑，会在事前投入较高的预防投入以满足勤勉义务要求。但考虑到法定注意水平较低，理性的独立董事仅会投入比法定注意水平略高的预防投入。第三个组合是高注意水平、低法律责任，由于法律责任较低，独立董事会衡量预防投入成本和预期法律责任成本，其注意水平可能会低于法定注意水平。第四个组合是高注意水平、高法律责任，独立董事的预防投入会显著高于社会最优水平。

在新《证券法》颁布之前，我国上市公司独立董事制度处于"低注意水平、低法律责任"的均衡状态。独立董事缺乏监督激励，承担法律责任的情况也较为罕见，且法律责任相对较轻。在新《证券法》颁布之后，特别是康美案判决公开后，独立董事制度向"高注意水平、高法律责任"的均衡状态变迁。在从旧均衡向新均衡转变的过程中，需要警惕预防因勤勉义务内涵模糊导致的法律责任的不确定和高企的法律责任所带来的"寒蝉效应",即是独立董事过度预防的问题,导致董事会的合作水平下降。[1]法律责任不确定性导致的效果是非对称性的,即如果法院或监管机构认定独立董事未达到法定注意水平,其应当承担相应责任;而如果法院或监管机构认定其达到法律标准,则其不应当承担责任。因此,独立董事在事前即存在激励过度进行预防投入,以便降低其在边际上被判定需要承担法律责任的概率。

高企的法律责任可能导致次生影响,改变独立董事的行为方式。以虚假陈述案件为例,考虑到独立董事因上市公司的欺诈行为,可能承担的严格的法律责任,其必然会投入较高的资源在事前减少欺诈风险。然而,我国独立董事制度存在系统性缺陷,独立董事履职缺乏足够的保障,如知情权、调查权保障较弱,仅凭借自身资源的投入无法消除上市公司的欺诈风险。预期法律责任较高可能导致出现独立董事逆向淘汰现象,即那些素质较高的独立董事,其持有的财富总量较大,履职导致的预期损失较高,因而不愿意担任上市公司独立董事。逆向选择问题将导致证券市场上独立董事整体人力资本和声誉资本的下降,弱化独立董事制度的监督效能。

第二节 独立董事承担行政责任的实证分析

一、独立董事违反勤勉义务行政责任的一般规定

从规范法学的角度看,行政责任是"行政法律关系主体由于违反行政法律规范或不履行行政法律义务而依法应承担的行政法律后果"。[2] 因此,

---

[1] 刘俊海:《上市公司独立董事制度的反思和重构——康美药业案中独董巨额连带赔偿责任的法律思考》,《法学杂志》2022年第3期,第2页。
[2] 罗豪才:《行政法学》,北京大学出版社,1996,第2页。

义务主体存在违反行政法律规范的行为是行政法律责任产生的前提。[①]从制度功能的角度看，行政责任力图实现三方面的目标："第一，救济功能，即通过要求违法行为人为或不为一定行为，对受损的权利和社会关系进行救济；第二，预防功能，即通过剥夺能力以杜绝再次实施违法行为可能性；第三，惩罚功能，即通过对违法行为人苛以法定的负担，以惩罚违法行为的实施者。"[②]行政责任被视为证券市场的本法责任，即市场主体违反证券法和相关管理规定、侵害了证券市场行政管理秩序法益而应当承担的责任。[③]证券行政责任主要偏向于预防功能和惩罚功能，在救济功能方面的规定并不多。

上市公司独立董事主要在信息披露类违法案件中，因违反勤勉义务而承担行政责任。《证券法》第八十二条的规定发行人的董事"应当对证券发行文件和定期报告签署书面确认意见"，并且"应当保证发行人及时、公平地披露信息，所披露的信息真实、准确、完整"。该法第一百九十七条规定，如果上市公司"未按照本法规定报送有关报告或者履行信息披露义务的"，或"报送的报告或者披露的信息有虚假记载、误导性陈述或者重大遗漏的"。然而，独立董事是否应当被苛以保证信息真实性的责任仍然存在较大的争议，[④]从制度功能角度，独立董事履行的是监督功能，而不是保证功能，因而上述安排并不符合制度设计的初衷。[⑤]对行政处罚案例的分析显示，独立董事勤勉尽责的具体表现包括"参加培训、出席董事

---

① 张旭：《民事责任、行政责任和刑事责任——三者关系的梳理与探究》，《吉林大学社会科学学报》2012年第52期，第56页。
② 罗豪才：《行政法学》，北京大学出版社，1996，第3页。
③ 周友苏、蓝冰：《证券行政责任重述与完善》，《清华法学》2010年第4期，第65页。
④ 刘俊海：《上市公司独立董事制度的反思与重构——康美药业案中独董巨额连带赔偿责任的法律思考》，《法学杂志》2022年第3期，第3页。
⑤ 邢会强：《上市公司虚假陈述行政处罚内部责任人认定逻辑之改进》，《中国法学》2022年第1期，第245页。

会及股东大会、关注上市公司相关信息、对上市公司及相关主体进行监督和调查等"。①

独立董事承担证券行政责任的构成要件较为简单，主要包括违法行为和主观过错两方面。独立董事的违法行为是否给他人合法权益造成损害，并不影响其是否应当承担行政责任，只会影响其承担责任的大小。一方面，独立董事作为独立的信息披露义务主体其违反相关法律法规的情况较为少见，主要是作为信息披露违法的上市公司的其他直接责任人员。而上市公司所从事的违法行为类型则包括虚假陈述和重大遗漏等。从该角度看，上市公司从事信息披露类违法行为，独立董事仅是众多"看门人"之一，且并非预防成本最低、专业性最高、激励最强的主体。所披露的信息主要来源于上市公司内部，一般经过内部控制体系首先到达执行董事和管理层手中，其次经过证券中介机构的鉴证，最后才由独立董事审阅。②因此，独立董事是否能够凭借个人力量，发现合理的理由阻止该违法行为是存疑的。从域外法的角度看，独立董事在决定违法行为的因果力方面也处于弱势的从属地位，美国联邦法院在Bates v. Dresser③的判决中即显著区别了独立董事与内部董事实施违法行为方面的区别。我国学者也同样建议对不同类型的董事进行合理区分。④

另一方面，独立董事在承担行政责任时，应当对违法行为的发生存在主观过错。根据2020年新修订的《行政处罚法》第三十三条，"当事人有证据足以证明没有主观过错的，不予行政处罚。"而在行政处罚程序中，独立董事过错要件的证明也采取了举证责任倒置的规则，即独立董事应当

---

① 台冰：《独立董事在上市公司信息披露中法律责任问题研究》，《证券市场导报》2022年第5期，第18页。
② 吴建斌：《试论上市公司独立董事的责任及其限制》，《南京大学学报》（哲学、人文科学、社会科学版）2006年第3期，第38页。
③ 250 Fed. 525, 162 C. C. A. 541.
④ 傅穹：《司法视野下独立董事的责任反思与制度创新》，《法律适用》2022年第5期，第26页。

举证证明已经充分履行了勤勉义务，不存在主观过错。我国相关法律法规并未就主观过错的类型进行规定，独立董事在存在故意、重大过失还是仅需要存在疏忽大意即满足主观过错要件未进行明确规定。此外，独立董事采取的调查措施还需要达到"合理调查"的标准。从处罚判决的角度看，独立董事不能仅以询问管理层了解情况，主张进行了合理调查，还需要对多主体进行访谈，并通过走访现场、了解物流信息、询问不同交易环节的人员等获取到必要的资料。① 当然，也有学者主张不应当要求独立董事进行"侦探式的调查"，只要能够关注到公司经营中的重大异常，并质询相关责任人且提示风险即满足"合理调查"的标准。②

对独立董事苛以行政处罚的行政主体主要是证监会及其派出机构。行政处罚案件需要遵守相应的程序性规范，《证券期货违法行为行政处罚办法》对该问题进行了详细的规定。首先，第六条规定了行政处罚案件的立案条件。③ 其次，在案件调查终结后，中国证监会及其派出机构可以作出不同的决定，包括作出行政处罚、因违法行为轻微不予行政处罚、因违法事实不成立不予行政处罚和涉嫌犯罪移送司法机关。④ 最后，中国证监会内部设立的行政处罚委员会负责审理调查终结的案件并做出处理决定。⑤ 该处理决定正式作出前，中国证监会及其派出机构还应当向当事人送达行政处罚事先告知书。⑥ 当事人收到事先告知书十五日内，可以要求举行听

---

① 张婷婷：《独立董事勤勉义务的边界与追责标准——基于15件独立董事未尽勤勉义务行政处罚案的分析》，《法律适用》2020年第2期，第85页。
② 邢会强：《证券市场虚假陈述中的勤勉尽责标准与抗辩》，《清华法学》2021年第5期，第70页。
③ 立案条件包括："第一，有明确的违法行为主体；第二，有证明违法事实的证据；第三，法律、法规、规章规定有明确的行政处罚法律责任；第四，尚未超过二年行政处罚时效。涉及金融安全且有危害后果的，尚未超过五年行政处罚时效。"
④ 《证券期货违法行为行政处罚办法》第二十七条。
⑤ 《证券期货违法行为行政处罚办法》第二十八条。
⑥ 《证券期货违法行为行政处罚办法》第三十条。

证会，并就处罚内容进行陈述和申辩。①

有研究主张对《行政处罚法》第九条规定的六种行政处罚，进一步类型化为声誉罚、财产罚、资格罚、行为罚与人身自由罚五种类型。②具体来看，独立董事可能受到的行政处罚包括：声誉罚，即"警告"；财产罚，主要包括"罚款"和"没收违法所得"两项措施；资格罚，主要包括"市场禁入"和"撤销资格证书，此后三年内拒绝受理其从业资格申请"。在行政处罚层面，适用于独立董事的行为罚和人身自由罚措施并不常见。

二、新《证券法》颁布以来独立董事受到行政处罚的案例分析

本节在上述规范性分析的基础上，收集了新《证券法》公布以来，证监会于2020年1月至2022年6月期间公告的针对上市公司的行政处罚决定书。通过上述监管处罚文书的文本分析，本节对独立董事在行政责任方面的归责和免责问题进行系统的讨论。早在2001年我国初步建立独立董事制度之时，独立董事陆家豪因上市公司郑州百文虚增利润案件受到证监会的行政处罚。③陆家豪在行政复议和行政诉讼程序中辩称，其作为上市公司的独立董事并未领取薪酬，也未介入公司的经营，更未参与财务造假违法行为。④从案件事实来看，陆家豪彼时已经年过七十，其作为郑州大学外国语专业的教师，无论是从专业水平，还是从时间精力上都无法胜任上市公司的管理工作。然而，证监会并未认可陆家豪有关"花瓶董事"的主张，认为独立董事同样需要对上市公司信息披露的真实性和完整性负责。

---

① 《证券期货违法行为行政处罚办法》第三十一条。
② 马怀德：《〈行政处罚法〉修改中的几个争议问题》，《华东政法大学学报》2020年第23期，第8页。
③ 钟华友：《陆家豪非"独立董事"及其责任承担的质疑——全国首例"花瓶董事"状告证监会案引发的法律思考》，《法律适用》2003年第8期，第75页。
④ 李明辉：《独立董事对财务报告的法律责任：一项案例分析》，《管理科学》2003年第5期，第90页。

陆家豪随后向北京市第一中级人民法院提起了行政诉讼，遗憾的是该案因为超过诉讼时效而被驳回。

独立董事与证监会之间的角力一直持续至今。随着注册制改革的深入推进，证券市场违法行为的法律责任逐步"长出了牙齿"。特别是新《证券法》颁布后，独立董事面临的行政责任显著增长，其面临的法定行政罚款增长了数倍。同时，行政处罚作为民事侵权损害赔偿程序，证明独立董事未勤勉尽责的有力证据，显著提升了其面临巨额民事损害赔偿责任的风险。因此，独立董事如何在行政处罚程序中寻求免责成为至关重要的问题。

表5汇总了新《证券法》颁布后独立董事受到行政处罚的案例。总体来看，在12家上市公司任职的38名独立董事，因信息披露违规受到证监会的行政处罚，单家上市公司独立董事受罚人数在2～6人。上市公司的违法行为呈现涉案金额较大、跨越时间较长的特点。出现频率最高的信息披露违法行为分别是上市公司在数年年度报告和半年报中虚假陈述或（和）重大遗漏。例如，在涉及宜华生活科技股份有限公司的行政处罚决定中，上市公司在2016—2019年通过虚增出口额、虚假销售等方式虚增营业收入，且数额占各年总营收的20%以上。证监会认为上市公司存在长期的、系统的财务造假问题，独立董事并未发现任何可疑端倪并进行预警，是典型的公司治理失效、独立董事未勤勉尽责。

此外，上市公司未及时披露关联交易或（和）关联担保也是较为常见的违法行为，例如在涉及乐视网信息技术（北京）股份有限公司的行政处罚决定中，该公司将超过两亿元的"增资款"打给重庆乐视小额贷款公司，后者又转给上市公司的七家关联公司，最后这七家公司将资金转给乐视控股（北京）有限公司，即上市公司的母公司。这系列交易实际构成了关联交易，并且按照《深圳证券交易所创业板股票上市规则（2014年修订）》第10.2.4条的规定，当关联交易"金额在100万元以上，且占上市公司最近一期经审计净资产绝对值0.5%以上的"，应当及时向市场披露。最后，上市公司未披露变更募集资金的使用情况也是较为常见的违法行为。例如，在涉及山东龙力生物科技股份有限公司的行政处罚案件中，该公司将首次公开发行股票募集资金转入一般银行账户使用，而在2015—2017年披露的《募集资金使用与存放情况专项报告》中虚假记载募集资金专户余额。

在上述案件的行政处罚部分，证监会最频繁援引的是2005年《证券法》第一百九十三条。该条第一款规定了发行人、上市公司或者其他信息披露义务人信息违法行为的行政责任，并且区分了直接负责的主管人员和其他直接责任人员。证监会在适用该条时，将独立董事归类为其他责任人员。[①]第二款则规定了发行人、上市公司或者其他信息披露义务人未按照规定报送有关报告，或者报送报告存在虚假陈述或重大遗漏的行政责任。最后一款则规定如果发行人、上市公司或者其他信息披露义务人的控股股东、实际控制人指使他人从事违法行为，也应当按照前两款规定进行处罚。该条对于罚款数额的设定较低，对于发行人、上市公司或者其他信息披露义务人的罚款在30万～60万元；而对于直接负责的主管人员和其他直接责任人员的罚款仅在3万～30万元。此外，证监会也在个别案件中援引2005年《证券法》第一百八十九条，该条规定了欺诈发行的行政责任，发行人在未成功发行时，罚款金额在30万～60万元；在已经发行证券时，罚款金额占非法所募资金金额的1%~5%。

证监会对独立董事施加的行政处罚主要是警告和罚款。几乎全部独立董事都受到声誉罚，即"警告"，但是在"乐视网信息技术（北京）股

---

① 例如，在涉及凯迪生态环境科技股份有限公司的行政处罚决定书中，时任董事长李林芝、总经理兼财务总监张海涛被认定为直接负责的主管人员；而独立董事厉培明、张兆国与其他董事、监事和管理层人员被认定为其他直接责任人员，见《中国证监会行政处罚决定书（凯迪生态环境科技股份有限公司、陈义龙等16名责任人员）》（〔2020〕19号），http://www.csrc.gov.cn/csrc/c101928/c1042344/content.shtml.（最后访问日期：2022年9月30日）

表5：A股上市公司独立董事受到的行政处罚（2020年1月—2022年6月）

序号	被处罚人	独立董事任职上市公司	处罚决定书作出日	违法行为	案号	处罚措施	行政处罚所依据的法律条文
1	郑晓明 苏奇木	深圳市索菱实业股份有限公司	2020年12月7日	2016年、2017年和2018年年度报告存在虚假记载；2017年和2018年度报告存在重大遗漏	[2020]105号	警告，并分别处以8万元罚款	2005年《证券法》第一百九十三条第一款和第三款
2	隋国军 苏中锋 单润泽	康得新复合材料集团股份有限公司	2020年9月22日	2015—2018年年度报告存在虚假记载；未及时披露控股股东提供关联担保；未在年度报告中如实披露募集资金使用情况	[2020]71号	警告，并分别处以5万元罚款	2005年《证券法》第一百九十三条第一款和第三款
3	张兆国 万安娃	东方金钰股份有限公司	2020年9月7日	虚构销售和采购交易；2016年、2017年年度报告和2018年半年度报告存在虚假记载	[2020]62号	警告，并分别处以5万元罚款	2005年《证券法》第一百九十三条第一款
4	陈本洲 丛锦秀 陈树文 吴晓魏	獐子岛集团股份有限公司	2020年6月15日	2016年、2017年和2018年年度报告存在虚假记载；部分公告存在虚假记载	[2020]29号	警告，并分别处以4万元罚款	2005年《证券法》第一百九十三条第一款
5	马焕洲 江镇平 李定安 张弘 郭崇慧 张平	康美药业股份有限公司	2020年5月13日	2016年、2017年和2018年度报告存在虚假记载；2016年、2017年和2018年年度报告存在重大遗漏	[2020]24号	马焕洲受到警告和25万元罚款；江镇平、李定安受到警告，并分别处以20万元罚款；张弘、郭崇慧、张平受到警告，并分别处以15万元罚款	2005年《证券法》第一百九十三条第一款和第三款

续表

序号	被处罚人	独立董事任职上市公司	处罚决定书作出日	违法行为	案号	处罚措施	行政处罚所依据的法律条文
6	吉明 钟宁 张天成	深圳市新纶科技股份有限公司	2020年5月8日	虚构财务数据；未按规定披露关联交易、对外担保	[2020] 21号	警告，并分别处以3万元罚款	2005年《证券法》第一百九十三条第一款
7	厉培明 张兆国	凯迪生态环境科技股份有限公司	2020年5月7日	2015—2017年年度报告存在虚假记载；未按规定披露关联交易、重大债务违约情况	[2020] 19号	警告，并分别处以10万元罚款	2005年《证券法》第一百九十三条第一款和第三款
8	孙德林 王克 刘国武	宜华生活科技股份有限公司	2021年10月14日	2016—2019年定期报告存在虚假记载；2016—2019年年度报告存在重大遗漏	[2021] 81号	警告，并分别处以60万元罚款	2005年《证券法》第一百九十三条第一款、第一百九十七条第二款
9	王志强 龙小宁 陈华敏 李玉中 张铭洪	富贵鸟股份有限公司	2021年9月7日	公开发行公司债券信息披露存在虚假记载、重大遗漏及未在规定时间内披露相关定期报告；公司债券募集资金未按核准用途使用；非公开发行公司债券信息披露存在虚假记载和重大遗漏；未按规定及时披露2017年度新增对外担保事项	[2021] 71号	王志强、张铭洪、李玉中受到警告，并分别处以5万元罚款；龙小宁、陈华敏受到警告，并分别处以3万元罚款	2005年《证券法》第一百九十三条

续表

序号	被处罚人	独立董事任职上市公司	处罚决定书作出日	违法行为	案号	处罚措施	行政处罚所依据的法律条文
10	沈艳芳 朱宁 曹彬	乐视网信息技术（北京）股份有限公司	2021年3月26日	申请首次公开发行股票并上市文件及财务报告虚假记载；未按规定披露关联交易；对外担保、未如实披露承诺情况；欺诈向履行借款承诺情况；欺诈发行（非公开发行股票）	[2021] 16号	朱宁、曹彬受到警告；沈艳芳、朱宁、曹彬分别处以3万元罚款	2005年《证券法》第一百九十三条，第一百八十九条
11	聂伟才 杜雅正 倪浩媛	山东龙力生物科技股份有限公司	2021年1月11日	财务报告虚假记载；对外借款虚假记载；未按规定履行担保披露义务；未及时披露重大诉讼、仲裁；擅自改变募集资金用途	[2021] 3号	警告，并分别处以8万元罚款	2005年《证券法》第一百九十三条第一款、第三款
12	贝继伟 李义江	广东柏堡龙股份有限公司	2022年4月2日	首次公开发行股票招股说明书、2016年非公开发行股票发行情况报告书暨上市公告书及定期报告存在虚假记载；2017—2019年年度报告中未如实披露资金情况；2018—2020年度未披露对外担保情况	[2022] 18号	警告，并分别处以50万元罚款	2005年《证券法》第一百九十七条第二款

注：本表为作者根据中国证监会官方网站数据整理所得。

份有限公司处罚决定书"中，一名独立董事并未受到"警告"处罚。所有独立董事都受到了财产罚，即"罚款"，罚款数额在3万~60万元。在大多数案件中，证监会对独立董事都施加了相同数额的罚款，但也有一部分案件对独立董事施加了不同数额的罚款。从处罚决定书来看，主要是因为这些独立董事在听证会和申辩材料中提供了当事人勤勉尽责的相关证据。

三、独立董事行政责任免责要件的类型化分析

证监会在行政处罚决定书中明确了对于上市公司独立董事行政责任认定的基本逻辑，即独立董事在相关信息披露文件上签字同意，即表明其对上述文件的真实性、准确性和完整性负责。例如，涉及康得新复合材料集团股份有限公司的行政处罚决定书记载："对2015年至2017年年度报告签署书面确认意见的董事、监事、高级管理人员为：钟玉、徐曙、王瑜、刘劲松、隋国军、单润泽、苏中锋、吴炎、邵明圆、张艳红、杜文静。肖鹏、王瑜保证2018年年度报告中财务报告的真实、准确、完整。"① 其中，隋国军、单润泽、苏中锋为该公司的独立董事，其余人员皆为该公司的内部董事或监事，证监会在认定违法事实部分并未对担任不同职位的人员进行区分。行政处罚决定书也记录了独立董事所提出的免责要件，可以进一步类型化为以下两类。

1. 未被采纳的抗辩事由

在听证会和申辩陈述阶段，独立董事提出相应的抗辩理由，申请免责或者减轻处罚。首先，根据处罚决定书里的信息，完全未被采纳的抗辩理由可以类型化为三种。

---

① 《中国证监会行政处罚决定书（康得新、钟玉等13人）》（〔2020〕71号），中国证券监督管理委员会官网，http://www.csrc.gov.cn/csrc/c101928/c1042302/content.shtml.（最后访问日期：2022年9月30日）

第一，宏观的抗辩理由，包括当事人不知悉、未参与、任职期间积极履职、调查期间积极配合等。对于上述一般性的抗辩理由，证监会持否定性态度，并且将非独立董事、高级管理人员的尽职履责标准适用于独立董事，包括"应当了解并持续关注上市公司的生产经营情况、财务状况和已经发生或者即将发生的重大事件及其影响，应当主动调查、获取决策所需要的资料，积极问询，提出质疑，提供建议"。[①]证监会将独立董事的"不知情、不了解、未参与"视为其未能勤勉尽责的证据。而对于调查期间积极配合，证监会认为这是法定义务，并不能构成免责或者减责的情节。

第二，超出独立董事的专业能力范围。有些独立董事主张案件所涉违法行为过于专业，超出其能力范围，因此主要依据中介机构的报告进行判断，不存在过错。例如，在涉及獐子岛集团股份有限公司的行政处罚决定书中，独立董事陈本洲辩称"其作为质量检验、食品安全和加工出口方面的专业人士被股东大会选举为独立董事，不具备财务方面的专业审查能力"。独立董事陈树文辩称"其本人是作为管理专业人士被股东大会选举为独立董事的，不具备财务方面的专业审查能力。主要是依据会计师事务所出具的审计报告以及审计委员会提供的意见和建议作出决定"。然而，证监会并未采纳上述从专业不匹配角度进行的辩护，而是主张根据2005年《证券法》第六十八条的规定，专业因素不属于上市公司独立董事保证义务的判断要件。

第三，对专业机构的信赖，履职过程中的问询、意见、建议行为，并不构成充分勤勉尽责的要件。一方面，证监会主张独立董事不能完全信赖其他机构或个人，应当形成个人的独立意见；另一方面，在履职过程中所提出的询问和意见均为独立董事的一般履职行为，而不构成证明已履行勤

---

① 《中国证监会行政处罚决定书（索菱股份、肖行亦等18名责任人员）》（〔2020〕105号），中国证券监督管理委员会官网，http://www.csrc.gov.cn/csrc/c101928/c1416721/content.shtml.（最后访问日期：2022年9月30日）

勉尽责义务的证据。证监会认为与一般性履职行为相对的是有针对性的调查核实及有效的监督工作安排，后者相关的证据可以证明独立董事勤勉尽责。①

2.（部分）被采纳的抗辩事由

证监会在听证和申诉阶段部分采纳的理由主要是，处罚裁量幅度标准不统一，给予独立董事的处罚过重。证监会在处罚决定书中解释，行政处罚会综合考虑"当事人的参与程度、岗位职责、任职年限、专业背景"等因素。深圳市索菱实业股份有限公司的独立董事提出受到的行政处罚过于严苛，未区分独立董事和内部董事、高级管理人员，证监会即采纳当事人的抗辩，并减少了其行政罚款。②

证监会认可的免责或减责事由是独立董事能够提供具体的勤勉尽责的证据。在涉及富贵鸟股份有限公司的行政处罚决定中，独立董事龙小宁指出其在履职期间已经就可能的财务造假问题向财务总监和负责公司审计事务的毕马威会计师事务所进行问询。并且，其作为审计委员会委员履职期间，当毕马威会计师事务所首次提及未披露担保事项后，即要求公司就该事项进行调查解释、公司律师出具合规意见，以及推迟发布定期报告。独立董事陈华敏则在获悉可能存在"关联质押交易"时，立即提出聘任外部审计机构进行调查，要求上市公司进行相关披露，并且对"关联交易""第三方质押交易"和2016年中期业绩报告投出反对票。证监会在收到上述独立董事提交的证据后，对部分证据予以采纳并调减了二人所受行政处罚。

从上述行政处罚决定书所揭露的信息来看，独立董事在上市公司信息

---

① 《中国证监会行政处罚决定书（乐视网、贾跃亭等15名责任主体）》（〔2021〕16号），中国证券监督管理委员会官网，http://www.csrc.gov.cn/csrc/c101928/c490192772b7748f58f089887c76bb662/content.shtml.（最后访问日期：2022年9月30日）
② 《中国证监会行政处罚决定书（索菱股份、肖行亦等18名责任人员）》（〔2020〕105号），中国证券监督管理委员会官网，http://www.csrc.gov.cn/csrc/c101928/c1416721/content.shtml.（最后访问日期：2022年9月30日）

披露违法案件中承担行政责任遵循"签字即担责"的原则。在该原则之下，独立董事最为稳妥的履职方式是对存在风险的议案提出反对意见。然而，根据当前独立董事履职的情况，绝大部分上市公司的独立董事从未投出过反对票，最多仅是提出相关建议。① 因此，当上市公司出现信息披露违法时，独立董事很容易受到行政处罚。当然，从实现董事会治理功能的角度看，对抗性的团队氛围对于上市公司日常经营管理可能产生严重的负面影响。当独立董事与内部董事相互对立、互相猜忌时，董事会很难有效运营。

独立董事减责的次优选择是，在上市公司任职时，保持与公司审计事务所、律师事务所和高层管理人员的沟通，对上市公司的主要厂房、客户进行实地调研，并且对相关事项存疑时，提出聘任第三方中介机构进行协助调查。同时，独立董事应当保存好上述活动的相关证据。然而，上述措施可以降低证监会对独立董事的行政责任要求，但是否能够实现免责仍然存在不确定性。

此外，行政责任包括罚款和警告，虽然对独立董事会产生较大的负面影响，但更为严重的是数额巨大的民事损害赔偿。如果独立董事受到行政处罚，那么其在民事程序中存在较高的概率需要为上市公司虚假陈述承担连带损害赔偿责任。该连带责任往往远超独立董事个人的财富总额。因此，独立董事履职的关键是在行政处罚程序中通过满足"不存在过错"要件免责。然而，在行政责任层面，独立董事希望通过勤勉尽责实现免责难度较大，需要独立董事投入更多的精力、调动上市公司的资源进行监督和核查。申言之，独立董事应当摒弃当前"老好人式"履职模式，而切实担起"看门人"的职责。

---

① 曾洋：《重构上市公司独董制度》，《清华法学》2021年第4期，第157页。

第三节　独立董事承担民事责任的实证考察

一、独立董事承担民事责任兴起的原因分析

《证券法》第八十五条规定了上市公司独立董事的民事责任，即当信息披露义务人存在信息类违法行为给投资者造成损失的，其应当承担损害赔偿责任；而当信息披露义务人为发行人时，其独立董事应当"与发行人承担连带赔偿责任"。然而，在相当长的一段时间内，因虚假陈述引发的民事责任并未引起独立董事的关注。这主要是因为，独立董事因此类违法行为承担损害赔偿责任的案例非常罕见。在新《证券法》颁布之前，证券民事诉讼制度设计并未考虑因虚假陈述引发的民事案件的特点。虚假陈述给投资者带来了巨大的损失，但由于受侵害的投资者数量较多，单个投资者遭受的损失数额较小。[①] 投资者维权的成本较高，大量中小投资者起诉的预期成本远大于收益，面临集体行动困境的制约。[②]

2003年发布的《最高人民法院关于审理证券市场因虚假陈述引发的民事赔偿案件的若干规定》规定，投资者以上市公司虚假陈述起诉请求侵权损害赔偿，首先需要满足行政前置程序，即需要提交上市公司收到的行政处罚决定或者刑事裁判文书。[③] 行政前置程序的要求，限制了投资者的诉权，无法独立决策起诉上市公司，大幅度减少了上市公司被诉频率。[④] 此外，投资者仅能提起单独诉讼或者共同诉讼，无法提起集团诉讼或代表人诉讼。[⑤] 在虚假陈述引发的民事案件中，单个投资者遭受的损失数额较小，即使维权成功，诉讼成本远大于所获的收益。有相关的实证研究表

[①] 郭雳：《美国证券集团诉讼的制度反思》，《北大法律评论》2009年第2期，第427页。
[②] 章武生：《我国证券集团诉讼的模式选择与制度重构》，《中国法学》2017年第2期，第278页。
[③] 《最高人民法院关于审理证券市场因虚假陈述引发的民事赔偿案件的若干规定》第六条。
[④] 王建敏：《证券民事诉讼的形式以及前置程序分析》，《政法论丛》2005年第2期，第70页。
[⑤] 《最高人民法院关于审理证券市场因虚假陈述引发的民事赔偿案件的若干规定》第十二条。

明，已经满足行政程序前置、符合虚假陈述民事案件起诉条件的案件中，其中只有20%案件的投资者选择提起民事诉讼寻求司法救济。① 最后，虚假陈述案件的管辖为上市公司所在地有管辖权的中级人民法院。② 由于上市公司皆为地方经济发展的重要支柱企业，保持着较强的政治联系，增加了投资者通过诉讼程序获取损害赔偿的难度。③ 综合上述原因，上市公司因虚假陈述所支付的损害赔偿数额也较低，大多为数百万元，其作为虚假陈述的主要责任人完全具备清偿能力支付损害赔偿，独立董事不存在承担连带责任的风险。④

然而，独立董事履职"低勤勉、低责任"的状态在新《证券法》颁布后被打破。新《证券法》第九十五条为解决投资者求偿难提供了重要的制度创新，在普通代表人诉讼制度之外增设了特别代表人诉讼制度，为保障投资者维护自身权益创造了积极条件。其中，"选择退出型"特别代表人诉讼也被称为"中国版集团诉讼"。⑤ 在投资者保护机构获得50名以上原告投资者的委托后，其可以作为特别代表人诉讼的代表人参加，并启动特别代表人诉讼程序。⑥

根据最高人民法院在2020年7月发布的《最高人民法院关于证券纠纷代表人诉讼若干问题的规定》（以下简称《证券纠纷代表人诉讼若干规定》），如果投资者不希望参与特别代表人诉讼，则需要在公告期内以明示的方式主动退出，否则法院所作的判决对其具有约束力。特别代表人诉

---

① 黄辉：《中国证券虚假陈述民事赔偿制度：实证分析与政策建议》，《证券法苑》2013年第2期，第966页。
② 《最高人民法院关于审理证券市场因虚假陈述引发的民事赔偿案件的若干规定》第九条。
③ 汤欣：《私人诉讼与证券执法》，《清华法学》2007年第3期，第95页。
④ 徐文鸣：《证券民事诉讼制度的实证研究》，《中国政法大学学报》2017年第2期，第75页。
⑤ 汤维建：《中国式证券集团诉讼研究》，《法学杂志》2020年第12期，第108页。
⑥ 邢会强：《中国版证券集团诉讼制度的特色、优势与运作》，《证券时报》2020年3月14日，第A07版。

讼充分利用规模经济解决求偿贵的问题，将投资者寻求司法救济的成本降到最低，最大化原告数量和投资者获得的总赔偿。

上市公司因证券虚假陈述而被判罚的损害赔偿数额随之大幅度攀升。例如，在全国首例债市欺诈发行普通代表人诉讼中，五洋建设及其实际控制人被判向投资者支付总计超过10亿元的损害赔偿。在首例股票虚假陈述纠纷普通代表人诉讼中，飞乐音响被判向315名原告投资者支付总计1.23亿元的损害赔偿。在首例股票虚假陈述纠纷特别代表人诉讼中，康美药业被判向55326名投资者总计支付24.59亿元的损害赔偿。动辄数亿元，甚至十数亿元的损害赔偿责任，对上市公司来说也是沉重的负担。如果上市公司缺乏清偿能力，那么独立董事作为连带责任人即面临巨额的赔偿责任。

二、新《证券法》颁布以来独立董事承担连带民事责任的案例分析

1. 独立董事承担民事责任案件的基本情况

本节以"虚假陈述"和"独立董事"为关键词，从北大法宝搜索了近5年涉及上市公司及其独立董事因虚假陈述引发的民事案件的一审判决书，进而从实证法的角度对独立董事承担民事责任的情况进行分析。然而，在大部分因虚假陈述引发的民事诉讼中，独立董事作为被告的情况并不常见。北大法宝以上述关键词搜索的结果为1517篇裁判文书，通过对文书的仔细阅读，投资者在涉及8家上市公司的虚假陈述案件中，也将独立董事列为被告。表6汇总了上述民事判决书的基本信息。

在本节收集的样本中，8家被告上市公司总计有22名独立董事被列为共同被告，每家上市公司独立董事被诉的数量在1~4名。从判决书中揭露

表6：独立董事在上市公司虚假陈述民事案件中承担民事责任的情况

序号	上市公司名称	被起诉独立董事姓名	审理法院	一审判决作出日期	诉讼方式	独立董事损失承担比例	判决书编号
1	深圳市索菱实业股份有限公司	郑晓明、苏奇木	广东省深圳市中级人民法院	2022年8月	示范判决程序	10%	[2021] 粤03民初3259号
2	福建众和股份有限公司	张亦春、唐子华、朱福惠（未列为被告）	福建省福州市中级人民法院	2021年6月	普通程序	5%	[2021] 闽01民初1021号
3	济南高新发展股份有限公司	佘廉、刘国芳	山东省济南市中级人民法院	2021年12月	普通程序	0	[2021] 鲁01民初1694号
4	山东天业恒基股份有限公司	路军伟、刘国芳、王凯东、佘廉	山东省济南市中级人民法院	2021年11月	普通程序	100%	[2019] 鲁01民初3766号
5	中安科股份有限公司	殷承良、常清、蒋志伟	上海金融法院	2021年7月	普通程序	0	[2019] 沪74民初2509号
6	康美药业股份有限公司	江镇平、李定安、张弘、郭崇慧、张平	广东省广州市中级人民法院	2020年12月31日	特别代表人诉讼	10%	[2020] 粤01民初2171号
7	协鑫集成科技股份有限公司	谢文杰	江苏省南京市中级人民法院	2018年5月	普通程序	10%	[2016] 苏01民初2066号
8	海润光伏科技股份有限公司	金曹鑫、洪冬平、徐小平	江苏省南京市中级人民法院	2018年6月	普通程序	10%	[2016] 苏01民初539号

注：本表为报据"北大法宝司法案例"数据库整理所得。

第五章 最优预防投入与独立董事勤勉义务及其责任分析

的信息来看,存在受到行政处罚的独立董事未被列为共同被告的情况。①审理法院分别为福州市中级人民法院、深圳市中级人民法院、上海金融法院、广州市中级人民法院、济南市中级人民法院、南京市中级人民法院。其中,济南市中级人民法院和南京市中级人民法院审理了涉及两家上市公司的虚假陈述民事纠纷。在诉讼方式上,大部分案件都适用普通程序,其中涉及康美药业股份有限公司的案件适用了特别代表人诉讼程序;而涉及深圳市索菱实业股份有限公司的案件则适用了示范判决程序。

2. 民事责任的类型

根据《证券法》(2014年修正)第六十九条规定,当存在虚假陈述时,发行人、上市公司的独立董事应当承担连带赔偿责任。《关于审理证券市场虚假陈述侵权民事赔偿案件的若干规定》也仅规定了承担连带责任,并未进一步根据过错程度细化规定连带责任的类型。然而,审理法院在上述判决中对于独立董事承担连带责任的类型进行了适当调整,以实现"权、责、利"相匹配的裁判结果。

第一,独立董事与上市公司承担无限连带责任。具有代表性的案例是涉及山东天业恒基股份有限公司的判决,其连续在2016—2018年的定期报告中进行虚假记载和重大遗漏,并且未及时披露相关重大事件。② 济南市中级人民法院裁定其涉嫌违反《证券法》第六十三条及第六十七条第一款的规定,并根据《证券法》第一百九十三条第一款和《最高人民法院关于审理证券市场因虚假陈述引发的民事赔偿案件的若干规定》第二十一条第二款,判决16名董监高对上市公司的损害赔偿责任承担无限连带责任。裁判文书说理部分指出"但根据证监会行政处罚决定书中的认定,'无证据表明上述董事、监事、高级管理人员在涉案事项中尽到勤勉尽责义务'",

---

① 在涉及福建众和股份有限公司的案件中,判决书显示独立董事朱某某受到行政处罚,但未被列为共同被告。
② 〔2019〕鲁01民初3766号。

因此不予采信被告无过错主张。

第二，独立董事承担比例连带赔偿责任。该类连带责任是独立董事较为常见的责任承担形式，包括涉及深圳市索菱实业股份有限公司、福建众和股份有限公司和康美药业股份有限公司等上市公司独立董事的案件。以康美药业股份有限公司为例，2020年证监会认定康美药业在其所披露的2016—2018年的年报、2018年中期报告中存在虚假陈述，并对该行为作出行政处罚决定。证监会对康美药业及相关责任人，包括独立董事和监事，处以警告和罚款的行政处罚。随后投资者提起民事诉讼，在中证中小投资者服务中心有限公司接受56名原告委托而介入后，该案成为中国第一例特别代表人诉讼。判决书中显示，广州市中级人民法院根据董监高的职务差异，对责任承担问题进行了差异化处理。对于实际控制人兼任上市公司董事长和总经理的，其应当承担无限连带责任；担任上市公司主要财务负责人的高管、董事，同样被判处承担无限连带责任；而其他非财务领域的主要负责人则在20%的范围内承担比例连带赔偿责任；审理法院认为独立董事为兼职并不参与康美药业日常经营管理，过失相对较小，根据其在任时虚假陈述行为的数量和严重程度在5%或10%范围内承担比例连带赔偿责任。

比例连带赔偿责任属于司法实践的创新，存在一定的争议。支持该创新的学者指出，虚假陈述案件属于侵权纠纷，而《中华人民共和国民法典》规定的"相应的连带责任""按其过错承担相应的连带责任""在……范围内负连带责任"即为比例连带责任，司法判决符合民法基本理论。[①]也有学者指出比例连带责任实际为节约司法资源而将两类纠纷一起进行裁

---

① 刘保玉：《证券虚假陈述纠纷中独立董事的赔偿责任：案例、法理与制度完善》，《人民司法》2022年第1期，第106页。

判,即将全体被告负有连带责任和被告之间相互追索合二为一判决,避免多次诉讼造成司法资源浪费。① 反对学者则指出,比例连带赔偿责任看似公平,但缺乏理论基础。② 同时,该类判决进一步增加了不同主体之间相互追索的复杂性问题。③

第三,独立董事承担比例补充赔偿责任。此类民事责任的代表性案件是海润光伏案。公司9名董事均同意以资本公积进行"高转送"的2014年度利润分配方案,并且签署了书面确认文件。随后,上市公司又公告2014年度净利润为负的业绩亏损预告。该案判决书在损害赔偿说理部分指出,根据《中华人民共和国侵权责任法》第六条规定,侵权行为人因为过错侵害他人民事权益的,应当承担侵权损害赔偿责任;独立董事已经被上海证券交易所和江苏证监局认定为未勤勉尽责;而独立董事未能提供反驳性证据,证明其已经履行勤勉义务不存在过错,因此其应当承担连带赔偿责任。审理法院进一步指出,损害赔偿还应当进一步结合侵权行为人的过错状态与过错程度,兼顾保护投资者合法权益与赔偿责任承担公平性的平衡。判决书中说理部分指出,"《证券法》第六十九条规定的上市公司董事连带赔偿责任,适用范围是董事对上市公司虚假陈述存有主观故意的场合",而本案未见证明独立董事存在"主动虚假陈述行为或明知有虚假信息仍审议通过情形",因此依据独立董事过失大小,判决其承担10%的补充赔偿责任。

---

① 黄辉:《证券虚假陈述纠纷中独立董事的赔偿责任:案例、法理与制度完善》,《人民司法》2022年第1期,第106页。
② 叶林:《证券虚假陈述纠纷中独立董事的赔偿责任:案例、法理与制度完善》,《人民司法》2022年第1期,第106页。
③ 台冰:《独立董事在上市公司信息披露中法律责任问题研究》,《证券市场导报》2022年5月号。

三、独立董事民事责任免责要件的类型化分析

1. 独立董事免责的基本规则

有关独立董事免责的通说认为"过程主义"路径具有明显的制度优势，即以其在任职期间的具体行为作为判断标准。① 根据新《证券法》第八十五条的规定，独立董事免责的要件为"能够证明自己没有过错"。《最高人民法院关于审理证券市场虚假陈述侵权民事赔偿案件的若干规定》进一步细化了民事程序中独立董事归责和免责要件。该规定第十四条要求在判断相关人员的责任时，人民法院应当考虑个体本身的差异情况。独立董事在信息披露过程中并不主动参与信息的生产与传递，角色较为被动，取得和了解信息的渠道也有限，因此其民事赔偿责任应当在所有连带责任人中处于相对更低的位置。

该规定在第十五条进一步明确了虚假陈述案件民事程序中独立董事的免责要件。独立董事在审核信息披露文件出具书面意见的情况时，可以通过"书面方式发表附具体理由的意见并依法披露"的方式实现"主观上没有过错"的免责要件。但是，该条进一步将独立董事已经在信息披露文件签署书面确认意见的情况排除在免责范围之外。因此，独立董事在不签署书面确认意见的情况下，可以发表"保留意见""反对意见""无法发表意见"或"弃权"，以"书面方式发表附具体理由的意见并依法披露"的方式，免除民事责任。

除此之外，该规定第十六条明确列举了四种独立董事没有过错的情形。② 上述规定肯定了独立董事"合理信赖会计、法律等专门职业的帮助"

---

① 赵旭东：《中国公司治理制度的困境与出路》，《现代法学》2021年第2期，第91页。
② 这四种情况包括"（1）在签署相关信息披露文件之前，对不属于自身专业领域的相关具体问题，借助会计、法律等专门职业的帮助仍然未能发现问题的；（2）在揭露日或更正日之前，发现虚假陈述后及时向发行人提出异议并监督整改或者向证券交易场所、监管部门书面报告的；（3）在独立意见中对虚假陈述事项发表保留意见、反对意见或者无法表示意见并说明具体理由的，但在审议、审核相关文件时投赞成票的除外；（4）因发行人拒绝、阻碍其履行职责，导致无法对相关信息披露文件是否存在虚假陈述作出判断，并及时向证券交易场所、监管部门书面报告的。"

实现免责的路径。① 目前通说观点认为，如果独立董事"有正当理由信赖"第三方提供的相关资料和信息，则可以主张"合理信赖"免责。② 从平衡制度成本和收益的角度，可以适当限制"聘请外部机构"频次与成本的上限和下限，如一个会计年度内最多可以聘请三次中介机构进行独立调查或支出总额不超过50万元人民币。③ 此外，该条还为人民法院认定独立董事是否存在过错提供了裁量指引，即"法律、监管部门制定的规章和规范性文件以及公司章程"对独立董事履职提出的要求。最后，如果独立董事在"虚假陈述被揭露后及时督促发行人整改且效果较为明显的"，其过错程度可以依据案件事实进行适当调减。

2. 基于民事判决的"过错"要件分析

根据本节收集的裁判文书，独立董事免责抗辩主要围绕已经充分勤勉尽责，不存在过错展开。一方面，独立董事主张履职期间勤勉尽职，认真阅读各种财务报告，并且依据个人的专业知识，充分审慎履职也未能发现存在虚假陈述。大部分独立董事都会说明已经在履职过程中积极关注上市公司的经营，通过各种渠道收集信息，但上市公司造假行为过于隐蔽和复杂，已经超过个人专业知识的范围因而未能发现。独立董事提出的一般性尽职履责抗辩理由并未获得审理法院的支持，后者往往要求独立董事提供履职的具体证据，特别是针对上市公司已经被发现的造假行为的核查、调查或异议证据。例如，在涉及康美药业股份有限公司的案件中，审理法院认为上市公司的造假行为"持续时间长、涉及会计科目众多，金额十分巨大"，如果独立董事在履职过程中适当勤勉审慎应当可以发现端倪。④ 而

---

① 王涌：《独立董事的当责与苛责》，《中国法律评论》2022年第3期，第68页。
② 张婷婷：《独立董事勤勉义务的边界与追责标准——基于15件独立董事未尽勤勉义务行政处罚案的分析》，《法律适用》2020年第2期，第86页。
③ 袁康：《独立董事的责任承担与制度重构——从康美药业案说开去》，《荆楚法学》2022年第2期，第133页。
④ （2020）粤01民初2171号。

独立董事又未能提供具体的履职证据，其不存在过错的抗辩因此未能获得审理法院的支持。

另一方面，独立董事主张虚假陈述发生并未发生在其任内。部分独立董事指出并未参与违法行为，其首次在上市公司任职时，相关虚假陈述已经作出，不应当为其承担损害赔偿责任。审理法院并未采纳该类抗辩，并认为独立董事的监督职责并不仅仅局限于其任内的违法行为。虚假陈述为持续性违法行为，独立董事有责任发现并纠正相关违法行为。例如，济南市中级人民法院指出，虚假陈述行为属于持续性违法行为，虽然行为作出时独立董事并未任职，但其仍然需要对此前违法行为承担勤勉义务，即审核和发现此前违法行为的义务。①

审理法院采纳的免责或减责事由主要包括两方面。第一，侵权法角度的减责抗辩。在涉及福建众和股份有限公司的案件中，②审理法院指出根据《中华人民共和国侵权责任法》基本原理，独立董事承担连带责任的法理基础为二人以上共同实施侵权行为。但在虚假陈述案件中，独立董事与侵权人存在意思联络故意共同实施侵权行为的情况非常鲜见。独立董事承担的是监督功能，并非参与上市公司运营的主体。因此，根据独立董事监督功能定位、兼职工作方式、信息获取难度较高和法定工作时间短等因素，审理法院认为不宜认定其存在主观的恶意，但是未能采取必要措施预防核实虚假陈述，存在轻微过失。因此，独立董事承担的赔偿责任应当进行适当限制，承担一定比例的补充赔偿责任。

第二，详细履职证据支持的免责抗辩。在涉及济南高新发展股份有限公司的案件中，③原告主张16名上市公司的董监高都应当承担连带责任。尽管该案中独立董事被证监会认定违反了勤勉义务并受到行政处罚，但审

---

① （2019）鲁01民初3766号。
② （2021）闽01民初1021号。
③ （2021）鲁01民初1694号。

理法院却主张民事程序和行政程序的过错要件应当独立审查,并指出"行政责任承担的前提是违反行政法规及相关管理秩序,民事责任承担的前提是行为人是否已勤勉尽责、是否存在过错"。法院认可了独立董事提交的勤勉尽职证据,包括当会计师事务所对上市公司2017年年报出具非标意见的情况下,向山东证监局进行情况反映,提交了《独立董事关于天业股份2017年财务报告的专项问题反映》。上述履职行为被采纳为独立董事充分尽职履责,不存在主观过错的证据。

从民事判决书所揭示的信息来看,有关独立董事归责和免责的争议主要集中于行政程序与民事程序判断独立董事是否存在"过错"之间的关系。在民事诉讼案件中,被列为共同被告的独立董事一般都已经受到证监会的行政处罚、非行政处罚或证券交易所的自律监管处分。当存在此类违法行为的初步证据时,独立董事在民事程序中是否应当被认定存在过错,是存在争议较大的事项。独立董事主张,行政处罚和非行政处罚都仅代表行政程序中,对独立董事行为的评价,并不自然适用于民事程序,是否承担民事责任需要审理法院单独进行审查。

如果回归侵权责任的基本原理,独立董事所承担的连带责任属于过错责任,并且证券法为了保护投资者的权益,采取了举证责任倒置的规则,独立董事承担举证证明自己不存在过错的义务。从制度设计角度看,独立董事虽然是监督主体,但其较容易承担连带赔偿责任。独立董事"过错"要件的主观方面可能存在以下三种情况。

第一,独立董事故意参与信息披露违法行为。该情况的主观恶意最为明显,说明独立董事不仅未履行监督职责,反而参与到虚假陈述行为之中。考虑到独立董事的薪酬多为固定薪酬,从上市公司等信息披露义务人信息披露违法行为中所获收益有限,而其声誉资本损失和法律责任成本较高,一般来说独立董事不会故意参与信息披露违法行为。

第二,独立董事主观方面存在重大过失。该情况的主观恶意较为严重，说明独立董事知道存在信息披露违法，但是并未加以阻止，比如提出异议、进行调查。独立董事在履职方面存在重大过失的情形在新《证券法》颁布之前较为普遍，彼时民事法律责任较低，独立董事担责的情况较为少见，对自身的功能定位也更贴近于"花瓶"的角色。

第三，独立董事存在一般过失。独立董事在该情况中虽然不知道存在信息披露违法行为，但也未能投入法定的预防成本，也即是其在履职过程中的注意水平低于法定最低标准。而在学理层面，独立董事的注意程度可以类型化为普通人的注意程度、处理自己事务的注意程度和善良管理人的注意程度。考虑到独立董事与上市公司股东之间存在信义关系，多数学者认为独立董事应当保持善良管理人注意水平。[①] 该注意义务又可以进一步从主观和客观两方面进行细化，一方面，独立董事在主观上应当具备履职所必需的专业知识和经验，即其能力应当匹配职务要求；另一方面，在客观履职情况下，独立董事应当达到尽职履责的标准。[②] 新近文献提出的四步审查法具有一定的参考意义，可以通过主观状态测试、义务主体测试、内部控制义务履行测试和实时监控义务履行测试进行审查，并辅以相对较低的履职标准，实现独立董事的权责统一。[③]

从最高人民法院印发的司法解释来看，并未将行政处罚和其他处罚作为证明过错要件的证据。《全国法院民商事审判工作会议纪要》第八十五条的规定，行政处罚仅能作为信息披露违法行为具备重大性的直接证据，并未提及其证明过错要件的证明力。虽然2021年修订的《中华人民共和国行政处罚法》第三十三条规定，行政处罚应当以当事人在主观方面存在过

---

① 张婷婷：《独立董事勤勉义务的边界与追责标准——基于15件独立董事未尽勤勉义务行政处罚案的分析》，《法律适用》2020年第2期，第87页。
② 刘俊海：《上市公司独立董事制度的反思和重构——康美药业案中独董巨额连带赔偿责任的法律思考》，《法学杂志》2022年第3期，第3页。
③ 邢会强：《上市公司虚假陈述行政处罚内部责任人认定逻辑之改进》，《中国法学》2022年第1期，第248页。

错为前提，受到行政处罚的独立董事可以推定存在主观过错，但《中华人民共和国行政处罚法》并未指明行政处罚所涉及的过错类型。而《最高人民法院关于审理证券市场虚假陈述侵权民事赔偿案件的若干规定》第十三条将独立董事履职过错的主观要件定义为"故意或明知"和"严重违反注意义务"。因此，人民法院应当在审理民事纠纷时，对独立董事的过错要件进行单独审查，以是否存在主观故意或重大过失作为"过错"要件的主观方面标准。

第四节　独立董事责任限制与董责险

随着新《证券法》和"零容忍"政策的全面实施，独立董事因上市公司信息披露违法而承担民事责任和行政责任的风险日益增长。总体来看，独立董事承担的行政罚款多在30万元以下，并未明显超出其个人财富；而民事损害赔偿则可能达到数千万元甚至数亿元，远超其个人财富。同时，考虑到过错推定的归责原则，独立董事很难在受到行政处罚的前提下通过自证不存在过错而免责。不能否认部分独立董事履职过程中存在因玩忽职守、甘当"花瓶"而未履职尽责的情况，但同样存在独立董事因为商业风险导致上市公司经营失败，而被认定担责的情况。由于商业实践不确定导致的履职风险，可能导致独立董事在参与董事会决策时，主动规避正常的商业风险和创新性业务，以降低自身因公司经营失败而承担的责任。同时，当前无论是证券立法、司法层面，还是监管规则、行政执法层面，都未形成清晰明确的尽责履职判断标准，增加了预期法律责任。

为了鼓励上市公司董事、监事和高级管理人员合理承担商业风险，降低履职过程中法律责任的不确定而导致的风险厌恶行为，域外证券市场已经形成了限制独立董事因违反勤勉义务而担责的体系化规则，具体包括商业判断规则、章程免责规则、费用补偿规则和责任保险。① 康美药业案判决公开后，董事的责任限制问题引发立法机关、证券行业和学界的广泛关注。根据2021年12月公布的《中华人民共和国公司法（修订草案）》和相关研究，董事、监事和高级管理人员责任保险 [Directors'& (and) Officers' Liability Insurance，以下简称董责险] 被视为较为理想的免责方式。② 本节将从独立董事责任限制的角度，结合我国虚假陈述行政责任和民事责任的特点，讨论如何完善董责险制度设计的思路。

一、独立董事责任限制与董责险

1. 独立董事责任限制制度

独立董事责任限制制度一般是指限制独立董事在履职过程中因违反勤勉义务而承担责任的相关制度，也有部分法域允许在特殊情况下限制其违反忠诚义务的责任。③ 独立董事责任限制同样契合信义义务的制度功能，即通过正向和负向激励让独立董事以公司利益最大化为目标行事，而并非让其成为赔偿投资者损失的主体。④ 独立董事责任限制措施主要包括以下四类。

第一，基于商业判断原则免责。该原则是美国特拉华州法院于20世纪80年代在Lewis v. Aronson一案中提出，⑤ 在21世纪初期也获得德国⑥、日本⑦等大陆法系国家立法机关的认可。商业判断原则对董事和高管的行为预设

---

① 汤欣：《谨慎对待独董的法律责任》，《中国金融》2019年第3期，第50页；邢会强：《美国如何追究独立董事的法律责任》，中国金融服务法治微网，http://www.financialservicelaw.com.cn/article/default.asp?id=9956.（最后访问日期：2022年9月30日）
② 林一英：《董事责任限制的入法动因与路径选择》，《政法论坛》2022年第4期，第99页。
③ 任自力，曹文泽：《论公司董事责任的限制》，《法学家》2007年第5期，第85页。
④ 李曙光：《康美药业案综论》，《法律适用》2022年第2期，第120页。
⑤ 丁丁：《商业判断规则研究》，吉林人民出版社，2005，第4页。
⑥ 洪秀芬：《论德国商业判断规则之法制化》，《台湾法学杂志》2011年第188期，第41页。
⑦ 王学士：《比较法视域下公司董事赔偿责任保险——基于日本第二次〈公司法〉修改的比较考察》，《证券市场导报》2021年第3期，第71页。

了可反驳的假定，即当不存在相反的证据时，他们都是善意地从公司利益最大化出发作出商业决策。该假定为独立董事在司法裁判中确立了有利地位，原告需要举证独立董事在履职过程中存在违反商业判断原则适用的情况，免除了独立董事需要首先自证清白的责任。而根据美国法学会所发布的《企业治理准则：剖析和建议》，商业判断规则的适用条件较为宽泛，要求高级主管或者董事在商业判断的过程中保持善意（没有利益关系、以实现公司最佳利益为目的）和对相关事项充分知悉。独立董事的决策受到较为宽泛的审查标准保护，限制了其在事后因履职而担责的风险。

第二，基于公司章程条款免责。根据公司的合同理论，章程是上市公司主要利益相关方缔结的契约，规定了相关主体的权利、义务和责任承担规则。公司章程通过股东和董事意思自治的方式，免除独立董事承担因违反勤勉义务而承担的对上市公司及其股东的责任。① 各主要经济体对于是否能通过公司章程免除董事责任的态度存在差异，如日本《公司法》和美国《示范商业公司法》都允许公司章程设置相应条款，但英国并不认可通过章程免除董事责任，并认为章程免责可能导致董事责任虚化，而公司成为担责的唯一主体。

第三，通过公司费用补偿减少或免除责任。该规定实际上是一种责任转嫁，即上市公司承诺在独立董事面临承担法律责任风险时，支付维权的成本和判决的损害赔偿。② 这种规定为独立董事面对滥诉、扰诉时提供了抗争的激励，使其不必担心高昂的诉讼费用。根据美国《示范商业公司法》，费用补偿可以分为强制性补偿和议定补偿两类，前者主要是针对独立董事获得案件实体胜利的情况，而后者则主要是针对不符合强制性补偿

---

① 少数情况下，董事违反忠诚义务的责任也可以通过章程免除，如纽约州公司法 New York Business Corporation Law, Section 402(b)。
② 郭富青：《我国独立董事的制度悖论、缺陷与解决途径——对"康美药业案"引发的独立董事辞职潮的思考》，《学术论坛》2022年第1期，第63页。

的情况，通常需要经由无利害关系的董事或股东作出补偿决议。该制度在上市公司已经不具备清偿能力时，无法限制或免除独立董事的法律责任。

第四，通过董责险免责。董责险是指上市公司作为投保人向第三方保险机构支付保费，以换取被保险人在履职过程中因疏忽或过失而导致股东遭受的损失为标的的职业保险。董责险涵盖了独立董事履职过程中不当行为而应当对外承担的赔偿责任，不仅包括损害赔偿，还包括和解金和律师费等。通常情况下，被保险人包括公司、董事、监事以及高级管理人员。[1] 董责险在北美证券市场较为流行，美国和加拿大上市公司董监高的保险覆盖比例都超过了80%，但是该险种在我国的覆盖率并不高。[2]

完善的独立董事履职责任限制制度有利于提升上市公司的质量。首先，责任限制有助于吸引具备高人力资本的人才担任独立董事，避免该市场出现逆向选择效应。独立董事的人力资本是保障上市公司治理水平的基础，独立董事的能力和声誉决定其对上市公司监督的质量。然而，如果履职责任过于严苛，那些人力资本较高的人才预期损失的个人财富也较高，高质量的独立董事可能为了规避赔偿风险而拒绝担任独立董事。其次，责任免除可以降低独立董事的风险厌恶水平，上市公司违法违规或经营失败取决于多种因素，独立董事为了降低因上述事件担责的风险，可能在决策时采取较为严苛的态度，如拒绝企业创新性业务、降低不可控事务的投入等。独立董事的强风险厌恶会导致上市公司过度保守，错失发展机会。最后，责任限制有助于实现独立董事的"权、责、利"相匹配。独立董事在上市公司的决策权、信息权和资源调动权都有限，并且往往仅获取少量的固定薪酬。如果其违反勤勉义务可能需承担数千倍于其收入的损害赔偿，

---

[1] 黄辉：《证券虚假陈述纠纷中独立董事的赔偿责任：案例、法理与制度完善》，《人民司法》2022年第1期，第105页。
[2] 胡国柳、胡珺：《董事高管责任保险与企业风险承担：理论路径与经验证据》，《会计研究》2017年第5期，第42页。

法律责任明显超出了其存在的过错。

2. 董责险的制度功能及基本要素

学界通说认为，董责险属于财产保险中的责任保险，是指以"公司董事和高级职员在执行职务过程中因单独或共同实施的不当行为给公司和第三人（包括股东和债权人等）造成损害而应承担的赔偿责任为保险标的订立的保险合同。"[①] 它被视为一种灵活度较高的风险和损害赔偿分担机制，早在20世纪初即被监管机构引入。证监会于2001年在《关于在上市公司建立独立董事制度的指导意见》中提出建立必要的董责险制度，以降低正常履职过程中的风险水平。2002年，《上市公司治理准则》进一步授权经股东大会批准，上市公司可以为董监高购买责任保险。直至2022年，证监会出台的《上市公司独立董事规则》第二十九条以赋权性规则，允许上市公司选择是否购买董责险。总体来看，在规则层面，董责险的相关规定并不完善，同时还存在规则效力层次较低的问题。

董责险与其他责任限制制度相比具有明显的优势。第一，董责险的赔付责任的范围更广。如通过章程规定限制董事责任的范围，仅限于独立董事对公司的责任，而并不适用对于第三人的责任。第二，赔付资金规模更大。如公司费用补偿实际上是将独立董事的责任风险转嫁至上市公司，增加了上市公司的赔偿负担。同时，如果上市公司已经不具备清偿能力，则费用补偿也无法落实。董责险则将外部保险公司的资金引入，增加了用于赔偿投资者损失的资金规模。第三，引入外部监督主体。保险公司在完成保险销售后，将有激励监督上市公司，降低其违法行为发生的概率，[②] 也

---

① 孙宏涛：《董事责任保险之承保对象研究——以董事不当行为为核心》，《兰州学刊》2014年第7期，第75页。
② 李从刚、许荣：《保险治理与公司违规——董事高管责任保险的治理效应研究》，《金融研究》2020年第6期，第190页。

有实证研究显示外部监督力量能够减少财务重述。① 第四，提升董事会公司治理实效。② 董责险将一部分上市公司责任风险外部化，因此经营失败的风险并不完全由董事会承担，有利于鼓励上市公司进行风险较高的创新活动。③

当然，董责险制度的劣势也非常明显。第一，上市公司必须为董责险支付一定的费用，而这部分费用最终承担主体仍然是上市公司的所有股东。因此，股东实际上承担了董事规避责任的成本。第二，由于董事免于承担因履职而产生的责任，道德风险问题将导致其降低审慎水平。④ 同时，上市公司可能因为追求短期高额利润，而实施对长期发展不利的财务政策。⑤ 当然，也有研究指出，保险公司的监督效果与法律制度和司法体系的质量密切相关，如果配套制度不够完善，那么董责险所带来的监督效应很可能并不明显。⑥ 实证研究证据总体支持董责险对上市公司治理的正面效果要强于负面影响。⑦

从我国上市公司购买董责险的实践情况来看，董责险的投保人往往为上市公司，被保险人一般为上市公司及其子公司的董事、监事和高级管理

---

① 袁蓉丽、文雯、谢志华：《董事高管责任保险和财务报表重述》，《会计研究》，2018年第5期，第22页。
② See Romano Roberta: The Shareholder Suit: Litigation without Foundation, Journal of Law Economics and Organization, 1991(7), 55.
③ See Boyer Martin, Léa Stern: D&Q Insurance and IPO Performance: What Can We Learn from Insurers?, Journal of Financial Intermediation, 2014(23), 504.
④ See Weng Tzu-Ching, Chen Guang-Zheng, Chi Hsin-Yi: Effects of Directors and Officers Liability Insurance on Accounting Restatements, International Review of Economics & Finance, 2017(49), 437.
⑤ 赖黎、唐芸茜、夏晓兰等：《董事高管责任保险降低了企业风险吗？——基于短贷长投和信贷获取的视角》，《管理世界》2019年第10期，第161页。
⑥ 冯来强、孔祥婷、曹慧娟：《董事高管责任保险与权益资本成本——来自信息质量渠道的实证研究证据》，《会计研究》2017年第11期，第66页。
⑦ 凌士显：《董事高管责任保险与违约风险——基于中国上市公司A股数据的经验研究》，《保险研究》2022年第6期，第70页。

人员。① 由于董责险赔付的是他人遭受的损害，因此保额无法于保险合同签订时确定，往往各主体之间仅约定免赔额和保险责任的最高金额。② 从费率情况来看，随着证券市场"强责任"时代的到来，我国上市公司董责险的费率也出现逐年上升的趋势，从2015年的约11万元/每年增加至2020年的30万元/每年，保费最低为4.82万元，最高为210万元，平均为38.74万元；而保额则在1000万~7.5亿元，平均为7659万元；费率与保额之间的比例维持在0.09%~2.50%，平均为0.63%。③ 为了减少道德风险的负面影响，董责险保险条款还会设置免赔额，即被保险人所承担的责任中，在免赔额限度之内的，需要由其自己承担。

在虚假陈述类案件中，董责险赔付的范围除了包括民事损害赔偿外，还包括上市公司应对行政调查和诉讼的成本。由于证监会的调查活动基本决定了后续行政责任和民事责任，董责险为了积极鼓励上市公司应对行政调查，将负担公司及其他被保险个人应对调查的费用，以及后续申辩、说明、听证和行政诉讼等程序所支出的费用。此外，上市公司及其他被保险人在民事诉讼中支出的律师费用以及其他司法费用也属于保险公司赔偿范围。上市公司和独立董事等主体积极应对行政调查，可以显著降低被保险人的法律责任，也同样减少了保险公司承担的赔付责任。

保险合同的免责条款是关注较多的要素。在法定免责条款方面，根据中国银保监会2020年出台的《责任保险业务监管办法》第六条的规定，保险公司不得通过责任保险承担特定的六种风险，即"（1）被保险人故意制造事故导致的赔偿责任；（2）刑事罚金、行政罚款；（3）履约信用风险；（4）确定

---

① 程雪原、尤匡领：《董事责任保险之法理分析》，《商业研究》2004年第19期，第84页。
② 王伟：《论普通法上的董事责任保险》，《北京科技大学学报（社会科学版）》2002年第1期，第22页。
③ 《上市公司董责险白皮书》，腾讯网，https://new.qq.com/rain/a/20211130A06SS600.（最后访问日期：2022年9月30日）

的损失；（5）投机风险；（6）银保监会规定的其他风险或损失"。此外，《上市公司治理准则（2018年修订）》第二十四条进一步规定，上市公司不得为"董事因违反法律法规和公司章程规定而导致的责任"购买董责险。

而在议定免责条款方面，有学者主张董责险赔付范围不宜过于宽松，否则不利于激励独立董事勤勉尽责。① 而从对上市公司公告的整理显示，免责条款主要包括"犯罪行为、故意违法行为或欺诈行为、非法谋取个人利益行为、违反章程或其他规章制度、已知晓或应当知晓存在违法事实、提供专业服务过程中的任何错误或疏忽等"。董责险免责条款主要还是围绕被保险人投保或从事违法行为时的主观要件展开，排除那些因"故意"进行的违法行为或犯罪行为所导致的损失。以上市公司虚假陈述民事赔偿案件为例，虽然上市公司、其实际控制人、执行董事和独立董事都会列为共同被告，但那些存在主观故意的控制人和执行董事往往无法获得董责险的保障，而独立董事往往因为过失而担责，其损害赔偿责任仍然能获得理赔。

二、董责险制度实效分析

1. 我国上市公司购买董责险情况及赔付情况

我国上市公司购买董责险的比例较低。根据最新一项有关董责险的系统性实证研究显示，自2019年底新《证券法》颁布以来，截至2021年底，总计有360家A股上市公司公告购买了董责险，约占上市公司总数的15%。② 其中深主板共155家上市公司公告，占比约43%，而沪主板共96家上市公司公告，占比约27%。从所有权属性来看，私人企业购买比例远

---

① 孙宏涛：《董事责任保险合同除外条款范围的合理界定》，《法学》2010年第6期，第107页。
② 《上市公司董责险白皮书》，腾讯网，https://new.qq.com/rain/a/20211130A06SS600.（最后访问日期：2022年9月30日）

高于国有企业，前者达到约59%，而后者约为43%。①而在康美药业案判决公开后，董责险需求呈现一定的上升趋势，《金融时报》的统计数据显示，超过50家上市公司已经公告为董监高购买责任保险。②

可能是因为董责险中的保密条款，上市公司公告理赔成功的案例并不多见。A股上市公司成功索赔的第一案是被告为广汽长丰（600991）的虚假陈述案件。2008年财政部驻湖南省办事处对该公司的会计信息质量例行检查中发现，该公司存在"会计基础工作、会计核算和执行国家财税政策"三方面违法行为，并作出行政处罚。随后，李秀红等17人以上市公司存在虚假陈述行为为由提起证券民事诉讼，请求总计300余万元的损害赔偿。该案由长沙市中级人民法院受理，在调解阶段，广汽长丰与原告达成和解协议，支付一次性补偿约97万元并承担诉讼费用。而此前广汽长丰向美亚保险投保了董责险，后者则最终赔付了80万元。

此外，域外上市的中国公司也遇到董责险出险的情况。2010年，陕西鼎天济农腐殖酸制品有限公司因虚假陈述在美国遭受证券集团诉讼，原告索赔总金额近8000万美元，并对公司的董监高提起派生诉讼索赔近70万美元。而该公司向中国人民保险公司购买了董责险，后者与原告达成和解，并支付了250万美元的集团诉讼和解金和50余万美元的董监高赔偿金。③2020年，赴美国上市的瑞幸咖啡，因财务造假而被投资者提起集团诉讼的事件，也引发了市场对董责险的关注。该公司在赴美上市前即购买了近3000万元的董责险。然而，截至2020年底，原告损失的估计值高达100多亿美元，瑞幸咖啡最终与美国集团诉讼的首席原告签署了1.875亿美

---

① 《上市公司董责险白皮书》，腾讯网，https://new.qq.com/rain/a/20211130A06SS600.（最后访问日期：2022年9月30日）
② 钱林浩：《康美药业案促热董责险》，《金融时报》2021年11月4日版。
③ 《董责险为高管戴"安全帽"——去年就有投资者索赔377.5万美元》，搜狐网，https://www.sohu.com/a/129490419_611215.（最后访问日期：2022年9月30日）

元的和解意向书。①

2.董责险制度"水土不服"的原因分析

在新《证券法》颁布之前，董责险并未受到上市公司的广泛青睐，仅有不到两成的公司购买该险种。从成本和收益的角度看，购买该险种的成本远大于收益。

一方面，上市公司购买该险种需要付出较高的保费成本，并且该成本与上市公司的潜在欺诈风险和赔付额成正比。由于上市公司对其自身的欺诈风险具有信息优势，那些欺诈风险较低的上市公司，不存在购买董责险的激励；而那些欺诈风险较高的上市公司，虽然有购买董责险的激励，但其支付的保费相对更高。因此，真正对于该险种存在需求的上市公司的投保成本较高。

另一方面，上市公司购买董责险的收益存在不确定性。

第一，上市公司因虚假陈述所支付的罚款并不属于赔付范围。根据《责任保险业务监管办法》第六条的规定，保险公司不得赔付上市公司承担的行政处罚。而我国上市公司所受行政处罚的频次和处罚强度都呈现快速上升的趋势，是其承担的主要责任。董责险的承保范围不包括此类罚金，对于上市公司来说无法实现购买该险种的主要目的。

第二，新《证券法》颁布之前，上市公司面临的民事损害赔偿数额长期处于低位。首先，上市公司受到证券民事诉讼的风险并不高。《最高人民法院关于审理证券市场因虚假陈述引发的民事赔偿案件的若干规定》（2003年）设置了行政前置程序，即上市公司承担民事责任首先以受到行政处罚或收到刑事裁判文书为前置条件。前置程序限制了投资者自由提起诉讼的权利，并且还有大量被处罚的上市公司并未被投资者起诉。每年

---

① 《迎来转机！瑞幸咖啡签订1.875亿美元和解意向书》，浙江日报网，https://baijiahao.baidu.com/s?id=1711591570293292138&wfr=spider&for=pc.（最后访问日期：2022年9月30日）

上市公司被诉的真实概率低于1%，也因此缺乏投保的激励。其次，被诉上市公司支付的损害赔偿数额有限。在新《证券法》颁布之前，《最高人民法院关于审理证券市场因虚假陈述引发的民事赔偿案件的若干规定》（2003年）规定投资者仅能提起单独诉讼或共同诉讼，投资者受限于集体行动困境，很难存在大量投资者起诉上市公司的情况。大部分案件中，投资者获得的损害赔偿总额甚至低于董责险的保费。上市公司的预期民事责任较低，缺乏投保激励。

新《证券法》颁布后，显著提升了民事责任和行政责任。在行政责任方面，上市公司面临的行政罚款上限提升了近10倍，但董责险无法承保这部分损失。而在民事责任方面，行政前置程序取消叠加普通代表人诉讼制度，便利了因证券虚假陈述导致的大规模侵权案件的原告投资者。以"默示加入、明示退出"为特点的特别代表人诉讼，利用规模经济节约了投资者反复起诉的成本，最大化了参与投资者的数量和损害赔偿数额，显著提升了上市公司面临的民事责任。近期虚假陈述民事损害赔偿案件显示，上市公司面临的民事责任从平均数十万元急剧增加至数千万元。

虽然上市公司存在购买董责险以减少民事责任的激励，但其在出险情况下寻求保险公司赔付仍然存在一定的困难。根据《中华人民共和国保险法》的规定，若被保险人故意从事违法行为或者制造保险事故，保险人可以拒绝赔付。董责险的功能是防止独立董事在正常履职过程中的风险，是对商业实践不确定性的防御，因此将故意从事的违法行为排除在保险合同的赔付范围之外。而上市公司在因虚假陈述而受到投资者起诉时，其往往已经先被证监会行政处罚或者证监会、交易所非行政处罚。而这些处罚决定书往往记载着上市公司和直接负责人故意从事违法行为的主观状态。因此，上市公司购买董责险后进行理赔，仍然需要在存在行政处罚的条件下证明自己并非故意从事违法行为。综合来看，董责险最终能够保障的主体可能是与虚假陈述相关的其他责任人员，而并不包括直接责任人。而直接责任人对是否购买董责险具有决策权。因此，董责险制度存在"购买-保障"悖论，即拥有决定权的主体所承担法律责任并不在董责险保障范围，并且主要承担了保费成本；而享受董责险保障的主体并不享有决定购买董责险的权利。

三、反思我国董责险制度

美国成熟证券市场的经验显示，几乎所有上市公司都购买了董责险，其已经成为证券欺诈治理体系中的重要组成。[①] 一方面，董责险承担起绝大部分投资者赔偿和董监高责任限制的功能。虽然美国上市公司遭受证券集团诉讼的概率较高，但原被告双方并不会寻求获得法院判决，超过90%的证券集团诉讼都以和解而告终。诉讼双方和解为董责险承担赔偿创造了制度空间。董责险条款将判决认定的欺诈行为排除在赔偿范围之外，和解并不在该范围之内。[②] 类似地，董责险也会赔付被保险人与SEC之间的和解金和相关诉讼费用，但不会负担SEC施加的货币性处罚，如罚金和追缴违法所得。[③] 因此，无论是民事程序还是行政程序，和解金的数额一般参照董责险赔付限额设置。保险机构承担了超过96%案件的损害赔偿和行政和解金。[④] 另一方面，保险公司成为监督上市公司治理的重要外部力量。保险公司的保费设定与上市公司治理质量密切相关，如果上市公司支付的保费较高，则向市场传递出上市公司欺诈风险较高的信号。

---

① See Baker Tom, Sean Griffith: Ensuring Corporate Misconduct: How Liability Insurance Undermines Shareholder Litigation, University of Chicago Press, 2010, 34.
② See Donelson Dain, Hopkins Justin, Yust Christopher, The Role of Directors' and Officers' Insurance in Securities Fraud Class Action Settlements, Journal of Law & Economics, 2015(58), 747.
③ See Jessica Erickson: Automating Securities Class Action Settlements, Vanderbilt Law Review, 2019(72), 1817.
④ See Cox James: Making Securities Fraud Class Actions Virtuous, Arizona Law Review, 1997(39), 497.

成熟证券市场经验显示有效的董责险制度，可以显著改善上市公司治理和投资者赔偿水平。我国董责险需要进一步平衡证券市场主体和保险公司的相对收益，提升被保险人获得的保障水平。

第一，完善董责险的免责条款。我国《公司法》《保险法》都未对董责险进行具体的规定，仅证监会的部门规章鼓励上市公司为董监高购买董责险。总体来看，上述规则更多是宣示性的，缺乏可操作性。董责险的免责条款包括上市公司及董监高存在主观故意或恶意从事的违法行为。如果被保险人未受到行政处罚，其在民事程序中被判处承担民事赔偿责任，即应当属于保险公司理赔范围。然而，存在争议的情况是对于上市公司及其他被保险人受到行政处罚后，其在民事程序中的赔偿责任是否属于保险公司保障范围。该情况中被行政处罚的主体又可以分为以下两类。

一类是上市公司、董事长、总经理、实际控制人以及违法行为所涉及的主管高管等直接责任人。证监会行政处罚书一般会描述此类责任人的违法行为，如"通过伪造""知悉并参与""通过虚构""组织、策划、领导、实施"，显示被处罚对象具有主观故意或恶意从事违法行为。总体来看，行政处罚针对的是破坏行政管理秩序法益的违法行为，并且仅以被处罚对象存在主观过错为要件。因此，当保险公司赔付直接责任人的民事损害赔偿责任时，不能仅以被保险人受到行政处罚并被认定为直接责任人而要求免责，而需要结合民事程序中的标准对被保险人的主观状态进行考察。参考域外相关案件的赔付标准，被保险人的主观状态需要经过法院的生效判决进行认定，否则不应当视其为故意或恶意从事违法行为。如果明确和解金额属于董责险的赔偿范围，那么虚假陈述民事损害赔偿案件中的被告，如上市公司、其实际控制人，即存在较强的激励与原告达成和解，并寻求通过董责险进行赔付。

另一类则是独立董事、监事等其他责任人员。虽然董责险一般将所有董事视为同质的被保险人集体。但行政规章和司法解释皆区别对待不同类型的董事，特别是执行董事与独立董事。执行董事对于虚假陈述等违法行为的控制力和影响力较强，部分甚至会故意操纵、控制虚假陈述行为，但独立董事和其他非执行董事往往并未参与虚假陈述，而仅是因在履行监督职责时存在过错而受到行政处罚。因此，董责险应当明确被保险人因存在重大过失或一般过失而受到行政处罚，并因此在民事程序中承担赔偿责任的其他责任人，属于董责险赔付范围之内。

第二，明确存在违法行为初步证据时，违法行为人的主观状态。《最高人民法院关于证券纠纷代表人诉讼若干问题的规定》第五条规定了普通代表人诉讼的前置要件。除了行政处罚和刑事裁判文书外，证监会和证监局作出的非行政处罚决定、证券交易所的自律监管措施等都可以作为证明证券侵权事实的初步证据。该条规定在司法解释层面扩展了此类民事案件证明侵权行为的证据范围，将大幅度提高上市公司及相关责任人被诉的概率。在此类案件中，虽然上市公司和（或）部分董监高受到处罚，但是对上述主体从事违法行为的主观状态应当结合案情进行细致分析。考虑到行政执法体系的层次性和过罚相当原则，对于被证监会和证监局作出非行政处罚决定以及被证券交易所采取自律监管措施的主体，其主观状态不宜被认定为故意或存在主观恶意，应当主要认定为无过错或存在一般过错。而此类案件中上市公司和（或）董监高的损害赔偿责任即属于董责险的赔付范围。

第三，提高行政处罚决定作出前，预先支付给被保险人的赔付上限。从当前独立董事担责的案件来看，我国证券民事诉讼与行政执法之间存在较强的联系。人民法院在审理因虚假陈述引发的民事案件时，一般会将证券监管机构或证券交易所出具的相关处罚决定作为裁判的依据，在判断违法行为、过错、重大性、损害赔偿等要件时，基本上是参照行政机构和证券交易所的决定展开。因此，对于被保险人来说，其想要减少甚至消除承担的行政责任和民事责任，必须在行政调查阶段即积极应对，充分利用申辩、听证、复议和行政诉讼等手段维护自身权益。而对保险公司来说，在前期进行赔付支持上市公司应对行政程序和相关司法程序，也能够降低其后续理赔的数额。

第五节　小结

本章结合最优威慑与预防理论分析了独立董事的勤勉义务及事后违反该义务的法律责任。长期以来，我国独立董事承担法律责任的风险较低，同时也被诟病为公司治理的"花瓶"，未对上市公司产生有效的监督。而新《证券法》颁布后，证券监管机构和司法机关全面落实"零容忍"的政策，独立董事面临的法律责任大幅度增长。利用汉德公式（Hand Formula）主张侵权责任应当最小化侵权行为给全社会带来的成本，免责标准应当综合考虑侵权行为人和被侵权人的成本和收益。社会总成本包括两部分，即侵权损失和预防成本。独立董事作为公司治理的"看门人"，勤勉义务是判断其是否尽职履责、是否存在过错的依据。一方面，独立董事的法定注意标准不应当设置过高，考虑到预防投入的边际效果递减，随着独立董事预防投入的上升，其所能减少的违法风险是逐步降低的；另一方面，独立董事的注意水平也不应当设置过低，过低的注意水平让独立董事可以轻松逃避违反该义务的法律责任，那么在事前会导致独立董事缺乏监督上市公司的激励。此外，违反勤勉义务的法律责任也会影响独立董事在事前的监督激励，如果法律责任过高，那么独立董事为了规避该责任，就存在过度投入预防成本的激励，导致社会总成本大于总收益。

独立董事承担证券行政责任的构成要件较为简单，主要包括违法行为和主观过错两方面。独立董事在行政案件中，主要是作为信息披露违法上市公司相关的其他直接责任人员。独立董事仅是信息披露众多"看门人"之一，且并非预防成本最低、专业性最高、激励最强的主体。因此，独立董事履职时存在一定的固有概率无法预防上市公司的欺诈行为。而根据新修订的《中华人民共和国行政处罚法》第三十三条，独立董事在承担行政责任时，应当对违法行为的发生存在主观过错。独立董事在行政程序中也以不存在过错为由寻求免责或减责。证监会在行政处罚决定书中明确了对于上市公司独立董事行政责任认定的基本逻辑，即独立董事在相关信息披露文件上签字同意，即表明其对上述文件的真实性、准确性和完整性负责。新《证券法》公布以来，总计38位独立董事受到行政处罚。从行政处罚文书可以分析得出证监会对于独立董事不同抗辩理由的态度。证监会未采纳的理由主要包括以下三类。第一，宏观的抗辩理由。包括当事人不知悉、未参与、任职期间积极履职、调查期间积极配合等，证监会对上述一般性抗辩理由持否定性态度，并将独立董事的"不知情、不了解、未参与"视为其未能勤勉尽责的证据。第二，超出独立董事的专业能力范围。有些独立董事主张案件所涉违法行为过于专业，主要依据中介机构的报告进行判断。证监会并未采纳从专业不匹配角度进行的辩护，而是主张证券法并未将专业因素纳入上市公司独立董事勤勉尽责的判断要件。第三，履职过程中的问询、意见、建议行为。证监会主张独立董事在履职过程中所提出的询问和意见均为独立董事的一般履职行为，而不构成证明已履行尽勤勉尽责义务的证据。证监会认为与一般性履职行为相对的是有针对性的调查核实及有效的监督工作安排，后者相关的证据可以证明独立董事勤勉尽责。

证监会（部分）采纳的抗辩事由主要包括以下三类。第一，如果证监会发现处罚裁量幅度标准不统一，给予独立董事的处罚过重，则会适当减轻独立董事所受处罚。证监会在处罚决定书中解释，行政处罚会综合考虑"当事人的参与程度、岗位职责、任职年限、专业背景"等因素。第二，如果独立董事能够提供具体的勤勉尽责的证据，证监会可能会认可该免责或减责事由。如独立董事在履职期间已经就可能的财务造假问题向财务总监和负责公司审计事务的会计师事务所进行问询，并且要求公司就争议事项进行调查解释、公司律师出具合规意见，以及对相关事项投出反对票或向监管机构报告可能存在的违法行为。然而，从责任承担的角度看，数额巨大的连带损害赔偿民事责任对独立董事的负面影响更大。第三，如果独立董事受到行政处罚，那么其在民事程序中存在较高的概率需要为上市公司虚假陈述承担连带损害赔偿责任。因此，独立董事履职的关键是以监管机构要求的"不存在过错"标准履职。

在新《证券法》颁布之前，证券民事诉讼制度设计并未考虑因虚假陈述引发的民事案件"小额、量大"的特点，投资者面临集体行动困境的制约，上市公司和独立董事面临的民事赔偿数额有限。新《证券法》第九十五条为解决投资者求偿难提供了重要的制度创新，设置了人数确定和不确定的"选择加入型"普通代表人诉讼以及"选择退出型"特别代表人诉讼，显著缓解了投资者面临的集体行动困境。最高人民法院出台的《关于证券纠纷代表人诉讼若干问题的规定》规定，特别代表人诉讼的原告范围根据"默示加入、明示退出"的原则确定，降低了中小投资者主动起诉的成本，充分利用规模经济解决求偿贵的问题，大幅提高了原告数量和投资者获得的总赔偿。

根据证券法的相关规定，上市公司虚假陈述案件中，独立董事应当承担连带赔偿责任。对民事裁判文书的文本分析显示，独立董事的连带责任可以类型化为以下三类。第一，独立董事与上市公司承担无限连带责任。第二，独立董事承担比例连带赔偿责任。该类连带责任是独立董事较为常见的责任承担形式，赔偿比例在5%~10%。第三，独立董事承担比例补充赔偿责任。

而根据新《证券法》第八十五条的规定，独立董事民事责任的免责要件为"能够证明自己没有过错"。民事裁判文书也对"勤勉尽责"和"过错"两方面的抗辩和认定情况进行了说理。被列为共同被告的独立董事一般都已经受到证监会的行政处罚、非行政处罚或证券交易所的自律监管处分。当存在此类违法行为的初步证据时，独立董事是否当然存在过错，是争议较大的事项。独立董事主张，行政处罚和非行政处罚都仅代表行政程序中，对独立董事行为的评价，并不自然适用于民事程序。根据最高人民法院印发的《关于审理证券市场虚假陈述侵权民事赔偿案件的若干规定》第十三条将独立董事履职过程中主观过错定义为"故意或明知"和"严重违反注意义务"。因此，民事审判程序应当对独立董事主观方面进行单独审查。

在"强责任时代"，独立董事的免责制度是平衡责任承担和履职风险的重要机制，具体包括商业判断规则、章程免责规则、费用补偿规则和责任保险。董责险是我国当前制度禀赋条件下相对理想的免责制度，其制度优势包括赔付责任的范围更广、赔付资金规模更大、引入外部监督力量和提升董事会公司治理实效。然而，我国上市公司购买董责险的比例并不高，主要原因在于上市公司购买该险种的成本远大于收益。充分发挥董责险的制度功能，应当从以下几个方面完善相关制度。第一，明确受到行政处罚主体的主观过错状态。根据相关主体职务的差异，该情况可以分为以下两类。一类，上市公司、董事长、总经理、实际控制人以及违法行为所涉及的主管高管等直接责任人。当保险公司赔付直接责任人的民事损害赔偿责任时，不能仅以被保险人受到行政处罚并被认定为直接责任人而拒绝偿付，而需要结合法院的生效判决进行认定。鼓励上市公司和直接责任人与原告投资者和解，并寻求通过董责险进行赔付。另一类，独立董事、监事等其他责任人员。独立董事和其他非执行董事往往并未参与虚假陈述，而仅是因在履行监督职责时存在过错而受到行政处罚。因此，董责险应当明确，除非存在其他证据或经过民事审判程序认定，此类被保险人的主观过错状态应当为非故意、非重大过失，其承担的民事责任属于董责险赔付范围之内。第二，明确存在违法行为初步证据时，违法行为人的主观状态。考虑到行政执法体系的层次性和过罚相当原则，仅受到非行政处罚或自律处罚的主体的主观状态不宜被认定为故意或存在主观恶意。第三，提高行政处罚决定作出前预先支付给被保险人的赔付上限，激励相关主体积极应对行政调查。

第六章　独立董事治理实效的实证研究

上市公司的独立董事制度主要实现监督和咨询两方面的功能。[1] 监督功能的目标是保障上市公司的合规经营，减少出现违法违规行为，保护投资者的合法权益。由于违法违规行为的内部形成过程很难被观测到，所以上市公司受到的处罚成为从外部结果研究独立董事监督效应的重要渠道。无论是监管机构施加的行政处罚，还是自律监管机构施加的非行政处罚，[2] 甚至包括监管机构的软法监管措施，如问询函，[3] 都会显著影响上市公司及其股东。另一方面，独立董事作为上市公司的外部专家，可以通过提供专业意见、对接相关资源等方式提升上市公司的市场价值、盈利能力以及长期增长潜力。[4] 基于前述章节的规范讨论，本章利用上市公司的相关数据检验我国上市公司独立董事的制度实效。

---

[1] See Renée Adams, Hermalin Benjamin, Weisbach Michael: The Role of Boards of Directors in Corporate Governance: A Conceptual Framework and Survey, Journal of Economic Literature, 2010(48), 58.
[2] 朱锦余、高善生：《上市公司舞弊性财务报告及其防范与监管——基于中国证券监督委员会处罚公告的分析》，《会计研究》2007年第11期，第18页。
[3] 陈运森、邓祎璐、李哲：《证券交易所一线监管的有效性研究：基于财务报告问询函的证据》，《管理世界》2019年第3期，第169页。
[4] 许荣、李从刚：《院士(候选人)独董能促进企业创新吗——来自中国上市公司的经验证据》，《经济理论与经济管理》2019年第7期，第30页。

第一节 独立董事对上市公司违规行为抑制效果的实证检验

一、假设的提出

法律与金融交叉学科研究对公司治理与上市公司受处罚之间的关系进行了深入讨论。从内部治理机制来看，董事会特征是影响上市公司违规的主要因素。①

第一，董事会的特征。包括董事会规模、独立董事比例、开会频率、董事性别等，会对上市公司的违法违规行为产生影响。②董事会的规模越小，上市公司经营的决策成本越低，可以降低"搭便车"问题，减少违法行为。③董事会中独立董事的比例越高，决策过程越能够隔绝上市公司内部人的不当影响。④董事会履职的主要渠道是召开董事会会议，因此，董事会频次较低可能预示上市公司董事履职勤勉程度较弱，削弱了对上市公司的监督强度。⑤也有研究发现董事会内部成员倾向于根据性别等人口统计特征将董事会划分为不同子群体，通过"断裂带效应"，⑥对上市公司的违规行为产生影响。⑦

---

① 陆瑶、李茶：《CEO对董事会的影响力与上市公司违规犯罪》，《金融研究》2016年第1期，第178页。
② 李彬、张俊瑞、马晨：《董事会特征、财务重述与公司价值——基于会计差错发生期的分析》，《当代经济科学》2013年第1期，第112页。
③ See Alexander Jeffrey, Fennell Mary, Halpern Michael: Leadership Instability in Iospitals: The Influence of Board - CEO Relations and Organizational Growth and Decline, Administrative Science Quarterly, 1993(38), 74.
④ See Lim Stephen, Matolcsy Zoltan, Chow Don: The Association Between Board Composition and Different Types of Voluntary Disclosure, European Accounting Review, 2007(16), 555.
⑤ See Jensen Michael: The Modern Industrial Revolution, Exit, and the Failure of Internal Control Systems, Journal of Finance, 1993(48), 831.
⑥ 梁上坤、徐灿宇、王瑞华：《和而不同以为治：董事会断裂带与公司违规行为》，《世界经济》2020年第6期，第172页。
⑦ 李小荣、刘行：《CEO vs CFO：性别与股价崩盘风险》，《世界经济》2012年第12期，第103页。

第二，独立董事的特征。独立董事的个人特征对上市公司做出不良行为也具有一定的影响。一方面，独立董事的忙碌程度对上市公司违规行为具有重要的影响，部分独立董事在多家上市公司兼职担任独立董事，"忙碌"独立董事可能减少出席董事会会议的次数，降低对单一上市公司的勤勉履职程度，削弱对违规行为的监督效果。[①]另一方面，"忙碌"独立董事往往具有较高的市场声誉和个人能力，存在较强的积极监督上市公司以减少违规行为对自身人力资本减损的动机，因此能够降低任职公司违法违规行为的发生频率。[②]此外，独立董事是否为异地任职董事也会影响上市公司的合规情况，异地独立董事更多承担咨询功能而非监督功能。[③]

第三，上市公司的其他特征。首先，股权结构会显著影响独立董事从事证券欺诈行为，国有企业违法违规的行为显著降低，这得益于上市公司受到政治治理体系机制的监督约束。[④]其次，也有学者发现，监事会的规模越大则越能够改善信息披露质量，[⑤]而其经济独立性越高则可以显著减少上市公司的财务重述行为。[⑥]

独立董事履行监督功能的重要机制是在上市公司董事会决议时提出异议。在上市公司协会2022年对独立董事的问卷调查结果中，虽然绝大部分受访者在履职过程中未提出过异议，但独立董事提出异议的主要原因仍在于发现了违法违规行为，如图15所示。现有文献对异议行为的记录主要

---

① 李志辉、杨思静、孟焰：《独立董事兼任：声誉抑或忙碌——基于债券市场的经验证据》，《审计研究》2017年第5期，第98页。
② 江新峰、张敦力、李欢：《"忙碌"独董与企业违规》，《会计研究》2020年第9期，第87页。
③ 孙亮、刘春：《公司为什么聘请异地独立董事?》，《管理世界》2014年第9期，第131页。
④ See Wei Shi, Aguilera Ruth, Wang Kai: State Ownership and Securities Fraud: A Political Governance Perspective, Corporate Governance: An International Review, 2020(28), 157.
⑤ 方红星、孙翯、金韵韵：《公司特征、外部审计与内部控制信息的自愿披露——基于沪市上市公司2003—2005年年报的经验研究》，《会计研究》2009年第10期，第45页。
⑥ 周泽将、王佳伟、雷玲：《监事会经济独立性与财务重述》，《会计与经济研究》2022年第4期，第5页。

集中于以下两方面。一方面，独立董事提出异议的主要目的在于满足勤勉尽责的法定义务要求，避免自身承担法律责任，特别当上市公司已经受到监管机构关注时，独立董事提出异议的频率更高。①因此，独立董事的异议行为向证券市场传递了上市公司可能存在违法违规行为的明显信号。②另一方面，对于独立董事的异议行为与上市公司的违法违规行为之间的关系存在一定的争议。有实证研究发现，异议行为更多是独立董事寻求自身免责。③独立董事的异议行为与审计意见存在相关关系，即对于那些审计结果较差的上市公司，独立董事更倾向于发表异议意见，而不是基于自身判断提出异议。④基于上述讨论，本节提出以下待检验假设。

假设6.1 独立董事的异议行为能够向证券市场传递有关上市公司预期违法违规风险的信息，并且随着异议频次增多，上市公司所受处罚的强度也会增加。

二、变量选取

1.被解释变量

本节实证研究所选取的被解释变量为上市公司所受处罚的类型和严重程度。上市公司的违法行为主要受到三类主体的处罚。

首先，证监会作为监管机构，对上市公司拥有行政处罚权和非行政处罚权。在近年来投资者保护日益受到重视的背景下，特别是在"建制度、

---

① 范合君、王思雨：《缄默不语还是直抒己见：问询函监管与独立董事异议》，《财经论丛》2022年第3期，第70页。
② 陈仕华、张瑞彬：《董事会非正式层级对董事异议的影响》，《管理世界》2020年第10期，第97页。
③ 吴伊萳、董斌：《异议独董：尽职还是卸责》，《现代财经》（天津财经大学学报）2021年第6期，第22页。
④ 林雁、谢抒桑、刘宝华：《公司年报审计意见与独董发表异议——基于审计意见信息功能的考察》，《华东经济管理》2020年第12期，第109页。

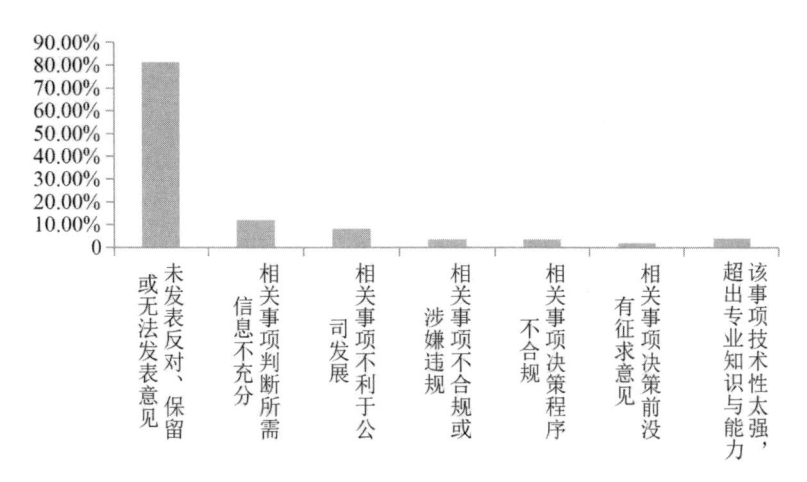

图15：独立董事发表非赞成意见的原因分布

不干预、零容忍"的大背景下，证监会对上市公司的处罚频次呈现日益增长的趋势。事件研究法显示，证监会的行政处罚会导致上市公司发行股票呈现出超额负收益，即上市公司因受到行政处罚还会遭受市值损失。[1]

其次，证监局作为证监会的派出机构，负责对辖区内的上市公司和证券中介机构等进行一线监管。《证券法》第七条规定了相关的派出机构按照授权履行监督管理职责。我国当前有38家证监局，基本职能包括："第一，对辖区有关市场主体实施日常监管；第二，防范和处置辖区有关市场风险；第三，对证券期货违法违规行为实施调查、作出行政处罚；第四，对证券期货投资者进行教育和保护。"[2] 研究表明，证监局对上市公司的行政处罚会引起证券价格明显的超额变化，而非行政处罚引起的变化并不明显。[3]

---

[1] See Chen Gongmeng, Firth Michael, Gao Danieland, et al.: Is China's Securities Regulatory Agency a Toothless Tiger? Evidence from Enforcement Actions, Journal of Accounting and Public Policy, 2005(24), 451.
[2] 《中国证监会派出机构监管职责规定》第五条。
[3] 徐文鸣、莫丹：《证券虚假陈述投资者损失的理论模型与实证研究——基于有效市场假说》，《广东财经大学学报》2019年第6期，第88页。

最后，证券交易所作为证券市场的自律监管机构，负责对上市公司的日常监管，并对相关违法行为进行自律处罚。从案件类型上来看，证监会和证监局与证券交易所之间所负责查处的案件性质存在一定的差异，前者主要负责查处违法情节较为严重的案件，而后者则负责一线监管，在违法行为暴露的早期即对其处以自律处罚。[①] 从市场反应来看，证券交易所的自律处罚同样会导致受罚企业股票的超额负收益，但市场反应弱于行政处罚。[②]

因此，本节构建两个变量衡量上市公司受到处罚的严重程度，作为回归分析的被解释变量。第一，上市公司受到处罚类型（SANCTION_TYPE），该变量取值为0~2：如果上市公司在当年未受到处罚则取值为0；若受到非行政处罚则取值为1；若受到行政处罚则取值为2。第二，上市公司受到处罚强度（SANCTION_INTENSITY），考虑到不同处罚主体之间分工和处罚措施所对应的违法行为的严重性，该变量取值为0~4：如果上市公司在当年未受到处罚则取值为0；若受到证券交易所的自律处罚则取值为1；若受到证监会和证监局的非行政处罚则取值为2；若受到证监局的行政处罚则取值为3；若受到证监会的行政处罚则取值为4。

2. 解释变量

本节的核心解释变量为上市公司在特定年度内董事会会议中独立董事的异议行为，采取两个指标进行度量。第一，独立董事是否发表异议（YES_DISSENT），该变量为滞后一期的哑变量：如果上市公司在上一年度内独立董事曾经发表了异议，则取值为1；如果未发表异议，则取值为0。第二，独立董事发表异议的数量（NUM_DISSENT），该变量同样为滞后一期变量，取值为在上一年度内上市公司独立董事发表异议的人次。遵

---

① 鲁篱：《证券交易所自治地位的比较研究》，《社会科学研究》2004年第5期，第87页。
② See Liebman Benjamin, Milhaupt Curtis: Reputational Sanctions in China's Securities Market, Columbia Law Review, 2008(108), 929.

循前述研究的处理方式，①将独立董事所发表的"同意"和"其他"意见归为同意意见，而将"保留意见""反对意见""无法发表意见""弃权"和"提出异议"视为异议。

除了上述核心解释变量外，回归分析还控制了其他相关变量，如表7所示。第一，上市公司层面的变量，包括上市公司的上市年数的对数（LISTYEAR）、最大股东持股比例（LARGESTSHAREHOLDER）、前十大股东持股的霍芬达尔指数（HINDEX10）、管理层持股比例（MANAGEMENTSHARE）、监事会成员总数（NUM_SUPERVISOR）、总资产的对数（ASSET）和负债资产比（LASSET）。第二，董事会层面的变量，包括董事会成员的总数（NUM_BOARD）、女性董事的比例（FEMALEDIRECTOR）、独立董事的比例（INDEPENDENTDIRECTOR）、总经理是否兼任董事长（YES_PRESIDENT）、董事会中设立四个委员会的个数（NUM_COMMITTEE）②和会计背景独立董事是否与上市公司工作地一致（YES_CITY）。第三，固定特征哑变量，包括上市公司所有权属性哑变量（OWNERSHIP_DUM）、上市公司所在省份哑变量（PROVINCE_DUM）和上市公司所属行业哑变量（INDUSTRY_DUM）。上述控制变量均滞后一期。

---

① 唐雪松、申慧、杜军：《独立董事监督中的动机——基于独立意见的经验证据》，《管理世界》2010年第9期，第139页。
② 董事会的四个委员会包括审计委员会、战略委员会、提名委员会、薪酬与考核委员会。

表7：多元回归分析使用的控制变量定义

变量	定义
LISTYEAR	上市公司在独立董事辞职事件发生时上市年数的自然对数。
LARGESTSHAREHOLDER	上市公司年报披露的最大股东持股百分比。
HINDEX10	上市公司年报披露的前十大股东持股比例的霍芬达尔指数。
ASSET	上市公司年报披露的总资产（亿元）的自然对数。
LASSET	上市公司年报披露的总负债与总资产的比率。
MANAGEMENTSHARE	上市公司年报披露的董监高持股比例。
NUM_SUPERVISOR	上市公司年报披露的监事会总人数。
NUM_BOARD	上市公司年报披露的董事会总人数。
FEMALEDIRECTOR	上市公司年报披露的董事会中女性董事的比例。
INDEPENDENT DIRECTOR	上市公司年报披露的董事会中独立董事的比例。
YES_PRESIDENT	上市公司年报披露的总经理是否兼任董事长的情况，如果总经理兼任董事长则取1，不兼任则取0。
NUM_COMMITTEE	上市公司年报披露的董事会中专业委员会审计、战略、提名委、薪酬与考核委员会的设置个数。
YES_CITY	会计背景独立董事与上市公司是否异地，如果独立董事住址与上市公司工作地点保持一致，则取1，反之则取0。两名及以上会计背景独立董事时，其中有一人的住址与上市公司注册地不同就算异地。
OWNERSHIP_DUM	按照所有权属性分为国有企业、私人企业和外资企业三类。
PROVINCE_DUM	按照上市公司所在省份分别设置哑变量。
INDUSTRY_DUM	按照证监会发布的《上市公司行业分类指引（2012年修订）》规定的行业标准进行划分，由于较高比例的样本公司属于制造业行业门类，回归分析所使用的行业虚拟变量按照指引中制造业上市公司的大类标准进行划分。

三、样本选取和描述性统计分析

本节实证研究的对象为在上海证券交易所和深圳证券交易所上市的A股上市公司。参考此前研究独立董事异议的文献，[1]本节的样本结构采取了"公司—年度"的面板数据。[2]在时间序列维度上，考虑到2015年爆发的股灾对证券市场的影响较大，变量SANCTION_TYPE和变量SANCTION_INTENSITY取值的时间跨度为2019年1月1日至2022年6月30日，其他变量取值的时间跨度为2018年1月1日至2021年12月31日。在横截面维度上，遵循此前研究的操作，研究样本剔除了数据缺失的公司和金融类的上市公司，最终包括4601家上市公司。由于部分观测数据的缺失和企业上市年份的差异，样本面板数据为非平衡面板数据，共计15840个有效观测值。样本上市公司的特征变量、董事会层面和其他变量数据全部来自CSMAR数据库、巨潮网和作者手动整理。在整理上市公司违规数据时，部分上市公司在一个自然年度内可能受到多次处罚。考虑到回归分析的可行性，遵循此前研究的处理方法，只保留处罚严重程度最高的那一次。[3]

表8：多元回归分析使用变量的描述性统计分析

变量名称	样本容量	平均值	标准差	最小值	最大值
A栏 被解释变量					
SANCTION_INTENSITY	15840	0.21	0.61	0.00	4.00
SANCTION_TYPE	15840	0.14	0.37	0.00	2.00
B栏 解释变量					
YES_DISSENT	15840	0.02	0.14	0.00	1.00

---

[1] See Wei Jiang, Wan Hualin, Zhao Shan: Reputation Concerns of Independent Directors: Evidence from Individual Director Voting, The Review of Financial Studies, 2016(29), 655.

[2] 祝继高、叶康涛、陆正飞：《谁是更积极的监督者：非控股股东董事还是独立董事？》，《经济研究》2015年第9期，第172页。

[3] 许年行、江轩宇、伊志宏等：《政治关联影响投资者法律保护的执法效率吗？》，《经济学（季刊）》2013年第2期，第374页。

续表

变量名称	样本容量	平均值	标准差	最小值	最大值
NUM_DISSENT	15840	0.15	1.81	0.00	60.00
LISTYEAR	15840	3.01	0.30	1.39	4.16
LARGESTSHAREHOLDER	15840	32.82	14.68	2.43	89.99
HINDEX10	15840	0.15	0.11	0.00	0.81
ASSET	15840	3.83	1.36	-2.01	10.22
LASSET	15840	0.45	1.48	0.01	178.35
MANAGEMENTSHARE	15840	6.22	12.33	0.00	88.40
NUM_SUPERVISOR	15840	3.39	0.95	0.00	12.00
NUM_BOARD	15840	8.31	1.63	0.00	17.00
FEMALEDIRECTOR	15840	0.17	0.14	0.00	0.80
INDEPENDENTDIRECTOR	15840	0.38	0.06	0.00	1.00
YES_PRESIDENT	15840	0.33	0.47	0.00	1.00
NUM_COMMITTEE	15840	3.91	0.38	0.00	4.00
YES_CITY	15840	0.28	0.45	0.00	1.00

表8汇报了回归分析所使用变量的描述性统计分析结果。从被解释变量来看，SANCTION_INTENSITY代表着上市公司受到的处罚强度，其均值为0.21，说明大部分上市公司仅受到自律处罚或非行政处罚。类似地，变量SANCTION_TYPE的均值为0.14，同样说明上市公司受到处罚的比例并不高。解释变量方面，核心解释变量YES_DISSENT的均值为0.02，该变量为哑变量，说明平均来看，仅有2%的上市公司存在独立董事提出异议意见。而变量NUM_DISSENT进一步说明，上市公司独立董事平均每年提出异议的仅0.15人次。其他控制变量方面，样本上市公司的股权集中度较高，最大股东持股（LARGESTSHAREHOLDER）平均比例达到32.82%。董监高持股比例（MANAGEMENTSHARE）平均约为6.22%，但是该变量的标准差较高，说明董监高持股差异较为明显。监事会规模（NUM_

SUPERVISOR）和董事会规模（NUM_BOARD）平均分别为3.39人和8.31人，与此前实证研究所报告的数据类似。在样本上市公司董事会中，女性董事（FEMALEDIRECTOR）和独立董事（INDEPENDENTDIRECTOR）分别占比17%和38%，约有33%的上市公司的CEO兼任董事长职位（YES_PRESIDENT）。上市公司设置四类专业委员会的比例较高，平均每家上市公司设置3.91个专业委员会（NUM_COMMITTEE）。但是，会计专业独立董事住址位于上市公司工作地点的比例（YES_CITY）并不高，平均仅28%。

四、回归分析

本节构建了模型（1）和模型（2）检验假设6.1，具体模型设定如下所示。

$$SANCTION\_TYPE_{i,t}=\alpha+\beta*(YES\_DISSENT_{i,t-1} or NUM\_DISSENT_{i,t-1})+\sum CONTROLS_{i,t-1}+e \quad (1)$$

$$SANCTION\_INTENSITY_{i,t}=\alpha+\beta*(YES\_DISSENT_{i,t-1} or NUM\_DISSENT_{i,t-1})+\sum CONTROLS_{i,t-1}+e \quad (2)$$

考虑到研究样本的数据结构为面板数据，因此需要对使用固定效应模型或随机效应模型进行豪斯曼检验。[①] 检验结果如表9所示，由于p值为0.0000，故拒绝原假设"H0：个体特征与残差项不相关"，即对于面板数据的分析应当使用固定效应模型，并在此基础上进一步判断是使用时间固定效应模型还是个体固定效应模型。由于本节使用的面板数据在时间维度上的观测值较少，而在横截面维度上的观测值较多，应当选取个体固定效应模型进行回归分析。[②]

[①] 陈强：《高级计量经济学及Stata应用》（第二版），高等教育出版社，2013，第7页。
[②] 王言、周绍妮、宋夏子：《中国独立董事："咨询""监督"还是"决策"？——兼论独立董事特征对履职的调节效应》，《北京交通大学学报》（社会科学版）2019年第4期，第80页。

表9：豪斯曼检验结果

	固定效应模型	随机效应模型	差值	标准误差
YESDISSENT	0.1136	0.3427	-0.2290	0.0189
LISTYEAR	-0.3758	0.0450	-0.4208	0.0875
LARGESTSHAREHOLDER	0.0101	-0.0027	0.0128	0.0033
HINDEX10	-1.5304	-0.3008	-1.2296	0.4341
ASSET	0.0586	-0.0060	0.0646	0.0192
LASSET	-0.0105	0.0098	-0.0203	0.0018
MANAGEMENTSHARE	0.0039	-0.0022	0.0062	0.0012
NUM_SUPERVISOR	0.0276	-0.0152	0.0428	0.0173
NUM_BOARD	-0.0052	-0.0148	0.0096	0.0084
FEMALEDIRECTOR	0.0985	0.0652	0.0333	0.0628
INDEPENDENTDIRECTOR	0.2201	0.3033	-0.0833	0.1671
YES_PRESIDENT	-0.0996	-0.0166	-0.0830	0.0183
NUM_COMMITTEE	0.0452	0.0108	0.0343	0.0275
YES_CITY	0.0107	-0.0067	0.0174	0.0100
_CONS	0.6949	0.2428	0.4521	0.3096

1. 独立董事异议行为与上市公司所受处罚类型

假设6.1提出独立董事异议行为会传递有关上市公司违法风险的信息，与上市公司所受处罚类型的严重程度相关。表10汇报了被解释变量为SANCTION_TYPE的回归分析结果。为了展示不同模型估计的差异，第（1）列和第（2）列分别报告了使用混合估计模型（Pooled Regression Model）的分析结果。混合估计模型忽略了面板数据的结构特点，即直接对研究样本进行回归分析，未能使用相同上市公司在时间序列维度存在多个观测结果的信息，统计估计的效率不高。列（1）的回归模型仅包括变量YES_DISSENT和所有权属性哑变量、年份哑变量、省份哑变量和行业哑变量，回归结果显示变量YES_DISSENT的系数为0.295，并且在1%的水

表10：独立董事异议行为对上市公司受到处罚类型的影响分析

解释变量	(1)	(2)	(3)	(4)	(5)	(6)
YES_DISSENT	0.2948984 *** (0.0346398)					
NUM_DISSENT		0.0089902 *** (0.0023738)				
LISTYEAR			0.0958671 *** (0.0229544)	0.0003832 (0.0017728)	0.0968259 *** (0.0229436)	0.0003247 (0.0017701)
ASSET					-0.2200822 *** (0.0531363)	-0.2161795 *** (0.0531761)
LASSET					0.0324531 *** (0.0117258)	0.0301316 ** (0.0117267)
LARGESTSHARE-HOLDER					-0.0048558 ** (0.0021593)	-0.0051981 ** (0.0021596)
HINDEX10					0.0069253 *** (0.0020852)	0.0067978 *** (0.0020867)
MANAGEMENT-SHARE					-0.9770399 *** (0.2761469)	-0.9625602 *** (0.276347)
NUM_SUPERVISOR					0.002347 *** (0.0007609)	0.002327 *** (0.0007615)
NUM_BOARD					0.0175717 (0.0109249)	0.0180365 * (0.0109336)
					-0.0075909 (0.0055639)	-0.0076687 (0.0055686)

续表

解释变量	(1)	(2)	(3)	(4)	(5)	(6)
FEMALEDIRECTOR					0.0287465 (0.0437191)	0.0263976 (0.043752)
INDEPENDENT-DIRECTOR					0.167835 (0.1190134)	0.1661587 (0.1191166)
YES_PRESIDENT					-0.0515777 *** (0.01334)	-0.0525266 *** (0.0133488)
NUM_COMMITTEE					0.0362457 *** (0.0182644)	0.0365215 ** (0.0182789)
YES_CITY					0.0124069 (0.0087723)	0.0124876 (0.0087792)
所有权属性哑变量	控制	控制	不适用	不适用	不适用	不适用
年份哑变量	控制	控制	不适用	不适用	不适用	不适用
省份哑变量	控制	控制	不适用	不适用	不适用	不适用
行业哑变量	控制	控制	不适用	不适用	不适用	不适用
常数项	-0.0960573 (0.0639775)	-0.0997135 (0.0641055)	0.1334445 *** (0.0025887)	0.1352312 *** (0.0025673)	0.3863893 ** (0.1934652)	0.3869238 ** (0.1936487)
样本容量	15840	15840	15840	15840	15840	15840
R-squared	0.0559	0.0462	0.0133	0.0023	0.0011	0.0025
回归模型	混合估计模型	混合估计模型	固定效应模型	固定效应模型	固定效应模型	固定效应模型

注：*** 表示在1%水平显著；** 表示在5%水平显著；* 表示在10%水平显著。

平上显著。该列回归结果说明：如果独立董事在上一年表达过异议意见，那么上市公司在当年所受到的处罚类型更为严重。列（2）的回归模型与列（1）相似，仅使用变量NUM_DISSENT替换了变量YES_DISSENT。回归结果显示：变量NUM_DISSENT的系数约为0.009，并且在1%的水平上显著。该结果说明：上一年独立董事发表异议意见的人次同样会影响当年该公司受到处罚的强度。

列（3）和列（4）报告了使用固定效应模型进行分析的结果。上述两列采取了简单的模型设定，解释变量仅分别包括变量YES_DISSENT和变量NUM_DISSENT。列（3）的结果与列（1）类似，显示独立董事在上一年度是否发表异议意见，会显著影响上市公司所受处罚的类型，对于那些独立董事发表过异议的上市公司，其受到的处罚类型更为严重，即独立董事的异议行为对上市公司违法行为具有预警作用。但是，列（3）固定效应分析结果所示独立董事异议行为的效果，远低于列（1）混合估计模型所估计效果，变量YES_DISSENT的系数仅约为0.096。列（4）回归分析结果与列（2）存在较大的差异，此时变量NUM_DISSENT的系数约为0.0004，并且不再显著。出现这种变化的原因可能有两方面。第一，固定效应模型与混合估计模型相比，考虑了相同上市公司在时间序列维度的变化，并且在估计过程中利用差分的方法将上市公司固定特征的影响剔除，因此估计结果更准确。第二，变量NUM_DISSENT测量的是独立董事发表异议的人次，而上市公司存在一位或几位独立董事在一年或多年时间里反复多次提出异议的情况。独立董事所提异议频次的测量可能引入误差，导致其在固定效应模型中并不显著。

列（5）和列（6）汇报了加入控制变量后，固定效应模型的回归分析结果。总体来看，控制变量并未显著改变核心解释变量YES_DISSENT和NUM_DISSENT的回归结果。在第（5）列展示的回归结果中，变量YES_DISSENT的系数约为0.097，并且在1%的水平上显著，与第（3）列汇报结果基本相同。因此，表10的回归分析证实了独立董事的异议行为对上市公司所受处罚类型的预警功能，当独立董事提出异议时，上市公司所受处罚类型更为严重。

在控制变量方面，衡量上市公司特点的三个变量的系数都在1%的水平上显著。其中，变量LISTYEAR的系数为-0.22，该回归结果说明上市公司的上市时间越长，其所受处罚类型的严重程度将下降。变量ASSET的系数为0.032，说明规模越大的上市公司所受处罚类型越严重。变量LASSET的系数为-0.005，说明上市公司的负债资产比越高，其所受处罚类型越轻微。在所有权结构方面，变量LARGESTSHAREHOLDER的系数为0.007，并在1%的水平上显著，说明第一大股东持股比例越高，其所受处罚类型越严重；而变量HINDEX10的系数为-0.977，并在1%的水平上显著，说明上市公司的大股东持股越集中，则其所受处罚类型越轻微。而变量MANAGEMENTSHARE的系数为0.002，并在1%的水平上显著，说明上市公司管理层的持股比例越高，其所受处罚类型越严重。在监事会和董事会的各项特征中，仅变量YES_PRESIDENT和变量NUM_COMMITTEE的系数显著，且显著水平为1%。变量YES_PRESIDENT的系数为-0.052，说明当上市公司的CEO兼任董事长时，削弱其所受处罚类型的严重程度。而变量NUM_COMMITTEE的系数为0.036，显示当董事会下设专业委员会数量越多，其所受处罚类型越严重。列（6）的回归结果跟前述列所汇报的结果保持一致，变量NUM_DISSENT的系数为0.0003，但并不显著。

2. 独立董事异议行为与上市公司所受处罚强度

假设6.1提出独立董事异议行为及频次会向证券市场传递上市公司违法违规行为严重程度的信息，因此与其受到的处罚强度相关。表11汇报了被解释变量为SANCTION_INTENSITY的回归分析结果。列（1）的回归模型仅包括变量YES_DISSENT和所有权属性哑变量、年份哑变量、省份哑变量和行业哑变量。回归结果显示变量YES_DISSENT的系数为0.441，并且在1%的水平上显著，该结果说明，如果上市公司在前一年存在独立董事发表异议意见，那么该上市公司受到处罚的强度即会上升约0.441。列（2）的回归模型与列（1）相似，仅使用变量NUM_DISSENT替换了变量YES_DISSENT。回归结果显示变量NUM_DISSENT的系数约为0.126，并且在1%的水平上显著。该结果说明，上市公司在前一年独立董事发表异议意见的人次，同样会影响该公司受到处罚的强度。在其他条件不变的情况下，每增加一人次独立董事提出异议，上市公司在下一年度所受处罚强度将上升约0.113。

列（3）和列（4）报告了使用固定效应模型进行分析的结果。上述两列采取了简单的模型设定，解释变量仅分别包括变量YES_DISSENT和变量NUM_DISSENT。列（3）的结果与列（1）类似，显示独立董事在上一年度是否发表异议仍然与上市公司所受处罚的强度存在正相关关系，即独立董事的异议行为对上市公司违法行为具有预警作用。但是，列（3）固定效应分析结果所示，独立董事异议行为的效果远低于列（1）混合估计模型所估计效果，变量YES_DISSENT的系数仅约为0.113。列（4）回归分析结果与列（2）存在较大的差异，此时变量NUM_DISSENT的系数为–0.0013，并且不再显著。列（5）和列（6）汇报了加入控制变量后，固定效应模型的回归分析结果。总体来看，控制变量并未显著改变核心解释变量YES_DISSENT和NUM_DISSENT的回归结果。在第（5）列展示的回归结果中，变量YES_DISSENT的系数约为0.114，并且在1%的水平上显著，与第（3）列汇报的结果基本相同。

在控制变量方面，衡量上市公司特点的三个变量的系数都在1%的水平上显著。其中，变量LISTYEAR的系数为–0.376，说明上市公司的上市时间越长，其所受处罚的严重程度将下降。变量ASSET的系数为0.059，说明规模越大的上市公司受到的处罚强度越高。变量LASSET的系数为–0.01，说明上市公司的负债资产比越高，其受处罚强度越高。所

表11：独立董事异议行为对上市公司受到处罚强度的影响分析

解释变量	(1)	(2)	(3)	(4)	(5)	(6)
YES_DISSENT	0.4409787 *** (0.0568447)					
NUM_DISSENT		0.0125687 *** (0.0035667)				
LISTYEAR			0.1129101 *** (0.0376027)	-0.0013372 (0.002903)	0.1136488 *** (0.0375815)	-0.0014413 (0.0028983)
ASSET					-0.3758181 *** (0.087037)	-0.3720093 *** (0.0870679)
LASSET					0.0585749 *** (0.0192068)	0.0554903 *** (0.0192006)
LARGESTSHA-REHOLDER					-0.0104818 *** (0.0035369)	-0.0109145 *** (0.0035361)
HINDEX10					0.0100575 *** (0.0034156)	0.0098864 *** (0.0034167)
MANAGEMENTSHARE					-1.530389 *** (0.4523272)	-1.511928 *** (0.4524763)
NUM_SUPERVISOR					0.0039229 *** (0.0012464)	0.003897 *** (0.0012469)
					0.0275773 (0.0178949)	0.0280138 (0.017902)

续表

解释变量	(1)	(2)	(3)	(4)	(5)	(6)
NUM_BOARD					-0.0051554 (0.0091136)	-0.0051794 (0.0091178)
FEMALEDIRECTOR					0.0985031 (0.0716116)	0.0953054 (0.0716372)
INDEPENDENT-DIRECTOR					0.2200537 (0.1949433)	0.2196347 (0.1950353)
YES_PRESIDENT					-0.0996079*** (0.0218508)	-0.1007884*** (0.0218566)
NUM_COMMITTEE					0.0451656 (0.029917)	0.0455581 (0.0299289)
YES_CITY					0.0106855 (0.014369)	0.0107819 (0.0143747)
所有权属性哑变量	控制	控制	不适用	不适用	不适用	不适用
年份哑变量	控制	控制	不适用	不适用	不适用	不适用
省份哑变量	控制	控制	不适用	不适用	不适用	不适用
行业哑变量	控制	控制	不适用	不适用	不适用	不适用
常数项	-0.1834073 (0.1145511)	-0.1890586* (0.1149542)	0.2040759*** (0.0042406)	0.2064567*** (0.004204)	0.694935** (0.3168951)	0.6991017** (0.3170703)

续表

解释变量	(1)	(2)	(3)	(4)	(5)	(6)
样本容量	15840	15840	15840	15840	15840	15840
R-squared	0.0513	0.0429	0.0115	0.0017	0.0015	0.0025
回归模型	混合估计模型	混合估计模型	固定效应模型	固定效应模型	固定效应模型	固定效应模型

注：***表示在1%水平显著；**表示在5%水平显著；*表示在10%水平显著。

有权结构方面，变量LARGESTSHAREHOLDER的系数为0.01，并在1%的水平上显著，说明上市公司的第一大股东持股比例越高，其受到处罚强度会上升；而变量HINDEX10的系数为-1.53，并在1%的水平上显著，说明上市公司的大股东持股越集中，其受到处罚强度会下降。而变量MANAGEMENTSHARE的系数为0.004，并在1%的水平上显著，说明上市公司管理层的持股比例越高，则其受到的处罚强度越大。在监事会和董事会的各项特征中，仅变量YES_PRESIDENT的系数在1%的水平上显著，其大小等于-0.1，说明当上市公司的CEO兼任董事长时，会减少上市公司受到的处罚强度。列（6）的回归结果跟前述列所汇报的结果保持一致，变量NUM_DISSENT的系数为-0.001，但并不显著。

综合表10和表11的回归分析结果可以看出，实证研究证实了假设6.1，即独立董事的异议行为会向证券市场传递有关上市公司违法违规行为发生概率和严重程度的信息，并且与上市公司所受处罚强度之间存在正相关关系。申言之，独立董事的异议行为对上市公司违法行为及其严重程度具有预警作用。

第二节　独立董事对上市公司经营状况促进效果的实证检验

本节进一步通过实证研究方法，讨论上市公司独立董事制度的特点和其经营情况之间的关系。

一、假设的提出

公司治理制度，特别是独立董事，对上市公司经营绩效的影响是当前文献集中讨论的热点问题。[①] 在理论层面上，上市公司的治理质量越高则

---

① 李常清、赖建清：《董事会特征影响公司绩效吗？》，《金融研究》2004年第5期，第65页。

可以降低代理成本，改善盈利能力和市场价值。例如，女性高管可以提升企业经营效率，[1]董事会独立性增强会提升公司绩效，[2]董事会规模越小上市公司盈利能力越强等。[3]也有研究发现，公司治理对上市公司经营不存在明显促进作用的研究，如南开大学公司治理指数被发现与企业经营绩效不存在显著关系。[4]本节主要关注独立董事相关制度对上市公司经营情况的影响，并提出以下假设。

假设6.2 有效的独立董事制度能够促进上市公司的盈利能力，即独立董事占比越高、专业委员会数量越多、独立董事住址与上市公司工作地一致都能改善企业盈利能力；而独立董事的异议行为反映出上市公司预期违法违规风险的信息，与其盈利能力负相关。

假设6.3 有效的独立董事制度能够改善上市公司的市场价值，即独立董事占比越高、专业委员会数量越多、独立董事住址与上市公司工作地一致与上市公司市场价值之间存在正相关关系；而独立董事的异议行为则与上市公司市场价值负相关。

独立董事制度对于上市公司创新投入的影响受到的关注较少。我国经济正处于供给侧改革的重要攻坚阶段，企业创新是实现宏观经济发展增速换挡和全球产业链价值链地位稳固提升的关键，提升上市公司的质量即要

---

[1] 梁若冰、张东荣、莫雅婷：《性别结构、管理层互动与上市公司市场价值》，《管理评论》2021年第12期，第201页。

[2] 王跃堂、赵子夜、魏晓雁：《董事会的独立性是否影响公司绩效》，《经济研究》2006年第5期，第63页。

[3] See Yermack David: Higher Valuation of Companies with a Small Board of Directors, Journal of Financial Economics, 1996(40), 185.

[4] 王戈阳、张宗益、宋增基：《中国上市公司治理与企业绩效的实证分析》，《重庆大学学报（社会科学版）》2013年第3期，第75页。

求提高创新投入和研发能力。① 现有文献已经发现董事会特征，如CEO是否兼任董事长，会影响上市公司的研发投入。② 独立董事改善上市公司创新能力和研发投入的机制主要集中于专业咨询和社会网络两个方面。首先，独立董事具有相关专业的知识背景，可以通过向企业提供咨询服务提高其研发能力。③ 从人力资本的角度看，董事会中专业人员的比例上升有助于建立创新文化，推动研发事项的通过。④ 另外，由于研发投入属于高不确定性、高风险的活动，女性的性格特征偏向于风险厌恶，因此对研发投入的态度偏向保守。⑤ 另一方面，专业独立董事如果处于社会网络中的重要节点位置，则可以帮助上市公司获取更多的人力资源。⑥ 有研究显示院士（候选人）可以起到"桥梁科学家"作用，增加了上市公司建立院士工作站的概率，进而促进企业创新活动。⑦ 基于上述讨论，本节提出以下假设。

假设6.4　有效的独立董事制度能够促进上市公司的研发投入，即独立董事占比越高、专业委员会数量越多、独立董事住址与上市公司工作地一致等特征都能提高研发投入；而独立董事的异议行为与研发投入存在负

---

① 《国务院关于进一步提高上市公司质量的意见》（国发〔2020〕14号），中华人民共和国中央政府网，http://www.gov.cn/zhengce/content/2020-10/09/content_5549924.htm.（最后访问日期：2022年9月30日）

② 黄庆华、陈习定、张芳芳等：《CEO两职合一对企业技术创新的影响研究》，《科研管理》2017年第3期，第70页。

③ 刘中燕、周泽将：《技术董事、研发投入与可持续增长》，《商业经济与管理》2019年第8期，第72页。

④ 刘中燕、周泽将：《技术独立董事与企业研发投入》，《科研管理》2020年第6期，第238页。

⑤ 梁上坤、闫珍丽、徐灿宇：《女性高管与公司创新——来自中国上市公司的经验证据》，《财务研究》2020年第3期，第41页。

⑥ 吴伊蒑、董斌：《独立董事网络位置与企业技术创新行为》，《现代经济探讨》2020年第9期，第78页。

⑦ 许荣、李从刚：《院士（候选人）独董能促进企业创新吗——来自中国上市公司的经验证据》，《经济理论与经济管理》2019年第7期，第31页。

相关关系。

上市公司的股利分配是中小股东获取投资回报的主要渠道。然而，我国上市公司长期存在不分配股利和股利分配比例低的问题。[1] 已有文献指出，当上市公司的自由现金流较为充沛时，内部人更容易做出侵害外部投资者的行为。[2] 独立董事作为维护上市公司中小股东合法利益的主体，有促进上市公司采取合理股利政策的激励。此外，独立董事可能改变上市公司董事会的文化，引入独立董事所处社会网络的偏好，改变上市公司对于股利分配的既有政策。[3] 基于上述讨论，本节提出以下假设。

假设6.5 有效的独立董事制度能够促进上市公司分配股利，即独立董事占比越高、专业委员会数量越多、独立董事住址与上市公司工作地一致都能提高股利分配比例；而独立董事的异议行为与股利分配比例存在负相关关系。

二、变量选取

1. 被解释变量

本节实证研究关注独立董事对上市公司经营情况的影响，因此所选取的被解释变量为上市公司经营状况的代理变量，主要包括以下四个指标。

第一，上市公司的总资产收益率（ROA）。该指标是文献中广泛用于衡量上市公司盈利能力的指标。一方面，独立董事的监督功能可以降低上市公司内部的代理成本，减少对公司盈利的消耗；另一方面，咨询功能可以提升上市公司经营决策的效率，以改善净利润。因此，变量ROA可以作

---

[1] 吕长江、王克敏：《上市公司股利政策的实证分析》，《经济研究》1999年第12期，第32页。
[2] 俞红海、徐龙炳、陈百助：《终极控股股东控制权与自由现金流过度投资》，《经济研究》2010年第8期，第105页。
[3] 冯戈坚、王建琼：《社会网络视角下的现金股利分配行为及其同群效应》，《管理评论》2021年第3期，第256页。

为被解释变量用来测量独立董事制度对于经营情况的影响。

第二,"托宾的Q"(TOBINQ)。该指标是法律与金融文献中用来衡量上市公司相对价值的经典指标,它是上市公司市值与其重置成本之间的比例。当该比例大于1时,上市公司的市场价值高于其重置成本,说明证券市场对于上市公司价值的评价更高;而当该比例小于1时,上市公司的市场价值低于其重置成本。因此,变量TOBINQ可以作为被解释变量用来测量独立董事制度对上市公司价值的影响。

第三,上市公司的研发投入占销售收入的比例(RDRATIO)。该指标是近年来法律与金融文献关于上市公司创新行为研究所使用的重要指标。研发投入是上市公司实现长期增长的重要基础,但亦具有高度不确定性,上市公司的高级管理人员具有较强的追求短期经济利益的冲动,故而倾向于减少高风险的研发投入。独立董事的报酬与上市公司盈利之间的关系较弱,因此其缺乏较强的寻求短期经济绩效的激励,更倾向于从公司长期发展的角度考虑。因此,变量RDRATIO可以作为被解释变量用来测量独立董事制度对上市公司长期创新投入的影响。

第四,上市公司分配利润占净利润的比例(DIVIDENDRATIO)。上市公司分红是投资者获得回报的重要方式。然而我国上市公司存在长期不分红或分红水平较低的问题。独立董事作为维护股东利益的重要机制,应当维持健康的利润分配机制。因此,变量DIVIDENDRATIO可以作为被解释变量用来测量独立董事对上市公司利润分配的影响。

2. 解释变量

本节回归分析所使用的解释变量主要包括四类。第一,独立董事制度相关变量,也是回归分析的核心解释变量。包括上市公司董事会中独立董事的比例(INDEPENDENTDIRECTOR)、董事会中设立四个委员会的个数(NUM_COMMITTEE)、会计背景独立董事是否与上市公司工作地一致(YES_CITY)和独立董事是否发表异议意见(YES_DISSENT)。第二,上市公司层面的变量。包括上市公司的上市年数的对数（LISTYEAR）、总资产的对数（ASSET）、负债资产比（LASSET）、最大股东持股比例（LARGESTSHAREHOLDER）、前十大股东持股的霍芬达尔指数（HINDEX10）和管理层持股比例（MANAGEMENTSHARE）。第三，上市公司两会相关特征变量。包括监事会成员总数（NUM_SUPERVISOR）、董事会成员总数（NUM_BOARD）、女性董事的比例（FEMALEDIRECTOR）和总经理是否兼任董事长（YES_PRESIDENT）。第四，固定特征哑变量。包括上市公司所有权属性哑变量（OWNERSHIP_DUM）、上市公司所在省份哑变量（PROVINCE_DUM）和上市公司所属行业哑变量（INDUSTRY_DUM）。

三、样本选取和描述性统计分析

研究样本为在上海和深圳证券交易所上市的A股上市公司。参考此前实证研究的设计，样本结构采取了"公司-年度"的面板数据。在时间序列维度上，研究样本选取的时间跨度为2018年1月1日至2021年12月31日，总计4个财务年度。在横截面维度上，研究样本剔除了数据缺失的公司和金融类的上市公司，最终包括4351家上市公司。由于部分观测数据的缺失和企业上市年份的差异，样本面板数据为非平衡面板数据，共计15021个有效观测值。样本上市公司的特征变量、董事会层面和其他变量数据全部来自CSMAR数据库、巨潮网和作者手动整理。

表12汇报了回归分析所使用变量的描述性统计分析结果。被解释变量方面，变量ROA的均值为0.03，标准差为0.178，说明样本上市公司的盈利能力存在较大的差异；变量TOBINQ的均值为2.038，标准差为2.064；变量RDRATIO的均值为5.137，标准差则为19.754，表示上市公司平均将销售收入的约5%投入研发，但是不同公司之间的差异较高；变量DIVIDENDRATIO的均值为0.264，标准差为0.814，表示上市公司平均将约26.4%的净利润分配给投资者，但公司之间的差异同样较大。在核心解释

变量方面，董事会中独立董事占比（INDEPENDENTDIRECTOR）平均为0.38，而上市公司董事会内设置的专业委员会平均达到3.91个，会计专业独立董事住址位于上市公司工作地点的比例（YES_CITY）约为28.3%。大约有2%的独立董事对董事会讨论事项提出异议。其他控制变量的统计特征与此前汇报的情况相似，故不再赘述。

表12：多元回归分析使用变量的描述性统计分析

变量名称	样本容量	平均值	标准差	最小值	最大值
A栏 被解释变量					
ROA	15021	0.03	0.18	-9.12	12.21
TOBINQ	15021	2.04	2.06	0.61	106.13
RDRATIO	15021	5.14	19.75	0.00	1858.82
DIVIDENDRATIO	15021	0.26	0.81	-35.38	59.46
B栏 解释变量					
INDEPENDENTDIRECTOR	15021	0.38	0.06	0.14	0.80
NUM_COMMITTEE	15021	3.91	0.36	0.00	4.00
YES_CITY	15021	0.28	0.45	0.00	1.00
YES_DISSENT	15021	0.02	0.14	0.00	1.00
LISTYEAR	15021	3.02	0.29	1.39	4.16
ASSET	15021	3.88	1.36	-2.01	10.22
LASSET	15021	0.45	1.51	0.01	178.35
LARGESTSHAREHOLDER	15021	32.65	14.64	2.43	89.99
HINDEX10	15021	0.15	0.11	0.00	0.81
MANAGEMENTSHARE	15021	5.81	11.87	0.00	76.22
NUM_SUPERVISOR	15021	3.40	0.95	0.00	12.00
NUM_BOARD	15021	8.33	1.64	4.00	17.00
FEMALEDIRECTOR	15021	0.17	0.14	0.00	0.80

续表

变量名称	样本容量	平均值	标准差	最小值	最大值
YES_PRESIDENT	15021	0.32	0.46	0.00	1.00

四、回归分析

考虑到研究样本的数据结构为面板数据，因此本节采用固定效应模型进行回归分析。本节构建了模型（3）、模型（4）、模型（5）和模型（6）检验假设6.2至假设6.5，具体模型设定如下所示。

$$ROA_{i,t}=\alpha+\beta1*INDEPENDENTDIRECTOR_{i,t}+\beta2*NUM\_COMMITTEE_{i,t}+\beta3*YES\_CITY_{i,t}+\beta4*YES\_DISSENT_{i,t}+\sum CONTROLS_{i,t}+e \quad (3)$$

$$TOBINQ_{i,t}=\alpha+\beta1*INDEPENDENTDIRECTOR_{i,t}+\beta2*NUM\_COMMITTEE_{i,t}+\beta3*YES\_CITY_{i,t}+\beta4*YES\_DISSENT_{i,t}+\sum CONTROLS_{i,t}+e \quad (4)$$

$$RDRATIO_{i,t}=\alpha+\beta1*INDEPENDENTDIRECTOR_{i,t}+\beta2*NUM\_COMMITTEE_{i,t}+\beta3*YES\_CITY_{i,t}+\beta4*YES\_DISSENT_{i,t}+\sum CONTROLS_{i,t}+e \quad (5)$$

$$DIVIDENDRATIO_{i,t}=\alpha+\beta1*INDEPENDENTDIRECTOR_{i,t}+\beta2*NUM\_COMMITTEE_{i,t}+\beta3*YES\_CITY_{i,t}+\beta4*YES\_DISSENT_{i,t}+\sum CONTROLS_{i,t}+e \quad (6)$$

1. 独立董事与上市公司的盈利能力

假设6.2提出上市公司的独立董事制度应当能够改善企业的盈利能力，表13报告了被解释变量为ROA的回归分析结果。第（1）列模型设置仅包括解释变量INDEPENDENTDIRECTOR、NUM_COMMITTEE、YES_CITY、YES_DISSENT和截距项，并使用混合估计模型进行分析。列（1）的回归结果显示，变量YES_CITY的系数显著为正，说明独立董事住址与上市公司工作地点保持一致有助于提升上市公司的盈利能力。但变量INDEPENDENTDIRECTOR的系数显著为负，该结果显示上市公司董事会中独立董事的比例越高，其盈利能力越弱。最后，变量YES_DISSENT的系数显著为负，也支持独立董事的异议行为是重要的监督机制，向市场传递上市公司经营情况并不乐观的信息。

表13：独立董事对上市公司盈利能力的影响分析

解释变量	(1)	(2)	(3)
INDEPENDENTDIRECTOR	-0.0376905 ** (0.0178488)	-0.0205773 (0.0572069)	-0.0480625 (0.0543251)
NUM_COMMITTEE	0.0025446 (0.0023792)	-0.0091406 (0.0125393)	-0.008594 (0.0096179)
YES_CITY	0.0072931 *** (0.0024205)	0.0052309 (0.0050992)	0.0058476 (0.0039593)
YES_DISSENT	-0.0707217 *** (0.0141437)	-0.0223872 * (0.0133641)	-0.0492061 *** (0.0102544)
LISTYEAR			-0.0285494 (0.0239936)
ASSET			0.0299607 *** (0.0053687)
LASSET			-0.0810383 *** (0.0009544)
LARGESTSHAREHOLDER			-0.000049 (0.0009257)
HINDEX10			0.0669135 (0.1228334)
MANAGEMENTSHARE			-0.0004446 (0.0003495)
NUM_SUPERVISOR			-0.0010701 (0.0049196)
NUM_BOARD			0.0001057 (0.0025158)
FEMALEDIRECTOR			-0.0298031 (0.0195873)
YES_PRESIDENT			0.007134 (0.0059901)
所有权属性哑变量	控制	不适用	不适用
年份哑变量	控制	不适用	不适用

续表

解释变量	(1)	(2)	(3)
省份哑变量	控制	不适用	不适用
行业哑变量	控制	不适用	不适用
常数项	0.0716626 *** (0.0265021)	0.0724908 (0.0538011)	0.0874249 (0.0902142)
样本容量	15021	15021	15021
R-squared	0.0287	0.0016	0.2371
回归模型	混合估计模型	固定效应模型	固定效应模型

注：***表示在1%水平显著；**表示在5%水平显著；*表示在10%水平显著。

第（2）列的模型设置与第（1）列保持相同，并采用固定效应模型进行分析。该模型分析所得结果与第（1）列存在较大差异。其中，仅变量YES_DISSENT的系数显著为负，即当独立董事存在异议行为时，上市公司的盈利能力更弱。第（3）列模型的设定在第（2）列模型基础上加入了控制变量。回归分析显示，同样仅变量YES_DISSENT的系数显著为负，支持独立董事异议行为的监督效果。而其他控制变量中，变量ASSET和LASSET的系数显著。前者的系数为正，也即是规模越大的上市公司盈利能力越强；而后者的系数为负，即杠杆率的提升会削弱总资产收益率。总体来看，表13所汇报的回归分析结果仅支持了独立董事异议行为与上市公司盈利能力负相关的结论。

2. 独立董事与上市公司价值

假设6.3提出独立董事应当能够提升企业价值，表14报告了被解释变量为TOBINQ的回归分析结果。第（1）列的模型设置仅包括解释变量INDEPENDENTDIRECTOR、NUM_COMMITTEE、YES_CITY、YES_DISSENT和截距项，并使用混合估计模型进行分析。列（1）的回归结果显示，变量INDEPENDENTDIRECTOR和NUM_COMMITTEE的系数显著。前者的系数为0.715，显示上市公司董事会中独立董事比例的提高可以提升企业价值，而后者的系数为-0.21，即上市公司董事会中专业委员会的数量与企业价值存在负相关关系。

表14：独立董事对上市公司价值的影响分析

解释变量	(1)	(2)	(3)
INDEPENDENTDI-RECTOR	0.7154121 *** (0.2656739)	0.3237288 (0.4551205)	1.02432 *** (0.4205071)
NUM_COMMITTEE	-0.2068678 *** (0.0681481)	-0.0256861 (0.0997591)	-0.120305 (0.0744478)
YES_CITY	-0.047251 (0.0313688)	-0.162946 *** (0.0405674)	-0.0382836 (0.0306473)
YES_DISSENT	0.4071664 (0.2149953)	-0.050266 (0.1063208)	0.1118633 (0.0793745)
LISTYEAR			5.487636 *** (0.1857239)
ASSET			-0.8713529 *** (0.0415565)
LASSET			0.6043571 *** (0.0073873)
LARGESTSHARE-HOLDER			0.0172721 *** (0.0071655)
HINDEX10			-3.142342 *** (0.9507999)
MANAGEMENTSHARE			-0.0065427 ** (0.0027053)
NUM_SUPERVISOR			-0.0304247 (0.0380807)
NUM_BOARD			0.062381 *** (0.0194734)
FEMALEDIRECTOR			0.0771787 (0.1516171)

续表

解释变量	(1)	(2)	(3)
YES_PRESIDENT			0.0078883 (0.0463667)
所有权属性哑变量	控制	不适用	不适用
年份哑变量	控制	不适用	不适用
省份哑变量	控制	不适用	不适用
行业哑变量	控制	不适用	不适用
常数项	1.427255 ** (0.5918655)	2.062912 *** (0.4280245)	-11.82689 *** (0.6983087)
样本容量	15021	15021	15021
R-squared	0.1010	0.0016	0.1305
回归模型	混合估计模型	固定效应模型	固定效应模型

注：***表示在1%水平显著；**表示在5%水平显著；*表示在10%水平显著。

第（2）列的模型设置与第（1）列保持相同，并采用固定效应模型进行分析。该模型分析结果显示，仅变量YES_CITY的系数显著为负，即当独立董事住址与上市公司工作地点保持一致时，上市公司的市场价值更低。第（3）列模型的设定在第（2）列模型基础上加入了所有控制变量。回归分析显示，变量INDEPENDENTDIRECTOR的系数为1.024，且在1%的水平上显著，这一结果支持上市公司董事会中独立董事的比例可以提升企业价值的假设。其他控制变量中，上市公司层面变量LISTYEAR、ASSET、LASSET、LARGESTSHAREHOLDER、HINDEX10和MANAGEMENTSHARE都显著。其中，LISTYEAR和LASSET显著为正，显示上市时间和杠杆率都与市场价值正相关，而ASSET显著为负，显示上市公司规模过大会降低其市场价值；变量LARGESTSHAREHOLDER的系数为正，说明大股东持股比例越高则上市公司的市场价值越高，但变量HINDEX10的系数为负，说明上市公司大股东持股越集中则企业的市场价值越低；变量MANAGEMENTSHARE的系数显著为负，说明上市公司管理层持股比例越高，企业的市场价值越低。最后，上市公司两会相关特征变量中仅变量NUM_BOARD的系数显著为正，显示董事会的规模越大，上市公司的市场价值越高。总体来看，表14所汇报的回归分析结果，仅支持了独立董事占比对上市公司市场价值的正向促进效果。

3. 独立董事与上市公司创新投入

假设6.4提出上市公司的独立董事应当能够增加对企业长期发展有益的创新投入，表15报告了被解释变量为RDRATIO的回归分析结果。第（1）列的模型设置仅包括解释变量INDEPENDENTDIRECTOR、NUM_COMMITTEE、YES_CITY、YES_DISSENT和截距项，并使用混合估计模型进行分析。列（1）的回归结果显示，变量INDEPENDENTDIRECTOR的系数为-3.63，且在10%的水平上显著，这一结果说明上市公司董事会中独立董事的比例与创新投入之间负相关。第（2）列的模型设置与第（1）列保持相同，并采用固定效应模型进行分析。该模型分析结果显示独立董事相关变量皆不显著。

表15：独立董事对上市公司创新投入的影响分析

解释变量	(1)	(2)	(3)
INDEPENDENTDI-RECTOR	-3.626065 * (2.104697)	-1.298637 (4.542987)	0.5495322 (5.610764)
NUM_COMMITTEE	0.0480003 (0.186044)	0.1432675 (0.99579)	-0.0268887 (0.9933461)
YES_CITY	-0.0728754 (0.2344002)	-0.2432184 (0.4049414)	-0.2416533 (0.4089228)
YES_DISSENT	0.8298197 (1.09117)	0.5481798 (1.061288)	0.5341824 (1.059083)
LISTYEAR			3.473614 (2.478087)
ASSET			-0.3231349 (0.554482)

续表

解释变量	(1)	(2)	(3)
LASSET			-0.2488296 ** (0.0985671)
LARGESTSHAREHOLDER			-0.0854481 (0.0956084)
HINDEX10			3.883663 (12.68638)
MANAGEMENTSHARE			0.3384276 *** (0.0360964)
NUM_SUPERVISOR			0.0344725 (0.5081053)
NUM_BOARD			0.1481466 (0.2598306)
FEMALEDIRECTOR			1.795929 (2.023005)
YES_PRESIDENT			-2.024417 *** (0.618664)
所有权属性哑变量	控制	不适用	不适用
年份哑变量	控制	不适用	不适用
省份哑变量	控制	不适用	不适用
行业哑变量	控制	不适用	不适用
常数项	4.871044 *** (1.524626)	5.128275 (4.272516)	-4.807475 (9.317431)
样本容量	15021	15021	15021
R-squared	0.0435	0.0002	0.0060
回归模型	混合估计模型	固定效应模型	固定效应模型

注：***表示在1%水平显著；**表示在5%水平显著；*表示在10%水平显著。

第（3）列模型的设定在第（2）列模型基础上加入了所有控制变量。回归分析同样显示，独立董事相关变量皆不显著。其他控制变量中，上市公司层面的变量LASSET显著为负，说明上市公司的杠杆率越高，其创新投入越少。此外，变量MANAGEMENTSHARE的系数显著为正，显示管理层持股比例越高则上市公司创新投入越高。最后，上市公司两会相关特征中变量YES_PRESIDENT的系数显著为负，显示当CEO兼任董事长时会减少上市公司的创新投入。总体来看，表15所汇报的回归分析结果并不支持独立董事对上市公司创新投入的正向促进效果。

4. 独立董事与上市公司股利分配

假设6.5提出独立董事制度应当能够促进上市公司的股利分配，表16报告了被解释变量为DIVIDENDRATIO的回归分析结果。第（1）列的模型设置仅包括解释变量INDEPENDENTDIRECTOR、NUM_COMMITTEE、YES_CITY、YES_DISSENT和截距项，并使用混合估计模型进行分析。列（1）的回归结果显示，YES_DISSENT的系数显著为负，即当独立董事发表反对意见时，上市公司的分红比例将下降。第（2）列的模型设置与第（1）列保持相同，并采用固定效应模型进行分析。分析结果显示，变量INDEPENDENTDIRECTOR、YES_CITY和YES_DISSENT的系数都显著。其中，变量INDEPENDENTDIRECTOR的系数为-0.426，显示上市公司董事会中独立董事的比例与上市公司分红比呈负相关关系；变量YES_CITY的系数显著为0.057，说明当独立董事与上市公司工作地一致时，上市公司的分红比例更高；变量YES_DISSENT的系数显著为-0.106，也是存在独立董事异议行为的上市公司，其股利分配比较低。

表16：独立董事对上市公司股利分配的影响分析

解释变量	(1)	(2)	(3)
INDEPENDENTDI-RECTOR	0.1262089 (0.1138793)	-0.4256464 * (0.2436648)	-0.75653 ** (0.3019851)
NUM_COMMITTEE	-0.0124998 (0.015784)	-0.011152 (0.0534096)	-0.0068399 (0.0534643)
YES_CITY	0.0279613 (0.017198)	0.0565383 *** (0.0217192)	0.0460826 ** (0.0220092)

续表

解释变量	(1)	(2)	(3)
YES_DISSENT	-0.1940633 ** (0.080178)	-0.1055593 * (0.0569226)	-0.1028681 * (0.0570024)
LISTYEAR			-0.2652519 ** (0.1333767)
ASSET			-0.0011064 (0.0298436)
LASSET			-0.0009368 (0.0053051)
LARGESTSHAREHOLDER			0.0006444 (0.0051459)
HINDEX10			0.3045213 (0.6828122)
MANAGEMENTSHARE			0.0024632 (0.0019428)
NUM_SUPERVISOR			-0.0612825 ** (0.0273475)
NUM_BOARD			-0.0236253 * (0.0139847)
FEMALEDIRECTOR			0.1050502 (0.1088831)
YES_PRESIDENT			-0.0027575 (0.033298)
所有权属性哑变量	控制	不适用	不适用
年份哑变量	控制	不适用	不适用
省份哑变量	控制	不适用	不适用
行业哑变量	控制	不适用	不适用
常数项	-0.0310579 (0.1183813)	0.4547961 ** (0.229158)	1.679807 *** (0.5014869)
样本容量	15021	15021	15021
R-squared	0.0148	0.0004	0.0044
回归模型	混合估计模型	固定效应模型	固定效应模型

注：***表示在1%水平显著；**表示在5%水平显著；*表示在10%水平显著。

第（3）列模型的设定在第（2）列模型基础上加入了所有控制变量。回归分析显示，变量INDEPENDENTDIRECTOR、YES_CITY和YES_DISSENT的系数都显著，并且与列（2）所示结果相近。控制变量方面，上市公司层面的变量LISTYEAR的系数显著为负，显示随着上市时间的增长，上市公司分配股利的比例降低。最后，上市公司两会相关特征变量中，变量NUM_SUPERVISOR和NUM_BOARD的系数都显著为负，显示随着监事会和董事会的规模增长，上市公司的股利分配比例降低。总体来看，表16的回归分析结果显示，独立董事对上市公司股利分配行为的促进效果较为有限。

第三节　独立董事离职行为的效果及法律责任增加对其的影响

本节讨论证券市场对独立董事在任期未满情况下离职行为的反应。此外，康美案判决向证券市场传递独立董事民事法律责任大幅增长的信息，可能会改变证券市场对独立董事离职事件的反应，本节因此也检验康美案判决对离职行为的证券市场反应的影响。

一、假设的提出

独立董事可以通过多种渠道监督上市公司，如在董事会发表相关意见，就特定事项投赞成票或者反对票。其中，独立董事在任期未满的情况下主动提出离职，是较为特殊的一类监督行为，该行为表示独立董事拒绝与上市公司继续博弈，并向市场发出了较强的信号，凸显独立董事对上市公司预期违法违规风险的警示。独立董事辞职动机主要可以分为以下几个方面。

首先，独立董事主动辞职的内在动机方面。第一，独立董事为保持良好的声誉资本而辞职。声誉资本是独立董事市场价值的基础，好的声誉会为独立董事赢得更多的任职机会和更高的薪酬水平；而声誉资本的下降将会导致独立董事丧失未来的收入。当上市公司经营绩效下降，或者受到处罚时，独立董事会避免任职于低声誉的上市公司而提出辞职。第二，独立董事出于规避法律责任而辞职。独立董事虽然可以参加董事会并就相关事项进行投票，但无论是掌握的信息，还是决策影响力都显著弱于上市公司的内部控制人，如果独立董事无法通过上市公司内部治理机制以合作形式实现有效监督，那么为了避免可能承担的法律责任，其可能向上市公司提出辞职。上述行为会向市场传递有关上市公司治理的不利信号，市场往往会对独立董事辞职行为出现显著的负面反应。[1]

其次，独立董事还会受到外生事件的影响，被迫从上市公司辞职。如中组部于2013年10月发布的《关于进一步规范党政领导干部在企业兼职（任职）问题的意见》，也被称为"18号文"，对独立董事任职产生了外部冲击，强制要求特定独立董事离职。该意见对现任或离任党政领导干部，包括"所有公务员和参照公务员法管理人员中担任领导职务的人员，也包括担任非领导职务的人员"，在企业的任职和兼职行为进行了限制或禁止。彼时，我国的上市公司更偏好邀请在政府有过工作经历的人担任独立董事，以此来增强其政治资源和政策优势。[2] 有统计指出，超过2500家上市公司中，超过800家聘请了1101人次官员独立董事。[3] 官员独立董事辞职会导致其所任上市公司的股价出现约2%的显著的超额负收益，并且负

---

[1] See Dewally Michael, Peck Sarah: Upheaval in the Boardroom: Outside Director Public Resignations, Motivations and Consequences, Journal of Corporate Finance, 2010(16), 38.
[2] 余明桂、回雅甫、潘红波：《政治联系、寻租与地方政府财政补贴有效性》，《经济研究》2010年第3期，第67页。
[3] 唐朝金、陈薇：《前7个月每天至少有一名独董辞职》，《河南商报》2014年8月6日版。

收益的大小与辞任官员的级别正相关。①

"18号文"导致大量官员独立董事被迫辞职,相关研究显示,在该意见发布一年内,就有939名独立董事因各种原因辞职。利用上述样本进行的实证研究显示,独立董事辞职时,使用不同的辞职原因表述,即"因个人原因/工作原因辞职"或"依照18号文要求辞职",会导致迥异的市场反应。如果独立董事因"个人原因/工作原因"辞职,其任职上市公司的股票会产生显著为负的超额收益;而如果独立董事"依照18号文要求辞职",并不会引起市场的显著反应。作者认为证券市场的"框架效应"扭曲了独立董事辞职事件所传递的信息,但"框架效应"会随着时间推移而逐步衰减。②

然而,2021年11月,广州市中级人民法院作出的康美案判决,判决独立董事承担巨额的连带赔偿责任。在发行人已经进入破产重整程序的情况下,虚假陈述的行为人已经缺乏实际的偿付能力,独立董事面临数亿元人民币的连带赔偿责任。在责任显著增加的背景下,我国上市公司独立董事的履职保障和报酬并未相应增长,独立董事的"权、责、利"处于失衡状态。一方面,独立董事在公司治理中仍然处于弱势地位,缺乏跟执行董事相抗衡的影响力,并且决策时利用上市公司的资源进行监督受到较大的限制;另一方面,独立董事的薪酬较低,从上市公司披露的相关数据来看,平均薪酬仅略高于8万元人民币,远低于可能承担的天价赔偿。基于上述讨论,提出有关独立董事辞职的假设6.6和假设6.7。

假设6.6 康美案判决公开后,部分独立董事可能面临履职的预期成本远大于预期收益的问题,独立董事辞职的概率更高。而独立董事辞职向

---

① 叶青、赵良玉、刘思辰:《独立董事"政商旋转门"之考察:一项基于自然实验的研究》,《经济研究》2016年第6期,第100页。
② 林卉、许尤洋、刘峰:《中国资本市场"框架效应"现象的实证研究——基于中组部18号文的自然实验》,《经济研究》2016年第12期,第162页。

证券市场传递了上市公司的负面消息,因此在辞职公告附近的事件日内,上市公司存在超额负收益。

假设6.7 考虑到康美案对上市公司独立董事法律责任的影响,证券市场对于独立董事辞职的反应,应当在康美案公开后最为显著,特别是在康美案刚公布后。

二、变量选取

1. 事件研究法

事件研究法是公司法与公司治理领域常用的测量证券市场对相关事件反应的工具。[①]本节采取事件研究法分析证券市场对上市公司独立董事辞职行为的反应,也即计算上市公司在发生独立董事辞职事件的窗口期内,其任职公司股价的超额收益。独立董事辞职数据从证监会指定信息披露网站"巨潮资讯网"[②]搜寻获得,以关键字"独立董事""辞职"搜索上市公司发布的公告,共获得在2021年1月1日至2022年6月30日,上海证券交易所和深圳证券交易所A股上市公司公告的975条有关董事辞职的事件。进一步阅读公告内容,样本剔除了85条非独立董事辞职公告、87条独立董事任期届满辞职公告,剩余803份(人次)独立董事在任期未满的情况下辞职的公告。

图16展示了每月独立董事辞职的分布情况。从独立董事辞职数量月度分布情况来看,2021年10月,上市公司独立董事每个月辞职数量稳定在30~40人之间。而在2021年11月及此后月份中,独立董事辞职数量快速上升。在2021年12月至2022年4月,分别有69位、55位、24位、59位和81位独立董事辞职。其中,每年2月上市公司独立董事辞职数量都较少,主要

[①] See Campbell John, Lo Andrew, MacKinlay Craig: The Econometrics of Financial Markets, Princeton University Press, 1997, p.65.

[②] 参见巨潮资讯网,http://www.cninfo.com.cn/new/index.jsp.(最后访问日期:2022年9月30日)

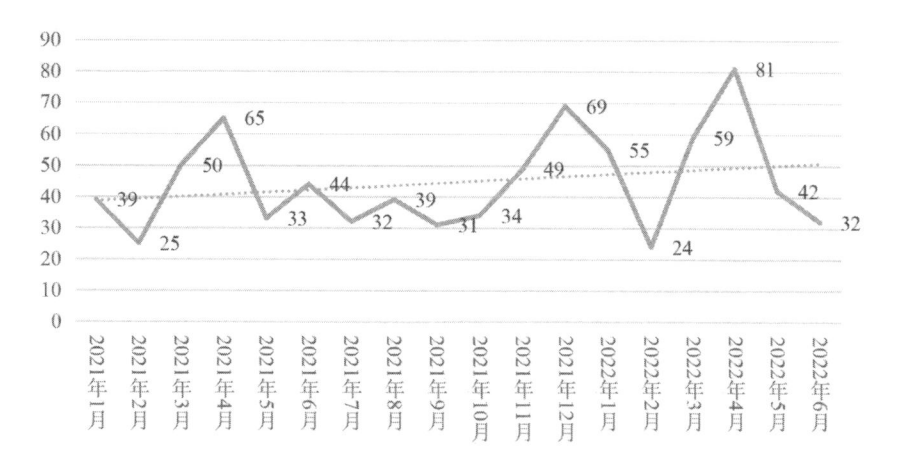

图16：A股上市公司独立董事辞职数量月度分布情况（2021年1月至2022年6月）

原因在于该月为我国春节假期，交易日数量和公司活跃度都相对较低，存在一个季度性影响效果。

由于本节使用事件研究法测量证券市场对独立董事辞职的反应，因此在样本选择时，剔除以下三类事件：第一，如果180日内，上市公司出现两次独立董事辞职，那么剔除第二次事件；第二，如果上市公司独立董事辞职事件日距离该公司上市日不足180日，则剔除该事件；第三，如果独立董事辞职事件日处于上市公司停牌期，则剔除该事件。最终，用于事件研究法的样本包括620件独立董事辞职事件。

2. 康美案对市场反应的影响

康美案判决于2021年11月12日向社会公布，从图16可以看出，上市公司独立董事辞职数量在康美案发生之后出现较为明显的增长。当康美案向证券市场传递独立董事的民事责任出现显著增长后，证券市场应当更加明确预期独立董事任期未届满的情况下提出辞职，向证券市场发送上市公司可能存在违法违规风险的信号。因此，多元回归分析的被解释变量是事件研究法所估计出的独立董事离职事件窗口内上市公司股票的超额收益。

表17：多元回归分析使用的控制变量定义

变量名	定义
KANGMEI_IND	独立董事辞职事件发生在康美案判决公开日（2021年11月12日）之后取1；在公开日之前取0。
INDEPENDENTDIRECTOR	滞后一期变量，上市公司年报披露的董事会中独立董事的比例。
NUM_COMMITTEE	滞后一期变量，上市公司年报披露的董事会中专业委员会审计、战略、提名、薪酬与考核委员会的设置个数。
YES_CITY	会计背景独立董事与上市公司是否异地，如果独立董事住址与上市公司工作地点保持一致，则取1，反之则取0。两名及以上会计背景独立董事时，其中有一人的住址与上市公司注册地不同就算异地。
LISTYEAR	上市公司在独立董事辞职事件发生时上市年数的自然对数。
ASSET	滞后一期变量，上市公司年报披露总资产（亿元）的自然对数。
LASSET	滞后一期变量，上市公司年报披露的总负债与总资产的比率。
ROA	滞后一期变量，上市公司年报披露的净利润与总资产平均余额的比例，其中，总资产平均余额等于资产合计期末余额+资产合计期初余额的平均数。
LARGESTSHAREHOLDER	滞后一期变量，上市公司年报披露的最大股东持股百分比。
HINDEX10	滞后一期变量，上市公司年报披露的前十大股东持股比例的霍芬达尔指数。
NUM_SUPERVISOR	滞后一期变量，上市公司年报披露的监事会总人数。
NUM_BOARD	滞后一期变量，上市公司年报披露的董事会总人数。
FEMALEDIRECTOR	滞后一期变量，上市公司年报披露的董事会中女性董事比例。
YES_PRESIDENT	滞后一期变量，上市公司年报披露的总经理是否兼任董事长的情况，如果总经理兼任董事长则取1，不兼任则取0。
OWNERSHIP_DUM	按照所有权属性分为国有企业、私人企业和外资企业三类。
PROVINCE_DUM	按照上市公司所在省份分别设置哑变量。
INDUSTRY_DUM	按照证监会发布的《上市公司行业分类指引（2012年修订）》规定的行业标准进行划分，由于较高比例的样本公司属于制造业行业门类，回归分析所使用的行业虚拟变量按照指引中制造业上市公司的大类标准进行划分。

表17报告了多元回归分析的核心解释变量为康美判决指示变量（KANGMEI_IND），当独立董事辞职事件发生在康美案判决公开日之后取1；在公开日之前取0。而控制变量方面，回归分析还控制了上市公司的四类特征。第一，独立董事制度相关变量。即上市公司独立董事的比例（INDEPENDENTDIRECTOR）、董事会中设立四个委员会的个数（NUM_COMMITTEE）和会计背景独立董事是否与上市公司工作地一致（YES_CITY）。第二，上市公司层面的变量。包括上市公司的上市年数的对数（LISTYEAR）、总资产的对数（ASSET）、负债资产比（LASSET）、总资产收益率（ROA）、最大股东持股比例（LARGESTSHAREHOLDER）和前十大股东持股的霍芬达尔指数（HINDEX10）。第三，上市公司两会相关特征变量。包括监事会成员总数（NUM_SUPERVISOR）、董事会成员的总数（NUM_BOARD）、女性董事的比例（FEMALEDIRECTOR）和总经理是否兼任董事长（YES_PRESIDENT）。第四，固定特征哑变量。包括上市公司所有权属性哑变量（OWNERSHIP_DUM）、上市公司所在省份哑变量（PROVINCE_DUM）和上市公司所属行业哑变量（INDUSTRY_DUM）。上述控制变量均滞后一期。

三、样本选取和描述性统计分析

本节实证研究的样本为2021年1月1日至2022年6月30日，上海证券交易所和深圳证券交易所A股上市公司公告的620件独立董事辞职事件，以及这些独立董事所任职的上市公司。表18报告了样本上市公司所在省级行政单位的分布情况。总体来看，独立董事离职数量最高的省市为广东省、江苏省、北京市、浙江省和上海市，分别为111人、63人、62人、58人和47人。由于上述地区本身的上市公司数量较多，因此这些地区的独立董事数量也更多，相应地，离职独立董事数量也就比其他地区更高。

表18：样本上市公司所在省级行政单位的分布情况

所在省级行政单位	离职独立董事数量	所在省级行政单位	离职独立董事数量
广东省	111	天津市	10
江苏省	63	重庆市	10
北京市	62	甘肃省	9
浙江省	58	贵州省	9
上海市	47	山西省	8
福建省	28	陕西省	7
山东省	25	云南省	7
湖北省	22	河北省	6
湖南省	21	西藏自治区	5
四川省	17	海南省	4
安徽省	16	内蒙古自治区	4
辽宁省	14	广西壮族自治区	3
新疆维吾尔自治区	14	吉林省	3
黑龙江省	12	宁夏回族自治区	2
江西省	12	青海省	1
河南省	10		

表19报告了样本上市公司的行业分布情况。独立董事离职数量最高的行业分别为"计算机、通信和其他电子设备制造业""专用设备制造业""化学原料及化学制品制造业""医药制造业""电气机械及器材制造业"和"软件和信息技术服务业"。上述行业都是创新性较强的行业，因而上市公司经营过程中存在的不确定性也较高，独立董事履职的预期成本也较高。然而，独立董事从这些"硬科技"企业离职对上述公司的发展并没有益处，高企的法律责任实际上形成了独立董事在特定领域上市公司的逆向选择效应，对于那些"硬科技"上市公司，由于其经营存在较大不确

定性，违法风险较高，优秀的独立董事不愿意为了担任独立董事的津贴收入而承担相应的法律风险，逆向选择效应也将降低"硬科技"上市公司的董事会人力资本，降低其受到的监督强度。

表19：样本上市公司所在行业的分布情况

所属行业分类	离职独立董事数量	所属行业分类	离职独立董事数量
计算机、通信和其他电子设备制造业	58	煤炭开采和洗选业	5
专用设备制造业	43	燃气生产和供应业	5
化学原料及化学制品制造业	39	农业	4
医药制造业	38	广播、电视、电影和影视录音制作业	4
电气机械及器材制造业	38	建筑装饰和其他建筑业	4
软件和信息技术服务业	31	教育	4
汽车制造业	18	有色金属矿采选业	4
非金属矿物制品业	18	畜牧业	4
批发业	16	装卸搬运和运输代理业	4
有色金属冶炼及压延加工业	15	黑色金属冶炼及压延加工业	4
房地产业	14	住宿业	3
电力、热力生产和供应业	14	卫生	3
互联网和相关服务	12	印刷和记录媒介复制业	3
土木工程建筑业	12	电信、广播电视和卫星传输服务	3
金属制品业	12	皮革、毛皮、羽毛及其制品和制鞋业	3
商务服务业	11	保险业	2
酒、饮料和精制茶制造业	11	公共设施管理业	2
铁路、船舶、航空航天和其他运输设备制造业	11	其他金融业	2

续表

所属行业分类	离职独立董事数量	所属行业分类	离职独立董事数量
仪器仪表制造业	10	木材加工及木、竹、藤、棕、草制品业	2
资本市场服务	10	林业	2
零售业	10	石油加工、炼焦及核燃料加工业	2
食品制造业	10	石油和天然气开采业	2
专业技术服务业	9	道路运输业	2
橡胶和塑料制品业	9	仓储业	1
纺织服装、服饰业	9	体育	1
通用设备制造业	9	家具制造业	1
农副食品加工业	7	开采辅助活动	1
水上运输业	7	渔业	1
生态保护和环境治理业	7	科技推广和应用服务业	1
化学纤维制造业	6	综合	1
文教、工美、体育和娱乐用品制造业	6	航空运输业	1
纺织业	6	货币金融服务	1
新闻和出版业	5	造纸及纸制品业	1
水的生产和供应业	5	铁路运输业	1

表20报告了多元回归分析使用变量的描述性统计分析结果。核心解释变量KANGMEI_IND的均值为0.46，说明样本内独立董事辞职事件约46%是发生在康美案判决公开之后，样本数量在判决公开前后的分布较为合理。而在独立董事相关变量方面，变量INDEPENDENTDIRECTOR、NUM_COMMITTEE和YES_CITY的平均值分别为0.383、3.92和0.215，与A股上市公司独立董事特征变量分布相似，不存在明显分布差异。上市公司层面的变量中，LISTYEAR、ASSET、LASSET、ROA、LARGESTSHAREHOLDER、HINDEX10的平均值分别

为2.322、3.821、0.487、0.0015、30.5778和0.136。最后，上市公司两会方面特征变量，NUM_SUPERVISOR、NUM_BOARD、FEMALEDIRECTOR和YES_PRESIDENT的平均值分别为3.455、8.482、0.181和0.302。

表20：多元回归分析使用变量的描述性统计分析

变量名称	样本容量	平均值	标准差	最小值	最大值
KANGMEI_IND	620	0.46	0.50	0.00	1.00
INDEPENDENTDIRECTOR	620	0.38	0.06	0.25	0.64
NUM_COMMITTEE	620	3.92	0.37	0.00	4.00
YES_CITY	620	0.21	0.41	0.00	1.00
LISTYEAR	620	2.32	0.83	0.00	3.43
ASSET	620	3.82	1.34	0.45	9.33
LASSET	620	0.49	0.29	0.01	2.47
ROA	620	0.00	0.13	-1.02	0.33
LARGESTSHAREHOLDER	620	30.58	14.93	5.37	81.10
HINDEX10	620	0.14	0.11	0.00	0.66
NUM_SUPERVISOR	620	3.45	1.02	2.00	9.00
NUM_BOARD	620	8.48	1.71	5.00	15.00
FEMALEDIRECTOR	620	0.18	0.14	0.00	0.71
YES_PRESIDENT	620	0.30	0.46	0.00	1.00

四、独立董事辞职的事件研究法

1. 事件研究法

本节采取事件研究法检验假设6.6，即证券市场对于上市公司独立董事辞职公告的反应。具体而言，上市公司独立董事辞职之日被选为事件日，市场模型被用于估计预期收益。事件日前后15个交易日为事件窗口[-15,15]，在事件窗口前150个交易日为模型的估计窗口[-165,-16]。超额收益被用于衡量证券市场对于独立董事离职的反应，采取等式（1）估算超额收益，如下所示：

$$AR_{it} = R_{it} - \hat{R}_{it} \qquad\qquad 等式（1）$$

其中R_{it}和$\hat{R}_{it}$分别是证券i在第t个交易日的收益率和预期收益率。而等式（1）中预期收益$\hat{R}_{it}$则使用等式（2）所代表的市场模型进行估计：

$$\hat{R}_{it} = \hat{a}_i + \hat{\beta}_i \times R_{mt} + \hat{\varepsilon}_i \qquad\qquad 等式（2）$$

其中R_{mt}代表在第t个交易日的沪深300指数收益率，该指数是市场组合收益率的代理变量，而$\hat{a}_i$和$\hat{\beta}_i$则使用估计窗口[-165,-16]的个股和沪深300指数收益率数据进行估计。事件研究法所使用的数据主要从国泰安数据服务中心处获得。

2. 事件研究法分析结果

表21汇报了事件研究法所测量的独立董事辞职[-7,7]事件窗口内样本股票的日超额收益率。第1列为交易日信息，其中第0日是上市公司公告独立董事辞职日，负向交易日在辞职事件发生之前，而正向交易日在辞职事件发生之后。第3列报告了样本620只股票的日超额收益率的平均值，事件日前两个交易日到事件日后两个交易日每日平均超额收益率分别为-0.0132%、0.0570%、0.1195%、0.0025%和0.1135%。第4列和第5列分别汇报了样本620只股票的日超额收益率的中位数以及威尔克森符号秩检验（Wilcoxon signed-rank test）的结果。[①] 第4列汇报的超额收益率中位数结果，与第3列汇报的平均值结果存在明显的差异，样本620家上市公司在独立董事辞职事件日以及此后4个交易日内，超额收益的中位数都为负值。遗憾的是威尔克森符号秩检验的结果都未能拒绝中位数为0的原假设。

---

① 威尔克森符号秩检验的原假设为样本中位数为0。

表21：独立董事辞职公司的股票组合的超额收益率分析

交易日	样本容量	超额收益率平均值	超额收益率中位数	威尔克森符号秩检验
-7	620	-0.0286%	-0.0062%	-0.653
-6	620	-0.0997%	-0.2010%	-1.793 *
-5	620	-0.1159%	-0.1563%	-2.028 **
-4	620	0.0332%	-0.1437%	-0.620
-3	620	-0.0298%	-0.1692%	-1.231
-2	620	-0.0132%	-0.0928%	-1.063
-1	620	0.0570%	0.1025%	0.184
0	620	0.1195%	-0.1837%	-0.956
1	620	0.0025%	-0.0387%	-0.824
2	620	0.1135%	-0.0935%	-0.453
3	620	-0.0434%	-0.0491%	-0.614
4	620	0.0135%	-0.0956%	-0.547
5	620	0.1213%	0.0561%	0.720
6	620	-0.1256%	-0.2073%	-2.638 ***
7	620	0.0794%	-0.0323%	-0.055

注：***表示在1%水平显著，**表示在5%水平显著，*表示在10%水平显著。

考虑到上述独立董事辞职事件发生的时间跨度较长，图17汇报了每个月独立董事辞职事件日的超额收益平均值和中位数。该图显示，每个月份内独立董事辞职事件的超额收益率平均值和中位数的变化趋势较为一致，但是不同月份之间，差异较为明显。特别是康美案判决公开日前后，即2021年11月前后，月度超额收益率的分布出现了较为明显的差异。

五、康美案判决影响的多元回归分析结果

从上一小节所汇报月度超额收益情况来看，在康美案公布前后，证券市

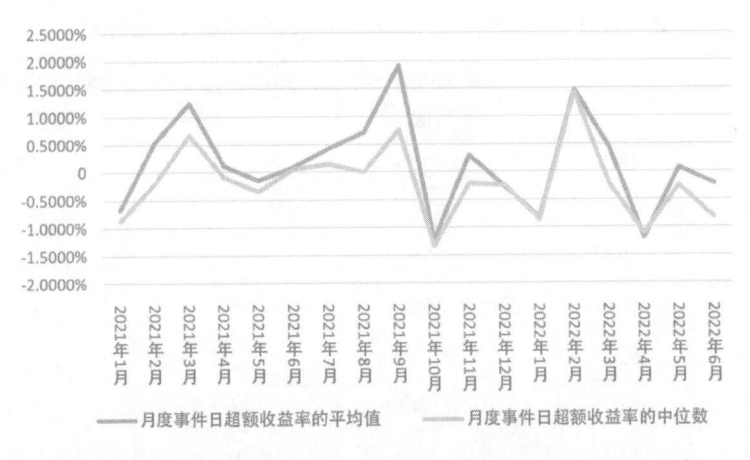

图17：独立董事辞职事件按月度计算的超额收益平均值和中位数

场对于上市公司独立董事辞职的反应存在较为明显的差异。本节采取多元回归分析方法，构建了模型（7）检验假设6.7，具体的模型设定如下所示。

$$\text{ABNORMAL RETURN}_i = \alpha + \beta * \text{KANGMEI\_IND} + \sum \text{CONTROLS}_i + e \quad （7）$$

表22报告了被解释变量分别为事件日超额收益[AR(0)]和[0,1]事件窗口内累计超额收益[CAR(0,1)]的回归结果。第（1）列和第（2）列采取了简单的模型设置策略，仅包括解释变量KANGMEI_IND、所有权属性哑变量、年份哑变量、省份哑变量、行业哑变量和截距项。回归结果显示当被解释变量为AR(0)时，变量KANGMEI_IND的系数为−0.027，并在1%的水平上显著。该回归结果说明，当康美案判决公开后，独立董事辞职事件所带来的超额收益率的绝对值降低了2.7%。即由于该案判决独立董事承担巨额的民事赔偿责任，独立董事为了避免未来可能承担的法律责任而主动从欺诈风险较高的上市公司离职。因此，康美案后，独立董事离职被证券市场视为传递上市公司欺诈风险较高信息的事件，独立董事任职上市公司的股价在该判决公开后出现大的负超额收益。列（2）回归结果显示，变量KANGMEI_IND的系数为−0.013，但并不显著。

表22：康美案判决对独立董事异议行为市场反应的影响分析

解释变量	(1) AR(0)	(2) CAR(0,1)	(3) AR(0)	(4) CAR(0,1)	(5) AR(0)	(6) CAR(0,1)
KANGMEI_IND	-0.0272314 *** [0.0081822]	-0.0127316 [0.0130129]	-0.02747 *** [0.0082678]	-0.01402 [0.0134555]	-0.02775 *** [0.0084488]	-0.01431 [0.0134405]
INDEPENDENTDI-RECTOR			0.003359 [0.0319153]	-0.00736 [0.0474113]	0.004502 [0.0322878]	-0.00637 [0.0469305]
NUM_COMMITTEE			-0.01074 [0.0071121]	-0.00916 [0.008389]	-0.01025 [0.00734]	-0.00867 [0.0086588]
YES_CITY			-0.0034 [0.0032233]	-0.00971 * [0.005087]	-0.00298 [0.0032607]	-0.00952 * [0.005182]
NUM_SUPER VISOR			-0.00233 * [0.00137]	-0.00275 [0.0020826]	-0.00208 [0.0014352]	-0.00257 [0.0021509]
NUM_BOARD			-0.00064 [0.001076]	-0.0007 [0.0015299]	-0.00015 [0.0010782]	-0.00024 [0.0015712]
FEMALEDIRECTOR			0.001628 [0.0110354]	-0.00524 [0.0166973]	0.001138 [0.0110996]	-0.00522 [0.0168956]
YES_PRESIDENT			0.001997 [0.0036737]	0.00618 [0.0060711]	0.002182 [0.0037942]	0.006584 [0.0062045]
LISTYEAR					0.000219 [0.0002194]	0.000303 [0.0003034]
ASSET					-0.00147 [0.0012695]	-0.00104 [0.0020176]

第六章 独立董事治理实效的实证研究

续表

解释变量	(1) AR(0)	(2) CAR(0,1)	(3) AR(0)	(4) CAR(0,1)	(5) AR(0)	(6) CAR(0,1)
LASSET					-0.00475 [0.0062244]	-0.00684 [0.0098297]
ROA					-0.01499 [0.0147123]	-0.02694 [0.020326]
LARGESTSHARE-HOLDER					0.000241 [0.0003151]	0.000305 [0.0004637]
HINDEX10					-0.01362 [0.0411139]	-0.033 [0.0601345]
所有权属性哑变量	控制	控制	控制	控制	控制	控制
年份哑变量	控制	控制	控制	控制	控制	控制
省份哑变量	控制	控制	控制	控制	控制	控制
行业哑变量	控制	控制	控制	控制	控制	控制
常数项	-0.0471697*** [0.0153035]	-0.0221855 [0.0217882]	0.0139329 [0.0381711]	0.0473627 [0.0460154]	-0.0070373 [0.0441135]	0.0180882 [0.0543798]
样本容量	620	620	620	620	620	620
R-squared	0.1409	0.1226	0.1620	0.1388	0.1693	0.1445

注：***表示在1%水平显著；**表示在5%水平显著；*表示在10%水平显著。

列（3）和列（4）回归模型加入了上市公司董事会和监事会的特征变量，在列（1）和列（2）模型基础上，额外控制了变量INDEPENDENTDIRECTOR、NUM_COMMITTEE、YES_CITY、NUM_SUPERVISOR、NUM_BOARD、FEMALEDIRECTOR和YES_PRESIDENT。上述两列的回归结果跟此前相似。列（3）显示变量KANGMEI_IND的系数仍然约为-0.027，并在1%的水平上显著。控制变量方面，仅NUM_SUPERVISOR的系数为-0.002，并在10%的水平上显著。列（4）的结果显示变量KANGMEI_IND的系数为-0.014，但并不显著，控制变量也仅YES_CITY的系数显著。

列（5）和列（6）在列（3）和列（4）回归模型基础上加入了控制上市公司的特征变量，包括LISTYEAR、ASSET、LASSET、ROA、LARGESTSHAREHOLDER和HINDEX10。回归结果跟此前相似，仅变量KANGMEI_IND的系数在被解释变量为AR(0)时显著为负。总体来看，表22的回归结果支持假设6.7，即康美案判决所带来的民事责任大幅度上升导致证券市场对独立董事离职事件评价趋于负面。

第四节　小结

本章对独立董事的制度实效进行了实证分析，检验了基于此前规范分析所推导出的研究假设。首先，独立董事制度的重要功能在于监督上市公司合规经营，独立董事的异议行为作为其履行监督职责的重要渠道，应当向市场传递上市公司违法违规风险的相关信息。因此，独立董事的异议行为与上市公司所受处罚类型和强度应存在相关关系。在测量上市公司所受处罚情况时，本章构建了两个指标。第一，处罚类型。即将上市公司所受处罚分为行政处罚、非行政处罚和未受处罚。第二，处罚强度。按照证监会行政处罚、证监局行政处罚、证监会和证监局非行政处罚、交易所自律处罚措施和未受处罚进行分类赋值。而核心解释变量为上市公司独立董事的异议，并构建了两个代理指标，即独立董事是否发表异议和独立董事发表异议的数量。对面板数据的固定效应模型分析结果显示，上市公司独立董事在前一年是否发表过异议，与上市公司所受处罚类型和处罚强度都存在显著的正相关关系，申言之，独立董事的异议行为能够传递上市公司预期违法违规风险的重要信息。

其次，独立董事的另一个重要制度功能是为上市公司的经营提供专业的咨询建议，以改善上市公司的经营状况。本章选取了四个主流的指标衡量上市公司经营情况，即总资产收益率、"托宾的Q"、研发投入占销售收入的比例和分配利润占净利润的比例。核心解释变量方面，本章选取了四个衡量独立董事制度特征的变量，包括独立董事占董事会总人数的比例、董事会中设立专业委员会的个数、会计背景独立董事是否与上市公司工作地一致和独立董事是否发表异议。对面板数据的固定效应模型分析结果显示，独立董事制度的各项特征对于上市公司经营状况的影响存在一定的差异。其中，独立董事占董事会总人数的比例与上市公司的市场价值正相关，但与股利分配比例负相关；会计背景独立董事是否与上市公司工作地一致与股利分配比例正相关；独立董事是否发表异议与上市公司的盈利能力负相关，与股利分配比例负相关；独立董事制度特征与上市公司创新投入不存在显著的相关关系。

最后，本章还实证分析了独立董事任期未满辞职的市场反应，以及康美案判决所带来的民事责任增长对上述反应的影响。独立董事在任期未满的情况下主动提出离职，是较为特殊的一类监督行为，该行为表示独立董事拒绝与上市公司继续博弈，向市场发出了较强的信号。通过事件研究法对独立董事的辞职公告进行分析发现，样本股票在事件日及以后的日超额收益率中位数为负值，但并未满足统计显著性。对月度独立董事辞职事件超额收益的图表分析显示，在康美案判决公告前后，超额收益率呈现出较大的差异。因此，以个股通过事件研究法估计所得超额收益率为被解释变量，以康美案判决指示变量为核心解释变量进行多元回归分析结果显示，康美案判决公告后独立董事辞职当日其任职上市公司股票的超额收益率平均下降了2.7%。易言之，康美案判决显示上市公司独立董事的民事责任显著增长，法律责任大幅度上升所带来的外部冲击，导致证券市场预期独立董事离职事件传递出有关上市公司更为负面的信息，因此股价的超额下跌幅度更大。

第七章　上市公司独立董事制度的改革建议

我国上市公司独立董事承担着公司治理体系"看门人"的重任。然而，独立董事的制度实效与监管期待并不匹配。监管机构将其视为解决公司治理失灵的"万灵药"，但独立董事在公司治理实践中往往被视为"花瓶"。从前述章节的理论讨论可以看出，上市公司治理需要解决大股东与小股东之间、股东与管理层之间的代理问题。独立董事制度的功能存在局限，主要集中于监督功能和咨询功能，仅凭其个人力量很难完全预防上市公司的欺诈行为。独立董事制度设计需要与上市公司治理体系相匹配，其实效发挥涉及多层次、多维度、多方面的因素。本章在前述规范分析和实证分析的基础上，批判性借鉴西方成熟证券市场独立董事制度的经验和教训，结合我国国情，在独立董事的事前专业资格认证和产生机制、事中履职保障制度和职业化发展，以及事后法律责任等方面提出系统的改革建议。

第一节　健全独立董事的准入制度

一、提高独立董事的法定最低席位比例

我国上市公司治理过程中的内部人控制问题较为严重，与管理层相比，大股东因其持有的投票权优势可以对上市公司施加更直接和更强的控制力。因此，董事会受控程度更高，独立董事个人的力量或占董事会少数席位的独立董事团体，很难对董事会决议形成明显影响。根据我国上市公司治理的相关规范，董事会中独立董事所占比例应至少达到1/3。虽然监

管规则设定的是我国上市公司董事会中独立董事席位的最低比例，但从上市公司实际聘任独立董事的情况来看，很少有上市公司聘任超过董事会席位数1/3的独立董事。2021年独立董事占沪深证券交易所上市公司董事会的比例仅为37.1%，上市公司缺乏主动聘任超过法定最低比例独立董事的激励。而从域外成熟证券市场经验来看，独立董事已经占据上市公司董事会绝大多数席位，外部人治理的趋势明显。美国上市公司甚至普遍存在董事会内仅CEO一名执行董事，其他董事皆为独立董事的情况。

《上市公司独立董事规则》第四条仅要求"上市公司董事会成员中应当至少包括三分之一独立董事"，该条应当改为"上市公司董事会成员中应当至少包括三分之二独立董事"。上市公司董事会中独立董事从少数派变为多数派，会增加大股东控制独立董事的难度。

二、首席独立董事制度

虽然上市公司董事会成员之间的地位平等，董事会决议也是采取一名董事一票的决策规则，但由于各位董事资历贡献、社会资本、财富水平和专业能力之间的差异，独立董事往往在决策过程中容易受到执行董事的影响，甚至采取跟随执行董事的投票策略。首席独立董事制度在规则层面设立了一个特殊的董事会席位，一般由资深的、具有影响力的独立董事担任，其有能力对抗大股东和执行董事的不合理要求。此外，首席独立董事还能够组织独立董事形成合力，提高独立董事制衡执行董事的能力。首席独立董事的职责范围包括负责审阅和批准上市公司董事会会议议程、主持董事会大会期间的独立董事会议、聘任第三方对董事会运行状况进行评估和在特殊情况下召开董事会。具体改革方式可以在《上市公司独立董事规则》中加入有关首席独立董事的相关规定。

三、独立性标准

独立性标准是独立董事制度的准入标准，只有满足独立性标准的候选人才可能被选任为独立董事。从功能分析的角度看，独立性标准的核心是保障独立董事不会受到上市公司实际控制人的强力控制，能够从相对独立的第三方角度决定或审议上市公司的相关事项。根据我国《上市公司独立董事规则》第二条的规定，独立董事是指"不在上市公司担任除董事外的其他职务，并与其所受聘的上市公司及其主要股东不存在可能妨碍其进行独立客观判断的关系的董事"。同时，第七条对独立性标准的禁止性事项进行了列举。我国独立性标准主要从候选人的身份和持股比例角度进行规定，规定并不完善。独立性标准应当围绕控制力进行建构，并从直接控制主体和控制链条上的受控主体进行规范。

在具体改革措施方面，证券监管规则应当禁止对上市公司存在直接控制力的自然人担任独立董事，控制力标准应当围绕相关主体持有的投票权比例或担任的管理职位进行设定，如高层管理人员，持有投票权比例较高的主体，上市公司的母公司等。而控制链条主要包括以下几类。第一，基于血缘、亲缘而产生的控制链条。例如，禁止与直接控制主体之间存在姻亲关系或三代以内旁系血亲亲属担任独立董事。第二，基于雇佣关系。例如，禁止在直接控制主体处担任职务的自然人担任独立董事。第三，基于交易关系。例如，禁止与直接控制主体存在一定数额或者占据销售额一定比例的主体担任独立董事。第四，其他监管规则确定的主体。

四、专业性标准

独立董事的专业性标准一直未受到重视，我国《上市公司独立董事规则》第十条仅要求上市公司聘请至少一位具有会计专业背景的独立董事。独立董事的专业性是保障其独立性的基础。从信息收集能力、对上市公司业务熟悉程度和商业判断能力等方面来看，内部董事必然相比于独立董事具有显著的优势。然而，不同独立董事之间仍然存在专业程度的差异，独立董事的专业性是弱化其信息劣势负面影响的重要因素。当信息成本较高时，专业董事能够给公司治理监督带来的收益最大。很难想象缺乏专业知识的独立董事能够对上市公司复杂且专业的事项进行有效审查或选出最大化公司利益的方案。上市公司应当寻求聘任同时具备独立性和专业性的独立董事。

独立董事监管规则应当按照独立董事的专业背景进行区分，包括财务会计领域、行业领域和法律与合规领域等专业背景。在董事会专业委员会中，委任具备特定专业背景的独立董事担任委员会主任，如审计委员会应当由具备财务会计专业背景的独立董事担任委员会主任；提名和聘任委员会应当由具备行业领域专业背景的独立董事担任委员会主任；而合规治理委员会应当由具备法律与合规领域专业背景的独立董事担任委员会主任。

第二节　改革独立董事的提名和投票制度

一、提名主体

提名主体决定了进入独立董事市场的资格，对独立董事制度效果存在重要的影响力。有学者甚至指出提名主体拥有对独立董事选举结果的决定权。在股权集中的上市公司中，大股东通过提名权和投票权，实现对董事会成员包括独立董事任职结果的控制权。我国目前上市公司的独立董事提名基本受到大股东控制，中小股东缺乏推荐独立董事候选人的积极性；而在股东会对独立董事投票的程序中，大股东通过其持有的投票权优势，对董事选任结果具有较大的决定力。《上市公司独立董事规则》应当要求上市公司设立提名和聘任委员会，完全由独立董事组成，负责独立董事的提名工作，以降低大股东对提名程序的控制力。

二、信息披露

上市公司的内部人在独立董事选举的过程中具有明显的信息优势，对候选人的独立性和专业性掌握更为充分。信息披露制度有助于帮助外部股东掌握候选人的信息，以便更为有效地决策。根据《上市公司章程指引》（2022年）第五十七条的规定，董事候选人的详细资料应当在股东大会前向股东充分披露，并且最迟应当在发布召开关于选举独立董事的股东大会通知之前进行相关的信息披露。然而，当前独立董事信息披露文件主要包括《独立董事提名人声明》《独立董事候选人声明》《独立董事候选人履历表》等标准表格，其内容与独立董事职位之间的针对性较低。

独立董事信息披露规则应当从三方面进行完善：第一，强化独立董事教育和工作经验中与独立董事职位相关的信息披露；第二，披露文件应当对候选人的独立性和专业性进行详细说明，并解释该候选人为什么能够胜任独立董事职位；第三，增加信息披露日与股东大会日之间的时间间隔，为外部股东决策提供更为充足的时间。

三、少数股东独立董事

"少数股东独立董事"或者"强化独立董事"（Enhanced-Independence Directors）是近年来受到理论和实务界关注的制度，其主张上市公司独立董事中部分席位应当由中小股东选举担任，以削弱大股东对独立董事的控制。我国独立董事选任采取的是直接投票制，大股东对投票结果具有决定性的影响力，属于典型的"赢者通吃规则"。而少数股东独立董事则通过分类投票实现中小股东对投票结果的影响。少数股东独立董事的投票规则有以下两类。

第一，"双层选举规则"，股东大会选举独立董事需要经过两次先后投票，即股东大会投票和与控股股东不存在关联关系的中小股东投票。独立董事当选必须通过全体股东和中小股东两次投票，申言之，中小股东对独立董事选举结果拥有否决权，即他们虽然不能直接选出不符合控股股东偏好的独立董事，却能否决股东大会选出且明显存在利益冲突的独立董事。第二，"名单投票规则"，即董事会分为股东大会选举席位和少数股东选举席位，因而部分董事能够代表并维护中小股东利益。持有上市公司股份比例达到法定最低限额和法定时间的股东即拥有提名少数股东独立董事的权利，如持股比例超过1%且持股时间超过180日即可以在董事选举过程中提交一份候选人名单。因此，股东大会投票时可能出现由不同主体提交的多份名单进行竞争。获得投票数量最多的提名名单仅能任命董事会席位总数减去法定保留席位数量的董事；而在与得票最多名单提名人不存在关联关系的主体所提名的名单中，获得投票数量排名第一的候选人名单（也即总得票数排名第二），可以选任法定保留席位数量的独立董事。

第三节 优化独立董事管理和薪酬制度

一、组建独立董事行业协会

截至2022年6月30日，我国A股上市公司数量已达4819家。近5000家上市公司，以平均每家公司聘任3名独立董事计算，扣除重复兼任，独立董事的总数已经超过1万名。随着我国上市公司数量和独立董事占董事会比例的双重增长，该数值还将出现持续性快速攀升。考虑到独立董事在上市公司治理中的重要作用，上市公司协会应当设立专门的独立董事行业协会。该协会属于独立董事的自律监管组织，主要功能包括以下四方面。

第一，制定行业标准、提升职业化水平。独立董事协会应当制定独董的执业标准、行为准则、职业规范、薪酬标准、独立董事的评价标准等自律监管标准性文件。独立董事的准入标准应当参照注册会计师协会对注册会计师的考核，进行资格认证并经考核获得资格证书。

第二，建立独立董事的人才数据库。独立董事候选人应当通过相应的专业考试取得任职资格。独立董事协会充分利用声誉资本的区分作用,建立独立董事的诚信档案,并根据独立董事的尽职履职记录进行分类管理。

第三,推荐独立董事候选人。特别是向拥有提名权的中小股东推荐合格的候选人。由于中小股东提名独立董事的成本较高,与大股东相比,其了解的候选人数量有限,搜寻合适候选人的成本较高。独立董事协会可以根据提名主体的需求,从人才数据库中推荐合适的候选人。

第四,纠纷解决的功能。独立董事在履职过程中难免与上市公司或其大股东之间发生纠纷。在当前制度安排下,此类纠纷仅能通过私人协商的方式解决,或者诉诸司法机关和监管机构。考虑到董事会的团队决策特点,如果独立董事与执行董事之间呈现对抗式的关系,也不利于上市公司的治理和经营。独立董事协会作为第三方自律监管机构,拥有一定的调解权威,可以作为解决独立董事与上市公司及其他相关主体纠纷的自律组织,着力发挥好调解职能作用。

二、独立董事薪酬制度

虽然独立董事制度并不强调通过货币报酬激励独立董事尽职履责,但相关研究已经指出,货币报酬在一定程度上可以提升独立董事的履职效果。当前,独立董事薪酬主要由固定津贴组成,不同独立董事之间的收入差异较大,缺乏行业标准。考虑到"零容忍"政策全面实施的背景下,独立董事履职的风险大幅度攀升,低廉的津贴与工作投入、责任风险明显不对称。《上市公司股权激励管理办法》第八条明令禁止上市公司授予独立董事股权激励。以固定报酬为主的津贴有限,导致独立董事认为干好干坏收入一样,缺乏履职尽责的工作动力;而津贴数额较低无法吸引人力资本较高的独立董事任职,逆向选择效应导致独立董事人力资本下降。独立董事薪酬应采用结构工资制,即包括基础津贴和激励薪酬两部分构成。基础津贴可以参照独立董事协会制定的相关标准;而激励薪酬则是参考独立董事尽责履职情况和上市公司业绩等标准，给予履职情况良好独立董事的奖励性报酬。

三、独立董事兼职数量

《上市公司独立董事规则》（2022年）第六条规定"独立董事原则上最多在五家上市公司兼任独立董事"。独立董事兼职是一把"双刃剑"。反对独立董事兼职的观点认为个人的时间和精力有限，独立董事兼职可能会弱化其履职效果。特别是规模越大、报酬越丰厚、社会影响力越高的上市公司能够吸引独立董事更多的精力投入，而规模越小、报酬较低的上市公司无法吸引独立董事投入足够的精力。兼职独立董事存在履职悖论，即独立董事因为收入、声誉等因素将精力更多投入那些违法风险较低的大企业，而对于违法风险较高的小企业投入不足。

支持独立董事兼职的观点认为，独立董事兼职首先可以增加其职业经验，提升履职能力；其次可以建立商业网络，给任职上市公司带来商业机会；最后，独立董事兼职可以弥补收入不足，吸引有竞争力人才。总体来看，独立董事兼职给公司治理和经营实效带来的影响其异质性较强，因个人和上市公司的特点不同存在显著的差异。因此，上市公司监管规则对于独立董事兼职数量不宜强制性设置上限，而应当将该问题留给上市公司和独立董事协商解决。

第四节 完善独立董事的法律责任制度

一、"勤勉尽责"标准

独立董事以"勤勉尽责"为行为标准，《中华人民共和国公司法》（2018年修正）第一百四十七条规定了董事勤勉义务一般性规则，但该标准的内涵过于宽泛。监管机构和司法机关基本上遵循"结果主义"的认定思路，采取"签字即担责"的标准,将签署反对意见等同于"勤勉尽责"。然而,从制度功能的角度看,独立董事主要承担的是监督功能,而非执行董事所承担的经营决策功能;从资源调动能力看,独立董事缺乏利用上市公司的资源进行调查的制度性保障;从信息获取能力看,独立董事决策主要依赖上市公司提供的二手信息,缺乏直接获取信息的资源和渠道;从违法获利看,独立董事获取的津贴数量较低,从上市公司欺诈行为中获益有限;从成本收益角度看,独立董事利用中介机构的监督复核成本可能给上市公司带来较为沉重的负担。独立董事的"勤勉尽责"标准应当考虑其制度特点,避免出现过于严苛对独立董事产生过度威慑的效果。

虽然《关于审理证券市场虚假陈述侵权民事赔偿案件的若干规定》第十六条第一款对"勤勉尽责"标准进一步细化,明确列举了四项符合勤勉尽责的情况,但仍然主要围绕独立董事在决策时未投赞成票或揭露违法行为。考虑到新《证券法》颁布后,独立董事面临的行政和民事成本大幅攀升,独立董事出于风险规避的目的,可能过度采取不投赞成票等拒绝合作策略。而上述行为策略将增加董事会内部的冲突性,不利于团队有效决策。为了提高独立董事履职的确定性,应当从"过程主义"的角度完善"勤勉尽责"标准。申言之,如果独立董事满足以下两方面的标准,那么其即可以被视为已经"勤勉尽责":一方面,独立董事在履职过程中采取了与欺诈风险相适应的合理调查和预防措施;另一方面,独立董事在履职过程中不存在违法行为。

二、"过错"要件

新《证券法》第八十五条规定了独立董事的过错推定原则,同时基于处罚决定和判决书的实证分析显示,独立董事主要因为上市公司的欺诈行为而承担连带责任。上述制度组合导致独立董事仅能通过自证不存在"过错"实现免责,显著提高了独立董事承担法律责任的风险。同时,由于我国证券民事诉讼制度长期存在行政前置程序，行政责任对于独立董事承担民事责任具有较大的决定作用。易言之，人民法院审理民事赔偿案件时，往往将独立董事受到行政处罚视为其存在主观过错的重要证据。

从主观过错方面来看，根据《关于审理证券市场虚假陈述侵权民事赔偿案件的若干规定》第十三条的规定，独立董事履职主观过错包括"故意或明知"和"严重违反注意义务"，即如果独立董事存在一般过失，则不应当被认定承担民事责任。考虑到独立董事的制度性特点，司法机关在衡量独立董事的主观过错时应当采取差异化标准：一方面，具有专业背景且担任特殊职务的独立董事，如具有财务会计背景且担任审计委员会成员的独立董事，承担着专业性的监督责任，在判断其主观过错时应当采取专业人士的合理注意标准；另一方面，其他独立董事仅承担一般性的监督责任，在判断其主观过错时应当采取理性人的合理注意标准。此外，考虑到行政责任对独立董事承担民事责任的重要影响力，证券监管机构在处罚独立董事时，同样不宜将一般过失作为认定独立董事过错的标准。

三、独立董事的责任限制规则

新《证券法》全面实施后，证券市场进入"强责任"时代，独立董事承担连带法律责任的风险大幅攀升。独立董事仅获取少量的固定津贴，并且对上市公司的控制能力较弱，因此独立董事承担法律责任存在较高的不确定性。然而，上市公司的正常经营面临商业风险，特别是创新性的业务和活动，更是可能给上市公司带来负面冲击。过度的履职责任将在宏观上导致逆向选择效应，具有高人力资本的候选人将不愿意担任独立董事；而在微观上将导致保守决策效应，独立董事在董事会决策过程中采取保守策略，拒绝承担创新性风险。过度的法律责任将限制上市公司正常经营。

法律责任限制制度可以平衡独立董事保护投资者和促进上市公司经营

的双重政策目标。一方面，设置独立董事承担民事责任的上限。独立董事主要承担监督功能，缺乏承担赔偿投资者损失责任的能力，加之独立董事的津贴和个人财富普遍有限，如果让其承担数千万元甚至数亿元的损害赔偿将导致"权、责、利"失衡。参考独立董事的平均津贴和行政责任，可以考虑将独立董事的民事责任上限设置为其年收入的10倍。另一方面，完善董责险制度。第一，在免责条款方面，董责险制度应当明确当被保险人未被证明存在故意或者重大过失时，其承担的罚款或民事赔偿责任属于董责险赔付范围之内。第二，在处罚类型方面，董责险制度应当明确当被保险人仅受到非行政处罚或自律处分时，其主观状态不宜被认定为故意或存在重大过失，因而此类案件中独立董事的损害赔偿责任属于董责险的赔付范围。第三，提高行政处罚决定作出前预先支付给被保险人的赔付上限。独立董事在行政调查阶段即可以积极应对，充分利用申辩、听证、复议和行政诉讼等手段维护自身权益。

结　论

随着新《证券法》的全面实施和"零容忍"政策全面落实，我国证券市场进入了"强责任"时代，独立董事面临的民事责任和行政责任都出现大幅攀升。在新《证券法》颁布之前，我国独立董事被诟病为"橡皮图章"，未能有效履行公司治理"看门人"的功能。同时，独立董事因履职而承担法律责任的风险较低，形成了低介入、低责任的弱势均衡。然而，在康美案中，独立董事赔偿数额高达数亿元。康美案打破了独立董事履职的弱势均衡，大幅提升了其法律责任，独立董事的"权、责、利"失衡困局引发了业界学界的广泛关注和热烈讨论。

为了回应我国上市公司治理体系的发展诉求，本文采取整体性视角，结合我国上市公司治理禀赋特点，系统讨论独立董事事前选任、事中履职保障以及事后追责等问题，进而对上市公司独立董事制度改革提出完善建议。在事前选任制度方面，独立董事的提名和选举程序都应当适当削弱大股东对选任结果的控制力。独立董事仍然属于上市公司董事会的少数，其占比应当进一步提升，以增加独立董事的话语权。独立董事的独立性标准应当以相关主体对上市公司的控制力为核心进行构建。同时，在提名环节，完全由独立董事组成的提名委员会应当主导提名过程，削弱大股东对提名环节的控制。最后，设置"少数股东独立董事"的席位，由中小股东投票选举，此类董事对中小股东利益或者对公共股东利益负责。上述措施降低了独立董事在选任环节对大股东的依赖，奠定了其有效履行监督职能的基础。

独立董事决策时面临信息不对称和激励扭曲的问题，因而事中履职保障制度应当首先保障其知情权，包括信息披露主体的披露义务、利用公司资源进行调查的权利和适当的人员保障。独立董事协会可以作为独立董事的自律监管组织，通过建立人才库、强化声誉资本的约束力，促进独立董事有效履职。虽然独立董事制度并不强调货币激励，但允许其适当持股和兼职能够吸引高人力资本的候选人，提升独立董事履职有效性。

康美案判决作出后，独立董事履职的事后责任显著增长，过度威慑导致独立董事面临"寒蝉效应"。新《证券法》颁布后，独立董事普遍存在"签字即担责"的现象。虽然证券法规定独立董事可以通过证明不存在"过错"而免责，但在行政处罚程序和民事审判程序中，被采纳的抗辩事由非常有限，主要集中在独立董事揭露违法行为或在决策过程中明确投反对票。此外，考虑到独立董事制度的特殊性，其主观过错方面应当以"故意或明知"和"重大过失"为归责标准，避免法律责任的不确定性导致独立董事在决策过程中不愿意承担正常的商业风险和创新风险。最后，董责险具有平衡鼓励创新和尽职履责双重政策目标的特点，可以通过完善免责条款，明确主观状态判断标准和提高预先支付额度上限等措施，提升该制度在我国的实施效果。

参考文献

一、著作类

中文著作

1. 李维安.公司治理[M].天津：南开大学出版社，2001.
2. 伯利，米恩斯.现代公司与私有财产[M].甘华鸣，罗锐韧，蔡如海，译.北京：商务印书馆，2005.
3. 周天舒.中国公司治理的法与经济学分析[M].北京：中国政法大学出版社，2018.
4. 伊斯特布鲁克·弗兰克，费希尔·丹尼尔.公司法的经济结构[M].罗培新，张建，译.北京：北京大学出版社，2014.
5. 马更新.独立董事制度研究[M].北京：知识产权出版社，2004.
6. 王文钦.公司治理结构之研究[M].北京：中国人民大学出版社，2005.
7. 谢朝斌.解构与嵌合——社会学语境下的独立董事法律制度变迁与创新[M].北京：法律出版社，2006.
8. 柴芬斯·布莱恩.所有权与控制权：英国公司演变史[M].林少伟，李磊，译.北京：法律出版社2019年.
9. 阿道夫·伯利，加德纳·C.米恩斯.现代公司与私有财产[M].甘华鸣等，译.北京：商务印书馆，2005.
10. 詹森·迈克尔.企业理论：治理、剩余索取权和组织形式[M].童英，译.上海：上海财经大学出版社，2008.
11. 杜军.公司经理权问题研究[M].北京：法律出版社，2011.
12. 克劳斯·乔迪，沃特·史蒂文.公司法和商法的法理基础[M].金海军，译.北京：北京大学出版社，2005.
13. 班布里奇·斯蒂芬，亨德森·托德.外包董事会：董事会服务提供商如何改善公司治理[M].李诗，译.上海：上海人民出版社，2022.

14. 赵立新,汤欣,邓舸等.走出困境:独立董事的角色定位、职责与责任[M].北京:法律出版社,2010.
15. 利克特·马丁.企业经济学:企业理论与经济组织导论(第3版)[M].范黎波、宋志,译,北京:人民出版社,2006.
16. 加里·贝克尔.人类行为的经济分析[M].王业宇,陈琪,译.上海:上海三联书店出版社,1993:63.
17. 卡纳里斯.德国商法[M].杨继,译.北京:法律出版社,2006.
18. 江头宪治郎.株式会社法(8版)[M].有斐阁,2021.
19. 艾哲明,李睿,郭沛源等.治理在觉醒:中国公司治理进化史,载《亚洲公司治理协会2018年中国公司治理报告》,亚洲公司治理协会,2018.
20. 朱慈蕴.公司内部监督机制——不同模式在变革与交融中演进[M].北京:法律出版社,2007.
21. 肖海军.国有股权代表人制度研究[M].北京:中国检察出版社,2015.
22. 李维安,武立东.公司治理教程[M].上海:上海人民出版社,2002.
23. 亨德里克斯·乔治.组织的经济学与管理学:协调、激励与策略[M].胡雅梅、张学渊、曹利,译.北京:中国人民大学出版社,2007.
24. 德勤有限公司全球企业治理中心.董事会成员性别多元化:全球视角[J].2017.
25. 瑞信研究院.瑞信性别3000:在更广泛的层面讨论多元化[J].2021.
26. 中国上市公司协会.上市公司独立董事履职情况报告[J].2013.
27. 格尔根·马克.公司治理[M].王世权,杨倩,侯君等.译.北京:机械工业出版社,2014.
28. 刘彦文,张晓红.公司治理(第二版)[M].北京:清华大学出版社,2014.
29. 钟继银.董事会与公司治理(第二版)[M].北京:中国发展出版社,2014.
30. 英国2006年公司法(2012年修订译本)[M].葛建,译,北京:法律出版社,2012.
31. 张开平.英美公司董事法律制度研究[M].北京:法律出版社,1998.
32. 布鲁纳·克里斯多夫.普通法世界的公司治理:股东权力的政治基础[M].林少,译.北京:法律出版社,2016.
33. 汉密尔顿·罗伯特.美国公司法(第5版)[M].齐东,等译.北京:法律出版社 2008.
34. 谢哲胜.商业判断原则法律与政策[M].元照出版公司,2017.
35. 朱大明.香港公司法研究[M].北京:法律出版社,2015.
36. 香港董事学会.独立董事指南:简易常规说明及辅助提示(第六版).香港董事学会有限公司,2021.
37. 卡姆·乔纳森.公司长青:英美法日德公司治理的比较[M].郑江淮,李鹏飞等,译,北京:中国人民大学出版社,2006.
38. 中国上市公司协会.上市公司独立董事履职情况报告,2014.

39. 伊藤靖史，大杉谦一，田中亘，松井秀吉.会社法（第3版）.有斐阁，2015.
40. 神田秀树.关于上市公司公司治理的措施和效果的调查.朱大明，译，HRガバナンス·リーダーズ株式会社，2021.
41. 近藤光男.最新日本公司法（第7版）[M].梁爽，译，北京：法律出版社，2016.
42. 近藤光男.判例法中的经营判断规则[M].梁爽，译，北京：法律出版社，2019.
43. 李建伟.独立董事制度研究：从法学与管理学的双重角度[M].北京：中国人民大学出版社，2004.
44. 王勇华.董事会权力法律制度研究：理论与规则[M].北京：法律出版社，2014.
45. 永井和之.会社法（第3版）.有斐阁，2001.
46. 英国公司治理准则（2018年版）[J].李留荣，译，公司法律评论，2019.

外文著作

1. Berle Adolf, Means Gardiner: The Modern Corporation and Private Property, Transaction Publishers, 1932.
2. Williamson Oliver: Markets and Hierarchies: Analysis and Antitrust Implications: A Study in the Economics of Internal Organization, University of Illinois at Urbana-Champaign's Academy for Entrepreneurial Leadership Historical Research Reference in Entrepreneurship, 1975.
3. Allen William, Kraakman Reinier, Subramanian Guhan: Commentaries and Cases on the Law of Business Organization, Fourth Edition, 2012.
4. Tricker R I: Corporate Governance: Practice, Procedures and Powers in British Companies and Their Boards of Directors, Revue Internationale de Droit Compare, 1984, 679-680.
5. Cheffins Brian, Company Law: Theory, Structure and Operation, Clarendon Press, 1997.
6. Korn/Ferry International: Egan Associates, Boards of Directors Study in Australia and New Zealand, 2005.
7. Smith Adam: An Inquiry into the Nature and Courses of the Wealth of Nations, New York, 1937.
8. Chandler Alfred: The Visible Hand: The Managerial Revolution in America, Belknap Press of Harvard University Press, 2002.
9. Eisenberg Melvin: The Structure of the Corporation: A Legal Analysis, Beard Books, 1976.
10. Stanley Vance: Functional Control and Corporate Performance in Large-Scale Industrial Enterprise, The University of Massachusetts, 1955.
11. Conference Board: Corporate Directorship Practices: The Compensation

Committee, 1959.
12. Keay Andrew: The Enlightened Shareholder Value Principle and Corporate Governance, Routledge, 2013.
13. Finkelstein Sydney, Hambrick Donald, Cannella Bert: Strategic Leadership: Theory and Research on Executives Top Management Teams and Board, Oxford University Press, 2009.
14. Lorsch Jay, MacIver E.: Pawns or Potentates: The Reality of America's Corporate Boards, Harvard Business School Press, 1989.
15. Heidrick and Struggles: Corporate Governance Report 2009, Boards in Turbulent Times, 2009, 45.
16. Tirole Jean: The Theory of Corporate Finance, Princeton University, 2006.
17. Matheson John, Olson Brent: Corporate Law and the Longterm Shareholder Model of Corporate Governance, Social Science Electronic Publishing, 1992.
18. American Law Institute: Principles of Corporate Governance: Analysis and Recommendations, American Law Institute, 1992.
19. NYSE Listed Company Manual, 2004.
20. Gordon Jeffrey: The Rise of Independent Directors in the United States, 1950-2005: Of Shareholder Value and Stock Market Prices, Stanford Law Review, 2007(59).
21. Cheffins Brian: Corporate Ownership and Control, British Business Transformed, Oxford University Press, 2008.
22. Cozian Maurice, Viandier Aliain: Deboissy Florence, Droit des Sociétés, LexisNexis Litec, 2010.
23. Barca Fabrizio, Becht Marco: The Control of Corporate Europe, Oxford University Press, 2001.
24. Georgan Marc, Ronneboog Luc: Strong Managers and Passive Institutional Investors in the UK, in Barca Fabrizio Becht Marco: The Control of Corporate Europe, Oxford University Press, 2001.
25. Deloitte: Women In The Boardroom: A Global Perspective, 2013.
26. FTSE Women Leaders Review: Achieving Gender Balance. FTSE Women Leaders, 2022.
27. The Committee on the Financial Aspects of Corporate Governance, Gee Publishing, 1992.
28. Committee on Corporate Governance: Final Report, Gee Publishing, 1998.
29. Review of the Role and Effectiveness of Non-Executive Directors, Gee Publishing, 2003.
30. The Committee on the Financial Aspects of Corporate Governance, Gee Publishing, 1992.

31. Andrea Lista, Directors' Duties in the UK, Research Handbook on Directors' Duties, 2014.
32. James Cox, Thomas Hazen: Business Organizations Law, West Academic, 2016.
33. Allen William, Kraakman Reinier, Khanna Vikramaditya: Commentaries and Cases on the Law of Business Organization (6ed), Wolters Kluwer Law, 2021.
34. Emanuel Steven: Corporations and Other Business Entities, Wolters Kluwer Law & Business, 2013.
35. Bainbridge Stephen: Corporate Law, Foundation Press, 2015.
36. Emanuel Steven: Corporations and Other Business Entities, Wolters Kluwer Law & Business, 2013.
37. National Association of Corporate Directors (NACD): Report of the NACD Blue Ribbon Commission on Board Leadership, National Association of Corporate Directors and the Center for Board Leadership, 2004.
38. Securities and Exchange Commission: Release Nos. 33-9089, 2010.
39. Spencer Stuart: A Closer Look at Lead and Presiding Directors, Cornerstone of the Board: The New Governance Committee, 2006.
40. Price Waterhouse Coopers, Lead Directors: A Study of Their Growing Influence and Importance, Price Waterhouse Coopers, 2010.
41. Spencer Stuart: A Closer Look at Lead and Presiding Directors, Cornerstone of the Board: The New Governance Committee, 2006.
42. Dash Eric: Dean of Harvard Business School May Join Citigroup's Board, New York Times, 2008.
43. Deloitte LLC: 2014 Board Practices Report. Society of Corporate Secretaries and Governance Professionals and Deloitte LLP Center for Corporate Governance, 2015.
44. Nachemson-Ekwall Sophie, Mayer Colin: Nomination Committees and Corporate Governance: Lessons from Sweden and the UK, Saïd Business School WP 12, 2018.
45. Massimo Belcredi, Stafano Bozzi, Caemine Di Noia: Chapter 8: Board Elections and Shareholders Activism: The Italian Experiment. In Massimo Belcredi, Guido Ferrarini: Boards and Shareholders in European Listed Companies, Cambridge University Press, 2013.
46. Pérez-Peña Richard: Investor to Step Down from Times Co Board, New York Times: Dealbook, 2010.
47. Geens Koen: Corporate Boards in Belgium, Corporate Boards in Law and Practice, Oxford University Press, 2013.
48. Commissione Nazionale Per Le Societd E La Borsa (Consob), Resolution no. 17221, 2010.

49. Amour John, Enriques Luca, Hansmann Henry et al.: The Basic Governance Structure: The Interests of Shareholders as A Class, European Corporate Governance Institute, 2017.
50. Zingales Luigi: Italy Leads the Way in Protecting Minority Investors, Financial Times, 2008.
51. Working Group on Corporate Governance, A New Compact for Owners and Directors, Harvard Business Review, 1991.
52. Korn/Ferry International: 24th Annual Board of Directors Study 21, 1996.
53. Korn/Ferry International: 24th Annual Board of Directors Study 13, 2000.
54. De Kluyver Cornelis: A Primer on Corporate Governance, Business Expert Press, 2009.
55. Renee Adams, Ragunathan Vanitha, Tumarkin Robert: Death by Committee? An Analysis of Corporate Boards (Sub-)Committees, Working Paper, 2016.
56. Renee Adams, Ragunathan Vanitha, Tumarkin Robert: Death by Committee? An Analysis of Delegation in Corporate Boards, Working Paper, 2015.
57. Calkoen Willem: The Corporate Governance Review, Law Business Research Limited, 2017.
58. De Kluyver Cornelis: A Primer on Corporate Governance. Business Expert Press, 2009.
59. Calkoen Willem: The Corporate Governance Review, Law Business Research Limited, 2017.
60. Philip Stiles, Bernard Taylor: Boards at Work: How Directors View their Roles and Responsibilities, Oxford University Press, 2001.
61. Sydney Finkelstein, Donald C. Hambrick, Strategic Leadership: Top Executives and Their Effects on Organizations, West Publishing Company, 1996.
62. Perry Tod: Incentive Compensation for Outside Directors and CEO Turnover, Working Paper, Arizona State University, 2000.
63. Baker Tom, Sean Griffith: Ensuring Corporate Misconduct: How Liability Insurance Undermines Shareholder Litigation, University of Chicago Press, 2010.
64. Campbell John, Lo Andrew, MacKinlay Craig: The Econometrics of Financial Markets, Princeton University Press, 1997.

二、论文期刊类

中文期刊

1. 冯根福.双重委托代理理论：上市公司治理的另一种分析框架——兼论进一步

完善中国上市公司治理的新思路[J].经济研究，2004（12）.
2. 钱颖一.企业的治理结构改革和融资结构改革[J].经济研究，1995（01）.
3. 叶林.关于我国公司法的基本评价和修改意见[J].证券法律评论，2003（03）.
4. 李曙光.中国的公司治理及其转型期的改革[J].政法论坛，2003（03）.
5. 赵万一，华德波.公司治理问题的法学思考——对中国公司治理法律问题研究的回顾与展望[J].河北法学，2010（09）.
6. 赵旭东.公司治理中的控股股东及其法律规制[J].法学研究，2020（04）.
7. 黄辉.对公司法合同进路的反思[J].法学，201（04）.
8. 罗培新.抑制股权转让代理成本的法律构造[J].中国社会科学[J].2013（07）.
9. 贺小松.新古典经济学及公司合同理论质疑[J].经济问题，2012（10）.
10. 韩文.董事会治理优化路径研究：专门委员会制度的重构[J].法学杂志，2019.
11. 张宪丽，高奇琦.团队生产理论：公司社会责任的理论基础考辨[J].政法论丛，2017（02）.
12. 谢德仁，陈运森.董事网络：定义、特征和计量[J].会计研究，2012（03）.
13. 田高良，李留闯，齐保垒.连锁董事、财务绩效和公司价值[J].管理科学，2011（03）.
14. 吴超，施建军.绩效下滑、董事网络与企业风险承担[J].经济与管理研究，2018（07）.
15. 凌玲，方军雄.公司治理、治理环境对内幕交易的影响[J].证券市场导报，2014（06）.
16. 邓峰.领导责任的法律分析——基于董事注意义务的视角[J].中国社会科学，2006（03）.
17. 梁爽.董事信义义务结构重组及对中国模式的反思——以美、日商业判断规则的运用为借镜[J].中外法学，2016（01）.
18. 叶金强.董事违反勤勉义务判断标准的具体化[J].比较法研究，2018（06）.
19. 翁小川.董事注意义务标准之厘定[J].财经法学，2021（06）.
20. 刘纪鹏，冀泽玉.独董制度引发的上市公司治理结构思考[J].中国经济评论，2021（Z1）.
21. 胡奕明，唐松莲.独立董事与上市公司盈余信息质量[J].管理世界，2008（09）.
22. 赵德武，曾力，谭莉川.独立董事监督力与盈余稳健性——基于中国上市公司的实证研究[J].会计研究，2008（09）.
23. 叶康涛，陆正飞，张志华.独立董事能否抑制大股东的"掏空"？[J].经济研究，2007（04）.
24. 刘春，李善民，孙亮：《独立董事具有咨询功能吗？——异地独立董事在异地并购中功能的经验研究[J].管理世界，2015（03）.
25. 何威风，刘巍.公司为什么选择法律背景的独立董事？[J].会计研究，2017（04）.

26. 王兵.独立董事监督了吗?——基于中国上市公司盈余质量的视角[J].金融研究, 2007（01）.

27. 杨青, 薛宇宁, YURTOGLU Besim Burcin.我国董事会职能探寻：战略咨询还是薪酬监控? [J].金融研究, 2011（03）.

28. 邓博夫, 董雅浩.独立董事持股与履职积极性——基于独立意见的经验证据[J].当代财经, 2021（01）.

29. 周泽将, 高雅.独立董事本地任职抑制了大股东掏空吗? [J].中央财经大学学报, 2019（07）.

30. 李明娟, 孙琦.会计背景独立董事监督效果的实证研究——基于会计信息质量的视角[J].会计之友, 2017（03）.

31. 逯东, 谢璇, 杨丹.独立董事官员背景类型与上市公司违规研究[J].会计研究, 2017（08）.

32. 郭放, 王立彦.独立董事特征与两个任期内监督效果变化[J].产业经济评论, 2018（02）.

33. 刘纪鹏.从万科看独董制度的缺憾[J].经济, 2016（21）.

34. 谭雪, 李婧萱, 吴昊洲：《独立董事投票制度的反思与改进——基于独立董事投票的分析[J].经济体制改革》2021年第2期。

35. 周泽将, 王浩然.股东大会投票与独立董事异议行为：声誉效应VS压力效应[J].经济管理, 2021（43）.

36. 刘琳晨, 陈暮紫, 吴武清.独立董事的高管背景与"独立性"——基于董事会投票的经验证据[J].南开经济研究, 2019（06）.

37. 朱杰.独立董事薪酬激励与上市公司信息披露违规[J].审计与经济研究, 2020（35）.

38. 张天舒, 陈信元, 黄俊.独立董事薪酬与公司治理效率[J].金融研究, 2018（06）.

39. 李世刚, 蒋煦涵, 蒋尧明.独立董事内部薪酬差距与异议行为[J].经济管理, 2019（41）.

40. 王静, 肖尤丹.论公司董事勤勉义务的判断标准[J].辽宁大学学报（哲学社会科学版）, 2007（05）.

41. 傅穹, 曹理.独立董事勤勉义务边界与免责路径[J].社会科学, 2011（12）.

42. 王怡丞, 左进玮.独立董事的信息披露监督定位与勤勉义务研究[J].金融监管研究, 2020（12）.

43. 袁康.独立董事的责任承担与制度重构——从康美药业案说开去[J].荆楚法学, 2022（02）.

44. 邢会强：《上市公司虚假陈述行政处罚内部责任人认定逻辑之改进[J].中国法学, 2022（01）.

45. 赵旭东.论虚假陈述董事责任的过错认定——兼〈虚假陈述侵权赔偿若干规

定〉评析[J].国家检察官学院学报，2022（30）．

46. 刘学.论独立董事的注意义务[J].上海金融，2022（01）．
47. 刘运宏.独立董事因上市公司虚假陈述而承担民事赔偿责任的归责原则及其改革[J].武汉金融，2022（05）．
48. 李洁.勤勉证明改进下的独立董事行政责任豁免路径[J].福建金融管理干部学院学报，2022（02）．
49. 周佰成，邵振文，孙祖珩.中国上市公司独立董事功能缺失与制度重塑[J].社会科学战线，2017（03）．
50. 刘琳晨，陈暮紫，吴武清.独立董事的高管背景与"独立性"——基于董事会投票的经验证据[J].南开经济研究，2019（06）．
51. 吴伊茜，董斌.异议独董：尽职还是卸责[J].现代财经（天津财经大学学报），2021（41）．
52. 范合君，王思雨.缄默不语还是直陈己见：问询函监管与独立董事异议[J].财经论丛，2022（03）．
53. 张俊生，曾亚敏.独立董事辞职行为的信息含量[J].金融研究，2010（08）．
54. 王跃堂，赵子夜，魏晓雁.董事会的独立性是否影响公司绩效？[J].经济研究，2006（05）．
55. 项慧玲.独立董事海外背景、内部薪酬差距与企业绩效[J].华东经济管理，2019（33）．
56. 励莉，周芳玲.独立董事身份特征对公司绩效的影响研究[J].经济问题，2019（06）．
57. 宣杰，王晓莹，闫睿等.独立董事履职有效性、现金股利与企业绩效[J].财会通讯，2021（22）．
58. 梁雯，刘淑莲，李济含.独立董事网络中心度与企业并购行为研究[J].证券市场导报，2018（01）．
59. 邓伟，王涛，成园园.券商背景独立董事对企业并购影响的实证研究[J].南京审计大学学报，2018（15）．
60. 陆正飞，胡诗阳.股东—经理代理冲突与非执行董事的治理作用——来自中国A股市场的经验证据[J].管理世界，（01）．
61. 陈湘永，张剑文，张伟文.我国上市公司"内部人控制"研究[J].管理世界，2000（01）．
62. 刘斌.重塑董事范畴：从形式主义迈向实质主义[J].比较法研究，2021（05）．
63. 郑彧.上市公司实际控制人法律责任的反思与构建[J].法学研究，2021（02）．
64. 郭富青.论上市公司独立董事运作的法律机制[J].甘肃政法学院学报，2003年（67）．
65. 彭丁带.美国的独立董事制度及其对我国的启示[J].法学评论，2007（04）．
66. 林少伟.公司目的新型模式之提出[J].荆楚法学，2022（03）．

67. 李常青,赖建清.董事会特征影响公司绩效吗?[J].金融研究,2004(05).
68. 万良勇,胡璟.网络位置、独立董事治理与公司并购——来自中国上市公司的经验证据[J].南开管理评论,2014(17).
69. 高芳.公司治理、管理者代理问题与财务重述研究[J].南开管理评论,2016年(19).
70. 张洪辉,平帆.独立董事地理距离、高铁开通与财务重述[J].会计与经济研究,2019(33).
71. 李彬,张俊瑞,马晨.董事会特征、财务重述与公司价值——基于会计差错发生期的分析[J].当代经济科学,2013(01).
72. 郑志刚,李俊强,黄继承,胡波.独立董事否定意见发表与换届未连任[J].金融研究,2016(12).
73. 朱大明.公司法立法指导原则的研究——以日本公司法现代化改革为中心[J].清华法学,2022(02).
74. 车维汉.日本主银行体制研究述评[J].东北亚论坛,2006(02).
75. 沈朝晖.公司类型与公司法体系效益[J].清华法学,2022(02).
76. 吴新春.大力推进机构投资者参与上市公司治理[J].上海证券交易所研究报告,2015(16).
77. 宋春霞.基于股东资源的中国公司的股权结构研究[J].技术经济与管理研究,2021(02).
78. 唐建新,李永华,卢剑龙.股权结构、董事会特征与大股东掏空——来自民营上市公司的经验证据[J].经济评论,2013(01).
79. 孙永祥,黄祖辉.上市公司的股权结构与绩效[J].经济参考,1999(12).
80. 梁洪学,崔惠芳.国企上市公司股权治理的逻辑与方向[J].江汉论坛》2013年(12).
81. 曾斌,付玥豪.A股上市银行2018年董事会治理状况分析[J].中国银行业,2019(12).
82. 于东智,池国华.董事会规模、稳定性与公司绩效:理论与经验分析[J].经济研究,2003(04).
83. 曹廷求,孙宇光.股权结构、公司特征与上市公司董事会规模[J].山东大学学报,2007(03).
84. 董斌,张振.股权结构、董事会特征与公司绩效:内生性视角[J].大连理工大学学报,2015(04).
85. 孙永祥,章融.董事会规模、公司治理与绩效[J].企业经济,2000(10).
86. 刘胜强,刘星.董事会规模对企业R&D投资行为的影响研究[J].科学管理研究,2010(03).
87. 杨清香,俞麟,陈娜.董事会特征与财务舞弊——来自中国上市公司的经验证据[J].会计研究,2009年(07).

88. 李雪婷.女性董事一小步,可持续发展一大步[N].中国妇女报,2021-12-24 (005).

89. 曾斌,付玥豪.A股上市银行2018年董事会治理状况分析[J].中国银行业,2019 (12).

90. 吴卫军,陈波.提升上市银行独立董事的专业性和多元化[J].中国银行业, 2021 (06).

91. 王欣,阳镇.董事会性别多元化、企业社会责任与风险承担[J].中国社会科学院研究生院学报,2019 (02).

92. 吕英,王正斌,姚海博.女性董事、团体动力与企业社会责任——性别协同还是团体协同?[J].财经论丛,2021 (04).

93. 周军.独立董事性别、地理位置与股价崩盘——基于会计专业独立董事的视角 [J].中南财经政法大学学报》2019 (03).

94. 王凯,武立东,许金花.专业背景独立董事对上市公司大股东掏空行为的监督功能[J].经济管理》2016 (11).

95. 姚海博,王正斌,吕英.董事专业背景与企业环境信息披露质量研究》,载《预测》2018 (06).

96. 焦跃华,孙源.学者型独立董事与企业创新——来自中国资本市场的经验证据 [J].会计与经济研究,2021 (05).

97. 张敦力,汪哲.中小板上市公司董事会特征与现金持有水平研究[J].财会通讯》 2016 (24).

98. 焦跃华,孙源.学者型独立董事与企业创新——来自中国资本市场的经验证据 [J].会计与经济研究,2021 (05).

99. 苏然,冯科.学者型独立董事发展现状及治理效果研究[J].财会通讯,2018年 (21).

100. 郝臣.董事薪酬、独立董事制度是新突破口[J].董事会,2017 (10).

101. 吴卫军,陈波.提升上市银行独立董事的专业性和多元化[J].中国银行业, 2021 (06).

102. 郝云宏,周翼翔.董事会结构、公司治理与绩效[J].中国工业经济,2010 (05).

103. 于东智,池国华.董事会规模、稳定性与公司绩效:理论与经验分析[J].经济研究》2003 (04).

104. 朱斌.论英国独立董事制度的缺陷[J].理论月刊》2011 (03).

105. 楼建波,姜雪莲.信义义务的法理研究——兼论大陆法系国家信托法与其他法律中信义义务规则的互动[J].社会科学》2017 (01).

106. 李霖.英国公司法的新进改革——英国"2006年公司法"评介[J].政治与法律,2007 (03).

107. [日]伊藤正晴.企业法人交叉持股的倾向显著[D].大和综合研究所工作论文,

2006年.转引自裴桂芬.中国上市公司交叉持股的思考——从日本交叉持股谈起[J].广东社会科学,2008(04).

108. 平力群.日本公司治理平成改革评析[J].现代日本经济,2021(03).

109. 郭远.日本公司法改革和实施效果的经验与启示[J].现代日本经济,2019(03).

110. 刘俊海.我国《公司法》移植独立董事制度的思考[J].政法论坛,2003(03).

111. 邱静,谢雨霖.大股东掏空与独立董事监督实效——以ST华泽为例[J].财会月刊,2019(17).

112. 叶康涛,祝继高,陆正飞等.独立董事的独立性:基于董事会投票的证据[J].经济研究,2011(01).

113. 徐高彦.独立董事独立性、关联交易与公司价值——基于沪深两市上市公司的经验证据[J].审计与经济研究,2011(04).

114. 吴清华,王平心.公司盈余质量:董事会微观治理绩效之考察——来自我国独立董事制度强制性变迁的经验证据[J].数理统计与管理,2007(01).

115. 潘珺,余玉苗.审计委员会履职能力、召集人影响力与公司财务报告质量[J].南开管理评论,2017(01).

116. 于东智.董事会、公司治理与绩效——对中国上市公司的经验分析[J].中国社会科学,2003(01).

117. 杨大可.中国监事会真的可有可无吗?——以德国克服监事会履职障碍的制度经验为镜鉴[J].财经法学,2022(02).

118. 谭劲松.独立董事"独立性"研究[J].北方工业经济,2003(10).

119. 邓菊秋.论英国的独立董事制度[J].华中科技大学学报(人文社会科学版),2002(06).

120. 原东良,周建:.地理距离对独立董事履职有效性的影响——基于监督和咨询职能的双重视角[J].经济与管理研究,2021(02).

121. 李云,王菲菲,尹天祥.CEO权力、审计委员会专业性与审计费用[J].审计研究,2017(06).

122. 王雄元,管考磊.关于审计委员会特征与信息披露质量的实证研究[J].审计研究,2006(06).

123. 李娜,欧阳玉秀.独立董事背景与审计质量的相关性研究[J].财会月刊,2009(09).

124. 高明华,马守莉.独立董事制度与公司绩效关系的实证分析——兼论中国独立董事有效行权的制度环境[J].南开经济研究,2002(02).

125. 傅健杰.关于独立董事提名权的思考[J].华东政法大学,2012(02).

126. 唐跃军,肖国忠.独立董事制度的移植及其本土化——基于对500家中国上市公司的问卷调查[J].财经研究,2004(02).

127. 魏刚,肖泽忠,邹宏等.独立董事背景与公司经营绩效[J].经济研究,2007

（03）.

128. 王继军.股份有限公司累积投票制度研究[J].中国法学，1998（05）.

129. 陈玉罡，许金花，李善民.对累积投票制的强制性规定有效吗？[J].管理科学学报，2016（03）.

130. 缪因知.董事"监督"公司外部股东时的义务[J].南京师大学报(社会科学版)，2022（02）.

131. 郑志刚，胡晓霁，黄继承.超额委派董事、大股东机会主义与董事投票行为[J].中国工业经济，2019（10）.

132. 祝继高，李天时，YANG Tianxia.董事会中的不同声音：非控股股东董事的监督动机与监督效果[J].经济研究，2021（05）.

133. 张婷婷.独立董事勤勉义务的边界与追责标准——基于15件独立董事未尽勤勉义务行政处罚案的分析[J].法律适用，2020（02）.

134. 罗进辉，黄泽悦，朱军.独立董事地理距离对公司代理成本的影响[J].中国工业经济，2017（08）.

135. 程博，熊婷.儒家传统文化与公司违规行为——基于中国家族上市公司的分析[J].经济理论与经济管理，2018年（10）.

136. 李长娥，谢永珍.董事会权力层级、创新战略与民营企业成长[J].外国经济与管理，2017（12）.

137. 卫旭华，刘咏梅，陈思瑢.组织等级:基本概念及作用机理[J].心理科学进展，2015（08）.

138. 唐清泉，罗党论.设立独立董事的效果分析——来自中国上市公司独立董事的问卷调查[J].中国工业经济，2006（01）.

139. 杨有红，黄志雄.独立董事履职状况和客观环境研究[J].会计研究，2015（04）.

140. 吴育辉，吴世农.企业高管自利行为及其影响因素研究——基于我国上市公司股权激励草案的证据[J].管理世界，2010（05）.

141. 陈冬华，相加凤.独立董事只能连任6年合理吗？——基于我国A股上市公司的实证研究[J].管理世界，2017（05）.

142. 杜兴强，张颖.独立董事返聘与公司违规："学习效应"抑或"关系效应"？[J].金融研究，2021（04）.

143. 杜兴强.殷勤款待与审计独立性：天下有白吃的午餐吗？[J].会计研究，2018（05）.

144. 余祖德，宋朝霞，叶彬.关于建立独立董事行业协会制度的探讨[J].企业活力，2002（11）.

145. 陈捷，李若山，刘运宏等.莱宝高科独董履职风波谁之过？[J].董事会，2022（04）.

146. 方重.上市公司独立董事，独立吗？懂事否？[J].清华金融评论，2021（09）.

147. 黄海杰, 吕长江, 丁慧.独立董事声誉与盈余质量——会计专业独立董事的视角[J].管理世界, 2016（03）.

148. 梁爽.美、日公司法上的董事合规、内控义务及其对我国的启示[J].中外法学, 2022（02）.

149. 邓峰.公司合规的源流及中国的制度局限[J].比较法研究》2020（01）.

150. 赵万一.合规制度的公司法设计及其实现路径[J].中国法学, 2020（02）.

151. 唐雪松, 申慧, 杜军.独立董事监督中的动机——基于独立意见的经验证据[J].管理世界, 2010（09）.

152. 谢德仁.独立董事：代理问题之一部分[J].会计研究, 2005（02）.

153. 郭富青.我国独立董事的制度悖论、缺陷与解决途径——对"康美药业案"引发的独立董事辞职潮的思考[J].学术论坛, 2022（01）.

154. 唐雪松, 申慧, 杜军.独立董事监督中的动机——基于独立意见的经验证据[J].管理世界, 2010（09）.

155. 郑志刚, 梁昕雯, 黄继承.中国上市公司应如何为独立董事制定薪酬激励合约[J].中国工业经济, 2017（02）.

156. 朱杰.独立董事薪酬激励与上市公司信息披露违规[J].审计与经济研究, 2020（02）.

157. 郑志刚, 阚铄, 黄继承.独立董事兼职：是能者多劳还是疲于奔命[J].世界经济, 2017（02）.

158. 谢诗蕾, 许永斌, 胡舟丽.繁忙董事、声誉激励与独立董事监督行为[J].厦门大学学报（哲学社会科学版）, 2016（05）.

159. 万良勇, 胡璟.网络位置、独立董事治理与公司并购——来自中国上市公司的经验证据[J].南开管理评论, 2014（02）.

160. 郑志刚, 阚铄, 黄继承.独立董事兼职：是能者多劳还是疲于奔命[J].世界经济, 2017（02）.

161. 曾洋.重构上市公司独董制度[J].清华法学, 2021（04）.

162. 王涌.独立董事的当责与苛责[J].中国法律评论》2022年第3期；曾洋.重构上市公司独董制度[J].清华法学, 2021（04）.

163. 台冰.独立董事在上市公司信息披露中法律责任问题研究[J].证券市场导报, 2022（05）.

164. 汤欣.谨慎对待独董的法律责任[J].中国金融, 2019（04）.

165. 刘俊海.上市公司独立董事制度的反思和重构——康美药业案中独董巨额连带赔偿责任的法律思考[J].法学杂志, 2022（03）.

166. 罗豪才.行政法学[M].北京：北京大学出版社, 1996.

167. 张旭.民事责任、行政责任和刑事责任———三者关系的梳理与探究[J].吉林大学社会科学学报, 2012（52）.

168. 罗豪才.行政法学[M].北京：北京大学出版社, 1996.

169. 周友苏，蓝冰.证券行政责任重述与完善[J].清华法学，2010（04）.
170. 吴建斌.试论上市公司独立董事的责任及其限制[J].南京大学学报（哲学、人文科学、社会科学版），2006（03）.
171. 傅穹.司法视野下独立董事的责任反思与制度创新[J].法律适用，2022（05）.
172. 邢会强.证券市场虚假陈述中的勤勉尽责标准与抗辩[J].清华法学，2021（05）.
173. 马怀德.《行政处罚法》修改中的几个争议问题[J].华东政法大学学报，2020（23）.
174. 钟华友，陆家豪.非"独立董事"及其责任承担的质疑——全国首例"花瓶董事"状告证监会案引发的法律思考[J].法律适用，2003（08）.
175. 李明辉.独立董事对财务报告的法律责任：一项案例分析》[J].管理科学，2003（05）.
176. 曾洋.重构上市公司独董制度[J].清华法学，2021（04）.
177. 郭雳.美国证券集团诉讼的制度反思[J].北大法律评论，2009（02）.
178. 章武生.我国证券集团诉讼的模式选择与制度重构[J].中国法学，2017（02）.
179. 王建敏.证券民事诉讼的形式以及前置程序分析[J].政法论丛，2005（02）.
180. 黄辉.中国证券虚假陈述民事赔偿制度:实证分析与政策建议[J].证券法苑，2013（02）.
181. 汤欣.私人诉讼与证券执法[J].清华法学，2007（03）.
182. 徐文鸣.证券民事诉讼制度的实证研究[J].中国政法大学学报，2017（02）.
183. 汤维建.中国式证券集团诉讼研究[J].法学杂志，2020（12）.
184. 邢会强.中国版证券集团诉讼制度的特色、优势与运作[J].证券时报，2020-03-14（A07）.
185. 刘保玉.证券虚假陈述纠纷中独立董事的赔偿责任：案例、法理与制度完善[J].人民司法，2022（01）.
186. 黄辉.证券虚假陈述纠纷中独立董事的赔偿责任：案例、法理与制度完善[J].人民司法，2022年（01）.
187. 叶林.证券虚假陈述纠纷中独立董事的赔偿责任：案例、法理与制度完善[J].人民司法，2022（01）.
188. 赵旭东.中国公司治理制度的困境与出路[J].现代法学，2021（02）.
189. 王涌.独立董事的当责与苛责[J].中国法律评论，2022（03）.
190. 袁康.独立董事的责任承担与制度重构———从康美药业案说开去[J].荆楚法学，2022（02）.
191. 刘俊海.上市公司独立董事制度的反思和重构———康美药业案中独董巨额连带赔偿责任的法律思考[J].法学杂志，2022（03）.
192. 林一英.董事责任限制的入法动因与路径选择[J].政法论坛，2022（04）.
193. 任自力，曹文泽.论公司董事责任的限制[J].法学家，2007（05）.

194. 李曙光.康美药业案综论[J].法律适用，2022（02）.
195. 丁丁.商业判断规则研究[M].长春：吉林人民出版社，2005.
196. 洪秀芬.论商业判断规则之法制化[J].台湾法学杂志，2011（188）.
197. 王学士.比较法视域下公司董事赔偿责任保险——日本第二次《公司法》修改的比较考察[J].证券市场导报，2021（03）.
198. 郭富青.我国独立董事的制度悖论、缺陷与解决途径——对"康美药业案"引发的独立董事辞职潮的思考[J].学术论坛，2022（01）.
199. 胡国柳，胡珺.董事高管责任保险与企业风险承担:理论路径与经验证据[J].会计研究，2017（05）.
200. 孙宏涛.董事责任保险之承保对象研究——以董事不当行为为核心[J].兰州学刊，2014（07）.
201. 李从刚，许荣.保险治理与公司违规——董事高管责任保险的治理效应研究[J].金融研究，2020（06）.
202. 袁蓉丽，文雯，谢志华.董事高管责任保险和财务报表重述[J].会计研究，2018（05）.
203. 赖黎，唐芸茜，夏晓兰等.董事高管责任保险降低了企业风险吗？——基于短贷长投和信贷获取的视角[J].管理世界，2019（10）.
204. 冯来强，孔祥婷，曹慧娟.董事高管责任保险与权益资本成本——来自信息质量渠道的实证研究证据[J].会计研究，2017（11）.
205. 凌士显.董事高管责任保险与违约风险——基于中国上市公司A股数据的经验研究[J].保险研究，2022（06）.
206. 程雪原，尤匡领.董事责任保险之法理分析[J].商业研究》2004（19）.
207. 王伟.论普通法上的董事责任保险[J].北京科技大学学报（社会科学版），2002（01）.
208. 孙宏涛.董事责任保险合同除外条款范围的合理界定[J].法学，2010（06）.
209. 钱林浩.康美药业案促热董责险[J].金融时报，2021（11）.
210. 朱锦余，高善生.上市公司舞弊性财务报告及其防范与监管——基于中国证券监督委员会处罚公告的分析[J].会计研究，2007（11）.
211. 陈运森，邓祎璐，李哲.证券交易所一线监管的有效性研究:基于财务报告问询函的证据[J].管理世界，2019年（03）.
212. 许荣，李从刚.院士(候选人)独董能促进企业创新吗——来自中国上市公司的经验证据[J].经济理论与经济管理，2019（07）.
213. 陆瑶，李茶.CEO对董事会的影响力与上市公司违规犯罪[J].金融研究，2016（01）.
214. 梁上坤，徐灿宇，王瑞华.和而不同以为治：董事会断裂带与公司违规行为[J].世界经济，2020（06）.
215. 李小荣，刘行.CEO vs CFO：性别与股价崩盘风险[J].世界经济，2012（12）.

216. 李志辉，杨思静，孟焰.独立董事兼任：声誉抑或忙碌——基于债券市场的经验证据[J].审计研究，2017（05）.
217. 江新峰，张敦力，李欢."忙碌"独董与企业违规[J].会计研究，2020（09）.
218. 孙亮，刘春.公司为什么聘请异地独立董事？[J].管理世界，2014（09）.
219. 方红星，孙鬻，金韵韵.公司特征、外部审计与内部控制信息的自愿披露——基于沪市上市公司2003—2005年年报的经验研究[J].会计研究，2009（10）.周泽将，王佳伟，雷玲.监事会经济独立性与财务重述[J].会计与经济研究，2022（04）.
220. 范合君，王思雨.缄默不语还是直抒己见：问询函监管与独立董事异议[J].财经论丛，2022（03）.
221. 陈仕华，张瑞彬.董事会非正式层级对董事异议的影响[J].管理世界，2020年（10）.
222. 吴伊蒗，董斌.异议独董：尽职还是卸责[J].现代财经(天津财经大学学报)，2021（06）.
223. 林雁，谢抒桑，刘宝华.公司年报审计意见与独董发表异议——基于审计意见信息功能的考察[J].华东经济管理，2020（12）.
224. 徐文鸣，莫丹.证券虚假陈述投资者损失的理论模型与实证研究——基于有效市场假说[J].广东财经大学学报，2019（06）.
225. 鲁篱.证券交易所自治地位的比较研究[J].社会科学研究，2004（05）.
226. 唐雪松，申慧，杜军.独立董事监督中的动机——基于独立意见的经验证据[J].管理世界，2010（05）.
227. 祝继高，叶康涛，陆正飞.谁是更积极的监督者：非控股股东董事还是独立董事？[J].经济研究，2015（09）.
228. 许年行，江轩宇，伊志宏等.政治关联影响投资者法律保护的执法效率吗？[J].经济学（季刊），2013（02）.
229. 陈强.高级计量经济学及Stata应用》（第二版）[M].北京：高等教育出版社，2013.
230. 王言，周绍妮，宋夏子.中国独立董事："咨询"、"监督"还是"决策"？——兼论独立董事特征对履职的调节效应[J].北京交通大学学报(社会科学版)，2019（04）.
231. 李常清，赖建清.董事会特征影响公司绩效吗？[J].金融研究，2004年第5期。
232. 梁若冰，张东荣，莫雅婷.性别结构、管理层互动与上市公司市场价值[J].管理评论，2021（12）.
233. 王戈阳，张宗益，宋增基.中国上市公司治理与企业绩效的实证分析[J].重庆大学学报（社会科学版），2013（03）.
234. 黄庆华，陈习定，张芳芳等.CEO两职合一对企业技术创新的影响研究[J].科研管理，2017（03）.

235. 刘中燕,周泽将.技术董事、研发投入与可持续增长[J].商业经济与管理,2019(08).
236. 刘中燕,周泽将.技术独立董事与企业研发投入[J].科研管理》2020年第6期。
237. 梁上坤,闫珍丽,徐灿宇.女性高管与公司创新——来自中国上市公司的经验证据[J].财务研究,2020(03).
238. 吴伊菡,董斌.独立董事网络位置与企业技术创新行为[J].现代经济探讨,2020(09).
239. 吕长江,王克敏.上市公司股利政策的实证分析[J].经济研究,1999(12).
240. 俞红海,徐龙炳,陈百助.终极控股股东控制权与自由现金流过度投资[J].经济研究,2010(08).
241. 冯戈坚,王建琼.社会网络视角下的现金股利分配行为及其同群效应[J].管理评论,2021(03).
242. 余明桂,回雅甫,潘红波.政治联系、寻租与地方政府财政补贴有效性[J].经济研究,2010(03).
243. 唐朝金,陈薇.前7个月每天至少有一名独董辞职[N].河南商报,2014-08-06.叶青,赵良玉,刘思辰.独立董事"政商旋转门"之考察:一项基于自然实验的研究[J].经济研究,2016(06).
244. 林卉,許尤洋,刘峰.中国资本市场"框架效应"现象的实证研究——基于中组部18号文的自然实验[J].经济研究,2016(12).

英文期刊

1. Hansmann Henry, Kraakman Reinier: Organizational Law as Asset Partitioning, European Economic Review, 2000(44).
2. Fama Eugene, Jensen Michael: Separation of Ownership and Control, Journal of Law and Economics, 1983(26).
3. Coase Ronald: The Nature of the Firm, Economica, 1937(4).
4. Jensen Michael, Meckling William: Theory of the Firm: Managerial Behavior, Agency Costs and Ownership Structure, Journal of Financial Economics, 1976(3).
5. Grossman Sanford, Hart Oliver: The Costs and Benefits of Ownership: A Theory of Vertical and Lateral Integration, Journal of Political Economy, 1986(94).
6. Dyck Alexander, Zingales Luigi: Private Benefits of Control: An International Comparison, Journal of Finance, 2004(59).
7. Shleifer Andrei, Vishny Robert: The Limits of Arbitrage, Nber Working Papers, 1997(52).
8. La Porta Rafeal, Lopez-de-Silanes Florencio, Shleifer Andrei et al.: Law and Finance, Journal of Political Economy, 1998(106).
9. Faccio Mara, Lang Larry, Young Leslie: Dividends and Expropriation, American

Economic Review, 2001(91).
10. Bebchuk Lucian: The Case for Increasing Shareholder Power, Harvard Law Review, 2005(118).
11. Hart Oliver: The Costs and Benefits of Ownership: A Theory of Vertical and Lateral Integration, Journal of Political Economy, 1896(94), 5.
12. Jensen Michael, Meckling William: Theory of the Firm: Managerial Behavior, Agency Costs and Ownership Structure, Journal of Financial Economics, 1976(3).
13. Keay Andrew: Development Success: Historical Accounts from More Advanced Countries, Journal of Economic History, 2013(73).
14. Grossman Sanford, Hart Oliver: The Costs and Benefits of Ownership: A Theory of Vertical and Lateral Integration, Journal of Political Economy, 1986(94).
15. Keay Andrew: The Public Enforcement of Directors' Duties: A Normative Inquiry, Common Law World Review, 2014(43).
16. Blair Margaret, Stout Lynn: A Team Production Theory of Corporate Law, Virginia Law Review, 1999(85).
17. Singh Val, Vinnicombe Susan: Why So Few Women Directors in Top UK Boardrooms? Evidence and Theoretical Explanations, Corporate Governance: An International Review, 2004(12).
18. Srinidhi Bin, Gul Ferdinand, Tsui Judy: Female Directors and Earnings Quality, Contemporary Accounting Research, 2011(28).
19. Bart Chris, McQueen Gregory: Why Women Make Better Directors, International Journal of Business Governance and Ethics, 2013(8).
20. Mizruchi Mark: What Do Interlocks Do? An Analysis, Critique, and Assessment of Research on Interlocking Directorates, Annual Review of Sociology, 1996(22).
21. Renneboog Luc, Zhao Yang: Us Knows Us in the UK: On Director Networks and CEO Compensation, Journal of Corporate Finance, 2011(4).
22. Ramsay John: The Real Meaning of Value in Trading Relationships, International Journal of Operations & Production Management, 2005(25).
23. Dewally Michael, Peck Sarah: Upheaval in the Boardroom: Outside Director Public Resignations, Motivations, and Consequences, Journal of Corporate Finance, 2010(16).
24. Hermalin Benjamin, Weisbach Michael: The Relationship Between Managerial Ownership and Firm Performance in High R&D Firms, Financial Management, 1991(20).
25. Bhagat Sanjai, Black Bernard: The Uncertain Relationship Between Board Composition and Firm Performance, Business Lawyer, 1999(51).
26. Bhagat Sanjai, Black Bernard: The Non-Correlation Between Board Independence

and Long-Term Firm Performance, The Journal of Corporation Law, 2002(27).

27. Liu Yu, Miletkov Mihail, Wei Zuobao et al.: Board Independence and Firm Performance in China, Journal of Corporate Finance, 2015(30).

28. Weisbach Michael: Outside Directors and CEO Turnover, Journal of Financial Economics, 1988(20).

29. Dah Mustafa, Frye Melissa, Hurst Matthew: Board Changes and CEO Turnover: The Unanticipated Effects of The Sarbanes–Oxley Act, Journal of Banking & Finance, 2014(41).

30. Bhagat Sanjai, Black Bernard: The Non-Correlation Between Board Independence and Long-Term Firm Performance, The Journal of Corporation Law, 2002(27).

31. Cotter James, Shivdasani Anli, Zenner Marc: Do Independent Directors Enhance Target Shareholder Wealth During Tender Offers?, Journal of Financial Economics, 1997(43).

32. Beasley Mark: An Empirical Analysis of the Relation Between the Board of Director Composition and Financial Statement Fraud, The Accounting Review, 1996(71).

33. Dechow Patricia, Sloan Richerrd, Hutton Amy: Causes and Consequences of Earnings Manipulation: An Analysis of Firms Subject to Enforcement Actions by the SEC, Contemporary Accounting Research, 1996(13).

34. Klein April: Audit Committee, Board of Director Characteristics, and Earnings Management, Journal of Accounting and Economics, 2002(33).

35. Jeffrey Cohen, Krishnamoorthy Ganesh, Wright Arnold: The Corporate Governance Mosaic and Financial Reporting Quality, Social Science Electronic Publishing, 2004(23).

36. Agrawal Anup, Chadha Sahiba: Corporate Governance and Accounting Scandals, Journal of Law & Economics, 2005(48).

37. Monks Robert, Minow Nell: The Director's New Clothes: (Or, The Myth of Corporate Accountability), Journal of Applied Corporate Finance, 1991(4), 78.

38. Clarke Donald: Three Concepts of the Independent Director, Delaware Journal of Corporate Law, 2007(32).

39. Allen William, Jacob Jack, Strine Leo: The Great Takeover Debate: A Meditation on Bridging the Conceptual Divide, University of Chicago Law Review, 2002(69).

40. Gelderblom Oscar, Abe De Jong, Jonker Joost: The Formative Years of the Modern Corporation: The Dutch East India Company VOC, 1602–1623, The Journal of Economic History, 2013(73).

41. Gevurtz Franklin: The European Origins and the Spread of the Corporate Board of Directors, Stetson Law Review, 2004(33).

42. Douglas William: Directors Who Do Not Direct, Harvard Law Review, 1934(47).

43. American Bar Association: Laws: Corporate Director's Guidebook, 33 Business Law, 1978(33).
44. Bainbridge Stephen: Independent Directors and the ALI Corporate Governance Project, 61 George Washington Law Review, 1993(6).
45. Urska Velikonja: The Political Economy of Board Independence, North Carolina Law Review, 2014(92).
46. Renee Adams, Hermalin Benjamin, Weisbach Michael: The Role of Boards of Directors in Corporate Governance: A Conceptual Framework and Survey, Journal of Economic Literature, 2010(48).
47. Mark Beasley: Fraudulent Financial Reporting: Consideration of Industry Traits and Corporate Governance Mechanisms, Accounting Horizons, 2000(4).
48. Bebchuk Lucian, Hamdani Assaf: The Elusive Quest for Global Governance Standards, University of Pennsylvania Law Review, 2009(157).
49. Morck Randall, Andrei Shleifer, Vishny Rorbert: Management Ownership and Market Valuation: An Empirical Analysis, Journal of Financial Economics, 1988(20).
50. Dorothy Lund, Pollman Elizabeth: The Corporate Governance Machine, Columbia Law Review, 2021(121).
51. Dalton D.R, Hitt Michael, Certo Trevis et al.: The Fundamental Agency Problem and Its Mitigation: Independence, Equity, and The Market for Corporate Control, Academy of Management Annals, 2007(1).
52. McDonald Michael, Westphal James, Graebner Melissa: What Do They Know? The Effects of Outside Director Acquisition Experience on Firm Acquisition Performance, Strategic Management Journal, 2008(29).
53. Forbes Daniel, Milliken Frances: Cognition and Corporate Governance: Understanding Boards of Directors as Strategic Decision-making Groups, Academy of Management Review, 1999(24).
54. Westphal James, Seidel, Marc-David, Stewart Katherine: Second-order Imitation: Uncovering Latent Effect of Board Network Ties, Administrative Science Quarterly, 2001(46).
55. Van Ees Hans, Gabrielsson Jinas, Huse Morten: Toward a Behavioral Theory of Boards and Corporate Governance, Corporate Governance: An International Review, 2009(17).
56. Karen Jehn: A Qualitative Analysis of Conflict Types and Dimensions in Organizational Groups, Administrative Science Quarterly, 1997(42).
57. Alchian Armen, Harold Demsetz: Production, Information Costs, and Economic Organization, The American Economic Review, 1972(62).

58. Simon Herbert: A Behavioral Model of Rational Choice, The Quarterly Journal of Economics, 1955(69).
59. Becker Gary: Crime and Punishment: An Economic Approach, Journal of Political Economy, 1968(76).
60. Bebchuk Lucian, Roe Mark: A Theory of Path Dependence in Corporate Ownership and Governance, Stanford Law Review, 1999(52).
61. Hall Peter, Soskice David: Varieties of Capitalism: The Institutional Foundations of Comparative Advantage, The Academy of Management Review, 2001(28).
62. Holderness Clifford: The Myth of Diffuse Ownership in the United States, Review of Financial Studies, 2009(22).
63. La Porta Rafeal, Lopez-de-Silanes Florencio, Shleifer Andrei et al.: Law and Finance, Journal of Political Economy, 1998(106).
64. Roe Mark: Corporate Law's Limits, Journal of Legal Studies, 2002(31).
65. Fanto James: Recognizing the 'Bad Barrel' in Public Business Firms: Social and Organizational Factors in Misconduct By Senior Decision-Makers, Buffalo Law Review, 2009(57).
66. Franks Julian, Colin Mayer, Stefano Rossi: Ownership: Evolution and Regulation, The Review of Financial Studies, 2009(10).
67. Miller Geoffrey: Political Structure and Corporate Governance: Some Points of Contrast Between the United States and England, Columbia Business Law Review, 1998(1).
68. Keay Andrew: Tackling the Issue of the Corporate Objective: An Analysis of the United Kingdom's Enlightened Shareholder Value Approach, Sydney Law Review, 2007(29).
69. Bebchuk Lucian, Tallarita Roberto: The Illusory Promise of Stakeholder Governance, Cornell Law Review, 2020(106).
70. Hopt Klus, Kanda Hideki, Roe Mark et al.: Comparative Corporate Governance: The State of the Art and Emerging Research, Common Market Law Review, 1998(3).
71. Werder Axel, Talaulicar Till: Kodexreport 2009 – Die Akzeptanz der Empfehlungen und Anregungen des Deutschen Corporate Governance Kodex, Der Betrieb, 2009(62).
72. Hopt Klus, The German Two-Tier Board: Experience, Theories, Reforms, in Hopt Klus, Kanda Hideki, Roe Mark, et al: Comparative Corporate Governance: The State of the Art and Emerging Research, Oxford University Press, 1998.
73. Black Bernard: The Core Fiduciary Duties of Outside Directors, Asia Business Law Review, 2001(3).
74. Bruner Christopher: Good Faith, State of Mind, and the Outer Boundaries of

Director Liability in Corporate Law, Wake Forest Law Review, 2006(41).
75. Gold Andrew: The New Concept of Loyalty in Corporate Law, U.C. Davis Law Review, 2009(43), 457; Lund Andrew: Opting Out of Good Faith, Florida State University Law Review, 2010(37).
76. La Porta Rafael, Lopez-de-Silanes Florencio, Shleifer Andrei: Corporate Ownership Around the World, The Journal of Finance, 1999(54).
77. Lei Adrian, Song Frank: Board Structure, Corporate Governance and Firm Value: Evidence from Hong Kong, Applied Financial Economics, 2012(22).
78. Jaggi Bikki, Leung Sidney, Gul Ferdinand: Family Control, Board Independence and Earnings Management: Evidence Based on Hong Kong Firms. Journal of Account Public Policy, 2009(28).
79. Bohren Oyvind, Michalson Dag: Corporate Cross-ownership and Market Aggregates: Oslo Stock Exchange 1980~1990, Journal of Banking and Finance, 1994(18).
80. Eiji Takahashi, Tatsuya Sakamoto: Japanese Corporate Law: Important Cases in 2010, Journal of Japanese Law, 2011(16).
81. Palmiter Alan: Reshaping the Corporate Fiduciary Model: A Director's Duty of Independence, Texas Law Review, 1989(67).
82. Cools Sofie: The Real Difference in Corporate Law Between the United States and Continental Europe: Distribution of Powers, Delaware Journal of Corporate Law, 2005(30).
83. Tarun Khanna, Yishay Yafeh: Business Groups in Emerging Markets: Paragons or Parasites?, Journal of Economic Literature, 2007(45).
84. Gilson Ronald: Controlling Shareholders and Corporate Governance: Complicating the Comparative Taxonomy, Harvard Law Review, 2006(119).
85. Vladimir Atanasov, Black Bernard, Ciccotello Conrad: Unbundling and Measuring Tunneling, University of Illinois Law Review, 2014(17).
86. Ma Juan, Khanna Tarun: Independent Directors' Dissent on Boards: Evidence From Listed Companies in China, Strategic Management Journal, 2016(37).
87. Gutierrez Maria, Sdez Lacave Maribel: Deconstructing Independent Directors, Journal of Corporate Law Studies, 2013(63).
88. Olubunmi Faleye: The Costs of A (Nearly) Fully Independent Board, Journal of Empirical Finance, 2015(32).
89. Golden Brain, Zajac Edward: When Will Boards Influence Strategy? Inclination × Power = Strategic Change, Strategic Management Journal, 2001(22).
90. Lipton Martin, Lorsch Jay: A Modest Proposal for Improved Corporate Governance. Business Law, 1992(48).

91. Dey Aiyesha, Engal Ellen, Liu Xiaohui: CEO and Board Chair Roles: To Split or Not To Split?, Journal of Corporate Finance, 2011(17).
92. Cao Ying, Dhaliwal Dan, Li Zengquan et al.: Are All Independent Directors Equally Informed? Evidence Based on Their Trading Returns and Social Networks. Management Science, 2015(61).
93. Lamoreaux Phillip, Lubomir Litov, Landon Mauler: Lead Independent Directors: Good Governance or Window Dressing?, Journal of Accounting Literature, 2019(43).
94. DeFond Mark, Zhang Jieying: A Review of Archival Auditing Research. Journal of Accounting and Economics, 2014(58).
95. Jenter Dirk, Kanaan Fadi: CEO Turnover and Relative Performance Evaluation, The Journal of Finance, 2015(70).
96. Yaron Nili: The Fallacy of Director Independence, Wisconsin Law Review, 2020(491).
97. Renée Adams, Ferreira Daniel: A Theory of Friendly Boards, The Journal of Finance, 2007(62).
98. Martin Edwards: Expert Directors, University of Colorado Law Review, 2019(90).
99. Pozen Robert: The Big Idea: The Case for Professional Boards. Harvard Business Review, 2010(88).
100. Bainbridge Stephen, Henderson Todd: Boards-R-Us: Reconceptualizing Corporate Boards, Stanford Law Review, 2014(66).
101. Benston George, Hartgraves Al: What Happened and What We Can Learn from It, Journal of Accounting and Public Policy, 2002(21).
102. Suzanne Le Mire: Independent Directors: Partnering Expertise with Independence, Journal of Corporate Law Studies, 2016(16).
103. Drobetz Wolfgang, Felix von Meyerinck, Oesch David et al.: Industry Expert Directors, Journal of Banking & Finance, 2018(92).
104. Lubomir Litov, Sepe Simone, Whitehead Charles: Lawyers and Fools: Lawyer-Directors in Public Corporations, Georgetown Law Journal, 2013(102).
105. Shivdasani Anil, Yermack David: CEO Involvement in the Selection of New Board Members: An Empirical Analysis, Journal of Finance, 1999(54).
106. Grossblatt Devan: Boarded In: Counteracting the Consequences of Board Insularity by Legitimizing Director Elections, Journal of Corporate & Financial Law, 2015(20).
107. Murphy Michael: The Nominating Process for Corporate Boards of Directors: A Decision-Making Analysis, Berkeley Business Law Journal, 2008(5).
108. Dallas Lynne: The Multiple Roles of Corporate Boards of Directors, San Diego Law

Review, 2003(78).
109. Nili Yaron: Out of Sight Out of Mind: The Case for Improving Director Independence Disclosure, Journal of Corporation Law, 2017(43).
110. Bebchuk Lucian, Hamdani Assaf: Independent Directors and Controlling Shareholders, University of Pennsylvania Law Review, 2017(165).
111. Reddy Bobby: The Fat Controller: Slimming Down the Excesses of Controlling Shareholders in UK Listed Companies, Oxford Journal of Legal Studies, 2018(38).
112. Seligman Joel: Equal Protection in Shareholder Voting Rights: The One Common Share, One Vote Controversy, The George Washington Law Review, 1986(54).
113. Partch Megan: The Creation of a Class of Limited Voting Common Stock and Shareholder Wealth, Journal of Financial Economics, 1987(18).
114. Kastiel Kobi: Against All Odds: Hedge Fund Activism in Controlled Companies, Columbia Business Law Review, 2016(60).
115. Gutiérrez María, Maribel Sáez: Deconstructing Independent Directors, Journal of Corporate Law Studies, 2013(13).
116. Volpin Paolo: Governance with Poor Investor Protection: Evidence from Top Executive Turnover in Italy, Journal of Financial Economics, 2002(64).
117. Melis Andrea: Corporate Governance in Italy, Corporate Governance: An International Review, 2000(8).
118. Moscariello Nicola, Pizzo Michele, Govorun Dmytro et al.: Independent Minority Directors and Firm Value in a Principal–Principal Agency Setting: Evidence from Italy, Journal of Management and Governance, 2019(23).
119. Laster Travis, Zeberkiewicz John: The Rights and Duties of Blockholder Directors, The Business Lawyer, 2015(33).
120. Cox Jame, Randall Thomas, Delaware's Retreat: Exploring Developing Fissures and Tectonic Shifts in Delaware Corporate Law, Delaware Journal of Corporate Law Review, 2018(324).
121. Piergaetano Marchetti, Gianfranco Siciliano, Marco Ventoruzzo: Dissenting Directors, European Business Organization Law Review, 2017(18).
122. Passador Maria Lucia: List Voting's Travels: The Importance of Being Independent in the Boardroom, Fordham Journal of Corporate & Financial Law, 2018(24).
123. Chen Zonghao, Keefe Michael, Watts Jameson: Board of Director Compensation in China: It Pays to be Connected, Pacific-Basin Finance Journal, 2020(63).
124. Albie Brooks, Oliver Judy, Veljanovski Angelo: The Role of the Independent Director: Evidence from A Survey of Independent Directors in Australia, Australian Accounting Review, 2009(19).
125. Nili Yaron: The New Insiders: Rethinking Independent Directors' Tenure, Hastings

Law Journal, 2016(68).

126. Dou Ying, Sahgal Sidharth, Zhang Emma Jincheng: Should Independent Directors Have Term Limits? The Role of Experience in Corporate Governance, Financial Management, 2015(44).

127. Kastiel Kobi, Nili Yaron: Captured Boards: The Rise of Super Directors and the Case for A Board Suite, Social Science Electronic Publishing, 2017(7).

128. Thomas Robert, Schrage Michael, Bellin Joshua et al.: How Boards Can Be Better—a Manifesto, MIT Sloan Management Review, 2009(50).

129. Sharpe Nicola: The Cosmetic Independence of Corporate Boards, Seattle University Law Review, 2011(34).

130. Armstrong Chris, Guay Wayne, Weber Joseph: The Role of Information and Financial Reporting in Corporate Governance and Debt Contracting, Journal of Accounting & Economics, 2010(50).

131. Fich Eliezer, Anil Shivdasani, Financial Fraud: Director Reputation, and Shareholder Wealth, Journal of Financial Economics, 2007(86).

132. Falato Antonio, Dalida Kadyrzhanova, Ugur Lel: Distracted Directors: Does Board Busyness Hurt Shareholder Value?, Journal of Financial Economics, 2014(113).

133. Masulis Ronald, Zhang Emma Jincheng: How Valuable Are Independent Directors? Evidence from External Distractions, Journal of Financial Economics, 2019(132).

134. Wang Rex Renjie, Verwijmeren Patrick: Director Attention and Firm Value, Financial Management, 2020(49).

135. Birkett Brenda: The Recent History of Corporate Audit Committees, Accounting Historians Journal, 1986(13).

136. Reeb David, Upadhyay Arun: Subordinate Board Structures, Journal of Corporate Finance, 2010(16).

137. Klein April: Firm Performance and Board Committee Structure, The Journal of Law and Economics, 1998(41).

138. Kim Kyonghee, Mauldin Elaine, Patro Sukesh: Outside Directors and Board Advising and Monitoring Performance, Journal of Accounting and Economics, 2014(57).

139. Rosen Sherwin: Specialization and Human Capital, Journal of Labor Economics, 1983(1).

140. Larcker David, Richardson Scott, Tuna Irem: Corporate Governance, Accounting Outcomes, and Organizational Performance, The Accounting Review, 2007(82).

141. Harrison Richard: The Strategic Use of Corporate Board Committees. California Management Review, 1987(30).

142. Hermalin Benjamin, Weisbach Michael: Boards of Directors as An Endogenously Determined Institution: A Survey of the Economic Literature. Federal Reserve Bank of New York Economic Policy Review, 2003(9).

143. Philippe Aghion, Tirole Jean: Formal and Real Authority in Organizations, Journal of Political Economy, 1997(105).

144. Renee Adams, Ragunathan Vanitha, Tumarkin Robert: Death by Committee?An Analysis of Corporate Board (sub-) Committees, Journal of Financial Economics, 2021(141).

145. Aggarwal Reena, Erel Isil, Ferreira Miguel et al.: Does Governance Travel Around the World? Evidence from Institutional Investors, Journal of Financial Economics, 2011(100).

146. DeFond Mark, Hann Rebecca, Hu Xuesong: Does the Market Value Financial Expertise on Audit Committees of Boards of Directors?, Journal of Accounting Research, 2005(43).

147. Chan Kam, Li Joanne: Audit Committee and Firm Value: Evidence on Outside Top Executives as Expert-Independent Directors, Corporate Governance: An International Review, 2008(16).

148. Kalin Kolev, David Wangrow, Vincent Barker et al.: Board Committees in Corporate Governance: A Cross-Disciplinary Review and Agenda for the Future, Journal of Management Studies, 2019(56).

149. Clune Richard, Hermanson Dana, Tompkins James et al.: The Nominating Committee Process: A Qualitative Examination of Board Independence and Formalization, Contemporary Accounting Research, 2014(31).

150. Del Guercio Diane, Seery Laura, Woidtke Tracie: Do Boards Pay Attention When Institutional Investor activists "Just Vote No"?, Journal of Financial Economics, 2008(90).

151. Olubunmi Faleye: Classified Boards, Firm Value, and Managerial Entrenchment, Journal of Financial Economics, 2007(83).

152. Conyon Martin, He Lerong: Compensation Committees and CEO Compensation Incentives in US Entrepreneurial Firms, Journal of Management Accounting Research, 2004(16).

153. Lorsch Jay, Young Jack: Pawns or Potentates: The Reality of America's Corporate Boards. Academy of Management Perspectives, 1990(4).

154. Harley Ryan, Wiggins Roy: Who Is in Whose Pocket? Director Compensation, Board Independence, and Barriers to Effective Monitoring, Journal of Financial Economics, 2004(73).

155. Walter Salmon, Crisis Prevention: How to Gear Up Your Board, Harvard Business

Review, 1993(71).
156. Pound John: The Promise of the Governed Corporation, Harvard Business Review, 1995(73).
157. Bebchuk Arye, Fried Jesse: Executive Compensation as An Agency Problem, Journal of Economic Perspectives, 2003(17).
158. Nili Yaron: The New Insiders: Rethinking Independent Directors' Tenure, Hastings Law Journal, 2016(68).
159. Fich Eliezer, Shivdasani Anil: The Impact of Stock-Option Compensation for Outside Directors on Firm Value, Journal of Business, 2005(78).
160. Ahmed Anwer, Scott Duellman: Accounting Conservatism and Board of Director Characteristics: An Empirical Analysis, Journal of Accounting and Economics, 2007(43).
161. Ferris Stephen, Murali Jagannathan, Pritchard AC: Too Busy to Mind the Business? Monitoring by Directors with Multiple Board Appointments, Journal of Finance, 2003(58).
162. Loderer Claudio, Peyer Urs: Board Overlap, Seat Accumulation, and Share Prices, European Financial Management, 2002(8).
163. Carpenter Mason, Westphal James: The Strategic Context of External Network Ties: Examining the Impact of Director Appointments on Board Involvement in Strategic Decision Making, Academy of Management Journal, 2001(44).
164. Jiraporn Pornsit, Davidson Wallace, DaDalt Peter et al.: Too Busy to Show Up? An Analysis of Directors' Absences, The Quarterly Review of Economics and Finance, 2009(49).
165. Cooter Robert: Economic Theories of Legal Liability, Journal of Economic Perspectives, 1991(5).
166. Romano Roberta: The Shareholder Suit: Litigation without Foundation, Journal of Law Economics and Organization, 1991(7).
167. Boyer Martin, Léa Stern: D&Q Insurance and IPO Performance: What Can We Learn from Insurers?, Journal of Financial Intermediation, 2014(23).
168. Weng Tzu-Ching, Chen Guang-Zheng, Chi Hsin-Yi: Effects of Directors and Officers Liability Insurance on Accounting Restatements, International Review of Economics & Finance, 2017(49).
169. Donelson Dain, Hopkins Justin, Yust Christopher, The Role of Directors' and Officers' Insurance in Securities Fraud Class Action Settlements, Journal of Law & Economics, 2015(58).
170. Jessica Erickson: Automating Securities Class Action Settlements, Vanderbilt Law

Review, 2019(72).

171. Cox James: Making Securities Fraud Class Actions Virtuous, Arizona Law Review, 1997(39).
172. Alexander Jeffrey, Fennell Mary, Halpern Michael: Leadership Instability in Iospitals: The Influence of Board - CEO Relations and Organizational Growth and Decline, Administrative Science Quarterly, 1993(38).
173. Lim Stephen, Matolcsy Zoltan, Chow Don: The Association Between Board Composition and Different Types of Voluntary Disclosure, European Accounting Review, 2007(16).
174. Jensen Michael: The Modern Industrial Revolution, Exit, and the Failure of Internal Control Systems, Journal of Finance, 1993(48).
175. Wei Shi, Aguilera Ruth, Wang Kai: State Ownership and Securities Fraud: A Political Governance Perspective, Corporate Governance: An International Review, 2020(28).
176. Chen Gongmeng, Firth Michael, Gao Danieland, et al.: Is China's Securities Regulatory Agency a Toothless Tiger? Evidence from Enforcement Actions, Journal of Accounting and Public Policy, 2005(24).
177. Liebman Benjamin, Milhaupt Curtis: Reputational Sanctions in China's Securities Market, Columbia Law Review, 2008(108).
178. Wei Jiang, Wan Hualin, Zhao Shan: Reputation Concerns of Independent Directors: Evidence from Individual Director Voting, The Review of Financial Studies, 2016(29).
179. Yermack David: Higher Valuation of Companies with a Small Board of Directors, Journal of Financial Economics, 1996(40) 5.
180. MacKinlay Craig: Event Studies in Economics and Finance, Journal of Economic Literature, 1997(35).

三、论文集

1. 谢德仁，陈运森.董事网络；定义、特征和计量，载《中国会计学会财务成本分会2011年年会暨第二十四次理论研讨会论文集，2011.
2. 刘连煜.累积投票制与应选董事人数之缩减》，载刘连煜著：《公司法理论与判解研究》，法律出版社，2005.
3. Harald Baum: The Rise of the Independent Director: A Historical and Comparative Perspective. In Puchniak Dan, Baum Harald, and Nottage Luke: Independent Directors in Asia: A Historical, Contextual and Comparative Approach, Cambridge

University Press, 2017.
4. Cheffins Brian: Putting Britain on the Roe Map: The Emergence of the Berle-Means Corporation in the United Kingdom. In McCahery Joseph, Moerland Piet, Raaijmakers Theo, et al.: Coporate Governance Regimes, Convergence and Diversity, Oxford University Press, 2002.

四、学位论文类

1. 唐军.上市公司权力配置研究[D].重庆：西南政法大学，2019年.
2. 杨茂琼.公司股东会与董事会权力配置问题研究[D].沈阳：辽宁大学，2018.
3. 张建东.公众公司股东大会与董事会权力分配研究[D].长春：吉林大学，2020.
4. 张捷.公司治理的制度与文化[D].上海：复旦大学，2007.
5. 潘成林.董事任免制度研究[D].吉林大学，2013年.

五、网址及其他

1. 新浪财经.独立董事"离职潮"观察：连带赔偿上亿，"花瓶"独立董事有了硬约束[EB/OL].https://finance.sina.com.cn/jjxw/2022-02-22/doc-imcwipih4649359.shtml.
2. 新浪财经网.莱宝高科"独立董事风波"启示录：蒋大兴为独立董事"指明前进方向"？[EB/OL].https://baijiahao.baidu.com/s?id=1730001399556926117&wfr=spider&for=pc.
3. 百度文库网.首份中国独立董事调查报告之：中国独董生存现状[EB/OL].https://wenku.baidu.com/view/2a3057b59ec3d5bbfd0a74ac.html.
4. Appedix of The California Public Employees' Retirement System, Global Governance Principles, http://calpers.ca.gov/docs/forms-publications/global-principles-corporate-governance.pdf.
5. Lipton Phillip: The Evolution of the Joint Stock Company to 1800: A Study of Institutional Change, Monash University Working Paper, 2009, 19, http://ssrn.com/abstract=1413502.
6. Cheffins Brian: Corporate Governance Since the Managerial Capitalism Era, University of Cambridge Faculty of Law Research Paper, 2015(39), http://ssrn.com/abstract=2618480.
7. New York Stock Exchange: File No. SR-NYSE-77-3, January 6, 1977, https://www.sechistorical.org/collection/papers/1970/1977_0131_NYSERuleChange.pdf.

8. Business Roundtable: Principles of Corporate Governance 16, 2002, http://www.businessroundtable.org/pdf/ 704.pdf.

9. European Model Company Act Group: The European Model Company Act (EMCA) Draft 2015, http://law.au.dk.

10. Van der Laan: Behavioral Corporate Governance: Four Empirical Studies, Print Partners Ipskamp B.V., Enschede, The Netherlands, 2009, https://pure.rug.nl/ws/portalfiles/portal/13087148/08referenc.pdf.

11. Business Roundtable: Business Roundtable Redefines the Purpose of a Corporation to Promote An Economy That Serves All Americans, https://www.businessroundtable.org/business-roundtable-redefines-the-purpose-of-a-corporation-to-promote-an-economy-that-serves-all-americans.

12. Deutscher Corporation Governance Kodex, https://www.dcgk.de/en/home.html.

13. Corporate Governance Laws and Regulations Japan 2021-2022, ICLG, https://iclg.com/practice-areas/corporate-governance-laws-and-regulations/japan.

14. David Summers, Office For National Statistics, Ownership of UK quoted shares：2020, Office For National Statistics, https://www.ons.gov.uk/economy/investmentspensionsandtrusts/bulletins/ownershipofukquotedshares/2020.

15. David Summers, Office For National Statistics, Ownership of UK quoted shares：2020, Office For National Statistics, https://www.ons.gov.uk/economy/investmentspensionsandtrusts/bulletins/ownershipofukquotedshares/2020.

16. "FTSE Women Leaders Review"（富时指数女性领导者评论）, https://ftsewomenleaders.com/.

17. Harald Baum, The Rise of the Independent Director: A Historical and Comparative Perspective, Max Planck Private Law Research Paper No. 16/20, https://papers.ssrn.com/sol3/papers.cfm?abstract_id=2814978.

18. Harald Baum: The Rise of the Independent Director: A Historical and Comparative Perspective, Max Planck Private Law Research Paper No. 16/20, https://papers.ssrn.com/sol3/papers.cfm?abstract_id=2814978.

19. SpencerStuart: Five- and Ten- Year Trends: 2020 UK Spencer Stuart Board Index, https://www.spencerstuart.com/research-and-insight/uk-board-index/trends.

20. Statista Research Department: Comparison of the Number of Listed Companies on the New York Stock Exchange (NYSE) and Nasdaq from 2018 to 2021, https://www.statista.com/statistics/1277216/nyse-nasdaq-comparison-number-listed-companies.

21. THE CONFERENCE BOARD，https://www.conference-board.org.

22. NYSE: Listed Company Manual 303A.02, https://nyseguide.srorules.com/listed-company-manual/document?treeNodeId=csh-da-filter!WKUS-TAL-

DOCS-PHC-%7B0588BF4A-D3B5-4B91-94EA-BE9F17057DF0%7D--WKUS_TAL_5667%23teid-69.

23. De La Cruz Adriana, Medina Alejandra, Tang Yun: Owners of the World's Listed Companies, OECD Capital Market Series, www.oecd.org/corporate/Owners-of-the-Worlds-Listed-Companies.htm.
24. OECD: OECD Survey of Corporate Governance Frameworks in Asia 2017, https://www.oecd.org/daf/ca/OECD-Equity-Markets-Review-Asia-2017.pdf.
25. OECD: OECD Corporate Governance Factbook 2021, https://www.oecd.org/corporate/corporate-governance-factbook.htm.
26. 香港交易所网站.香港交易所《香港交易所刊发有关董事会成员多元化的咨询文件[EB/OL].https://www.hkex.com.hk/News/News-Release/2012/120907news?sc_lang=zh-HK.
27. 香港交易所网站.2019年发行人披露企业管治常规情况的报告[EB/OL].https://www.hkex.com.hk/-/media/HKEX-Market/Listing-Rules-and-Guidance/Other-Resources/Exchanges-Review-of-Issuers-Annual-Disclosure/Review-of-Implementation-of-Code-on-Corporate-Governance-Practices/CG_Practices_2019_c.pdf.
28. 香港交易所网站.聚焦董事会多元化及包容性[EB/OL].https://www.hkex.com.hk/chi/BoardDiversity/index_c.htm.
29. [日]太田珠美:《企业需要的"股东管理"》,载《大和综研调查季报》2018年 第31期.https://www.dir.co.jp/report/research/capital-mkt/securities/20180723_030010.html.
30. Ferrarini Guido, Filippelli Marilena: Independent Directors and Controlling Shareholders Around the World, http://ssrn.com/abstract=2443786.
31. Ramseyer Mark, Tamaruya Masayuki: Fiduciary Duties in Japanese Law, http://www.law.harvard.edu/programs/olin_center/.
32. Apamanshop Derivative Litigation, Supreme Court, 15 July 2010, https://www.courts.go.jp/app/files/hanrei_jp/447/080447_hanrei.pdf.
33. Puchniak Dan, Masafumi Nakahigashi: A New Era for the Business Judgment Rule in Japan? Domestic and Comparative Lessons from the Apamanshop Case, https://papers.ssrn.com/sol3/papers.cfm?abstract_id=2257827.
34. Tonello Matteo: Separation of Chair and CEO Roles, Harvard Law School Forum on Corporate Governance, 2011, https://corpgov.law.harvard.edu/2011/09/01/separation-of-chair-and-ceo-roles/#2b [https://perma.cc/CZ23-D4JB].
35. Spencer Stuart: 2019 Spencer Stuart U.S. Board Index, 2019, https://www.spencerstuart.com/research-and-insight/ssbi-2019-board-composition-part-3 [https://perma.cc/MV3P-HUUU].

36. Principles of Corporate Governance, https://s3.amazonaws.com/brt.org/Principles-of-Corporate-Governance-2016.pdf.
37. 中国经济网.建议成立独立董事协会 杜绝"嘴软、手软、力弱"现象[EB/OL]. https://baijiahao.baidu.com/s?id=1726594081590405696&wfr=spider&for=pc.
38. Chen Kevin, Wu Andy, Wu Andy: The Structure of Board Committees, 2016, https://ssrn.com/abstract=2646016.
39. Ernst and Young Center for Board Matters, A Fresh Look at Board Committees, 2018, https://corpgov.law.harvard.edu/2018/07/10/a-fresh-look-at-board-committees/#2b.
40. Ernst and Young Center for Board Matters: A Fresh Look at Board Committees, 2018, https://corpgov.law.harvard.edu/2018/07/10/a-fresh-look-at-board-committees/#2b.
41. Pozen Robert : What GE's Board Could Have Done Differently, Harvard Business Review, 2018, https://hbr.org/2018/07/what-ges-board-could-have-done-differently.
42. 东方财富网.A股独立董事全画像：刷屏辞职背后，有人年薪五百万，有人年薪三百块[EB/OL].https://stock.eastmoney.com/a/202111252192790785.html.
43. 统计局网站.2021年居民收入和消费支出情况[EB/OL].http://www.gov.cn/xinwen/2022-01/17/content_5668748.htm.
44. Brown Lawrence, Caylor Marcus: Corporate Governance and Firm Performance, 2004, http://ssrn.com/abstract=586423.
45. Nili Yaron: Trends in Board of Director Compensation, HLS Forum on Corporate Governance and Financial Regulation, 2015, https://corpgov.law.harvard.edu/2015/04/13/trends-in-board-of-director-compensation/.
46. 中国证监会行政处罚决定书（凯迪生态环境科技股份有限公司、陈义龙等16名责任人员）》（〔2020〕19号）[EB/OL].http://www.csrc.gov.cn/csrc/c101928/c1042344/content.shtml.
47. 中国证券监督管理委员会官网.中国证监会行政处罚决定书（康得新、钟玉等13人）（〔2020〕71号）[EB/OL].http://www.csrc.gov.cn/csrc/c101928/c1042302/content.shtml.
48. 中国证券监督管理委员会官网.中国证监会行政处罚决定书（索菱股份、肖行亦等18名责任人员）（〔2020〕105号）[EB/OL].http://www.csrc.gov.cn/csrc/c101928/c1416721/content.shtml.
49. 中国证券监督管理委员会官网.中国证监会行政处罚决定书（乐视网、贾跃亭等15名责任主体）（〔2021〕16号）[EB/OL].http://www.csrc.gov.cn/csrc/c101928/c490192772b7748f58f089887c76bb662/content.shtml.
50. 中国证券监督管理委员会官网.中国证监会行政处罚决定书（索菱股份、肖行亦等18名责任人员）（〔2020〕105号），[EB/OL].http://www.csrc.gov.cn/csrc/

c101928/c1416721/content.shtml.

51. 中国金融服务法治微网.美国如何追究独立董事的法律责任[EB/OL].http://www.financialservicelaw.com.cn/article/default.asp?id=9956.

52. 腾讯网.上市公司董责险白皮书[EB/OL].https://new.qq.com/rain/a/20211130A06SS600

53. 搜狐网.董责险为高管戴"安全帽"——去年就有投资者索赔377.5万美元[EB/OL].https://www.sohu.com/a/129490419_611215.

54. 浙江日报网.迎来转机！瑞幸咖啡签订1.875亿美元和解意向书[EB/OL].https://baijiahao.baidu.com/s?id=1711591570293292138&wfr=spider&for=pc.

55. 中华人民共和国中央政府网.国务院关于进一步提高上市公司质量的意见（国发〔2020〕14号），[EB/OL].http://www.gov.cn/zhengce/content/2020-10/09/content_5549924.htm.

56. 巨潮资讯网.[EB/OL].http://www.cninfo.com.cn/new/index.jsp.